D1720011

Eckhard Nordhofen
Corpora

Eckhard Nordhofen

Corpora

Die anarchische Kraft des
Monotheismus

HERDER

FREIBURG · BASEL · WIEN

© Verlag Herder GmbH, Freiburg im Breisgau 2018
Alle Rechte vorbehalten
www.herder.de
Umschlaggestaltung: Cornelia Steinfeld, Mülheim / Ruhr
Umschlagmotiv: Dosso Dossi (Giovanni Di Niccolò De Luteri): Die Heilige Familie, Musei
capitolini, Rom
Satz: dtp studio frankfurt | Jörg Eckart, Frankfurt am Main
Herstellung: Těšínská Tiskárna a.s., Český Těšín
Printed in Czech Republic
ISBN 978-3-451-38146-1

Inhalt

Vorwort

Das Publikum ist pluralistisch gestimmt. Im Jerusalem Nathans des Weisen konnte Lessing noch drei Religionen, Judentum, Christentum und Islam um eine einzige Wahrheit streiten lassen. Es waren immerhin die drei monotheistischen. In der globalen Gesamtsicht sind inzwischen noch einige andere – auch polytheistische und gottlose hinzugekommen. Ein reiselustiges Zeitalter hat den ganzen Globus im Blick und errichtet Museen für die Kulturen der Welt. Um sich für keine entscheiden zu müssen, kann man die Religionen auch besichtigen. Der Flaneur wandelt im Sternzeichen des Plurals. Weil er nie wieder unter die Fuchtel eines „Monomythos" geraten wollte, hatte Odo Marquard, der zum Skeptizismus bekehrte Zögling einer „Adolf-Hitler-Schule", schon 1981 sein halb ironisch gemeintes „Lob des Polytheismus" angestimmt.

Für einen bestimmten westlichen Mentalitätstyp stehen alle Religionen unter dem Vorzeichen relativierender Toleranz. Keine besitzt die Wahrheit, aber alle vielleicht ein bisschen. Ansonsten gilt: „Das muss jeder für sich selbst entscheiden". Pluralismus und Individualismus sind komplementär. Der Monotheismus dagegen ragt aus dieser Sicht wie die atavistische Ruine einer bösen Vergangenheit, die von vermeintlichem Wahrheitsbesitz, Konfessionskriegen, Gewalt und Unterdrückung gekennzeichnet war, in eine Gegenwart im Beschleunigungsstress, deren ganze Aufmerksamkeit der Zukunft gehört. Postreligiösen Agnostikern gilt der Monotheismus als besonders verdächtig.

Somit kann dieses Buch auf keinen spontanen Beifall rechnen, zumal es darüber hinaus in die steile Einsicht mündet, dass der Monotheismus so aktuell ist wie noch zu keiner anderen Zeit. Nicht irgendeiner allerdings, sondern ein ganz bestimmter, das Original. Die Wahrheit zu besitzen, beansprucht er gerade nicht. Für ihn ist die Wahrheit ein Stern, den man nicht betreten kann, der aber den Weg weist. Das Buch will vor allem zeigen, welche Bedeutung seine Medien hatten, und dies vom ersten Moment seiner Entstehung an. Die Medien sind die Körper eines körperlosen Gottes: „Corpora", Ersatzkörper also. Sie wechseln. Und diese Medienwechsel treiben seine Geschichte an. Homo sapiens sapiens, das „Lebewesen, das Sprache hat" (Aristoteles), erzeugt sie mit seinem eigenen Körper und setzt sie in die Welt. Ein Subjekt macht Objekte. Zuerst die Sprache, dann Bilder und dann, spät und folgenreich, geronnene Sprache: Schrift. Die Schrift ist das Schicksal des Monotheismus, im Guten wie im Schlimmen. Man versteht den Monotheismus besser, wenn man seine Geschichte als Mediengeschichte erzählt.

Und warum soll der Monotheismus so aktuell sein wie noch zu keiner andern Zeit? Antwort: Weil er der Stern des Transfunktionalismus ist. Was ist Funktionalismus? Für den Funktionalisten ist die Wirklichkeit wie ein Apparat, dessen Mechanismen erkannt und benutzt werden müssen. Und warum „Transfunktionalismus?" Weil es einen Antifunktionalismus nicht geben kann. Der Gravitation könnte man durch eine Rakete ins All entkommen, dem Funktionalismus nicht. Funktionalismus ist nicht trivial. Es geht nicht nur um die Mechanismen unserer Realität, sondern auch und vor allem um ihre fortschreitende Eroberung durch unsere Erkenntnis. Unsere Wirklichkeit ändert sich, je mehr wir sie begreifen. Ihre Mechanismen können wir studieren, manche können wir beherrschen, und wir können neue erfinden. Funktionen sind nicht böse. Sie sind nützlich. Wir könnten nicht leben, ohne uns einige von ihnen dienstbar zu machen. Der Fortschritt der Technik, die Fortschritte der Erkenntnis, können als der Verstehensprozess beschrieben werden, mit dem wir mehr und mehr dahinterzukommen scheinen, wie „alles mit allem zusammenhängt", so der Ironiker Hans Albert. Auch wenn wir davon weit entfernt sind, befördert er den Wahn, alles sei auch machbar.

Nun aber ist in der Welt der Medien etwas neu hinzugekommen, großartig und monströs zugleich, eine neue Welt von Welten, die exponentiell expandierende IT-Welt, bestehend aus immer leistungsfähigerer Hardware und www, dem Netz ohne Grenzen. Verstanden haben wir sie längst noch nicht. Selbst wenn das Unwahrscheinliche gelänge und Missbrauch und Kriminalität herausgefiltert werden könnten, scheint ein Effekt unvermeidlich: Die Abkoppelung vom menschlichen Körper. Dass das Netz von keinem lebenden Menschen beherrscht werden kann, so, wie in den bekannten totalitären Diktaturen alles einem einzelnen Führer zu gehorchen hatte, ist angesichts künstlicher Intelligenz, selbstreferentieller Steuerung und Reproduktion keine unrealistische Befürchtung. Ist das ein Trost? Was wäre, wenn Marc Zuckerberg, der Erfinder von Facebook, nicht der Herr dieses IT-Reichs wäre, sondern nur eine seiner Funktionen?

Wenn also ein Funktionalismus, aus dem niemand aussteigen kann, im Begriff ist, subjektlos und totalitär zu werden, dann erweist sich der Monotheismus als jener sagenhafte archimedische Punkt, das letzte und einzige Außerhalb der Welt, das wegen seiner Simultaneität von Präsenz und Vorenthaltung von nichts und niemand erobert werden kann. ER bleibt das große Gegenüber, der Stern des Intellekts, den wir nicht betreten, dessen Licht wir aber sehen können. Er bleibt transfunktional, eine singuläre Kostbarkeit, die ihresgleichen sucht. Tut sie das? Sucht sie ihresgleichen? Wenn sie das tatsächlich täte, und sie fündig werden soll, könnten wir den Finger strecken.

Dieses Buch ist nicht in Einsamkeit erbrütet worden. Ich bin einigen Freunden, mit denen ich meine Überlegungen und Thesen teilen und diskutieren durfte, großen Dank schuldig. Für intensive kritische Begleitung danke ich besonders Hermann Schrödter, einem bewundernswert genauen Leser. Auch Gerd Neuhaus war ein zuverlässiger Begleiter. Ihm verdanke ich manche wichtigen Anregungen und Hinweise. Dasselbe gilt für den Neutestamentler Ansgar Wucherpfennig. Für altphilologische Spezialitäten stand mein alter Freund Hans-Jürgen Müller immer bereitwillig zur Verfügung. Ohne Klaus Reichert wären das Griechenkapitel deutlich anders ausgefallen und ohne meinen ethnologischen Gewährsmann und alten Freund Karl-Heinz Kohl wären meine Vorstellungen vom Kult und seiner Persistenz nicht zustande gekommen. Jacob Nordhofen half mir, manche Judaica zu klären und Ulrich Greiner bewahrte mich vor stilistischen Verstiegenheiten. Martin Ramb hat mir nicht nur bei den Bildern geholfen. Allen, die den manchmal obsessiven Kreislauf meiner Gedanken ertragen haben, besonders meiner Frau Susanne, danke ich für ihre Geduld. Keinem aber will ich die Verantwortung für diesen Text aufbürden. Am Ende freute ich mich über die Zusammenarbeit mit Christian Scharnberg, einem Lektor comme il faut.

Ich wusste nicht, wie mir geschah, dass ausgerechnet Josef Ratzinger / Benedikt XVI., der im binär codierten Lagerkampf zwischen progressiven und konservativen Kirchenleuten als Erztraditionalist gilt, mir bei meinem Traditionsbruch zustimmte, mit dem ich die nahezu zweitausendjährige Gebetstradition des Vaterunsers infrage stelle. Ob der ehemalige Präfekt der römischen Glaubenskongregation auch anderen Thesen dieses Buches, etwa den Anfragen an das Opfer- und Bundesmotiv, insbesondere der nahezu anarchischen Deutung eines konsequent privativen Monotheismus, zustimmt, dessen bin ich mir nicht sicher. Aber wer weiß?

Einleitung

Der Monotheismus der Wahrheitsbesitzer steht unter Verdacht. Zu Recht! Wer sich im Besitz der Wahrheit, gar der höchsten, der göttlich garantierten Wahrheit wähnt, dem ist jedes Mittel recht, sie auch durchzusetzen. Dieser gewaltaffine, hochtoxische Glaube ist bei Licht besehen, ein Medienglaube, der Glaube an eine Schrift, die niemand anderen als den einen und einzigen Gott selbst zum Autor hat.

Allein schon deswegen ist es höchste Zeit, die Entstehung und Entwicklung des Glaubens an diesen einen und einzigen Gott als Mediengeschichte zu erzählen. Diese Perspektive schärft den Blick auf sein eigentliches Proprium. Dabei werden sich Kriterien ergeben, die es erlauben, seine toxischen Elemente zu identifizieren und zu isolieren. Faszinosum Schrift! Dasselbe Medium, das, blind verehrt, den Monotheismus so gefährlich macht, ist ein Medium der Vorenthaltung. Niemals behauptet es zu sein, was es bedeutet. Diese Differenz hatte ihr einst den entscheidenden Vorsprung vor den „von Menschenhand gemachten" Göttern verschafft. Und wenn Aufklärung mehr ist als nur ein Epochenlabel, dann wird sich zeigen, wie eng auch biblische Aufklärung mit der Schrift, dem zentralen Medium des Monotheismus zusammenhängt. Die Schrift ist sein Schicksal, so oder so. An ihr scheiden sich die Geister von Juden, Christen und Muslimen.

Die Wende vom Polytheismus zum Glauben an einen völlig anderen und einzigen Gott stand am Ende der Bronzezeit auf der Tagesordnung. Immer waren es einzelne kritische Köpfe, in denen sich der Verdacht regte, die Götter seien bloß eingebildet, und wenn es einen Gott geben sollte, müsste er ganz anders sein als all die Vielen, nämlich einzig und nicht selbstgemacht. Das früheste Beispiel hatte der Pharao Echnaton (1351–1334 v. Chr.) mit seinem Versuch geliefert, einen monotheistischen Sonnenkult gegen die überkommenen kultischen Traditionen Ägyptens durchzusetzen. Warum er eine Episode bleiben musste, wird in den folgenden Kapiteln deutlich werden.

Der griechische Philosoph Xenophanes lebte ca. von 570–470 v. Chr. Er distanziert sich von den Göttern und redet stattdessen von dem „Einen". Auffällig ist seine Zeitgleichheit mit dem biblischen Propheten (Deutero)Jesaja (550–539), und beide setzen bei der Herstellung von Götterbildern an! Schon hier könnte gefragt werden: Warum hat die monotheistische Alternative sich nicht in Griechenland, der führenden Leitkultur der hellenistischen Welt, durchgesetzt? Die Klärung dieser Frage wird uns wichtige Gesichtspunkte liefern.

Jan Assmann hat das große Schwellenereignis der Religionsgeschichte als „Mosaische Unterscheidung" bezeichnet. Erstmals war Gott kein Teil des Kosmos, sondern sein Gegenüber, der Schöpfer. Da in den Exodus-Sagen des Alten Testaments Mose als die große Gründerfigur herausgestellt wird, kann man dieser Etikettierung mit einem gewissen Vorbehalt zustimmen. Der Ägyptologe hat mit Hilfe einer von ihm rekonstruierten Gedächtnisgeschichte eine unterirdische monotheistische Rohrpost vom Ketzerpharao Echnaton bis zu Mose schicken wollen. Da der entscheidende Durchbruch aber nach dem gegenwärtigen Stand der Forschung erst im Babylonischen Exil gelang, dürfte ein Mose, als Gründergestalt des Monotheismus, eher das Produkt der späteren biblischen Erzählkünste sein, die mit Rückprojektionen arbeiteten, als ein später Erbe Echnatons.

Diese Datierungsfragen sind gewiss interessant. Viel wichtiger aber ist Assmanns Erkenntnis, dass der Monotheismus etwas wirklich Neues ist, eine Religion, die sich der Religionskritik verdankt. Mit dem Religionswissenschaftler Theo Sundermeier spricht er vom Monotheismus als einer „Sekundärreligion". Im Unterschied zu den primären „Kultreligionen", handele es sich bei der biblischen um eine „Buchreligion". Hier hat Assmann etwas richtig gesehen. Er hat nämlich die entscheidende Schlüsselrolle erkannt, die einem damals vergleichsweise jungen Medium zukam, der alphabetischen Schrift. Das schließt nicht aus, dass die Unterscheidung „Kultreligion" versus „Buchreligion" eine vorschnelle Entgegensetzung ist, um es vorsichtig zu sagen. In dieser Untersuchung soll nämlich ausführlich dargelegt werden, dass auch die neue Buchreligion eine Kultreligion war. Die Verabschiedung der polytheistischen Religionswelten, deren Leitmedium das Kultbild war, und der Wechsel zu einer Religion, in deren Zentrum eine Heilige Schrift stand, die der Finger Gottes auf steinerne Tafeln geschrieben hatte (Ex 32,18), war fraglos der entscheidende Schritt. Während ein Götterbild immer Gefahr läuft, mit dem verwechselt zu werden, was es doch nur darstellen soll, ist die Schrift das Medium der Differenz. Sie kann niemals mit dem verwechselt werden, worauf sie sich bezieht. Gerade von Schriftgläubigen wird aber gerne übersehen, dass auch sie zum Kultobjekt werden kann. So wie man von „Idolatrie" als der kultischen Verehrung eines Bild-Idols spricht, kann man auch von der kultischen Verehrung einer Heiligen Schrift, also von „Grapholatrie" sprechen. Wer einen neuen Begriff in die Welt setzt, muss das gut begründen.

Grapholatrie hat zwei Gesichter. Erst einmal leistet sie Geburtshilfe bei der Entstehung des Monotheismus. Wenn man dem Ethnologen Frits Staal zustimmt, dass es in der Religionsgeschichte noch nie vorgekommen ist, dass ein Kult ersatzlos verschwindet, erklärt sich Vieles. Die Kritik einzelner Intellektueller ist oft folgenlos geblieben, sogar dann, wenn sie auf dem Thron eines Pharaos saßen. Nur weil die Schrift in Israel, genauer in und nach dem babylonischen Exil, zur Heiligen Schrift und damit kultfähig wurde, konnten die verschleppten Judäer die alten Kulte Kanaans verabschieden und durch Grapholatrie ersetzen.

Damit deutet sich auch eine Antwort auf die griechische Frage an. Wenn der Medienwechsel zur Schrift so entscheidend für die Entwicklung des Monotheismus war, warum ist es in Griechenland nicht dazu gekommen? Nirgendwo sonst war die Entwicklung der Schrift weiter gediehen. Nirgendwo wurde intensiver über sie nachgedacht. Die Griechen verfügten über das erste Alphabet, das auch Vokale enthält. Hier war es erstmals möglich, das gesprochene Wort eins zu eins festzuhalten. Die vorsokratischen Philosophen, nicht zuletzt Sokrates / Platon selber, hatten nicht nur Religionskritik geübt und dabei starke monotheistische Tendenzen entwickelt, sie hatten auch das Nachdenken über die Schrift, darüber, was sie ist und was sie kann, auf ein maßstäbliches Niveau gehoben. Dass es aber (Deutero)Jesaja war und nicht Xenophanes, der mit seinen monotheistischen Vorstellungen Erfolg hatte, lag – so meine These – schließlich daran, dass die Schrift in Griechenland einen Profanisierungsprozess durchlaufen hatte und zwar gerade wegen ihrer besonderen Nähe zur alltäglichen Mündlichkeit. Sie hatte einen faszinierenden Funktionswandel durchgemacht, einen Prozess der Entsakralisierung, den aufmerksam zu betrachten sich lohnt. Am Ende war die Schrift in Hellas zu Vielem tauglich, nicht aber zum Kultobjekt.

Das war in Israel anders. Hier hielt ein rein konsonantisches Alphabet Abstand zur Mündlichkeit. Allein schon dieser Abstand beförderte die Sakralisierung der Schrift und machte sie kulttauglich. Gott selber, der unsichtbare Urgrund der Wirklichkeit, war den Sinnen entzogen. Aber wenn er, wie es in Ex 31,18 heißt, eigenhändig eine Heilige Schrift geschrieben hatte, war damit Ersatz geschaffen und das mit einem Medium, das Präsenz und Entzug zugleich garantierte. Es fällt auf, dass die Schrift durch diese bemerkenswerte mediale Eigenschaft schon rein formal dem neuen Gottesverständnis entsprach. Ihre Buchstaben waren präsent, das, worauf die sich bezogen, aber nicht. Diese Simultaneität von Anwesenheit und Vorenthaltung machten sie tauglich, zu einem alternativen Kultobjekt zu werden. Ohne Grapholatrie, ohne die kultische Verehrung der Schrift, wäre der Monotheismus, wie in Griechenland, die Idee einzelner Intellektueller und Propheten geblieben und hätte sich nicht als Religion durchsetzen können.

Monotheismus ist in der Tat eine Sekundärreligion, die sich aus der Kritik am polytheistischen Bilderkult entwickelt hat. Kritik hat mit Vernunft und Reflexion zu tun. Sie entdeckt das *Prinzip Passung*, jene auffällige Korrespondenz von menschlichen Bedürfnissen und den Gottheiten, welche diese bedienten: Kein menschliches Interesse ohne himmlische Adresse – ein Satz zum Merken. Die Götter sind personifizierte Funktionen. Im Grunde gehen sie auf in ihrer Funktionalität. Sie sind daher auch nützlich, so nützlich wie ein Placebo. Sobald ihr Funktionalismus durchschaut ist, funktionieren sie so gut und so schlecht wie das Placebo, von dem man herausgefunden hat, dass es nur Kreide enthält.

Indem sie die Psycho-Mechanismen der Götterproduktion als Betrug und Selbstbetrug entlarvt, unterscheidet die monotheistische Kritik auch zwischen wahr und falsch. Auch wenn es dabei oft genug polemisch zugeht, lohnt es sich, den roten Faden dieser biblischen Aufklärung herauszupräparieren. Dass es an der Zeit ist, tatsächlich von einer solchen biblischen Aufklärung avant la lettre zu sprechen, dafür werden noch eine Reihe weiterer Gründe angeführt werden.

Assmanns kontrovers diskutierte Behauptung, diese Unterscheidung von wahr und falsch sei die maligne Quelle religiös motivierter

Gewalt, hat ihre ideenpolitische Brisanz dadurch gewonnen, dass sie, ohne das ausdrücklich zu fordern, wie von selbst dazu einlädt, sie auf unsere gegenwärtigen Verhältnisse zu beziehen. Religiös angetriebene Gewaltausbrüche sind zwar, wie ein Blick nach Indien oder Myanmar lehrt, kein Monopol von Monotheisten, aber ein fundamentalistischer Monotheismus, der sich auf Heilige Schrift beruft, hat auch in unseren Tagen wieder einmal sein Schreckenshaupt erhoben und ist auf beunruhigende Weise virulent. Dass der Dschihadismus, wie man oft hört, nichts mit dem Islam zu tun habe, sehen die Islamisten selbst anders. Das initiale Argument gegen die Polytheisten, dass nämlich die Götterbilder „von Menschenhand gemacht" seien, gilt am Ende auch für das neue Medium, die Schrift. Auch sie ist von Menschenhand geschrieben. Wer als Moslem an einer göttlichen Autorschaft seiner Heiligen Schrift festhält und ihre historische Kontextualisierung verweigert, steht vor einem garstigen Graben, der ihn von Vernunft und Moderne trennt. Diese Untersuchung erlaubt einen wichtigen Seitenblick auf das muslimische Schriftverständnis, bietet aber keine breite Auseinandersetzung mit dem Islam. Der Streit um den Monotheismus ist also mehr als ein Gelehrtenstreit zwischen Ägyptologen und Alttestamentlern. Er ist alles andere als antiquarisch. Und tatsächlich: bestimmte Ausprägungen des Monotheismus und nicht nur muslimische, enthalten ohne Zweifel ein hohes toxisches Potential. Dieses Buch will einen Beitrag dazu leisten, es zu identifizieren und zu isolieren. Dabei geht es, um es vorweg zu nehmen, nicht um die Unterscheidung von wahr und falsch, sondern um die Unterscheidung zwischen einem degenerierten usurpatorischen und einem privativen Monotheismus. Was ist „usurpatorische Theologie"? Ihr Prototyp ist die Figur des Hofnarren, der sich auf den hohen Thron des Gotteswissens geschlichen hat. Gerade an religiöse und fromme Menschen richtet sich das Versprechen der Schlange im Paradies: „Ihr werdet sein wie Gott und erkennt Gut und Böse". Weil er vielleicht fromm und gesetzestreu lebt, gibt der Fromme vor, die Gedanken Gottes zu kennen. So wird er zum Usurpator.

Was uns auch generell zögern lässt, der einfachen Assmann-These zuzustimmen, ist die Tatsache, dass wir mit der Unterscheidung wahr-falsch die Kernidee aller Aufklärung fahren lassen müssten. Ohne sie kann unsere Vernunft nicht arbeiten.

„Was ist Wahrheit?" Die berühmte Frage des Pontius Pilatus hat die Philosophen aller Zeiten gereizt. Sie können Kohärenz- und Korrespondenztheorien der Wahrheit, propositionale von performativen Wahrheitsbegriffen unterscheiden. Das aber klärt noch nicht das Verhältnis des einen und einzigen Gottes zu der Art und Weise, wie von ihm geredet und wie in seinem Sinne gehandelt werden soll. Auch gilt es zu beachten, dass zwischen wahr und falsch keine Symmetrie herrscht. Falsifikation, der Nachweis von Betrug und Irrtum, ist prinzipiell immer möglich, Religionskritik am Polytheismus kommt nicht ohne die Entlarvung jener Psycho-Mechanismen aus, denen er sich verdankt. Und ja, die „Götzen" sind dann keine Götter mehr. Sie sind falsch. Eine entscheidende Frage ist nun, ob diese Feststellung in die Ausrufung münden muss, im Besitz der Wahrheit zu sein. Sie muss es nicht!

In diesem Buch soll an vielen Beispielen gezeigt werden, dass die Vorstellung von einem einzigen Gott von Anfang an vom Gedanken der Vorenthaltung (Privatio) gekennzeichnet ist. Deshalb ist terminologisch der Ausdruck „privative Theologie", der traditionellen Rede von „negativer Theologie" vorzuziehen, denn das Proprium der biblischen Theologie ist ja nicht einfach negativ. Im Gegenteil. Die Singularität des Einzigen besteht darin, dass er sich durch das Tetragramm JHWH „Ich bin da" als ein Sonderfall von Wirklichkeit vorstellt. In einem eigenen Kapitel soll gezeigt werden, dass dieser ontologischen Singularität eine sprachlogische entspricht. Der „Name" „Ich bin da" ist einerseits die stärkste denkbare Existenzbehauptung, und sie ist singulär, weil sie andererseits eine komplette Vorenthaltung bedeutet. JHWH ist kein Phänomen in der Welt, von ihm kann es daher auch kein Bild geben, er ist ihr Gegenüber, ihr Schöpfer, die Wirklichkeit der Wirklichkeiten. Der „Name", dessen Träger sich entzieht, ist das Allerheiligste Israels. Deswegen nimmt es ihn nicht in den Mund.

Privative Theologie ist von der Simultaneität von Präsenz und Vorenthaltung bestimmt. Dieses Zugleich bestimmt auch die Art, wie von ihm erzählt werden kann. Ein mystisches Schweigen kann gewiss erhaben sein. Es hätte sich aber auf die Performanz der Vorenthaltung beschränkt. Das Medienpensum des privativen Monotheismus kann so nicht erledigt werden. Es ist vielmehr mit der Frage angegeben: Wie nicht schweigen? Das ruft eine Folge von Bemühungen hervor, welche die Andersheit, die „Alterität" des „Ganz Anderen" (Rudolf Otto) auf die eine oder andere Art markieren. So wird der Begriff „Alteritätsmarkierung", bis man einen schöneren findet, zum Schlüsselwort dieser monotheistischen Mediengeschichte. Martin Buber sprach vom „Umfremden" – auch nicht schlecht. Vielleicht wäre, daran angelehnt das „Einfremden" eine Möglichkeit?

Religion ist mehr als ihre Doktrin. Daher weitet sich im Verlauf der Überlegungen der Blick immer wieder einmal auf den größeren Horizont einer umfassenden Theorie des kommunikativen Handelns. Es beginnt mit einem Paradox: Das sprachphilosophische 20. Jahrhundert hatte eine ganze Anzahl von Versuchen hervorgebracht, mit sprachlichen Mitteln die Grenzen der Wörtersprache sichtbar werden zu lassen. Ernst Cassirers „Theorie der symbolischen Formen" war ein einflussreicher Anlauf, aber auch J.L. Austin hat mit seinem programmatischen Aufsatz: „How to do Things with Words" ein Portal geöffnet. Weil er zeigt, wie wir mit Sprache handeln, wird er mehrfach aufgerufen werden. Im Kielwasser solcher Erkenntnisse ist zum besseren Verständnis biblischer Erzählungen, vor allem der Wundererzählungen, öfter nicht nur vom Handeln mit Sprache, sondern, gleichsam komplementär dazu, auch vom „Sprechen" durch Handeln und von Lehr-performances die Rede. Auch kommt es vor, dass Fakten und Dinge „sprechen", wie man nicht nur bei Walter Benjamin oder Dolf Sternberger lernen konnte, sondern schon bei Jesus, bei dem die Steine sogar schreien (Lk 19,40). Wenn dann nacherzählt wird, was diese nonverbalen „Sprachen" uns mitteilen, dann hat die Wörtersprache und mit ihr die Schrift sie wieder eingefangen. Da ist dann hermeneutische Intelligenz gefragt, und wir sind herausgefordert, unsere Lesekunst auf unterschiedliche Frequenzen einzustellen.

Nach dem ersten entscheidenden Wechsel vom Kultbild zur Kultschrift bildet der zweite Medienwechsel den Höhepunkt in der Entwicklungsgeschichte des Monotheismus. Es wird sich zeigen, dass der Dauerkonflikt Jesu mit den „Grammateis", den Schriftgelehrten, im Kern ein Medienkonflikt war. Weil Jesus als frommer Jude die Schrift nicht frontal angreift, sondern nur überbietet, ist seine Rolle als Schrift- und Medienkritiker nie so recht gesehen worden. Weil er mehr will, als die Schrift kann, geht er anders mit ihr um als die „Grammateis". Damit ändert er auch ihren unantastbaren Status. Paulus ist noch radikaler. Mit seinem Satz *„Denn der Buchstabe tötet, der Geist aber macht lebendig"* (2 Kor 3,6), zieht er die Maske vom zweiten, dem verzerrten Gesicht der Grapholatrie.

Der dichteste Text des Neuen Testaments ist der Prolog des Johannesevangeliums. Er kulminiert in einem zu recht berühmten Vers. Hier bringt der Evangelist den zweiten Medienwechsel knapp und treffend auf den Punkt. Während in der Exodus-Sage Gott mit eigenem Finger Heilige Schrift schreibt, wird das göttliche Wort diesmal nicht Schrift, sondern „Fleisch". Lateinisch lautet der Vers: „Verbum caro factum est" (1,14). So wird „Inkarnation" zum Kernbegriff der medialen Umbesetzung.

Die herausragende Bedeutung, welche die Schrift im rabbinischen Judentum bis heute auszeichnet, hatte sie erst durch die Zerstörung des Jerusalemer Tempels 70 n. Chr. erlangt. Bis dahin wurden dort, so wie auch in den heidnischen Tempeln, täglich blutige Tieropfer dargebracht. Weil Heilige Schrift, die Tora, diese Opfer vorschrieb, war ein offener Konflikt zwischen dem neuen und dem alten Kult, zwischen Grapholatrie und Opferkult, elegant umgangen worden.

Aber es gibt im Alten Testament schon seit den Tagen des Propheten Amos (8. Jh. v. Chr.) eine zunehmende Kritik an der Opferpraxis. Sie ist zutiefst monotheistisch, denn die Wechselwirkschaft zwischen den Göttern, die durch Opfergaben zu einer Gegenleistung veranlasst werden sollen, ist klar polytheistisch. Ihr liegt ein Denken in der Spur des Tauschprinzips zugrunde, das als Basis aller Ökonomie das menschliche Denken durch und durch imprägniert. Der neue Gott Israels dagegen ist kein Tauschpartner. Er ist unbestechlich. Das geht im Buch Ijob so weit, dass er noch nicht einmal durch einen gottgefälligen Lebenswandel beeinflusst werden kann. Die Formel: Wohlverhalten erzeugt Wohlergehen greift dort gerade nicht. Was für eine Vorenthaltung! Der Prophet Jesaja ist es, der den Kernsatz des privativen Monotheismus formuliert: *„Meine Gedanken sind nicht eure Gedanken und eure Wege sind nicht meine Wege – Spruch JHWHs."(55,8).* Auch wenn die Opfer im nachexilischen Jerusalem notdürftig als Gehorsam gegenüber göttlichen Vorschriften uminterpretiert wurden, waren sie im Grunde doch ein handlungssprachlicher Ausdruck des polytheistischen Tauschprinzips geblieben.

Nun aber hatte die Zerstörung des Tempels mit dem Opferkult Schluss gemacht und dem rabbinischen Judentum nur noch den Schriftkult belassen. Die Schrift wurde in der Diaspora sein „portatives Vaterland" (Heinrich Heine) – nicht zu seinem Nachteil. Damit gingen aber auch der inkarnatorische und der grapholatrische Monotheismus endgültig getrennte Wege. Auch wenn sich im Christentum beachtliche Reste der Grapholatrie gehalten haben, ist es, streng genommen, keine Buchreligion, sondern die Religion der Inkarnation.

Diese Untersuchung ist diachronisch, ein grober Längsschnitt durch eine komplexe Geschichte mit Auslassungen und Sprüngen, aber sie folgt dem systematischen Leitfaden der *privativen Theologie*. Sie musste auch manche Frage vertagen, z. B. die nach der Wiederkehr der Bilder im Christentum. An einem Punkt geriet sie ins Vibrieren. Es war eine Entdeckung. Auf den ersten Blick schien sie nicht mehr zu sein als ein Stolperstein. Martin Mosebach hatte mich auf ihn aufmerksam gemacht. Was zunächst nur wie ein Übersetzungsfehler, ein philologisches Fündlein aussah, gewann im Kontext der Mediengeschichte mehr und mehr an Bedeutung.

Aber was heißt hier „Fündlein". Wenn es tatsächlich ein Übersetzungsfehler war, dann war er doch unglaublich! Konnte es sein, dass noch niemand vorher darauf gestoßen war, dass im Vaterunser der Sinn der zentralen, der vierten Bitte nahezu ins Gegenteil verkehrt wurde? Und das im bekanntesten Text der Christenheit, im Vaterunser! Gibt es überhaupt einen bekannteren Text?

Das Staunen wurde nicht kleiner, sondern eher größer, als sich herausstellte, dass doch eine ganze Anzahl von Gelehrten, und dies schon zur Zeit der Kirchenväter, durchaus gestolpert war. Die Einzelheiten bietet das zehnte Kapitel.

Offenbar ist das unbeirrte Festhalten an einer, sagen wir es diplomatisch, „missverständlichen" Gebetspraxis ein weiterer Beleg für das Phänomen der Kultpersistenz, dem wir im Verlauf der Untersuchung noch mehrfach begegnen werden. Wenn es im Christentum einen kultisch gesprochenen Text gibt, dann ist es zuerst das Vaterunser. Es gibt nichts Hartnäckigeres als einen Text dieser Qualität, der by heart, par cœur, auswendig – besser inwendig – gelernt, gekonnt, geübt, gewohnt, sich ins Gedächtnis eingraviert hat. Ihn zu ändern, nur weil man erkannt hat, dass er hinter dem Anspruch zurückgeblieben ist, das Gebet zu sein, „das Jesus uns selber zu beten gelehrt hat", bedürfte einer Kraftanstrengung sondergleichen.

Was hängt davon ab? Sehr viel! Es geht um mehr, als bloß den O-Ton Jesu zu treffen, auch wenn das gewiss nicht unwichtig wäre, um mehr jedenfalls als um ein Fündlein. Es geht um nichts Geringeres als den zweiten Medienwechsel, der sich aus Jesu Kritik am Umgang der „Grammateis" mit der Schrift ergab. Wenn die vierte Bitte nämlich auch nur annähernd richtig übersetzt wird, dann bildet sie das Widerlager der Medienkritik Jesu. In ihr liegt die anarchische Kraft des Monotheismus.

Erste Abteilung:

Die großen Medien –
Kult und Differenz

Kapitel I:
Die Schrift – der Körper der Offenbarung

Die Zeit agitiert das Drama unseres Lebens. Sie verrinnt. Nichts können wir festhalten. Erinnerungen, die das versprechen, fahren mit uns in die Grube. Die Gedanken, die Gefühle, sie gehen wie sie gekommen waren. „Lass sie ziehen!" empfiehlt der Zen-Meister, „Es lohnt sich nicht!" Wer das nicht glaubt, glaubt an die Schrift. Ist sie nicht das Medium, das auf einzigartige Weise die Zeit besiegen kann? Verführerisch ist ihr unhörbarer Befehl: Aufschreiben! Wer schreibt, der bleibt – das ist ihr Lockruf.

Schrift ist das Schicksal des Monotheismus. Ohne sie gäbe es ihn nicht. In ihr aber lauert auch seine größte Gefahr. Zum Zentrum dieses Buches gehört die These, dass die Schrift der entscheidende Katalysator für die Entstehung des biblischen Monotheismus war. Der lag intellektuell in der Luft, früh schon in Echnatons Ägypten, in Persien, in Griechenland vor allem. Um sich wirksam als Religion durchzusetzen, bedurfte es aber eines geeigneten Mediums. Das war die Schrift. Sie kann zaubern. Sie macht, dass in unserem Bewusstsein etwas Abwesendes auf eigentümliche Weise anwesend sein kann. Mit dieser Simultaneität von Abwesenheit und Da-Sein wird der monotheistische Punkt getroffen.

Nach einem längeren Anlauf gelang der Durchbruch in Babylon. Für die aus Jerusalem verschleppten Judäer war das Exil an Euphrat und Tigris eine Katastrophe. Die Folgen aber kann man kaum übertreiben. Glückliches Unglück – die Grundfigur dieser Heilsgeschichte...

Israel oder Griechenland?

Israel und Griechenland – in den beiden Quellgebieten unserer Kultur lag der Monotheismus in der Konsequenz einer aufklärerischen Religionskritik. Es gibt sie sogar zeitgleich hier wie dort. Beide durchschauten auf ähnliche Weise die Götter als selbstgemacht. Und beide hatten sie auch mit der Entwicklung eines Buchstabenalphabets ein neues Medium zur Verfügung, das auf eine bestimmte Weise religiös genutzt werden könnte. Diese Alphabetisierung lieferte zunächst einmal das Zeichenmaterial, das geeignet war, die gesprochene Sprache aus dem Elend ihrer Flüchtigkeit zu befreien. Über die großen Möglichkeiten, die sich daraus ergaben, aber auch über die Gefahren, haben in Griechenland nicht erst Sokrates / Platon und deren Schüler heftig reflektiert. Schon die Dichterin Sappho, in deren Lebenszeit der Übergang von der Oralität in die poetische Literalität sich ereignete, hat in einer großartigen Ununterscheidbarkeit von Poesie und Denken reagiert.

Ungleich näher jedenfalls, als das die älteren, aus Piktogrammen und Glyphen gewachsenen Schriften Mesopotamiens und der Niloase es erlaubten, war man mit den Alphabetschriften der gesprochenen Sprache gekommen. Literatur aus Lettern – diese Medienrevolution hatte neue und ungeahnte Möglichkeiten eröffnet.

Das *hebräische* und das griechische Alphabet unterscheiden sich allerdings in einem wichtigen Punkt: Das hebräische, wie auch die anderen orientalischen Alphabete, besteht nur aus Konsonanten.

Das Patent auf das erste vokalisierte Alphabet halten die Griechen. In vieler Hinsicht bildeten sie die Avantgarde. Alle Laute, auch die Vokale, die Repräsentanten von Vox, der Stimme, hatten eine Entsprechung in eigenen Buchstaben. Das blieb bis heute unüberboten.

Warum in aller Welt setzte sich dann der Monotheismus nicht bei der Avantgarde, nicht in Griechenland, sondern im alten Israel durch? Wir suchen nach den Ursachen. Bevor aber von Israel die Rede sein kann, muss der Suchscheinwerfer noch ein wenig auf Griechenland gerichtet bleiben. Nirgendwo sonst lernen wir so viel über das Wesen der Schrift.

Das Homerische Paradox

Wer von Griechenland und seiner Literatur sprechen will, steht sofort vor der Riesengestalt eines blinden Rhapsoden: Homer. Ihn zu preisen fällt leicht. Seine Wirkungsgeschichte ist unvergleichlich. Sie reicht bis James Joyces „Ulysses" und Botho Strauss' „Ithaka" – Vergil, Dante, Goethe – alle stehen sie im leuchtenden Schatten des ersten großen Stückes

Literatur im alten Griechenland. Umso bemerkenswerter ist das, was ich Homers Paradox nenne. Wir stehen vor einem Medienwunder. Das ganze große Epos vom Zorn des Achill, dem Kampf um Troja, von den Irrfahrten des Odysseus haben wir schriftlich, können es nachlesen, aber was wir dabei heraufrufen, gleicht einer Zeitreise in eine andere Welt. Wir begeben uns in das Zeitalter, in dem die Dichtung nicht als Lektüre vor die Augen, sondern zuallererst vor die Ohren kam. Sie benutzte den kürzesten Weg, vom Mund zum Ohr. Sie war ausschließlich oral. Dichtung, mündlich memoriert, im Rhythmus des Hexameters, ganz ohne Schrift. „By heart" heißt im Englischen das, was man auswendig kann. George Steiner schwärmte 1990 in seinem großen Essay „Von realer Gegenwart"[1] für diese archaische, aber besonders körperliche Art, sich Literatur in- und auswendig anzueignen. Wir lernen: Auswendig ist inwendig. In der Sprache herrscht eine seltsame Spannung zwischen innen und außen. Es fasziniert der Moment, in dem die Wörter geboren werden, den Körper verlassen und nach außen treten. Das ist der *kairós toū lógou*, der treffende „Augenblick des Wortes" (Thukydides)[2]. Da sind die Ohren offen. Der Hörer ist Zeuge einer unübertrefflichen Präsenz. Präsenz ist das Geheimnis der Sänger. In Goethes „Wilhelm Meisters Lehrjahre"[3] heißt es von dem alten Harfner: *„Er trug das Lied mit soviel Leben und Wahrheit vor, dass es schien, als hätte er es in diesem Augenblicke und bei diesem Anlasse gedichtet."*[4]

Zur Entstehungszeit der homerischen Verse war der mündliche Vortrag der Königsweg zur Erzeugung eines besonderen Zeitregiments. Der Sänger herrschte über die Vergangenheit und machte, dass sie nicht vergangen war. Der Zauber dieser Poesie bestand in ihrer absoluten, körpergebundenen Präsenz. Droht ihr nicht ein heimlicher Gegenwartsverlust, wenn sie sich vom Körper löste? Zu immer neuem mündlichem Leben konnte und kann sie bis heute aber nur erweckt werden, weil alsbald das griechische Alphabet so weit entwickelt war, dass sie schriftlich fixiert und in einer medialen Zwischenstation gespeichert werden konnte. Erstmals konservierte ein Zeichensystem die menschliche Sprache so genau, dass Stimme und Hauch, Satzbau, Rhythmus und Melos so wiedergegeben werden konnten, als spräche ein Rhapsode „by heart".

Für Homers Paradox ist auch bezeichnend, dass im Epos selbst, in der abenteuerlichen Welt von Göttern und Menschen, nirgends geschrieben wird. Die Götter waren Analphabeten.[5] Sie hatten die Schrift nicht nötig. Weil er wie die Götter leben wollte, weigerte sich Pythagoras zu schreiben. Bedeutet das umgekehrt, dass die Schrift in einem harmlosen Sinn gottlos war? Von Göttern konnte sie erzählen, viel und lange. War sie selbst deshalb schon heilig? Sie war es nicht – nicht mehr...

Es hatte in der Tat eine frühe Phase gegeben, in der die Buchstaben durchaus eine seltsame, eigene Magie entfaltet hatten. Dass die ägyptischen Glyphen heilig waren, hatte ihnen ja sogar den Namen „*Hiero*glyphen", „heilige Zeichen" eingetragen. In Griechenland aber lässt sich ein Prozess der Säkularisierung beobachten. Es ist ein bemerkenswerter Prozess, der mit einem Funktionswandel der Schrift in der griechischen Welt zusammenhängt.

Weil für uns in der Folge das Gegenteil, nämlich das steile Konzept einer Heiligen Schrift für die Entstehungsgeschichte des Monotheismus so wichtig werden wird, lohnt es sich, diesen Säkularisierungsprozess bei den Griechen noch genauer zu untersuchen. Während Israel die Schrift sakralisiert, beobachten wir in Hellas das genaue Gegenteil. Ausgerechnet in der avancierten Kultur, die als erste ein Alphabet mit Vokalen kennt und damit dem gesprochenen Wort am nächsten kommt, verliert die Schrift mehr und mehr ihre Aura und ihren magischen Zauber. Womöglich gerade deswegen? Die Schrift gar als Kultobjekt zu verehren, ist in Griechenland niemandem eingefallen. Genau das aber, der kultische Umgang mit einer Gottesschrift, hat für die Ausbildung des Monotheismus im alten Israel eine Schlüsselrolle gespielt. Ansonsten waren sich Jerusalem und Athen keineswegs so fremd, wie das manche Theologen behaupten. Sie hatten sogar verblüffende Gemeinsamkeiten.

Die Rolle des Kults

Jan Assmann hat Recht: Die „Mosaische Entgegensetzung", später „Unterscheidung"[6], wie er den Durchbruch zum Monotheismus nennt, war ein Schwellenereignis der Religionsgeschichte. Aber kann man überhaupt von einem Durchbruch sprechen? Große Einsichten kommen in der Tat oft schlagartig. Sie sind „Plötzlichkeiten" (Karl-Heinz Bohrer). Da fährt ein Erkenntnisblitz aus den Wolken, jemand fällt aus all denselben, manchen fällt es „wie Schuppen von den Augen", und fallen kann auch der Groschen. Das dürfte wohl in der Gründungsphase des Monotheismus bei einzelnen Intellektuellen, Philosophen und Propheten tatsächlich so gewesen sein, denn Aufklärung und Erkenntnis spielen für die Genese des Monotheismus eine zentrale Rolle. Bis sich das dann herumgesprochen, verbreitet und am Ende durchgesetzt hat, das kann freilich dauern. Es kann auch ganz unterbleiben oder wie im Falle des Pharao Echnaton, von dem noch zu reden sein wird, eine Episode bleiben.

Erkenntnis hat tatsächlich ihr Initial immer erst einmal im Kopf eines Einzelnen, dann kann sie überspringen und andere, vielleicht weniger intellektuelle Köpfe überzeugen. Ihr Schicksal entscheidet sich an der Frage, ob sie überindividuell und kulturprägend werden kann. Wirklich wirksam ist sie erst dann geworden, wenn sie mehr geworden ist als das Ergebnis einer kalten Analyse. Wenn Herz und Verstand sich verbinden, dann kann Erkenntnis sogar zum Treibsatz einer Gemeinschaft oder Ethnie werden, die mit dieser Erkenntnis Feste feiert, ihre soziale Kohäsion oder gar ihre Identität mit ihr verbindet.

Für die Entstehung des Monotheismus hing viel, wenn nicht alles davon ab, dass es gelang, die kritischen Einsichten des Verstandes mit den kultischen Bedürfnissen einer Gesellschaft zu verbinden. Intellektuelle neigen dazu, den Verstand und die Sprache, in der er sich artikuliert, für die einzig wichtigen Triebkräfte des Bewusstseins zu halten. Wenn es um Religion geht, stellen sie fast immer die Doktrin in den Vordergrund. Die Bedeutung des Kults und seiner Traditionen wird regelmäßig von denen unterschätzt, die ihn nicht wirklich kennen, oder die sich über ihn mit dem Hochgefühl der Emanzipierten erhoben haben. Für die Entstehung des Monotheismus jedoch gilt: Schrift und Kult mussten sich erst zusammentun, um den entscheidenden Schritt zu gehen. Die Kultschrift war das Medium, auf das es ankam. Und es war Israel und nicht Griechenland, das es nutzte.

Die Gründe

Dass eine phonetische Schrift, die wegen ihrer Nähe zum gesprochenen Wort immer mehr die Farbe der Alltäglichkeit annimmt, einen Säkularisierungsprozess durchmacht, ist sehr plausibel. Und dass eine Schrift, die zum Alltag Abstand hält, sich nach derselben Logik leichter sakralisieren lässt, ist ebenso plausibel. Dass die Schrift in Israel zum Kultobjekt werden konnte, hat auch den handfesten Grund, dass ihr Alphabet rein konsonantisch ist. Hebräische Schrift wahrt die Distanz. Wir steuern hier auf eine besondere Pointe zu: So sehr das vokalisierte griechische Alphabet für fast alle anderen Funktionen, die eine fixierte Sprache haben kann, mehr leistete als die konsonantischen orientalischen Schriften, so sehr machte dieser Vorzug es untauglich, zu einer Heiligen Schrift, zum Kultobjekt zu werden. Die aber – das ist meine These – wurde gebraucht, wenn es darum ging, den Bilderkult der Polytheisten durch den monotheistischen Schriftkult zu ersetzen. Für den Durchbruch zum Monotheismus wurde ein kultfähiges Alphabet benötigt. Als die hebräische Schrift als Heilige Schrift diese Schlüsselfunktion übernahm, war sie schon in alteritären Glanz getaucht. Die fehlende Vokalisation hielt sie auf Abstand zur profanen Welt. Als sich die Kanonbildung des Tanach,[7] der hebräischen Bibel, die mit ihrer Sakralisierung einherging, in Etappen[8] vollzog, sprach und schrieb man im Alltag schon längst aramäisch. Althebräisch hörte das Volk in der Tonart von Heiligkeit, wie eine Kirchensprache. Wie auch in den späteren Kirchensprachen erlaubte diese zweite formale Differenzgarantie, ihre Antiquiertheit, der hebräischen Heiligen Schrift, den Unterschied von sakral und profan zu markieren.[9]

Zur Religion hatte die Schrift in Griechenland ein rein referentielles Verhältnis. Das heißt, sie konnte, wie alle Themen, selbstverständlich auch religiöse behandeln. Selbstverständlich konnte man auch Gebete und Hymnen aufschreiben, eines aber konnte die avancierte Schrift nicht mehr sein: ein Gottesmedium im starken Sinn. Während die olympischen Götter es nicht nötig hatten zu schreiben, tritt Gott im Alten Testament als Autor auf. Hier wird die Schrift zum Körper der Offenbarung.

Es lohnt sich, diese Entwicklung in Griechenland genauer zu verfolgen. Es lohnt sich aber vor allem deswegen, weil hier die Reflexion auf Schrift, auf das, was sie kann und auch auf das, wozu sie uns verführt, einen ersten Höhepunkt erreichte.

Schrift – woher kommt sie? Seit wann gibt es sie?

Über ein Medium lernen wir schon viel, wenn wir die Phase seiner Entstehung betrachten. Lässt man einmal Asien außer Betracht, bilden die großen Flussoasen, das Niltal und Mesopotamien, das Zweistromland, den fruchtbaren Boden, aus dem in unserer Hemisphäre Schrift hervorging. An Euphrat und Tigris entsteht die Keilschrift. Um 3300 v. Chr. fangen die Sumerer an, mit einem dreieckig geschnittenen Schilfrohr in weichen Ton keilförmige Schriftzeichen zu drücken. Zum Glück gehören die beschriebenen Kissen oder Täfelchen, sind sie erst einmal gebrannt, zum Haltbarsten, worauf man je geschrieben hat. Fast alles, was wir über die so wichtigen Kulturen der Keilschrift wissen, konnten die Forscher auf den Täfelchen nachlesen. Hethiter, Babylonier, Akkader, Assyrer und Perser nutzten diese Schrift jeweils für ihre Sprache. Wofür wurde sie gebraucht? Welche Funktion hatte sie? Nicht nur eine: Man benötigte sie für das Steuerwesen und den Kataster; Verzeichnisse, Namenslisten, Verträge, auch Hymnen und Mythen wurden festgehalten. Vom Gilgamesch-Epos haben sich beachtliche Fragmente in breiter Streuung erhalten.

Der zweite große Quellfluss für eine Schriftentwicklung ist der Nil. In seiner langen Flussoase entwickelten sich seit ca. 3200 v. Chr., also zeitlich fast genau parallel zur Keilschrift, die Hieroglyphen. Auf Papyrus, Leder, Leinen und in Granit gemeißelt, machen sie uns, seit man sie wieder lesen kann, mit der faszinierenden Welt des Alten Ägypten bekannt. Es ist spektakulär, was wir alles von dieser untergegangenen Kultur wissen. Wir kennen nicht nur die Abfolge der Reiche mit allen Dynastien und Pharaonen, mit ihren Göttern und ihrem eindrucksvollen Totenkult, wir erfahren auch viel über das Alltagsleben der Menschen am Nil. Für Sigmund Freud und, in seiner Spur, für den Ägyptologen Jan Assmann, ist vor allem der Pharao Amenophis IV., alias Echnaton, ein Aufreger gewesen, der eine frühe Form des Monotheismus durchsetzen wollte. Sie überlebte freilich nicht die Zeit seiner Regentschaft.

Die Kunst, Hieroglyphen zu lesen, war zwischenzeitlich vollständig verlorengegangen. Die letzte Inschrift wird auf 394 n. Chr. datiert. Aus guten Gründen hatten die überlegenen Alphabete, das griechische und das lateinische, sich durchgesetzt. Der breite Fluss eines reichen Schriftsystems, das zu seinen besten Zeiten aus mehreren hundert Zeichen bestand, war versiegt. Das griechische Alphabet hatte nur 24 Buchstaben. Es war einfach praktischer.

Während Napoleons Ägyptenfeldzug fand man in der Nähe der Stadt Rosetta einen Stein, auf dem eine Inschrift in drei synoptisch untereinander angeordneten Spalten zu lesen war[10]: Hieroglyphen, Demotisch, das ist die dazugehörige Schreibschrift, und Griechisch. Es dauerte dann ein paar Jahre, aber 1822 hatte Jean François Champollion die Hieroglyphen vollständig entziffert.

Die gesprochene Sprache ist so alt wie die Menschheit. Aber gegenüber dem Bild ist die Schrift in der Geschichte von homo sapiens sapiens das weitaus jüngere Medium. So ist es nicht verwunderlich, dass am Anfang der Schriftentwicklung, sowohl bei der Keilschrift wie auch bei den Hieroglyphen, Bilder standen. Den Hieroglyphen kann man diese Herkunft noch deutlich ansehen: Wir erkennen Falken, Wachteln, Eulen, Hasen, Schlangen. Für die Entzifferung war dies lange ein Hindernis, weil man versucht war, eine unmittelbare Korrespondenz zwischen den Bildzeichen und Falken, Wachteln, Eulen, Hasen und Schlangen herzustellen. Erst als man erkannte, dass es sich um Phonogramme von Konsonanten (auch hier gibt es keine Vokale) handelte, um Ideogramme, Bildzeichen für ein bestimmtes Wort oder um Determinative, Deutezeichen, die Eindeutigkeit herstellen, kam man der Entschlüsselung näher.

Auch die Keilschrift ging aus Piktogrammen, also einfachen Bildzeichen hervor, aber sie blieben doch auf Distanz zum gesprochenen Wort. Beide Systeme hatten zwar eine Tendenz zur Phonetisierung, das heißt, zu einer immer eindeutigeren Korrespondenz mit Wörtern der gesprochenen Sprache, aber ohne Vokale blieben sie doch auf Distanz zum gesprochenen Wort.

Ein entscheidender Schritt in der Schriftentwicklung war die Entwicklung der Alphabete. Hier entsprach den einzelnen Buchstaben jeweils ein Laut (Phonem). Auf diese Weise konnte man mit vergleichsweise wenigen Zeichen jedes gesprochene Wort erfassen. Auch die Buchstaben hatten sich bei den Phöniziern aus Piktogrammen entwickelt, die aber alsbald ihre Bildqualität eingebüßt hatten. Eine Vorform des Alphabets in Keilschrift hat man in Ugarit gefunden.

Erstmals Vokale: Kleine Ursachen große Folgen

Den Griechen war, aufbauend auf phönizische Vorläufer, ein Durchbruch in der Schriftentwicklung gelungen. Auf den ersten Blick sieht er wie ein eher bescheidener kleiner Schritt aus. Aus dem Abstand betrachtet, sollte er sich aber als höchst folgenreich erweisen. Das griechische Alphabet enthielt erstmals sechs Vokale und versorgte damit auch Vox, die Stimme mit Buchstaben. Zusammen mit 18 anderen, war dieses Alphabet das erste, das in der Lage war, die gesprochene Sprache eins zu eins wiederzugeben. Mit seinen 24 Buchstaben existiert es seit dem 9. Jahrhundert v. Chr. Alles Gesprochene, nicht nur erhabene Inschriften, Gesetze und Dichtungen, auch Prosa und alltägliche Reden konnten nun aufgeschrieben werden. Für den Übergang von der reinen Oralität zur Literalität eröffneten sich nun ganz neue Möglichkeiten, die erst nach und nach ins Blickfeld gerieten.

Ein protokanaanäisches Alphabet hatte sich ca. 1600 v. Chr. herausgebildet und bestand aus 27 Zeichen. Aus ihm entwickelte sich schließlich das althebräische Alphabet mit seinen 22 Buchstaben, das erste vollständige Alphabet der Geschichte. Vokale kennt es freilich nicht. In ihm wurde die hebräische Bibel abgefasst.

Ein Alphabet konnte jeder lernen. Die ständig wachsende Zahl der Hieroglyphen, am Ende waren es über 7.000, waren einer Elite von Schreibern, Gelehrten oder Priestern vorbehalten. Die Alphabete machten die Schrift weiteren Bevölkerungsschichten zugänglich. Durch ihre Annäherung an die gesprochene Sprache gewannen sie eine herausragende kulturelle Bedeutung.

Die zwei Körper der Literatur

Es ist eigentlich erstaunlich, wie lange es gedauert hat, bis die rezitierte Dichtung schriftlich festgehalten und damit zur Literatur werden konnte. Die Griechen, bei denen wir diesen Prozess am besten studieren können, haben ihn intensiv reflektiert. Mit den Gesängen Homers balancieren wir auf dem kulturhistorischen Grat zwischen Oralität und Literalität. Auf der einen Seite erstreckt sich die alte Welt der oralen Dichtung, das Reich der Mnemosyne. Wir bewohnen es, solange wir nicht dement sind, immer noch. Mnemosyne, das Gedächtnis, ist der Lebensraum des Geistes. Es kann uns reich machen. *„Omnia mea mecum porto",* *„Alles was ich besitze, trage ich bei mir"* soll Bias von Priene, einer der sieben Weisen gesagt haben, als er aus seiner Heimat fliehen musste. Ethnologen wissen von Höchstleistungen, zu denen das menschliche Gedächtnis in illiteraten Kulturen fähig ist. Im Gedächtnis lebt die Dichtung in Latenz und wartet darauf, sich über lebendigen Atem und Stimme Gehör zu verschaffen. In der Welt der alten Rhapsoden und Erzähler mit ihrem Publikum, das wir uns in unserer romantisierenden Vorstellung um ein abendliches Herdfeuer versammelt denken, ist Dichtung hörbar und körperlich präsent, erst einmal nur hier.

Auf der anderen Seite das Neue und Unerhörte: Literatur als Schrift, losgelöst vom Körper, stimmlos und tot. Aber was heißt hier tot? Jeder Leser kann sie jederzeit wieder zu Klang und Leben erwecken. In der Antike las man laut. Mit Hilfe der *litterae*, der Buchstaben, werden fortan die Dichter noch ein wenig unsterblicher als sie es, berühmt von Mund zu Mund, bislang schon waren. Auch Buchstaben sind nicht der Zeit enthoben. Aber sie können so tun. Kann die Schrift Zeit besiegen?

Mit einer schönen Steigerungsformel hebt Homer im ersten Gesang der Odyssee jenen Vers hervor, mit dem Zeus, der Wolkentürmer, zum ersten Mal seine Stimme erhebt, indem er zu Athene spricht: *„Mein Kind, welch ein Wort entfloh dem Zaun deiner Zähne".*[11] Mit dieser immer wiederkehrenden metasprachlichen Formel trifft er die Eigenart aller Mündlichkeit genau. Die Flucht des geflügelten Wortes zeigt das Doppelgesicht der gesprochenen Sprache. Sie trennt sich vom Sprecher, wird irreversibel, kennt, so wie die Zeit nur eine Richtung kennt, den Rückweg nicht mehr. Worte, einmal „in die Welt gesetzt" und entlassen, haben sich selbständig gemacht. So sehr sich da einer „auf die Zunge beißt", wenn der Mund nicht gehalten, das Versprechen gegeben, das Geheimnis verraten, die Beleidigung ausgesprochen wurde, dergleichen wieder „aus der Welt zu schaffen", wird nicht leicht sein, genau genommen, ist es unmöglich. Der Zaun versperrt den Rückweg.

Schon die gesprochene Sprache ist ein Teil der Welt, ein akustisches Etwas geworden. Fluch- und Segensworte, Zusagen und Versprechen sind schon deutlich mehr als das Geplapper, das im Wind verweht. Wieviel mehr erst die Schrift. Sie ist die stärkere Objektivation, ein echtes

Objekt, das auf einer materiellen Unterlage haftet. Anders als das verklingende Wort kann es sich vom Ort seiner Entstehung und aus seiner Zeit wegbewegen, sich selbständig machen. Später wird es heißen: „*Habent sua fata libelli.*", „*Es haben die Bücher ihre Schicksale.*"[12] Das gilt für alles Geschriebene. Ein Wort, das im Augenblick seiner Entstehung vom Glanz der Präsenz umgeben war, sollte dauern. Man schrieb es auf, wollte so die Zeit besiegen. Doch was war das für ein Sieg? Längst sind die Münder, die gesprochen haben, tot und vergangen. Aber nun hat das Gesprochene einen neuen Körper bekommen: die Schrift. Was einmal gedacht, gefühlt und dann aufgeschrieben wurde, kann Bibliotheken füllen. Was für ein Schatz! Kostbar – aber radikal gestrig. Alles, was je geschrieben wurde, was heute geschrieben und was in Zukunft geschrieben werden wird, wird einmal von gestern sein. Nur scheinbar ist die Zeit besiegt. Manchmal rächt sie sich und macht das Geschriebene ungültig oder geradezu falsch.

Sappho: Prima le parole – poi la scrittura

Die bewunderte Dichterin Sappho war, wie viele ihrer Zeitgenossen, von der neuen Möglichkeit, Poesie zu fixieren, fasziniert. Sie wurde regelrecht davon umgetrieben, denn der Umbruch fiel in ihre Lebenszeit (ca. 630 – ca. 570 v. Chr.). In einem anrührenden Gedicht reflektiert sie melancholisch die Tatsache, dass die Buchstaben, ihre „Kinder", sie selbst überleben würden. Der Gedanke an das, was die Schrift kann, das Gesprochene und Gesungene mit Hauch und Vokal festzuhalten, so dass es wieder belebt werden kann, wenn sie schon längst tot sein würde, wird für Sappho zu einem Memento mori. Sie selbst ist sterblich, ihre Schrift nicht. Ihr Gedicht wird sie überleben. Es wird sie, so könnten wir sie trösten, unsterblich machen – eine Zeitlang jedenfalls, immerhin bis heute.

Gedichte und Gesänge aufzuschreiben war bis dahin keineswegs üblich. Erst jetzt begann man mit „Transkriptionen", so nennt Jesper Svenbro[13] die neue Sitte. Der mündliche Vortrag hatte einem Gedicht oder Epos seine primäre und wirkliche Präsenz gegeben. Die Transkription war nur der schwache Ersatz für den in der ersten Person sprechenden Dichter oder Sänger. Das aufgeschriebene Gedicht war in dieser Zeit gegenüber der gesungen vorgetragenen Lyrik etwas Zweitbestes, so wie für uns der Mitschnitt eines Live-Konzertes etwas Zweitbestes ist. Prima le parole – poi la scrittura.[14] Erst kommen die Wörter, danach erst die Schrift. Nur der mündliche Vortrag erzeugt den Zauber der Geistesgegenwart. Daher musste Homer, der große Sänger, blind gewesen sein.

Der Zauber: hieratische Schrift

Interessant ist, dass in der archaischen Zeit, in Weihetexten oder auf Grab- und Denkmälern die Inschriften so tun, als sprächen sie. Das gilt auch für Aufschriften. Bei Ausgrabungen in Olympia fand man die Werkstatt des Phidias, der dort seine berühmte Zeusstatue, eines der sieben Weltwunder, fertigte. Man konnte sie anhand eines Keramikbechers identifizieren, auf dem zu lesen war: *„Pheidíou eimí"*, *„Ich gehöre dem Phidias"*. Wer spricht hier? Der Verfasser der Schrift oder der Gegenstand, den er sprechen lässt?

Die berühmtesten Inschriften im alten Griechenland sind zweifellos die beiden Sprüche aus Delphi. Der eine, Gnôthi seautón, *„Erkenne dich selbst"*, stand auf dem Apollotempel. Auch der andere wird dem delphischen Apoll zugeschrieben: Méden ágan, *„Nichts im Übermaß."*[15]

Uns interessiert hier der abwesende Apoll. Dass der ursprüngliche Quell der Weisheit im Dunkel der Abwesenheit verharrt, ist keine Ausnahme. Es ist sogar üblich. Weihesprüche oder andere erhabene Worte, die sich in Inschriften an den vorübergehenden Fremdling richten, den „Wanderer" etwa, der in der Heldeninschrift zum Gedenken der Gefallenen bei den Thermopylen direkt angesprochen wird, gewinnen dadurch ihre Aura, dass die Schrift ihren Autor vorenthält und verschweigt. Das ist immer so. Auf dieser Abwesenheit, zusammen mit der Anmutung von Dauer, beruht die magische Kraft der Inschriften. Von heiliger Schrift muss man noch nicht sprechen, aber das Momentum des Entzugs, das im abwesenden Verfasser enthalten ist, gibt den Inschriften einen sublimen Glanz. In der Simultaneität von Präsenz und Entzug schlummert das sakrale Potential des Mediums. Im Fall der Thermopylen-Inschrift begegnet uns die Macht der Worte gleich zweimal. Wieder können wir fragen: Wer spricht hier eigentlich? Das Distichon des Simonides von Keos kennen wir in der Übersetzung von Friedrich Schiller: *„Wanderer kommst du nach Sparta, verkündige dorten / Du habest uns hier liegen gese-*

hen, wie das Gesetz es befahl." Die wörtliche Übersetzung lautet: „*O Frem-der, verkünde den Lakedaimoniern (Spartanern E.N.), dass wir hier liegen, den Worten jener gehorsam.*" Das heißt, man hat nicht einfach den Spartanern gehorcht, deren oberste Befehlsinstanz hat ja in der Person des Königs Leonidas bis zum Tode selbst mitgekämpft, sondern „*den Worten jener*", d. h. der Spartaner. Zwischen Spartanern und Spartanern haben sich de-ren eigene Worte zur Kommandozentrale verdichtet. Die Instanz, der man gehorsam war, hieß „die Worte". Schon Cicero und in seinem Ge-folge auch Schiller machen aus den „Worten" ein „Gesetz". Das ist auch nicht ganz falsch. Gemeint ist wohl eher ein feierlicher Beschluss, jeden-falls etwas überindividuell unverrückbar und numinos Wirkendes.

Diese Konstellation, dass sich ein Gesetz, dessen Entstehung und Set-zung wir immer noch mit bezeichnender Treffsicherheit als „Verabschie-dung" bezeichnen, von seinen Urhebern entfernt und verselbständigt, zeigt uns in schöner Klarheit, was Objektivation bedeuten kann. Es gibt wenig Texte, die kraftvoller wirken als Gesetze. Buchstaben können re-gieren, sie haben Macht. An ihnen kommt keiner vorbei. Alle kennen wir die Szene, in der ein Richter einen Angeklagten, der vom Schicksal gebeu-telt wurde, am liebsten – wenn es nach ihm und den mildernden Umstän-den ginge – in eine Erholungskur schicken würde. Er muss ihn aber doch zu einer Mindeststrafe verurteilen, weil das Gesetz ihn dazu zwingt.

Die Sache hat etwas Magisches. Die Schrift als vom Urheber getrenn-te fixierte Sprache macht sich selbständig und fungiert als Äquivalent zu einer sprechenden Person. Der abwesende Verfasser ist auf seltsame Art doch anwesend. Was er als lebendiger Sprecher in das Bewusstsein des Hörers transportiert hätte, gelangt durch das tote Medium an das-selbe Ziel. Wir, die wir mit Literalität imprägniert sind, halten das für das Normalste von der Welt. Dass das nicht immer so war, müssen wir uns eigens klar machen.

Die Inschrift nimmt von der gesprochenen Sprache deren Wirk-kraft mit. Dass Inschriften auf Grab- und Denkmälern, Gebäuden oder Gegenständen im alten Griechenland so tun, als seien sie Personen, die den Betrachter anreden, zeigt, wie sehr das Gefühl für das Eigenleben der Inschriften ausgeprägt war, längst bevor literarische Texte so tun konnten, als spräche der Erzähler selbst. Die frühe Frequenz, auf die der Rezipient im Umgang mit Schrift eingestellt war, ist die magische. Es ist die Frequenz der ersten Person Singular bei gleichzeitiger Abwesenheit einer wirklichen Person. Indem sie dem Medium personale Qualitäten verleiht, wertet sie es auf. Was die Inschriften so stark macht und ihnen eine magische Kraft verleiht, ist ihre dauerhafte Präsenz. Sie geben sich als Sieger über die Zeit.

Wem dieser Umstand für die Behauptung einer Fermentierung der in Inschriften objektivierten Sprache mit Magie nicht ausreicht, der wird sie den berüchtigten Defixia, den Fluchtäfelchen, nicht absprechen können. Verfluchungen und Verwünschungen wurden in Bleitäfelchen eingeritzt und bei Tempeln oder Gräbern vergraben. Sie waren in der römisch-griechischen Welt weit verbreitet. Man kennt etwa 1600 von ihnen.[16] In Rom stand das Abfassen von Fluchtäfelchen unter schwerer Strafe. Dies belegt zweierlei: Erstens, sie waren üblich und verbreitet. Etwas, was nur ausnahmsweise vorkommt, muss man nicht mit einer öffentlichen und drastischen Strafandrohung versehen. Und zweitens, man glaubte an ihre Wirksamkeit.

Der Grat wird überschritten

Wenn wir bei dem Bild eines Gebirgsgrats zwischen einem Zeitalter oraler Dichtung und unserer Welt der literalen Literatur bleiben, stolpern wir zwar über den letzteren Ausdruck, aber doch nur, wenn wir den oralen Vorlauf vergessen haben. „Literale Literatur" ist keine Tautologie, eben weil es die orale gab und (neuerdings wieder in den Poetik-Slams) gibt. Sie ist historisch und genetisch früher als jene. Prima le parole…

Auf den ersten Blick irritiert der Umstand, dass, lange bevor die Schrift zum Hauptmedium der Dichtung wurde, das Alphabet mitsamt Vokalen und Spiritus, den Hauchzeichen, schon existierte. Man hat es zunächst, den Konsonantenschriften vergleichbar, nur für Inschriften, Gesetzestexte, Listen etc. verwendet. Es brauchte offenbar eine längere Zeit, bis ihre Affinität zur gesprochen Sprache auch genutzt wurde. Die Schriftmagie hatte Tradition. Svenbro hält das für eine „fixe Idee", die er analysiert, deren Hintergrund er aber nicht weiter beleuchtet. Diese „fixe Idee" besteht darin, dass der beschriftete Gegenstand (wie der Becher des Phidias) sich selbst in der ersten Person bezeichnet, während der Schreiber für sich die dritte Person gebraucht.[17] Svenbro kann Belege für die Überschreitung des Grats anführen. Er nennt Hekataios, Herodot und Thukydides, drei Historiker und Prosaisten. Hier treffen wir genau auf die Nahtstelle zwischen einem magischen und einem, wenn man so will, säkularen Verständnis der Schrift, das wir seitdem für das normale halten. Alle drei Historiker lassen zwar noch ihre Schriften in der traditionellen dritten Person beginnen, wechseln aber von einem Satz auf den anderen in die uns inzwischen so vertraute erste Person. Herodot: *„Dies ist die Darlegung der Erkundung des Herodot aus Halikarnaß"* um dann fortzufahren: *„Ich aber..."*[18]

So legt die Grammatik die Spur, die uns auf einen Funktionswandel der Schrift aufmerksam macht. Die Frage nach der Funktion, also danach, wozu und zu welchem Ende geschrieben wird, ist die Schlüsselfrage. Hier kann sie auf das Problem der „fixen Idee" zugespitzt werden, die bei den vorliterarischen Texten in der archaischen Phase dazu geführt hat, dass die Inschriften Personen simulieren, wenn sie ihre Leser ansprechen. Welchem Zweck dienten sie?

Wer spricht?

Wer spricht auf Grabmälern, auf Denkmälern, Tempeln, Gefäßen? Immer ist die sprechende Instanz auf seltsame Weise abwesend anwesend. Dieser personenanaloge Sprechakt der Schrift – oder sollen wir gleich von einem „Schriftakt" sprechen? – ist ein mysteriöses Geschehen, das zu mysteriösen Anlässen passt. Für die Prosatexte der Geschichtsschreiber jedenfalls passt er nicht mehr. Die Schrift hat keine alteritäre Aura mehr. Sie ist prosaisch und säkular. Es ist nicht mehr sie selbst, ein sinntragendes Ding in der Welt, das auf zauberische Weise „spricht" und ihren Verfasser in die Abwesenheit verweist. Sie hat aufgehört, zwittrig zwischen Subjekt und Objekt zu changieren, sie ist einfach das Medium eines Verfassers, dessen Abwesenheit keine numinose Energie mehr abstrahlt. Das Medium gibt sich statusehrlich als Medium zu erkennen und gibt nicht mehr vor, selbst zu sprechen. Die Schrift ist entzaubert.

Dieser Funktionswandel erzeugt Fragen. Auch der Übergang von der Oralität zur Literarität wird im Heimatland der Philosophie mit einem hohen Grad an Bewusstheit von Reflexion und Kritik begleitet. Sapphos Gedicht belegt, dass man in Griechenland von Anfang an scharf beobachtete, was die Schrift sowohl mit ihren Verfassern wie auch mit ihren Adressaten machte. Wer Lyrik aufschrieb, hatte der Schrift noch einen sublimen auratischen Nimbus belassen. Wer Prosa notierte, hatte den Prozess der Säkularisierung weiter vorangetrieben.

Der Übergang von Oralität zur Literalität war ohne Zweifel ein Durchbruch. Das Medium erschloss sich neue Nutzbarkeiten, insofern durchaus vergleichbar mit dem www, dem Netz unserer Tage. Wer von einer Kulturschwelle spricht, die da überschritten wurde, übertreibt nicht. Die Schrift eroberte den Alltag. Buchstaben erschienen nicht mehr nur in sublimer Erhabenheit in Stein gemeißelt auf Gesetzestafeln, Grabmälern und Tempeln, nun wurden sie inflationär auf Papyri, Wachstäfelchen und andere billigere Unterlagen gekritzelt. Sie wurden normal und gewöhnlich und hörten auf zu zaubern. Ihre Aura und ihre erhabene Anmutung ging, ganz nach dem Gesetz des knappen Gutes, verloren: Was reichlich vorhanden ist, wird billig, man könnte auch sagen profan. Nur was selten ist, wird kostbar, wertvoll und edel.

Schriftskepsis: Sokrates, Platon

Das alles sieht nach einem Siegeszug des jungen Mediums aus. Kaum aber hat sich die Schrift als Sprech-Äquivalent mit seinen neuen Möglichkeiten durchgesetzt, erhebt sich prominenter Einspruch: Sokrates, den das Delphische Orakel als den weisesten aller Menschen benannt hatte, benutzt sie nicht nur nicht, er markiert scharf ihre Grenzen. Das, worauf es ihm ankommt, kann sie nicht erfassen. Sokrates war bewusst kein Schriftsteller. Sokrates hat, wie Jesus, überhaupt nichts schriftlich hinterlassen. Diese Parallele ist kein Zufall. Was wir von ihm wissen, verdanken wir ein wenig dem Xenophon und vor allem Platon. Weil die Hand, welche seine Schriftkritik niederschrieb, nicht zu dem Mund gehört, der sie aussprach, ist Sokrates auch keine Inkonsequenz nachzuweisen. Platon schreibt, Sokrates, der Niemalsschreiber, spricht. Der Weise des mündlichen Wortes, der Weise des sprechenden Augenblicks hatte einen Sekretär – diese Arbeitsteilung verhindert das, was unsere Diskurslyrik einen performativen Selbstwiderspruch nennt.

Die Platonischen Dialoge haben einen eigenen Reiz. Dass es immer Dialoge sind, also ein mündliches Hin und Her, in dem Sokrates als Held der Mündlichkeit auftritt, ist natürlich kein Zufall. Bevor Platon / Sokrates sich dem Thema Schrift widmen, legen sie sich mit den Sophisten an, die das gesprochene Wort zum Instrument des politischen Erfolgs gemacht hatten. Für diese Rhetoriktrainer war Weisheit ein rhetorisches Knowhow, und sie bezeichneten sich als „Sophisten", als Weisheitsexperten. Anders der apollinische Weise, der sich erstmals „Philosoph", „Freund der Weisheit" nennt. Sokrates machte das Wort zu einem Instrument, mit dem er sie und andere „Experten" auflaufen ließ. Er nahm sie beim Wort. In seinen Dialogen scheint er radikal dem Grundprinzip zu folgen, wonach die Erkenntnis nur über das in Definitionen objektivierte Wort zu gewinnen sei. Was einer zu können und zu wissen vorgab, das musste er auch definieren, d. h. widerspruchsfrei in Worte fassen können. Lógon didónai: Vernunftgründe sollte derjenige angeben können, der behauptete, etwas zu wissen.

Die Dialoge ähneln einander in einem Punkt. Immer wieder stellt sich heraus, dass die Fachleute, das, wovon sie angeblich etwas verstanden, nicht definieren konnten und sich in Widersprüche verwickelten. Der Feldherr Laches, den alle für tapfer hielten und der doch eigentlich wissen musste, was Tapferkeit ist, kann sie nicht in Worte fassen. Auch andere Experten versagten nach demselben Muster. Am Ende des schriftlichen Dialogs stand oft genug die Aporie, wörtlich die „Weglosigkeit".

Doch Platon ist kein nihilistischer Skeptiker

Sokrates bezeichnet das, was er mit Worten veranstaltet, ausdrücklich als Spiel. In einem seiner Dialoge treibt er den Theätet in die Enge. Er mischt falsche und richtige Argumente, offene und hinterlistige. Dieses literarische Arrangement rechnet mit einem kritischen Leser.[19] Der soll das Spiel durchschauen, soll also dem Sokrates gleichzeitig über die Schulter schauen, wie dieser den Theätet aufs Glatteis führt. Plötzlich spielt nicht nur Sokrates mit Theätet, sondern Platon mit seinem Leser. Durch die literarische Form des Dialogs erzeugt Platon bei diesem erst den eigentlichen Erkenntnisvorgang.[20] Platon hat nachweislich an die Leser seiner Dialoge gedacht. Der Leser kann aus dem Setting die richtigen Schlüsse ziehen. Das Produkt der Erkenntnis hat der Text durchaus planvoll miterzeugt, in ihm selbst erscheint es aber nicht. Was er an Erkenntnis heraustreibt, ist mehr als eine geschriebene Lehre. Der eigentliche Erkenntnisakt hat seinen Ort also nicht im Medium Schrift, in dem der Redefluss geronnen und ausgehärtet ist. Platon / Sokrates machen Ernst mit der metasprachlichen Erkenntnis, dass schon die mündlichen Wörter Objekte sind, die dem Subjekt äußerlich geworden sind, wieviel mehr erst die Schrift, der man das auch ansieht. Der eigentliche Ort der Erkenntnis ist innen, in der „Seele". Schon die Definitionen, mit denen Platon den Sokrates sein Spiel treiben lässt, geben deutlich zu erkennen, wie sie den, der sie ausgesprochen und dann auch den, der ihnen zugestimmt hat, festlegen. Oft genug führen sie die Dialogpartner dorthin, wohin sie nicht wollen: In die Aporie. Wieder wird uns vorgeführt, wie innen und außen sich voneinander entfernt haben.

Im „Phaidros" greift Sokrates auf das zurück, was Svenbro als „fixe Idee" der Griechen erkannt hat, von der sie sich nur langsam verabschiedeten. Sie waren daran gewöhnt, die Schrift so zu betrachten, als spräche sie selbst. Den Inschriften und Weihetexten hatte man das vor der Säkularisierung der Schrift noch abgenommen. Wenn auf dem Apollontempel in Delphi der berühmte Satz *Erkenne dich selbst* stand, sprach da nicht der Gott? Im benachbarten Orakel konnte man ihn ja sogar fragen. Das hatte sich bei der inflationierten Schriftpraxis inzwischen geändert. Schriften kann man nicht befragen. Wenn man es dennoch tut, *„... so schweigen sie stolz."*, heißt es im „Phaidros". Sokrates hält in seinem Dialogspiel an dem Standard fest, den er an seine Partner im mündlichen Dialog anlegt, natürlich um zu zeigen, dass die Schriften das gerade nicht leisten, was ein lebendiger Sprecher vermag. *„Du könntest glauben, sie sprächen, als ob sie etwas verstünden, wenn du sie aber fragst, um das Gesagte zu begreifen, so zeigen sie immer nur dasselbe an."*[21] Dort, wo ihre Beweglichkeit von Vorteil wäre, ist die Schrift starr. Wo sie von Nachteil ist, bewegt sie sich: *„Jede Rede aber, wenn sie nur einmal geschrieben, treibt sich allerorts umher, gleicherweise bei denen, die sie verstehen, wie auch bei denen, für die sie nicht passt, und sie selber weiß nicht, zu wem sie reden soll, zu wem nicht. Gekränkt aber und unrecht getadelt, bedarf sie immer der Hilfe des Vaters, denn selbst vermag sie sich weder zu wehren noch zu helfen."*

Für Platon ist die Schrift so etwas wie ein illegitimer Sprössling des Gedankens. Dagegen setzt Sokrates den *„echtgeborenen Bruder"* der Schrift, die lebendige Rede, die mit Erkenntnis in die Seele geschrieben sei und nicht mit dem Schreibrohr und schwarzem Wasser, *„...die zu reden und zu schweigen weiß."* Ja, auch zu schweigen! Auch in einer anderen Hinsicht hält Sokrates die Buchstaben für schädlich. Wer sie benutzt, dem pflanzen sie *„...durch Vernachlässigung des Gedächtnisses Vergesslichkeit in die Seele, weil er im Vertrauen auf die Schrift von außen her durch fremde Zeichen, nicht von innen her aus sich selbst die Erinnerung schöpft. Nicht also für das Gedächtnis, sondern für das Erinnern erfandest du ein Mittel."*

Wieder geht es um innen und außen. Innen, in der „Seele" ist der Ort der Erkenntnis, wenn sie in der Schrift zu einem äußerlichen Objekt wird, *„treibt sie sich umher".* Auf die Mnemosyne, das lebendige Gedächtnis kommt es an. Allenfalls als Krücke der Erinnerung lässt Sokrates die Schrift gelten, aber Erinnerung nur an das, was der sich Erinnernde schon weiß.

In seinem „Siebten Brief" lässt Platon die Dialogmaske fallen. Da spricht er allgemein von den Meistern in der Kunst des Widerlegens. Als einen solchen hatte er seine Spielfigur Sokrates in den frühen Dialogen ja immer vorgestellt. So ein Meister *„...stellt allemal den, welcher nur in definierenden Ausdrücken der Sprache, sei es durch Schrift oder durch eine mündliche Antwort sich darüber erklären will, bei der Mehrheit des zuhörenden Publikums als einen Ignoranten dessen hin, worüber er durch mündliche oder schriftliche Sprachzeichen sich auszudrücken versucht".*[22] Schriftliche und mündliche Sprachzeichen stehen sich, was ihre Objektivation angeht, in nichts nach. Platon hält dennoch Erkenntnis für möglich. Erzwingen lässt sie sich allerdings nicht, schon gar nicht durch Schriften. Ihr Schauplatz ist „die Seele". In ihr entspringt die Idee *„...wie aus einem absrpingenden Funken das angezündete Licht",* wenn sie *„durch häufige Unterredungen"* oder durch *„inniges Zusammenleben"* vorbereitet ist.

Schrift und Zeit

Was kann die Schrift, was kann das gesprochene Wort? Athen setzt nach dem Durchbruch der Literalität in den Alltag diese Frage auf die Tagesordnung. Oralität und Literalität werden verglichen und wie Konkurrenten betrachtet. Auf einem Höhepunkt dieser Konkurrenz preist ausgerechnet der Geschichtsschreiber Thukydides den Primat des gesprochenen Wortes, das, ganz in der alten oralen Tradition, dem Gedächtnis Körper und Substanz zu verleihen imstande sei. In der berühmten Rede auf die Gefallenen lässt er seinen Perikles sogar die üblichen Denk- und Grabmäler, die man sonst den toten Kriegern errichtete, gegenüber *„dem Augenblick der Rede"* (lógou kairő) in den Hintergrund schieben. Nichts geht über diesen Kairós der Rede. Ihn erklärt er zum *„glänzendste(n) Grabmal".* Er ist sogar den steinernen Denkmälern mit ihren auratischen Inschriften weit überlegen. *„...denn den berühmten Männern ist die ganze Erde ein Grabmal, und es spricht nicht nur von Grabstelen in der Heimat die Inschrift, sondern es lebt auch in der Fremde das Gedächtnis an ihre Gesinnung viel mehr als an den Erfolg ungeschrieben in jeder Brust."*[23] Der sachliche medientheoretische Grund, dem gesprochenen Wort einer rühmenden Fama gegenüber einer ortsfesten Inschrift den Vorzug zu geben, liegt auf der Hand. Was ungeschrieben in jeder Brust präsent ist, lebt. Es ist lebendiger als der tote Buchstabe: Prima le parole poi la scrittura. Der entscheidende Unterschied tritt schon hier deutlich zutage: Es ist der Unterschied von innen und außen, besser, der Unterschied zwischen einer an das lebendige Subjekt und seinen Körper gebundenen Präsenz und einem von ihm abgelösten Denkmal, das durch seine Inschrift „spricht" – nein, zu sprechen nur vorgibt. Das gesprochene Wort lebt vom Zauber seiner Präsenz. Eine Sinnzuweisung, die sich in Schrift objektiviert hat, kann nach Jahr und Tag nie die Präzisionsanforderung so genau erfüllen wie ein Sinn, der im vollen Glanz des Präsens steht. Die Zeit ist sein Fatum. Das Wort verklingt oder hängt am dünnen Faden der Mnemosyne. Inschriften dagegen scheinen dem Gedanken, dem sie sich verdanken, Dauer zu verleihen. Dafür waren sie gemacht. Was aber zunächst wie ein Sieg über die Zeit aussieht, wird bei näherem Zusehen zum Handicap. Alles Geschriebene trägt ein ungeschriebenes Verfallsdatum. Es unterliegt dem Dictum der Zeit, die es vom Moment seiner Entstehung unerbittlich trennt.

Sappho, Platon/Sokrates und Thukydides/Perikles sind bei allen Unterschieden Schriftskeptiker. Alle sehen sie das, was die Zeit der Sprache antun kann. Wer sie durch die Schrift, das Medium der Dauer, besiegen will, zahlt einen Preis. Oft mag der Nutzen die Kosten rechtfertigen. Gerade aber bei den großen, den letzten Dingen kann das anders sein. Die Schrift ist das Medium der Differenz. Kann sie wirklich das sein, was sie bedeutet?

Anmerkungen

1   George Steiner, *Von realer Gegenwart,* München u. a. 1990, englisches Original: *Real Presences,* Chicago 1989.

2   In seiner Wiedergabe der Rede des Perikles auf die im Peloponnesischen Krieg Gefallenen. Thuk. 2,34, 2f.

3   Zweites Buch, erstes Kapitel.

4   Kein Sänger aber ein literarischer Guru: Jürgen Kaube berichtet über seine Dankesrede anlässlich des Frank-Schirrmacher-Preises in der FAZ v. 29.09.2016: *„Michel Houellebecq trug seine gut halbstündige Rede vor, als fiele sie ihm auf der Grundlage eines Stichwortzettels gerade ein … Aber in Wahrheit hatte er die ganze Rede komplett auswendig gelernt. Er übersprang keinen Satz des Manuskripts.“*

5   „Die griechischen Götter schreiben nicht, sie erfinden auch nicht die Schrift, sie sind auf sie nicht angewiesen.“ Vgl. Jesper Svenbro, *Phrasikleia. Anthropologie des Lesens im alten Griechenland*, Paderborn / München 2005, 142.

6   Jan Assmann, *Die mosaische Unterscheidung oder der Preis der Freiheit*, München / Wien 2003, 11ff.

7   Tora, (Weisung) Nevi'im, (Propheten) und Ketuvim (Schriften) bilden zusammen die hebräischen Bibel, für Christen das Alte Testament. Die Anfangsbuchstaben TNK ergeben das Akronym „Tanach“.

8   Für Micha Brumlik, der sich auf Hayim Yerushalmi beruft, ist mit der von Esra veranlassten Verlesung der Schrift vor dem Volk der lebendige Traditionsstrom in einem festen Kanon geronnen. Die Tora wurde „geschlossen“. Eine endgültige Fixierung erfuhr sie nach der Zerstörung des Tempels 70 n. Chr. in Jabne, wo sich das Synhedrion des rabbinischen Judentums versammelte.

9   Weil Luther, gemäß seiner Devise, *„dem Volk aufs Maul schaute“*, bot er seinen Bibeltext mehr oder weniger in der damaligen Alltagssprache. Da es sich aber gleichzeitig um die „Heilige Schrift“ handelte, wird in der heutigen evangelischen Pastoralsprache der Text in der damaligen, heute altfränkisch-antiquierten Intonation rezitiert. Das Lutherdeutsch ist das Latein der Protestanten.

10   Heute im British Museum, London.

11   Erster Gesang, Vers 65.

12   Terentianus Maurus, 2. Jh. n. Chr. in seinem Lehrgedicht *„De litteris, de syllabis, de metris“*, Vers 1286. Vollständig: Pro captu lectoris habent sua fata libelli, je nach dem, was ein Leser erfasst, haben die Büchlein ihre Schicksale.

13   Jesper Svenbro, *Der Tod durch die Schrift, Sappho, das Gedicht, der Leser,* in: ders., *Phrasikleia. Anthropologie des Lesens im alten Griechenland,* Paderborn / München 2005, S. 133 – 145.

14   Das ist die Variation des Operntitels von Antonio Salieri, Libretto, Giovanni Battista Casti: *„Prima la musica, poi le parole“.* Zuerst die Musik, dann die Worte. Hier dann: *„Zuerst die Wörter, danach kommt die Schrift“.*

15   Psychoanalytiker aufgepasst: Möglicherweise besteht die volle Weisheit des Gottes in der Kombination der beiden Sätze: Erkenne dich selbst, aber übertreibe es nicht!

16   Vgl. *Griechisch für die bösen Zauberer. Fluchtäfelchen in der klassischen Antike,* Wolfgang Krischke, Tagungsbericht in: FAZ Geisteswissenschaften v. 20. 06. 2012.

17   Svenbro: *„Erst ab 550 v. Chr. verfügen wir über Gegenstände, die sich in der 3. Person bezeichnen.“* Sein Beispiel ist die Inschrift auf einer Amphore aus dem 6. Jahrhundert: „„Kleimachos hat mich gemacht, und ich gehöre ihm, *eikeínou eimí*'. Wenn die Inschrift laut gelesen wird, wird Kleimachos nicht mehr da sein – er wird abwesend sein, was das Demonstrativpronomen *ekeĩnos* präzise zum Ausdruck bringt (*ekeĩnos* ist das Demonstrativpronomen der 3. Person, wodurch ersichtlich wird, dass diese Person nicht ‚hier', sondern ‚dort', ja ‚im Jenseits' ist: *ekeĩ*). Die Amphore dagegen wird da sein: niemand kann berechtigter auf das *egṓ* der Inschrift Anspruch erheben als sie. Kleimachos jedenfalls kann es nicht. Er schreibt auf seine Amphore, weil er seine eigene künftige Abwesenheit voraussieht (wäre dies nicht der Fall, bräuchte er nicht zu schreiben). Er bezeichnet sich als abwesend (*ekeĩnos*), weil er die Inschrift geschrieben haben wird. Der Rest wird sich zwischen der Inschrift und dem Leser abspielen, die sich in einer Beziehung

von *ich / du* gegenüberstehen ...Wenn die Amphore sich als ‚Ich' bezeichnet, ist der Leser ihr ‚du', ihr Adressat.", a. a. O., S. 136.

18   Hekataios: „Hekataios aus Milet erzählt so, dann sofort: „Ich schreibe dies...", Thukydides: „Thukydides aus Athen hat den Krieg zwischen den Peloponnesiern und Athenern beschrieben, wie sie ihn gegeneinander geführt haben..." Dann weiter: „(...) aufgrund von Aufzeichnungen aber von deren Richtigkeit ich mich bei der Prüfung eines langen Zeitraumes überzeugen konnte, bin ich der Meinung...", vgl. Svenbro, a. a. O., S. 137.

19   Von Alfred North Whitehead stammt das bekannte Dictum wonach die philosophische Tradition Europas aus „*...einer Reihe von Fußnoten zu Platon*" bestehe, vgl. Christoph Kann, *Fußnoten zu Platon. Philosophiegeschichte bei A.N. Whitehead*, Hamburg 2001.
Deshalb hier nur als Fußnote der Verweis auf Umberto Ecos „*Lector in fabula*". Die Frage, wen sich der Autor eines Textes als Leser vorstellt und wie sich diese Vorwegnahme auswirkt, ist auch das große Thema der Rezeptionsästhetik in den 70er und 80er Jahren des 20. Jahrhunderts gewesen, vgl. Umberto Eco, *Lector in fabula. Die Mitarbeit der Interpretation in erzählenden Texten*, München 1987; Wolfgang Iser, *Der implizite Leser. Kommunikationsformen des Romans von Bunyan bis Beckett*, München 1972. Die Frage nach dem impliziten Leser" wird uns fortan begleiten.

20   Hans Joachim Krämer hat mit seiner These von Platons „ungeschriebener Lehre" sicher den Tatbestand getroffen, dass dessen schriftliche Hinterlassenschaften nur einen Teil seines Philosophierens enthalten. Das Programm, den fehlenden Rest aus den Spuren seiner Schüler zu rekonstruieren, mag nicht uninteressant sein, verstieße aber sehr deutlich gegen die schriftskeptischen Überzeugungen Platons selbst. Platon erzeugt mit seinen Schriften die Latenz, die es möglich macht, dass der eigentliche Erkenntnisvorgang im lebendigen Geist des Rezipienten seinen Platz hat, vgl. Hans Joachim Krämer, *Arete bei Platon und Aristoteles*, Heidelberg 1959.

21   Alle Zitate nach der Phaidros-Übertragung von Kurt Hildebrand, Ditzingen 1979, Nachdruck 2012, 86ff; Stephanus-Zählung 275A.

22   Die Mehrheit der Philologen hält diesen Brief, in dem Platon seine missglückten Bemühungen rechtfertigt, Dionysios, den Tyrannen von Syrakus für seine Philosophie zu gewinnen und sie so in politische Praxis zu überführen, inzwischen für echt. Platon beschreibt hier die Rolle der Schrift im Erkenntnisprozess dadurch, dass er ihre Grenzen aufzeigt.

23   Thuk. 2,43, 2f.

Abbildung 1: Sappho greift zum Stilus.

Kapitel II:
Sprache

Das Urmedium

Das älteste Medium des Menschen ist die Sprache. Von ihr war schon bei dem Balanceakt auf dem Gebirgsgrat zwischen Oralität und Literalität, dem Übergang vom gesprochenen Wort zur Schrift die Rede. Die Sprache ist das Urmedium des Menschen. An ihr lässt sich auch am besten studieren, was ein Medium überhaupt ausmacht.

Schon Aristoteles hat es gewusst: Die Sprache ist das, was den Menschen von anderen Lebewesen unterscheidet. Sie ist ihm angewachsen, gehört zu seinem Körper. „Langue" heißt im Französischen „Zunge" und Sprache zugleich. Wer sie herausstreckt, beleidigt sein Gegenüber vor allem dadurch, dass er ihm damit die Sprache verweigert. Das berühmte Dictum des Philosophen erfasst aber auch das Hirn, das Denkorgan, den Ort der Vernunft. Es lautet: *„Der Mensch ist das einzige Lebewesen, das Sprache hat."*[1] Eine kürzere Version lautet: Ánthrōpos *zōon lógon echōn*, ein Lebewesen, *„Sprache habend"*. Der Begriff Lógos ist im Griechischen doppelt codiert. Er bedeutet neben Wort und Sprache auch Vernunft.

Der Mensch und die Tiere

Aber stimmt das noch? Haben nicht auch die anderen Lebewesen ihre Sprachen? Meist ist es inzwischen ironisch gemeint, wenn vom Menschen als der „Krone der Schöpfung" die Rede ist. „Was für ein dünkelhafter Anthropozentrismus!" So lautet der Vorwurf vieler Biologen, die als Anhänger der Evolutionslehre einen eigentlich überflüssigen Meinungskampf gegen die biblischen Schöpfungsberichte führen. So wie Galilei die eingebildete Menschheit durch den Nachweis gekränkt hätte, dass die Erde nicht das Zentrum des Kosmos ist, so sollten wir endlich aufhören uns einzubilden, der Mensch sei einzig unter den Lebewesen.

Der australische Philosoph Peter Singer bringt die Primaten auf Augenhöhe mit Homo sapiens, seinem nahen Verwandten, und fordert analog zu den Menschenrechten die „Affenrechte". Kämpferische Tierschützer prangern den „Speziesismus" als eine direkte Verlängerung des Rassismus an.

Tierschutz ist eine gute Sache, für ihn spricht unsere spontane Regung, aber auch eine Menge guter Gründe. Zu diesen gehört aber nicht die Behauptung, der Mensch sei auch nur ein Tier und die Forderung, er müsse das endlich einsehen.

„Der Mensch ist eigentlich nichts anderes als ein Säugetier." Diese Aussage versieht Konrad Lorenz in dem sogenannten „Altenberger Gespräch"[2], das er mit Karl Popper führte, mit dem Stempel der *„Nothingelsebuttery".* *„Der Mensch ist gewiss ein Säugetier",* so heißt es dort. *„Aber wer sagt, er sei ‚nichts anderes als das' (nothing else but...) – das ist Lästerung".* Sagen wir es weniger dramatisch, das ist ein Reduktionismus.

Die beiden Wiener waren Schulkameraden, der eine, Konrad Lorenz, Begründer der Verhaltensforschung, immerhin einer veritablen biologischen Disziplin, der andere, Karl Popper, Philosoph und Wissenschaftstheoretiker. Beide kannten sie die Sprachphilosophie Karl Bühlers, der auch Poppers Doktorvater war. In seiner „Sprachtheorie" (1934) untersucht Bühler die unterschiedlichen Sprachfunktionen. Lange vor J. L. Austin geht der der Frage nach, was wir mit der Sprache alles machen können. Er unterscheidet die Ausdrucks-, die Appell- und die Darstellungsfunktion der Sprache. Das erleichtert auch den Vergleich zwischen Mensch und Tier. Denn in der Tat haben auch die Tiere ihre „Sprachen", die freilich nicht aus Wörtern und Sätzen, sondern aus Signalen bestehen. Faszinierend sind die Unterwassergesänge der intelligenten Wale. Die meisten Lebewesen sind in der Tat in der Lage, etwas auszudrücken. Ob ein Tier Schmerzen und Hunger hat, kann es ebenso zeigen, wie Freude oder die Erregung. Aber nicht nur die Ausdrucksfunktion kommt den Tieren zu, auch die Appellfunktion können Tiere in Gang setzen, wenn sie Warnlaute oder Brunftschreie ausstoßen.

Bei der Darstellungsfunktion wird es dann interessant. Auch sie lässt sich beobachten aber nur ansatzweise, etwa beim sogenannten „Schwänzeltanz", mit dem eine Kundschafterbiene, wenn sie von ihrer Erkundung der Umgebung in den Bienenstock zurückkehrt, den anderen Bienen mitteilt, in welche Himmelsrichtung und wie weit sie fliegen müssen, um einen blühenden Baum anzutreffen. Ein intelligenter Schimpanse kann in einem Experiment, bei dem er seinen Arm durch ein Loch in der Wand steckt, auf einem Bildschirm diesen Arm von der anderen Seite sehen. Er sieht auch die Banane, die in dessen Reichweite liegt, und steuert seine Bewegung, indem er auf den Monitor blickt, sicher zu der Frucht. Tiere haben auch zweifellos ein Gedächtnis. Sie können lernen. Im Zirkus lernen sie vom Dompteur, in Freiheit lernen die Jungen von den Eltern. Wenn eine Glucke ihren Küken etwas Fressbares zeigen will, veranstaltet sie eine Art Schaupicken. Es gibt viele Beispiele dafür, dass auch Tiere etwas zeigen oder darstellen können.

Wir können hier schon registrieren, dass bei der Betrachtung der Ausdrucks-, Appell- und Darstellungsfunktion der Sprachbegriff eine sinnvolle Erweiterung erfahren hat. Er bezeichnet nicht nur Wörter und Sätze, sondern einfach alle Darstellungsmittel.

Nun aber nähern sich die Gesprächspartner Lorenz und Popper der entscheidenden Grenze, die sich harmloser anhört, als sie ist: Der Mensch kann etwas darstellen, was es nicht gibt, oder was nicht der Fall ist. Außerdem kann er als einziges Lebewesen von jemandem sprechen, der, wie Julius Caesar, längst tot ist, und er kann vom Nordpol sprechen, der sehr weit entfernt ist. Resümee: Der Mensch kann als einziges Lebewesen sich der Darstellungsfunktion *orts- und zeitversetzt* bedienen. Er kann Geschichten erzählen, wahre und falsche.

Was heißt hier „objektiv"?

Die Folgen kann man kaum übertreiben. Was wäre Homo sapiens ohne seine Geschichte und Geschichten? Er kann nicht nur Wirklichkeit abbilden, er kann Wirklichkeiten aufrufen, die es schon lange nicht mehr oder ganz woanders gibt. Und – er kann Wirklichkeiten fingieren! Dabei kann er kontrafaktisch werden, Geschichten, die nie geschehen sind, Märchen, Romane, Utopien, neue Welten erfinden. Und er kann die verschiedenen Grade von Realität, Erfundenes von Beobachtetem unterscheiden. Ein wesentlicher Umstand, der sich damit zwanglos einstellt, hatte schon unsere Aufmerksamkeit auf sich gezogen: die Objektivation von Bewusstseinsinhalten. Indem er etwas ausspricht, kann Homo sapiens den Inhalt seines Bewusstseins von innen nach außen setzen. Er kann damit eine eigene neue Wirklichkeit erzeugen, und er kann das alles auch noch von einem Bewusstsein in ein anderes transportieren. Er kann kommunizieren.

Karl Popper, zu dessen Stärken die Kunst gehörte, seine Theorien mit Begriffsstempeln zu versehen, die man sich gut merken kann, hat aus Bühlers Darstellungsfunktion der Sprache seine „Theorie der objektiven Erkenntnis" (Objektive Knowledge) gemacht.[3] Wenn im Alltag von „objektiv" die Rede ist, so hängt über dem Wort ein Heiligenschein von Wahrheit. Das ist hier nicht gemeint. Für Popper gehört all das zur seiner „Welt" der objektiven Erkenntnis, was die menschliche Darstellungskunst hervorgebracht hat. Ob die Inhalte dieser „Welt" wahr oder falsch sind, bleibt erst einmal offen. Natürlich hat der Wissenschaftstheoretiker in erster Linie „Gegenstände des Denkens" im Blick, Sätze, wissenschaftliche Hypothesen, also sprachliche Gebilde, die durch immer strengere Prüfungen, Einwände und Falsifikationsversuche der Wahrheit angenähert werden sollen. Streng genommen ist aber auch ein Löwenmensch, oder der Zentaur, ein Wesen, halb Mensch, halb Pferd, als sprachliches oder künstlerisches Produkt menschlicher Phantasie, das in der ersten Welt nicht vorkommt, ein Bewohner von Poppers Welt der objektiven Erkenntnis.[4] Wie alt die Kunst der Unterscheidung zwischen dem, was uns ohne menschliche Zutat als Natur gegenübersteht und den Hervorbringungen menschlicher Darstellungskunst ist, sehen wir an dem, was Platon von den Bewohnern seiner berühmten Höhle erzählt. Dort sehen die Gefesselten nur Schattenbilder vor sich. Sie können nicht erkennen, dass es dreidimensionale Figuren sind, welche die Schatten werfen. Diese sind auch ihrerseits nur Abbilder von Originalen, die es wirklich gibt – oder auch nicht, wie im Falle der Fabelwesen, die nur der Phantasie von Künstlern entsprungen sind. Dann steht einer der Gefesselten auf, kann die Höhle verlassen und die Zusammenhänge und Abhängigkeiten erkennen, wie sie wirklich sind. Diesem Aufklärer ergeht es dann so, wie später Sokrates im „richtigen Leben"

Ein Mittleres und ein Mittel

Bei der Klärung der Frage, ob tatsächlich die Sprache und damit das Denken ein anthropologisches Proprium („hat nur der Mensch") ist, das uns von den ebenfalls ein bisschen „sprechenden" Tieren qualitativ unterscheidet, sind wir übrigens nach der Vorschrift verfahren, die Popper für gute Wissenschaft erlassen hat. Wir haben den Satz des Aristoteles, wonach der Mensch das einzige Lebewesen ist, das Sprache hat, auf den Prüfstand gestellt. Wir haben ihn mit den Falsifikationsversuchen konfrontiert, wie sie derzeit Konjunktur haben, also der Vermutung: Vielleicht ist die Behauptung, der Mensch sei etwas Besonderes, das einzige Lebewesen, das Sprache hat falsch, ein längst erledigter Anthropozentrismus und Speziesismus? Solche Versuche, eine Aussage als falsch zu erweisen, führen, wenn es gut läuft, zu einer Präzisierung. Genau so kommt es nach Popper zu einem Erkenntnisfortschritt. Mit Hilfe der Karl Bühlerschen Theorie sind wir dann in der Tat zu einer Präzisierung gekommen und haben erkannt: Nur durch eine der drei Sprachfunktionen, nämlich die Darstellungsfunktion, orts- und zeitversetzt, unterscheidet sich der Mensch vom Tier und nicht durch Sprache überhaupt. Appell- und Ausdrucksfunktion kommt auch den Tieren zu, wenn man denn einen erweiterten Sprachbegriff, der über die Wörtersprache hinausgeht, akzeptiert. Mit dieser Präzisierung hat sich der Satz des Aristoteles, nach dem der Mensch das einzige Wesen ist, das Sprache hat, bewährt und bestätigt.

Wenn wir die Sprache als das Urmedium des Menschen ansehen, dann durchaus in einem erweiterten Popperschen Konzept als eine mittlere „Welt" zwischen Subjekt und Objekt, zwischen Mensch und Natur. Ein Medium wäre dann beides, ein Mittleres und ein Mittel. Zunächst etwas Immaterielles und Geistiges, sodann aber etwas Objektiviertes, das Gestalt annehmen, Strukturen ausbilden und sich auch verselbständigen kann. Wenn danach gefragt wird, was wir mit der Sprache machen, wird sie wie ein Werkzeug betrachtet: als Medium.

Sprache und Religion

Für die Religionsgeschichte hat die Sprache eine entscheidende Bedeutung. Durch die Fähigkeit dieses Mediums, auch nicht-empirische Realitäten in die Welt zu setzen und damit empirisch zu machen, wird es nötig, Ontologie zu treiben, also verschiedene Arten von Wirklichkeit zu unterscheiden. Ontologie könnte man als die Königsdisziplin der Sprachphilosophie bezeichnen.

Ein Gedankenexperiment: Man rufe in eine Versammlung von Hungrigen das Wort „Brathähnchen". Obwohl doch alle wissen, dass man ein Wort nicht essen kann, wird der Ruf Speichelfluss auslösen. (Wenn es sich um Veganer handelte, würde ich „Tofubratling" rufen). Das Brathähnchen ist durchaus da, nämlich im Bewusstsein derer, die das Wort gehört haben, als Magenfüllsel steht es aber nicht zur Verfügung, ist also nicht da, „nicht wirklich". Die Differenz zwischen der imaginierten und der essbaren Wirklichkeit erzeugt ontologische Bedürfnisse. Für diese Simultaneität von Präsenz und Entzug brauchen wir eine besondere ontologische Klasse, irgendwo zwischen „Es gibt" und „Es gibt nicht".

„Brathähnchen" ist nicht nichts, denn es hat Speichelfluss ausgelöst. Zwischen dem bloß vorgestellten und einem wirklich existierenden Broiler (um auch die östlichen Landesteile zu bedienen) entsteht ein interessantes Spannungsverhältnis. Die Vorenthaltung, so könnte man es allgemein ausdrücken, lässt das, was man hat, defizitär erscheinen. Sie ändert unser Verhältnis zur Wirklichkeit. Vorenthaltung erzeugt eine ungesättigte Wirklichkeit. Da es sehr oft vorkommt, dass das kontrafaktisch Vermisste sich später dann doch einstellt, so, dass es nicht mehr vermisst werden muss – schließlich werden Brathähnchen ja auch tatsächlich und massenhaft verzehrt – wird im Vermissen und in aller Sehnsucht immer auch die mögliche Erfüllung mitgedacht.

Nun gibt es eine Sehnsucht, deren Erfüllung von vielen zwar erhofft wird, aber gleichzeitig ernsthaft angezweifelt werden kann. Sie hängt mit der Sprache, dem anthropologischen Proprium zusammen. Weil wir mit Hilfe unserer Sprache über zeitversetzte Realitäten sprechen können, stehen wir vor dem Faktum unserer Endlichkeit. Die Wette, ob wir in hundert Jahren alle tot sein werden, kann jeder ohne Risiko anbieten.

Sie ist nicht zu gewinnen, denn in hundert Jahren sind wir alle, auch die gedachten Wettpartner, tot. (Da die Menschheit immer betagter wird, füge ich die Zusatzbedingung ein, dass die wettenden Personen mindestens vierzig Jahre alt sein müssten).

Mickey Sachs, alias Woody Allen, springt (im Film „Hannah und ihre Schwestern" von 1986) jubelnd und hüpfend aus dem Portal des Hospitals, wo ihn gerade eine gründliche Untersuchung von einem eingebildeten Hirntumor befreit hat, und macht nach einem Sprint eine Vollbremsung. *„... Mickey beginnt zu überlegen, und mit einem Beckenschlag kommt der Schnitt. Im nachfolgenden Bürogespräch erfahren wir dann, was den Himmelhochjauchzenden so jäh wieder geerdet hat. Er wird zwar nicht jetzt sterben, aber irgendwann doch, und nicht nur er, sondern auch sein Publikum, der Sender und sogar die Werbekundschaft."*[5]

Weltzeit und Lebenszeit. Das Blumenberg-Dilemma

Hans Blumenberg hat 1986 ein umfängliches[6] und doch lesenswertes Buch unter dem Titel: „Lebenszeit und Weltzeit" geschrieben. Erst die Sprache macht die Zeit zum großen Thema unseres Lebens. Ihre Fähigkeit, das wandernde Jetzt der Gegenwart mit dem zu konfrontieren, was nicht mehr und noch nicht der Fall ist, erfüllt unser Bewusstsein mit knisternder Spannung. In den tausend Geschichten des Geschehenen macht sie uns klar, was einmal war und nun nicht mehr ist. Noch wilder sind wir hinter der Zukunft her. Zwischen Erwartung und Befürchtung fahren wir auf Sicht, tragen Termine in den Kalender ein und fragen, ob die Rente noch sicher ist. Nach Blumenberg kränkt es uns tief, dass wir jetzt schon wissen, dass die Weltgeschichte ungerührt weitergehen wird und sich um unser Ende nicht weiter kümmert – wenn wir nichts dagegen tun.

Von Alpha bis Omega, vom Urknall bis zum Wärmetod des Kosmos erstreckt sich die Zeit, die wir denken können. Die Extension unseres Bewusstseins ist gigantisch. Umso kläglicher erscheint dagegen die knappe Spanne unserer Lebenszeit. Sie schrumpft zu einer dramatisch winzigen Episode zusammen. Wir haben eben nicht „alle Zeit der Welt", sondern maximal nur hundertvierzig Jahre. Der Psalm 90,10 hatte die rasante Entwicklung der Lebensverlängerung noch nicht vor Augen:

„Unser Leben währet siebzig Jahre, und wenn's hoch kommt, so sind's achtzig Jahre und wenn's köstlich gewesen ist, so ist es Mühe und Arbeit gewesen; denn es fährt schnell dahin, als flögen wir davon."

Blumenberg führt eindrucksvolle Beispiele dafür an, was das Wissen um die eigene Endlichkeit, vor allem das Wissen um die ungerührt voranschreitende Weltzeit, so, als hätte ICH nie gelebt, in uns auslöst. Wenn mein Tod schon feststeht, so soll doch *„...die Spur von meinen Erdentagen nicht in Äonen untergehn".* So spricht der alte Faust kurz vor seinem Ende. Er will eine Spur gezogen haben, mit der er sich gegen sein sicheres Ende aufbäumt. Durch ein gewaltiges Projekt wollte er Deiche aufwerfen lassen, neues Land gewinnen, und so, wie andere Große, in die Geschichte eingehen. Mit Wohlgefallen hört er daher, wie die Spaten im Erdreich knirschen. Goethe, sein Erfinder, gibt ihn der Lächerlichkeit preis. Der alte Faust ist blind. Was er da hört, sind die Lemuren, die sein Grab schaufeln.

Das Beste wäre natürlich, wenn Weltzeit und Lebenszeit koextensional wären. Aber es fällt schon schwer, die gleiche Erstreckung beider auch nur zu denken. Etwas Zweitbestes wäre, die Geschichte nicht nur zu haben, sondern zu machen, vielleicht sogar über die eigene Lebenszeit hinaus und damit in sie „einzugehen", ein Reich zu gründen, einen Kontinent zu entdecken, Seuchen oder den Krebs zu besiegen, als Literat ein sprichwörtlich Unsterblicher zu werden oder wenigstens in die Académie française aufgenommen zu werden. In Deutschland hält das Literaturarchiv in Marbach für Schriftsteller eine Art Auferstehung light bereit. Wer seinen Nachlass dort untergebracht hat, für dessen Nachleben ist gesorgt. Noch besser, man versilbert die gesammelten Werke und Manuskripte schon zu Lebzeiten. Lohnender als jede Nachlassvorsorge ist der Verkauf des Vorlasses, ein inzwischen nicht unübliches Geschäftsmodell. Marbach fehlt allerdings in Blumenbergs reich gefülltem Musterkoffer der Beispiele, bei denen Menschen, meistens Männer, ihre Energie aus der Spannung gewinnen, die der klaffende Hiatus zwischen Weltzeit und Lebenszeit erzeugt. Sein eigener Nachlass ist dort allerdings gut untergebracht.

Als drittbestes Modell ist das Verstehen und Durchschauen der Weltläufte ein besonders Attraktives. Es ist das Modell der Intellektuellen. Goethe wusste wovon er sprach, als er den alten Faust als tragischlächerliche Figur vorstellte. Er selbst will sofort, bei der Kanonade von Valmy, ganz auf der Höhe der Zeit, erkannt haben, was die Stunde geschlagen hatte. Die Truppen der französischen Revolution hatten die Armee der alliierten Fürsten, die im Schlamm der Champagne stecken geblieben war, zurückgeschlagen. Und der Minister von Goethe, der in der Entourage des Herzogs von Weimar mit dabei war, will sofort die Tragweite dieser Wende erkannt haben, indem er zu den Umstehenden seinen berühmten Satz sprach: *„Von hier und heute geht eine neue Epoche der Weltgeschichte aus und ihr könnt sagen, ihr seid dabei gewesen."* Aufgeschrieben hat er ihn dreißig Jahre später.[7] Das erinnert mich an eine Tante, die – es konnte geschehen was wollte – sprach: „Ich hab es schon immer gewusst..."

Unter den Kompensationsfiguren des Lebenszeit-Weltzeit-Dilemmas ist die geschichtsphilosophische besonders wirkmächtig. Wenn schon das Machen der Geschichte den wirklich Mächtigen oder dem Schwarm überlassen bleibt, so will doch der analysierende Geschichtssoziologe, Philosoph und Beobachter einen Blick in den Maschinenraum tun. *„Alle Geschichte ist eine Geschichte von Klassenkämpfen".* So beginnt das „Kommunistische Manifest". Schon Hegel, der Lehrer von Karl Marx, wollte den Gang der Geschichte herausbekommen haben. Im preußischen Staat erkannte er das Gebilde, auf das alles hatte hinauslaufen müssen.

Karl Löwith[8] und Odo Marquard sind nicht die einzigen, die dringend raten, sich von der Idee zu verabschieden, die Welt folge bestimmten Gesetzen, die wir womöglich schon erkannt hätten. Wir verstehen zwar das Wetter etwas besser als die Bauernregeln es erklärten, aber schon vor dem Auf und Ab der Börse müssen die Analysten immer wieder kapitulieren.

Sie wussten zu viel, so könnte man die Kritik an den Geschichtsstehern resümieren. Im wilden Westen konnte das tödlich enden. Auch die Strafen der Ideenpolitik fallen manchmal hart aus.

Endlichkeit

Denn harmlos ist das keineswegs. Das Bewusstsein von Endlichkeit lädt zu usurpatorischen Übertreibungen ein: Das Ganze verstehen. Wir erinnern uns: Ein Usurpator, das ist der, der sich auf einen Thron schleicht, der ihm nicht zusteht. Wie gefährlich das usurpatorische Denken ist, hat sich schon gezeigt. Den Usurpator, der behauptet, die Weltzeit und ihre Geschichte „im Prinzip" verstanden und durchschaut zu haben, könnten wir als Verrückten abtun, *„Ha! Ha said the clown. Has the king lost his crown?"*[9] Über ihn könnte man in der Tat lachen, wenn die Usurpatoren nicht aus ihren erschlichenen Ansprüchen Rechte ableiten würden. Wenn wir den Zusammenhang von Endlichkeit und Usurpation erkannt haben, sehen wir die gut versteckte religiöse Wurzel der kommunistischen Ideologie, die sich mit der Behauptung, durch ihre „wissenschaftliche" Erkenntnis zum Subjekt der Weltgeschichte geworden zu sein, das Recht nahm, den Gang der Geschichte in die eigene Hand, d. h. die Hand der Partei, dem „historischen Subjekt der Weltgeschichte", zu nehmen. Eine Geschichtsphilosophie maßte sich providentielle Kräfte an. Sie wollte den Job übernehmen, für den einmal die göttliche Vorsehung zuständig war.

Was ist Religion? Ein Definitionsversuch

Wenn Hans Blumenberg mit „Lebenszeit und Weltzeit" als der epische Dramaturg der Endlichkeit und ihrer Kompensationsfiguren gelten kann, dann kann Hermann Schrödter als der Begriffsklärer des Zusammenhangs von Endlichkeit und Religion betrachtet werden.

Manch ein Theologe, Religionswissenschaftler, Soziologe oder Ethnologe hat das Phänomen Religion begrifflich zu erfassen versucht. Man denkt an Schleiermachers *„Gefühl schlechthinniger Abhängigkeit"*[10] oder Paul Tillichs *„Das, was mich unbedingt angeht"*. Die Schrödtersche Definition besticht durch ihre Klarheit und dadurch, dass sie erstens alle bekannten Religionen erfasst und zweitens auch negierbar ist. Für Definitionen ist das eine Mindestbedingung. Eine Definition soll feststellen, was etwas ist und was etwas nicht ist. Sie lautet: *„Unter Religion verstehen wir Ausdruck und Erscheinung des Bewusstseins radikaler Endlichkeit der menschlichen Existenz und deren reale Überwindung."*[11]

Wie alt bist Du? Diese harmlose Erkundigung enthält als Subtext die Frage: „Wann wirst du tot sein?" Das Wissen um unsere Endlichkeit moduliert das Zeitgefühl. Oft tritt es zurück, und das ist gewiss gut so. Für ein Kind oder einen Jugendlichen muss schon eine geliebte Großmutter sterben oder sonst ein Todesfall im nahen Blickfeld dem Tod eine schmerzliche Aktualität verschaffen, um ihn zum Gevatter zu machen. Den Alltag wird sich auch ein jüngerer Erwachsener nicht vom Memento mori verdüstern lassen, und über Mickey Sachs / Woody Allen lachen wir gerne. Auch über Snoopy und seinen Freund. „*Charlie Brown: „Eines Tages müssen wir alle sterben, Seufz.*" Darauf Snoopy: *"True, but on all the other days we will not."* Irgendwo zwischen Woody Allen und Snoopy sind auch wir unterwegs. *„Jedes Ding hat seine Zeit"* sagt Kohelet, der „Prediger Salomon" (3,4). Auch Lachen und Tanzen gehören dazu. Mit dem Todesbewusstsein verhält es sich wie mit einem Tinnitus. Die Lebenskunst rät, ihn einfach zu überhören. Aber es gibt Zeiten, da schwillt das Pfeifen an.

Viel spricht dafür, dass das Endlichkeitsbewusstsein religionsgenerativ ist und zwar umso mehr, je knapper die Ressource Lebenszeit wird. Die Jungen lächeln darüber, wenn ein alter Sünder in seinen hohen Jahren plötzlich – nein, wohl eher allmählich, fromm wird. Je älter sie dann selbst werden, desto weniger lächeln sie. Es gibt Ausnahmen...

Der Zusammenhang von Endlichkeitsbewusstsein und Religion ist nicht zwingend. Das ist eine Stärke der Schrödterschen Definition. Für die beliebte Diskussion, ob Religion ein anthropologisches Proprium sei, ist das ein wichtiger Aspekt. Zwar gibt es keine Kultur und keine Ethnie, die nicht von Religion fermentiert wäre, aber wir treffen im religionskritischen Westen immer mehr Menschen, die der Überzeugung sind, dass es nun einmal keine Möglichkeit gibt, die radikale Endlichkeit der menschlichen Existenz real zu überwinden. Sie halten die entsprechende religiöse Hoffnung für unbegründet.

Sind sie daher mit ihrer Endlichkeit einverstanden? Auch dieser Schluss ist nicht zwingend. Die wortmächtigen Existentialisten haben mit Martin Heidegger das „Sein zum Tode" heroisiert. Albert Camus ist es gelungen, den alten Mythos von Sisyphus zum Ausdruck des Lebensgefühls einer ganzen – seiner Generation zu machen. Der Mann, der einen Stein stemmt, der den Berg immer wieder hinabpoltert, ist dazu verurteilt, um die Vergeblichkeit seiner Arbeit zu wissen. In seiner Schlusspointe fordert uns Camus kurzerhand auf, uns Sisyphus als glücklichen Menschen vorzustellen. Na denn...

Es regt sich Opposition. Dolf Sternberger hat sich darüber empört, dass Martin Heidegger vorgab, den Tod „verstanden" zu haben. Heideggers Eliminierung des Subjekts aus dem Denken erschien ihm als bloße Pose, als erschlichener Versuch, den Stachel des Todes zu entschärfen.[12] Wer nur das Sein (an)denkt, versenkt den Schmerz des Einzelnen im großen Ganzen. Von dort zum NS-Spruch: „Du bist nichts – dein Volk ist alles" ist es nicht weit. Sternberger jedenfalls weigerte sich den Stachel wegzudenken, beharrte auf seinem Einspruch gegen den Tod und bewahrte sich zeitlebens seine Empörung. Sie konnte sich auch einmal altersweise und humorvoll artikulieren. An seinem achtzigsten Geburtstag zitierte er in einer launigen Tischrede den englischen Arzt Thomas Brown: „The long habit of living indisposes us for dying." Bald darauf starb er – ungern und unter Protest. Zuletzt wollte er von mir wissen, ob ich an die Auferstehung glaube.

Bazon Brock, Spezialist für erklärungsbedürftige Kunst, fordert: „Der Tod muss abgeschafft werden, die verdammte Schweinerei muss aufhören. Wer ein Wort des Trostes spricht, ist ein Verräter."[13] Im Sommerprospekt 2015 des Suhrkamp-Verlags lese ich in der Ankündigung einer Neuerscheinung[14] „... dass auch ein unendliches Leben ein wünschenswertes Leben sein kann, das sich – abgesehen natürlich von seiner Länge – nicht vom Leben eines Sterblichen unterscheiden muss." Dolf hätte sich das Buch sofort besorgt. Leider erschien es erst nach seiner Lebenszeit.

Wer an die reale Überwindung der Endlichkeit glaubt, also auf die Antwort der Religion setzt, müsste sich eigentlich nicht mehr empören. Dolf Sternberger hatte für diese Antwort nachweislich große Sympathien, aber seine Zweifel hielten die Empörung wach.[15]

Ein solches Beispiel ist kein Einzelfall. Vielen geht es so. Das berechtigt zu der Behauptung, dass vielleicht nicht schon die Religion selbst, aber doch das religionsgenerative Endlichkeitsbewusstsein ein anthropologisches Proprium ist. Anders ausgedrückt: Nicht jeder glaubt an die Überwindung der Endlichkeit, aber jeder steht vor seiner Endlichkeit wie vor einer Frage oder einem Problem. Wir können gar nicht entscheiden, ob wir diese Frage stellen. Sie stellt sich von selbst.

Wenn es einen Zusammenhang zwischen unserem Endlichkeitsbewusstsein und der Sprache gibt, und wenn das Wissen um unsere Sterblichkeit die Frage nach der Religion im Schrödterschen Sinn erzwingt, dann ist deutlich geworden, wie sehr das Zeitbewusstsein unser Weltverhältnis regiert. Wir haben gesehen, wie intensiv die Griechen über das Verhältnis von Sprache und Zeit nachgedacht haben. Es ist die Behexung des Jetzt, die nicht gelingen will und die doch in ihrer nüchtern erkannten Vergeblichkeit ihre Faszination nicht verliert. Eine besondere Spezialität der Zeit-Dramaturgie ist ihre Beschwörung, wie wir sie beim Lógos toũ kairoũ des Perikles kennengelernt haben. Und natürlich darf hier der archimedische Punkt des Faust in seiner Wette mit Mephistopheles nicht fehlen: Zum Augenblicke sagen können: *„Verweile doch, du bist so schön!"* Doch welcher Augenblick könnte je einen solchen Wunsch erfüllen?

Dass die Zeit stehenbleibt, das „stehende Jetzt" (nunc stans), von dem manche Mystiker reden, und von dem Ekstatiker und Drogenkonsumenten behaupten, man könne es erleben, bleibt eine Idee. Boethius setzt sie mit der Ewigkeit, also der Abwesenheit von Zeit gleich.[16] Mephisto setzt in der Wette auf Betrug. Vielleicht könnte er den Faust dazu verführen, im Rausch der Walpurgisnacht, im sexuellen Genuss oder im Machtrausch den entscheidenden Satz zu sagen? Aber Faust spricht ihn nicht aus. So, als hätte er Kant gelesen. In Kants Erkenntnistheorie ist die Zeit ein Apriori. Sie begleitet alle unsere Vorstellungen als eine „reine Anschauungsform". Sie ist eine Koordinate unserer Realität. Aus dem Zeitkäfig gibt es unter empirischen Bedingungen kein Entkommen. Aber wir rütteln an den Gitterstäben.

Anmerkungen

1   Lógon dè mónon ánthropos échei tôn zoōn. Politik 1253 a 9–20.
2   Buchausgabe: Karl Popper, Konrad Lorenz, *Die Zukunft ist offen. Das Altenberger Gespräch*, München 1985. Auch auf Youtube als Video verfügbar: Konrad Lorenz, Sir Karl Popper, *Nichts ist schon dagewesen.*
3   Karl Popper, *Objektive Erkenntnis*, Hamburg 1973, S. 174. Vgl. dazu kritisch: Eckhard Nordhofen, *Das Bereichsdenken im Kritischen Rationalismus. Zur finitistischen Tradition der Popperschule*, Freiburg 1976, S. 191.
4   Popper bekennt sich öfter als Kantianer. Auch in Kants Erkenntnistheorie steht bekanntlich keineswegs fest, dass das Produkt des Erkenntnisprozesses, das durch das Zusammenwirken von Anschauung und Denken entsteht, ein Ding so erfasst hat, wie es „an sich" ist. Hier könnte man Poppers Theorie als Langfassung des Kantischen Ansatzes beschreiben.

5   Hannah und ihre Schwestern. Der Beckenschlag; Andreas Platthaus, *Der Mann, der zu viel von sich wusste" Woody Allen zum 80.*, FAZ Feuilleton v. 01.12.2015.

6   Lesezeit ist Lebenszeit. Daher sind Bücher, besonders dicke, ein Angriff auf unsere Lebenszeit. Wir müssen Blumenberg aber wegen seiner Qualitäten von dem Vorwurf des performativen Selbstwiderspruchs freisprechen.

7   Johann Wolfgang von Goethe, *Die Kampagne in Frankreich*, Erstdruck 1822, *Aus meinem Leben*. 2. Abt. 5. Bd. Auch ich in der Champagne.

8   Vgl. Karl Löwith, *Weltgeschichte und Heilsgeschehen. Zur Kritik der Geschichtsphilosophie*, Stuttgart 1983; Odo Marquard, *Schwierigkeiten mit der Geschichtsphilosophie*, Frankfurt / M. 1973.

9   Song von Manfred Mann, 1966.

10 Wäre demnach sexuelle Hörigkeit eine Religion?

11 Zur Erläuterung: Klaus Ebeling, Hermann Schrödter, *Nach-Denken über „Religion". Eine philosophische Begriffsklärung*, in: Linus Hauser, Eckhard Nordhofen, *Das Andere des Begriffs. Hermann Schrödters Sprachlogik und die Folgen für die Religion*, Paderborn 2013, S. 155–167.

12 Vgl. Dolf Sternberger, Der verstandene Tod. Eine Untersuchung zu Heideggers Moralontologie, Leipzig 1934.

13 Bazon Brock, FAZ v. 14.11.15

14 Marianne Kreuels, Über den vermeintlichen Wert der Sterblichkeit, Berlin 2015.

15 Zur Frage der Auferstehung nach dem Vorbild Jesu des „ersten der Entschlafenen" ausführlich: Hans Kessler, *Was kommt nach dem Tod?*, Kevelaer 2014.

16 Nunc fluens facit tempus, nunc stans facit aeternitatem, Das fließende Jetzt erzeugt die Zeit, das stehende Jetzt erzeugt Ewigkeit. Boethius, *De trinitate*, 4,70.

Kapitel III:
Was kann ein Bild?

Bilder reflektieren

Reflexion kann in die Totale gehen. Das kommt vor. Zum Beispiel in der Schöpfungstheologie, die den ganzen Kosmos seinem großen Hintergrund gegenüberstellt. In der Philosophie gibt es die berühmte und vom bodenständigen Nichtphilosophen gerne belächelte Frage: *„Warum gibt es überhaupt etwas und nicht vielmehr nichts?"* Leibniz, Schelling, Schopenhauer und Heidegger haben sie in unterschiedlichen Varianten begrübelt. Groß ist diese philosophische Frage auch deshalb, weil sie eine große Ausnahme ist. Meist hat Reflexion nämlich einen durchaus konkreten Anlass. Reflexion kann beides: über alles, „das Ganze" nachdenken aber auch über ganz Bestimmtes.

Auch die Reflexion über Bestimmtes springt nur aus gegebenem Anlass an. In fast allem was wir tun, können wir auf sie verzichten. Neunzig Prozent unserer Bewegungen bestehen aus Routinen, wahrscheinlich noch mehr. Reflexion unterbricht, bremst die automatisierten Abläufe und kostet Zeit, manchmal auch Überwindung. Sie ist anstrengend. Daher folgen wir bei den täglichen Verrichtungen, buchstäblich „in der Regel", den bewährten Schemata unserer Kultur und Zivilisation. Wir stehen schließlich auf den Schultern von Riesen.[1] So profitieren wir von allem, was wir nicht erfinden mussten. Das Rad verstehen wir so sehr, dass wir uns wundern, dass die Inka es nicht kannten. Es neu zu erfinden, trauten wir uns jederzeit zu. Aber was benutzen wir nicht alles ohne es zu verstehen? So selbstverständlich wir mit den allgegenwärtigen computergestützten Helfern und Helferlein umgehen, so wenig verstehen wir die Innereien der Hardware. Wenn wir dennoch bisweilen innehalten und reflektieren, geschieht dies nicht ohne Anlass. Das normale Gehen erfordert kein Nachdenken. Erst der Stolperstein lässt uns innehalten. Reflexion braucht einen Anlass.

Auch in der Entstehungsgeschichte des Monotheismus muss es solche Anlässe gegeben haben. Es mag nicht nur ein einziger gewesen sein. Kritik kann sich an mancherlei entzünden. Das *Prinzip Passung*, die verdächtig genaue Korrespondenz zwischen den funktionalen Gottheiten und menschlichen Interessen, kann jedem auffallen, der reflektiert. Und Xenophanes stößt sich an der Unmoral der Götter, das ist gewiss auch ein Motiv. Der wichtigste Stein des Anstoßes aber war auch für ihn, ebenso wie für die Intellektuellen in Israel, der Bilderkult. Auf ihn konzentriert sich die Kritik, an ihm entzündet und artikuliert sie sich. Die Parallele zwischen der vorsokratischen und der biblischen Aufklärung ist verblüffend. Sie wird uns noch intensiver beschäftigen. Die Götterproduktion karikiert Xenophanes mit seinem Gedankenexperiment von den Löwen, Pferden und Rindern: Sie würden sich Bilder machen, „...*ihrer eigenen Gestalt entsprechend.*" Und in einer wortreichen Polemik macht auch (Deutero)Jesaja die Herstellung von Götterbildern lächerlich. Beide sind Zeitgenossen! Xenophanes lebt im Jahrhundert von 570 bis 470 v. Chr. Der biblische Prophet trat von 550 bis 540 v. Chr. auf, also während des babylonischen Exils (586–538 v. Chr.). Über eine direkte Verbindung der beiden ist nichts bekannt. Es spricht vieles dafür, dass es innere Gründe sind, die mit der Eigenheit des Mediums Bild zu tun haben, welche die Kritik fast wie von selbst heraustreiben. Das Bild war offenbar das Leitmedium des Polytheismus. Wem die vielen Götter verdächtig vorkommen, der kritisiert ihre Bilder und die, welche sie herstellen. Wie kommt es, dass Bilder für die anthropogenen Religionen eine so zentrale Rolle spielen?

Was ist ein Bild?

Im Jahre 1995 stellte Gottfried Boehm diese Frage in einem berühmten Buchtitel: *„Was ist ein Bild?"* Wusste man nicht mehr, was ein Bild ist? *„Welche Bilder sind gemeint: gemalte, gedachte, geträumte? Gemälde, Metaphern, Gesten? Spiegel, Echo, Mimikry? Was haben sie gemeinsam, das sich allenfalls verallgemeinern ließe?"*[2]

So fragt er und erweitert damit den Bildbegriff so ziemlich maximal. Hier der Versuch einer Antwort: Bilder eröffnen unserem Bewusstsein ein Gegenüber, von dem es weiß, dass es nicht Natur ist, sondern

Abbildung 2: Wer ist das? Schädel mit Leihgesicht.

gebildet, d. h. von uns selbst oder anderen Menschen hergestellt, ein Gegenüber, das mir etwas wortlos sagen will. Es wispert einen leisen Imperativ: Schau mich an! Manchmal kann der auch sehr laut sein. Anders und nüchterner gesagt: Ein Bild ist durch zweierlei bestimmt, durch Referenz und durch Präsenz, durch visuelle, auch erinnerte oder traumhaft imaginierte Präsenz. Und Referenz, das soll heißen: durch ein Bild entsteht Zweistelligkeit, ein Hin und Her zwischen einer wahrnehmenden Person und dem, was sie aus dem Strom der vorbeiziehenden Eindrücke gleichsam ausschneidet. So gesehen, ist es der Betrachter, der ein Bild zum Bild macht.[3]

Das ergibt ein weiteres Merkmal: Das Bild hat einen Zeitindex. Es unterbricht den Zeitstrom. Das, was ein Bild zeigt, beansprucht Dauer. Um das zu können, muss das Bild ein Objekt sein, etwas künstlich, gerne auch kunstvoll in die Welt Gesetztes. Auf ein Bild kann ich mich beziehen, es muss mir vor Augen stehen. Auch wenn diese geschlossen sind, kann in der Erinnerung etwas, das einst einmal gesehen wurde, auftauchen, dann ist es wieder präsent. Die gute alte Mnemosyne oder auch der Traum ruft es aus dem Speicher herauf. Selbst Blindgeborene, deren Augenoptik nicht arbeitet, berichten von inneren Bildern, die ihnen ihr Gehirn liefert, das für die Arbeit mit Bildern nun einmal ausgelegt ist. Streng genommen kann ein Bewusstsein alles Mögliche zum Bild machen.

Die ältesten Bilder

Die ältere Kunstgeschichte beschäftigte sich mit Bildern im engeren Sinn, also mit gemalten oder dreidimensional skulptierten Bildwerken. Seit wann gibt es sie? Noch nicht sehr lange. In der Castillo-Höhle im spanischen Kantabrien wurde das Alter der Silhouette einer Hand mit 40 000 Jahren bestimmt. Damals war Homo sapiens sapiens gerade dabei, nach Europa vorzudringen. Die Chauvet-Höhle, erst vor kurzem entdeckt, können wir durch Werner Herzogs genialen 3D-Film erleben, ohne sie zu betreten und zu kontaminieren.[4] Ihr Alter wurde mit 32.000 Jahren bestimmt. Man sieht Malereien, welche die Bewegung von laufenden Stieren und Pferden einfangen, indem sie die Beine mehrfach zeichnen, daneben sprungbereite Löwinnen vor dem Endspurt auf die

Beute, alles mit fabelhafter Treffsicherheit in erstklassiger künstlerischer Qualität erfasst und festgehalten.

Und seit wann aber gibt es uns überhaupt, die Gattung Homo sapiens? Wir werden immer älter. Wir Individuen sowieso aber auch die Gattung. Die Datierungen greifen immer weiter zurück.[5] In einer Höhle bei Johannesburg machte Lee Berger einen reichen Knochenfund einer bisher unbekannten Menschenart. Ihr Gehirn war noch ziemlich klein, die Fundumstände deuten aber auf ein Begräbnis hin. Die genaue Datierung steht noch aus, aber von 150 Millionen Jahren war schon die Rede.[6] Ebenfalls anno 2015 wurde ein Unterkiefer in Äthiopien gefunden, mit dem die Gattung Homo mittlerweile ein Alter von 2,8 Millionen Jahren erreicht haben soll.[7] Homo sapiens sapiens, also unsere Art, soll vor ca. 160.000 Jahren in Afrika entstanden und seit 100.000 Jahren dort häufig vorgekommen sein. Was sind da schon 40.000 Jahre …

Gottfried Boehms erweitertes Bildverständnis ist mehr als eine Modeerscheinung. Nach der klassischen Moderne ist neben Joseph Beuys' „erweitertem Kunstbegriff" auch der Bildbegriff weit aufgespreizt worden. Bis dahin glaubte man offenbar zu wissen, was ein zwei- oder dreidimensionales Bildnis ist oder bildete es sich zumindest ein. Inzwischen hat auch Hans Belting die Kunstgeschichte in den größeren Zusammenhang einer Bildwissenschaft gestellt, die ihren zentrierenden Punkt in den Körper des Menschen verlegt. Ein Bild ist das, was das menschliche Auge dazu macht. Da begegnet uns wieder die elementare Dialektik von Innen und Außen. Im aktiven Rezipienten baut sich letztlich das Bild auf, für das die Außenwelt das Material anliefert.

Und die Künstler?

Haben wir da nicht jemanden vergessen? Sind Bilder nicht dreistellig: Betrachter – Objekt – Autor? Was ist mit den Bildermachern? Ja, die Künstler! Wir hätten fast oder beinahe die Künstler, die Hersteller von Bildern im weitesten (Gottfried Boehmschen) Sinn vergessen. Zumindest sind sie in der oben vorgeschlagenen Definition nur allzu beiläufig erwähnt. Zwischen den Künstlern und dem Betrachter, dem Souverän, in dessen Kopf sich das Bild am Ende herstellt, muss es eine Verabredung geben. Wer Marcel Duchamp einmal als Künstler akzeptiert hat, muss auch das Urinal, das er zum Kunstwerk erklärt, als solches anerkennen. Dort, wo diese Konvention einmal nicht funktioniert, erkennen wir ihren Mechanismus. Die Putzfrau, welche die Badewanne des Joseph Beuys sauber machte, war nicht eingeweiht, sie wusste nicht, was sie tat. Leider ist der Rechtsstreit über den Schaden, den sie angerichtet hatte, zu früh zu Ende gegangen. Der Rechtsvertreter der Beklagten hätte sie dazu bewegen können, sich zur Künstlerin zu erklären, etwa mit diesen Überlegungen: Die Badewanne ist dadurch zum Kunstwerk geworden, dass Joseph Beuys, der Künstler, sie als Requisit seiner Biographie ausgestellt und damit zum Kunstwerk erhoben hat. Derselbe Joseph Beuys vertritt die These, dass jeder Mensch das Potential zum Künstlertum habe. Hiermit erkläre ich mich zur Künstlerin und meine Aktion zur Performance, zu einer Intervention, mit der die Biographie von Beuys fortgeschrieben und durch meinen Eintrag ergänzt wurde. Das Objekt ist dadurch erst berühmt geworden und in seinem Wert deutlich gestiegen. Dafür verlange ich ein angemessenes Honorar. Schade, die offene Heuristik zwischen Bild, Medium und Körper, die in der aktuellen Bildwissenschaft über alle Grenzen hinweg gefordert wird, hätte hier die Chance gehabt, auch einmal forensisch ausgefochten zu werden.

Löwenmensch und Venus

Das Medium Bild hat für unsere Religionsgeschichte eine außerordentliche Bedeutung. Genetisch unterscheidet uns nichts von den Künstlern der Chauvet-Höhle an der Ardèche. Bevor wir aber der Versuchung nachgeben, das Bild für das Urmedium der Religion schlechthin zu halten, erinnern wir uns daran, wie lange es vor dem Zeitalter des Bildes schon Menschen gab. Sie hatten nur nicht das Privileg, wie wir, auf den Schultern von Riesen zu stehen, die ihnen den akkumulierten Reichtum ihrer zivilisatorischen Erfindungen und kulturellen Traditionen zur Verfügung stellten. Wahrscheinlich – sicherlich – waren sie nicht ohne Bilder. Aber sie haben uns keine hinterlassen. Vielleicht waren die Materialien nicht haltbar. Sprechen konnten sie schon! Doch Sprache ist noch weniger haltbar, und damals konnte man sie noch nicht haltbar machen.

Die ältesten Spuren menschlicher Darstellungskunst sind einfache Zeichen. Meist sind es Male der Memoria, die gegen die Zeit kämpfen.

Sie wollen re-präsentieren, d. h. etwas ins Präsens heraufziehen, dessen Anwesenheit gebraucht wird, Markierungen, Einkerbungen, Striche. Manchmal kommen wir ins Sinnieren und staunen über die vollkommene Form von Faustkeilen und Feuersteinklingen. Solche Artefakte sind oft sehr schön. Wir können sie wie Kunstwerke bewundern, kommen aber nicht auf die Idee, dass sie etwas darstellen wollten. Sie sind schön. Aber womöglich sind sie es gerade deshalb, weil sie nichts anderes sein wollen, als das, was sie sind.

Anders ist es beim so genannten „Löwenmenschen" aus dem Holenstein-Stadel, einer Höhle auf der Schwäbischen Alb. Aus Mammutelfenbein geschnitzt, zeigt er einen Löwenkopf, auch Tatzen an entsprechenden Gliedmaßen. Er steht aber aufrecht und auf Menschenfüßen. Sein Alter entspricht den Bildern der Chauvet-Höhle, also ca. 32.000 bis 35.000 Jahre. An ihm, wie überhaupt an der Kunst des Aurignacien, entzünden sich viele Spekulationen über die Spiritualität der Höhlenmenschen. Stellt er vielleicht einen Schamanen dar? Brauchte man die Figur für einen Jagdzauber? Auf jeden Fall stellt er etwas dar, das es „nicht gibt". Der Löwenmensch gehört in die Familie der späteren Sphingen, Greifen und Kentauren, alles Lebewesen, die es nicht gibt, aber dann doch gibt, weil die menschliche Darstellungslust sie erfunden und ihnen eine Gestalt gegeben hat. Erst 2013 wurde er endgültig aus Splittern zusammengesetzt, so dass Ludwig Wittgenstein von ihm noch nichts wissen konnte. In dessen „Rede über Ethik" im „Apostelclub zu Cambridge" zu [8] lässt er nämlich in seinem Gedankenexperiment just einen solchen Löwenmenschen auftreten. Er fragt, was man unternehmen würde, wenn in der Versammlung da plötzlich einer mit einem Löwenkopf säße. Wie wird er sein Experiment ausgehen lassen?

Das Gesicht

Besonders interessant sind die überformten Totenschädel aus der steinzeitlichen Kultur des Nahen Ostens. Hier hat man auf der Vorderseite des Schädels das Gesicht wiederhergestellt, das bei der Verwesung verloren gegangen war. Mit einer Schicht aus Lehm und gebranntem Kalk ergänzte man Augen, Nase, Mund und Wangen. Das Archäologische Museum in Damaskus zeigt (zeigte?) einen Kopf aus Jericho um 7000 v. Chr.

Wer einem Verstorbenen das Gesicht mit Mund Nase und Augen wieder-gibt, will, dass er mit ihm weiterhin Blicke tauschen kann. Er soll blei-ben. Die fortdauernde Präsenz der Ahnen ist für viele Religionswissen-schaftler eine Wurzel des Götterwesens: *„Die Ahnen sind die eigentlichen Götter"* so formuliert Josef Franz Thiel.[9] Es ist eine entzogene, gebroche-ne Präsenz, denn das Gesicht aus Lehm und Kalk ist zur Maske erstarrt. Später im Theater der Antike wird sich die Maske zwischen den Betrach-ter und das wahre Gesicht des Schauspielers schieben, und es ist gera-de die Differenz der zwei Gesichter, die fasziniert. In der steinzeitlichen Überformung des Schädels durch ein starres „Leihgesicht"[10] misslingt einerseits die völlige Wiederbelebung des Toten, sein echter Knochen-kopf verleiht ihm aber eine zweitbeste Version der erstrebten Präsenz.

Der Ahnenkult, der in einigen Kulturen bis heute eine Rolle spielt, hatte seine Bedeutung vor allem für die ersten Ackerbauern. Er liegt in dem Zeitraum, der hier beleuchtet wird, schon ca. viereinhalbtausend Jahre zurück. Von ihm führt eine direkte Verbindung zu den späteren Götterbildern. Was man in den zugehörigen Mythen von den Göttern er-zählte, kann man mit dem vergleichen, was man von den verstorbenen Ahnen erzählen konnte. Gemeinsam ist ihnen das maskenhaft erstarr-te Gesicht.[11]

Der durch den echten Schädel garantierte Rest von echter Präsenz ist auch deswegen interessant, weil der überformte Kopf kein reines Ar-tefakt, sondern ein echter Köperteil des Toten ist. Der Vorwurf: Du hast dir deinen Gott selbst gemacht, würde also hier nur zum geringeren Teil treffen. Deshalb könnte man Thiel einräumen, dass hier ein Gegenüber entstanden ist, mit dem man auch durch Speisen und andere Gaben in eine symbolische Kommunikation treten kann. Bei Gottheiten wie dem mesopotamischen Marduk, dem kanaanäischen Baal oder der Aschera, um deren Bilder unsere Medienkonkurrenz ausgefochten wird, befin-den wir uns in einer anderen Epoche. In jedem Fall trifft die Feststel-lung: *„Die unterhaltendste Fläche auf der Erde ist die vom menschlichen Ge-sicht."*[12]

Diesen Aphorismus Lichtenbergs stellt Hans Belting seiner faszi-nierenden Studie „Faces"[13] voran. Das Gesicht des Menschen ist wahr-scheinlich auch das prominenteste Sujet der Kunstgeschichte. Eine Figur, wenn sie nur Augen und ein Gesicht hat, das einen anschaut, imitiert einen lebendigen Menschen und lädt – mal mehr, mal weniger – dazu ein, mit ihm in eine Beziehung zu treten. Aber auch Tiere schauen uns an. Löwenmenschen und andere Mischwesen gehören in fast allen polytheistischen Kulturen zum Repertoire der Gestalten und Gestaltungen. Immer aber sind es die Augen, die ein Gebilde lebendig machen. Kaum ein Schlossführer verzichtet darauf, den nahezu mirakulösen Effekt zu inszenieren, den das Portrait an der Wand macht, dessen Augen den Besucher immerfort anschauen und „verfolgen", wenn er den Saal in der vollen Länge durchschreitet.

Was ist ein Blick?

Gottfried Boehms Frage „Was ist ein Bild?" lässt sich zurückspiegeln auf den anderen Pol jenes zweistelligen Verhältnisses, das wir für den erweiterten Bildbegriff aufgespannt haben. Wir sollten es bei einem zweistelligen Gegenüber erst einmal belassen, auch wenn wir die Künstler nicht vergessen wollen. Wir behalten sie im Auge als diejenigen, die uns bezaubern und durch ihre Artefakte einen Anreiz schaffen, den Blick auf die Objekte zu lenken, die sie gemacht haben. Auf jeden Fall ist der eine Pol das Objekt, das der Betrachter aus seinem Wahrnehmungsstrom ausschneidet, den anderen bildet er selbst. Dann muss die Frage diesmal heißen: „Was ist ein Blick?"

Unser Wahrnehmungsorgan reagiert stark auf das, wovon es angeblickt wird, ja es ist auf der Suche danach. Wir sind auf Blicktausch aus. Das Hin und Her der Blicke ist wahrhaftig ein großes Thema, vielleicht der dramatischste Teil einer Erkenntnistheorie der Sinne. Hier kommt das antiphonische Verhältnis zwischen uns und unserem großen Gegenüber auf den Punkt. Nicht nur das Ohr, das auf die Stimmen der Natur horcht, ist ein antiphonisches Organ, auch das Auge sucht und empfängt die Signale von der anderen Seite. Wer sich an dem akustischen Begriff „Antiphon" stört, und sich weigert, ihn auf das Auge zu übertragen, für den erfinde ich analog das „antibleptische Verhältnis" für das Sehorgan. Von griech. antiblépein, den Blick erwidern (Die Vokabel gibt es wirklich). Das menschliche Auge schaut in aller Regel fokussiert. Zwar können wir bei geöffneten Augen den Blick auch einmal „nach innen" richten und das ganze Sehfeld passiv auf uns wirken lassen oder träumerisch darauf verzichten, etwas Bestimmtes anzuschauen. Hätten wir ein Insektenauge mit hunderten von Facetten, könnten wir das wohl noch besser. Im Normalbetrieb aber streicht das Auge die Umgebung ab, fokussiert sich auf Details, und das Gehirn setzt sie zu einem Bild zusammen. Es ist bemerkenswert, dass der Blicktausch, der ja nur zustande kommt, wenn das Gegenüber den Blick erwidert, auch auf beachtliche Entfernungen noch möglich ist. Die winzige Verrückung des Augapfels, eine Bewegung, die wir im Wahrnehmungsfeld sonst niemals registrieren würden, kann die Verbindung herstellen. Angeblickt zu werden ist eine körperliche Empfindung. Können wir einen Blick im Rücken fühlen? In der Literatur ist dieser rätselhaft erfühlte Blick jedenfalls ein Topos. Wie auch immer – das Organon unserer sinnlichen Erkenntnis ist darauf geeicht, ein menschliches, anthropomorphes oder auch theriomorphes, tiergestaltiges Gegenüber auszuzeichnen und mit ihm in ein Verhältnis zu treten. Augen und Bewegungen aller Lebewesen werden aufmerksamer registriert als die unbewegte Landschaft. Diese auszeichnende Augenleistung, mit der wir ein menschliches Gegenüber aus dem übrigen Aktionsfeld der Sehoperationen herausheben, drückt sehr gut die Etymologie des Wortes „Gesicht" aus. Das Gesicht, das ich sehe, ist etwas, das seinerseits sieht. Hans Belting: *„Was ist denn das ‚Gesicht'? Es ist das Gesicht, das jeder hat. Aber es ist ein Gesicht unter anderen Gesichtern, und es wird erst zum Gesicht, wenn es mit anderen Gesichtern in Kontakt tritt, sie anschaut oder von ihnen angeschaut wird. Das klingt in der Redewendung ‚von Angesicht zu Angesicht' an, welche den unmittelbaren oder eher unausweichlichen Kontakt des Blicktauschs als Stunde der Wahrheit zwischen zwei Menschen bestimmt."*[14]

Diese Automatismen der Wahrnehmung greifen auch dann, wenn die Auslöser keine wirklichen Menschen, sondern nur anthropomorphe Simulationen sind. In der Säuglingsforschung hat man festgestellt, dass Neugeborene zunächst auf ein Pappschild mit zwei Punkten genauso reagieren wie auf ein echtes Gesicht. Ab der achten Woche können sie dann das Gesicht der Mutter von anderen unterscheiden.[15] Das „antibleptische" Auge wird noch unterstützt durch das Gestaltsehen. Auf der Suche nach einem Gegenüber erkennen wir überall, in Tropfsteinhöhlen, Felsformationen und Wolken menschliche und andere Gestalten, und wir geben dem Mond ein Gesicht.

Ganz und gar entfesselt ist die Lust, angeblickt zu werden im Fieberzustand, wenn aus dem Tapetenmuster Monster hervortreten und tote Dinge lebendig werden. Walter Benjamin hat in seinem unvollendeten „Passagenwerk", einer Art poetischer Erkenntnistheorie, diese febrile Wahrnehmung zur Literatur werden lassen: *Blickwispern füllt die Passagen. Da ist kein Ding, das nicht ein kurzes Auge, wo man es am wenigsten vermutet, aufschlägt, blinzelnd schließt, siehst du aber näher hin, ist es verschwunden. Dem Wispern der Blicke leiht der Raum sein Echo, ‚Was mag in mir‘, so blinzelt er, ‚sich wohl ereignet haben?‘ Wir stutzen, ‚Ja, was mag in dir sich wohl ereignet haben?‘ So fragen wir leise zurück."*

Was da blinzelt, will angeblickt werden. Benjamin ist eine antibleptische Spitzenbegabung. Aber er wird enttäuscht: *„Siehst du aber näher hin, ist es verschwunden..."*[16]

In jeder Kultur besteht ein Lernpensum darin, die anthropomorphen Simulationen von echten Menschen zu unterscheiden, sich in die unterschiedlichen Funktionen solcher Artefakte einweisen zu lassen und den Umgang mit ihnen einzuüben. So sehr die Puppen und Plüschtiere der kleinen Mädchen auch geliebt werden, vielleicht sogar im Einzelfall einmal mehr als eine echte Person, so sehr können auch die kleinen Kinder die einen von der anderen unterscheiden. Puppen haben Menschengestalt, sind aber keine Menschen. Im Spiel spielt das keine Rolle. Ist das Spiel zu Ende, wird ohne Probleme auf den größeren Wirklichkeitsmodus umgeschaltet, in den es eingelassen war.

Auch manche Fetische sind eine Art Puppen, aber nicht alle. In seinen Grenzen kann der Mensch so ziemlich jede tote Materie beseelen. Das Wort „Fetisch" ist abgeleitet von dem portugiesischen feitiço. Es geht zurück auf das lateinische *factitius,* d. h. „künstlich hergestellt". In dieser Bildung ist schon das salzige Momentum der Kritik enthalten: Du betrügst dich selbst. Das, wovon du glaubst, dass es dir von außen Kraft verleiht, hast du dir selbst gemacht. Der Mensch, der den Fetisch benutzt, ist vom Gegenteil überzeugt. Davon, dass dieses Objekt ihm nämlich seine Kraft von außen überträgt. „Fetisch" bezeichnet nicht nur Idole, also anthropomorphe Figuren, sondern alle künstlich hergestellten Gegenstände, die für magische Praktiken Verwendung finden[17]. Auch die sogenannten Medizinbeutel und Amulette, wie sie nicht nur bei den Indianern Nordamerikas und in Afrika weit verbreitet waren, sind ma gisch aufgeladene Gegenstände. Amulette sind deswegen besonders interessant, weil sie am Körper getragen werden. Einerseits handelt es sich um „Fremdkörper", zu denen der Besitzer in eine Beziehung treten kann, und man könnte von einem dualistischen Gegenüber, besser noch Miteinander sprechen. Manchmal wird der Medizinbeutel oder das Amulett aber auch als wichtiger Bestandteil des eigenen Körpers betrachtet. Es gehört zu seinem Besitzer, der sich nackt, kraftlos und ungeschützt vorkommen kann, wenn es ihm abhanden kommt. Nur wenn das Amulett auch am Körper getragen wird, verleiht es dem, der an seine Kraft glaubt, die Energie oder den Schutz, den er sich erhofft. Wir balancieren hier auf der Grenze von Innen und Außen.

Ein performatives Verhältnis von innen und außen treffen wir beim schon erwähnten Placebo, das man als psychosomatisch wirksamen Schluckfetisch bezeichnen könnte. Die Pille muss „eingenommen" werden. Sie muss von außen kommen und wird ins Innere transportiert. Es ist dieser Akt, das Einnehmen, der als magisches Ritual an die Selbstheilungskräfte des Körpers appelliert und tatsächlich in vielen Fällen eine Heilung in Gang setzt. Für die Wirkung entscheidend ist, dass etwas Fremdes ins Eigene eindringt. Nach neueren Studien muss der Patient nicht einmal daran glauben, dass die Pille einen echten Wirkstoff enthält. Wenn man ihm offenlegt, dass er nur Kreide oder Traubenzucker geschluckt hat, wirkt sie in vielen Fällen trotzdem. Aber die Aufforderung, den Akt des Einnehmens durch den Gedanken: „Ich appelliere an meine Selbstheilungskräfte" zu ersetzen, bliebe ohne Wirkung. Die Kraft zur Heilung muss als Einwirkung oder Objekt etwas Fremdes sein und von außen kommen, weil der Patient, der sich schwach fühlt, von dem Gefühl beherrscht wird, dass die inneren Ressourcen des kranken Körpers nicht ausreichen und er aus eigener Kraft nicht gesund werden kann. Es muss nicht eine Pille sein. Von außen kommen auch die Heilwässer, ob sie nun Wirkstoffe enthalten oder nicht, von außen kommen auch die Hände des Gesundbeters oder des Osteopathen. Und keiner kann sich selber kitzeln.

Die Götterfigur, der Fetisch und das Amulett haben gemeinsam, dass sie wie eine Batterie, der man ihre Ladung ja auch nicht ansieht, „aufgeladen" sind. Diese treffende Metapher benutzen Karl-Heinz Kohl und andere Ethnologen, um die Machenschaften zu beschreiben, die das dualistische Verhältnis zwischen Menschen und Göttern konstituieren.

Warum bekämpfen die christlichen Missionare in Westafrika die Fetische? Im Grunde geht es um eine Grenzverletzung: Feitiço, das selbstgemachte, künstlich hergestellte, mit Kräften aufgeladene Ding, soll mit seiner Zauberkraft über die Grenze hinaus wirken, vor der sein Besitzer sonst halt machen müsste. Diese Kritik steht in der Tradition der monotheistischen Polemik gegen die selbstgemachten Götter. Das biblische Narrativ stellt in Genesis (2,7) die Beseelung der unbelebten Materie unter göttlichen Vorbehalt: Was Gott tut, indem er dem aus Erde geformten Adam den göttlichen Lebensatem einbläst, steht nur ihm zu. Wenn ein Mensch sich das anmaßt, will er sein wie Gott. Und genau das hatte die Schlange den Menschen im Paradies versprochen. In dieser Erzählung von der Beseelung des Menschen durch den göttlichen Atem treffen wir also auf die Inversion des Göttermachens. Der sonst innerpsychische Vorgang ist dort genau erfasst. Aus dem Gegenüber wird ein Partner.

Beseelte Materie: Der Pygmalion-Effekt.

Interesse verdienen auch Geschichten, in denen Figuren auf wunderbare Weise lebendig werden, wie die vom Golem, der auf dem Dachboden der Altneusynagoge zu Prag hauste oder die liebenswürdige Märchenerzählung vom alten Gepetto, dem sein Pinocchio, den er gerade gedrechselt und geschnitzt hatte, sich unter seiner Hand wie von Zauber belebt und von der Werkbank springt. Hier treffen wir eine niedliche Version des antiken Mythos von Pygmalion, dem Künstler, der eine ideale Frauengestalt in Elfenbein fertigt, in die er sich, getrieben durch seine Wünsche und die Lust der Selbsttäuschung, prompt verguckt und verliebt. An irgendeinem Punkt muss ihn ein Imaginationsblitz getroffen haben, und die Augen des Gesichts, das für ihn soeben noch ein Werkstück war, müssen ihn angeblickt haben so wie bei einem Kippbild der Blick umspringt. Was war da geschehen? Hatte der Handwerker / Künstler vergessen, dass seine eigene Kunst den Körper geformt hatte, der ihm nun wie etwas Eigenes und Selbständiges gegenüber stand?[18] Aus dem Ich des Künstlers wird da etwas abgespalten. Man könnte von einer Spielart der Schizophrenie sprechen, einer Auslagerung des Ich. Wenn wir Rimbauds „*Ich ist ein Anderer*" umdrehen, müssten wir sagen: Der – oder im Falle Pygmalions – die Andere war eigentlich Ich. Das macht sie unecht. Dass die Sache im Falle des sehnsüchtigen Künstlers am Ende doch gut ausgeht, verdankt er nur einer göttlichen Intervention. Im Mythos ist diesmal am Ende alles gut, eine gnädige Göttin hatte geholfen. Das ändert nichts daran, dass Pygmalion zunächst in die Falle eines Selbstbetrugs getappt war. Das Andere des Ich wird zu einem unechten Gegenüber. Dieser Mythos ist mehr als nur Literatur. Beim Pygmalion-Effekt haben wir es mit einer Art Mechanismus zu tun, der in unserer Psyche angelegt ist. Sind wir einmal auf ihn aufmerksam geworden, begegnet er uns oft genug.

Ist es die Lust der Selbsttäuschung oder einfach eine Lust am Spiel, die dazu führt, dass die Kasperpuppe lebendig wird? Wissen die Kinder wirklich nicht, dass Kasper nur aus Pappmaché und Textilien besteht und dass es die Hand des Puppenspielers ist, die ihn bewegt? Sie wissen es. Sie sind nicht dumm. Sie wissen auch, wer in Wahrheit der Nikolaus ist. Aufklärerisch gestimmte Kindergärtnerinnen – Pardon, Erzieherinnen – lassen die Kleinen dabei zusehen, wie einer der Väter das Nikolausgewand anzieht und wundern sich dann, dass der heilige Mann, sobald er anfängt, seine Rolle zu spielen, für vollständig echt genommen wird. Die Kinder spielen mit und das in vollem Ernst. Es gibt den Moment der Verwandlung, der aus einer Person oder einem Ding mehr macht, als es bei Licht besehen, also unter humorloser Berücksichtigung von Aufklärung, ist. Vergessen und vergessen machen spielt dabei eine entscheidende Rolle. Im Falle der Götterproduktion mit ihren Camouflagen und Aufladungen haben wir es zwar mit denselben Psychomechanismen, aber nicht mit einem harmlosen Kinderspiel zu tun.

Alterität und Mimesis: Göbekli Tepe

Klaus Schmidt hat in der Türkei, am Göbekli Tepe vor wenigen Jahren eine steinzeitliche Kultstätte entdeckt.[19] Sie ist mit ihren 10.000 Jahren älter als alle bisher bekannten Wohnsiedlungen. Besonders auffällig sind die überlebensgroßen Stelen. Dass sie nicht mimetisch Menschen abbilden wollen, erkennen wir sofort. Wir sehen hochkantige Quader, fast geometrisch, rechteckig, mit abstrakten Zeichen und Tierreliefs versehen. Erst bei genauem Hinsehen entdeckt man, dass sie anthropomorph sind. Köpfe, Augen und Gliedmaßen sind unverkennbar angegeben. Die Stelen sind somit einem Menschen ähnlich und gleichzeitig deutlich anders, auch weil sie überlebensgroß sind. Sie verfremden die menschliche Gestalt, aber sie geben dem Betrachter ein Gegenüber. Wir sehen schon an diesen frühen Beispielen ein Charakteristikum des Kultbilds: Das Ineinander von Alterität und antiphonischer bzw. antibleptischer Potenz: ein Gegenüber, ein potentieller Partner, uns irgendwie gleich, aber rätselhaft anders (vgl. Abb. 3).

Alterität, „Andersheit" ist ein privativer Begriff. Da entzieht sich etwas, kann nicht in die Wirklichkeit des Normalen eingeordnet, kann vor allem nicht in Besitz genommen werden.

Das gilt nicht für die Mimesis. In langen Perioden der Bildgeschichte ist das Publikum von etwas anderem affiziert: Es fasziniert diesmal nicht die geheimnisvolle Simultaneität von Identität und Alterität, sondern das Gegenteil, die voll getroffene Ähnlichkeit der mimetischen Illusion. „Täuschend echt!" der Ausruf war immer als Kompliment gemeint, weil die Getäuschten sich nicht betrogen, sondern als Mitspieler in einem Spiel gut unterhalten fühlten. Es ist das Spiel, das schon die Kinder spielen: Aufbau einer kleinen Welt in der großen Welt, oder die Lust, eine Illusion aufzubauen und wieder zusammensinken zu lassen. Dagegen steht der Typ vom Göbekli Tepe: Inszenierte Fremdheit, die nicht auf die Verwechslung mit einem lebendigen Menschen aus ist, sondern auf die Präsentation eines fremden Gegenübers als fremd.

Es gibt unterschiedliche Möglichkeiten, Alterität zu markieren. Neben dem Pygmalion-Effekt, der mit Illusion und Mimesis spielt, hat, wenn es um die Bedeutung des Bildes in der Religion geht, der Typ Göbekli Tepe eine große Bedeutung. Er inszeniert das fremde Gegenüber, das gerade nicht zur Verwechslung einlädt, aber doch so gezeigt wird, dass es die Imaginationslust anspricht und so zum Analogon einer Person werden kann. Zu diesem Typ gehören auch die kykladischen Idole im alten Griechenland, die dem modernen Betrachter vorkommen, als stammten sie direkt aus dem Atelier von Henry Moore. Auch sie sind anthropomorph und alteritär zugleich. Oft treten auch Mischformen der beiden Typen auf.

Die These hat viel für sich, dass es etwas mit Säkularisierung zu tun hat, wenn Götter- und Heiligenbilder mimetisch werden. Mimesis kann illusionieren, aber auch profanieren. Die berühmte Statue der Göttin Athene, die Phidias in mimetisch perfekter und gleichzeitig idealer Gestalt für den Parthenontempel schuf, war kein Kultbild.

Wir sehen hier eine interessante parallele Entwicklung der Medien Schrift und Bild in Griechenland: Auch das griechische kulturhistorische Patent, die gelungene Annäherung von Sprache und Schrift durch das vokalisierte Alphabet, ist eine Spielart der Mimesis gewesen: Die Schrift ahmt die Sprache nach. Heute sind wir so sehr daran gewöhnt, dass wir beim Lesen oft das Gefühl haben, jemand spräche zu uns. Diese Beseitigung von Distanz, so hatten wir uns bei der Schrift klargemacht, hatte einen säkularisierenden Effekt. Ganz ähnlich lässt sich dieser Effekt auch bei den Bildern beobachten. Die kykladischen, abstrakt anmutenden Idole der Frühzeit (5000–1600 v. Chr.), die in einem kultischen Gebrauchskontext stehen, sind, ähnlich wie die Stelen von Göbekli Tepe, alles andere als illusionierend mimetisch. Auch die griechischen Bildwerke der archaischen Phase (700–500 v. Chr.) haben noch eine durchaus alteritäre Aura, die dann mit fortschreitender Mimesis in der Hochklassik (ab 450 v. Chr.) kaum mehr vorhanden ist. Hier machen der Grad ihrer Fähigkeit zu illusionieren und die dafür erforderliche Téchne ihr Faszinosum aus. Sie sind schön, mimetisch perfekt aber nicht mehr heilig.

Mesopotamien: Nicht von Menschenhand

Eine besonders ausgeprägte Art, Alterität zu inszenieren, ist aus dem Zweistromland überliefert. Man könnte sogar von einer strategischen Alteritätsproduktion sprechen. Mesopotamien war für die Ausformung des biblischen Monotheismus deswegen ein entscheidender Schauplatz, weil der dortige Bilderkult die Kontrastfolie bereitstellte, die als Hintergrund für die Bildkritik der dorthin deportierten Judäer anzusehen ist. 586 v. Chr. war Jerusalem gefallen, das Südreich Juda untergegangen. Die Elite Israels wurde von Nebukadnezzar in das babylonische Exil geführt[20]. Wir werden darauf noch eingehend zurückkommen. Hier trat den Propheten (Deutero)Jesaja und Ezechiel der mesopotamische Götterkult unmittelbar vor Augen. Über diesen sind wir durch die materialreichen Untersuchungen Angelika Berlejungs gut informiert. Die Haltbarkeit der mit Keilschrift bedeckten Tontäfelchen hatten wir schon erwähnt. So sind detaillierte Berichte über die Herstellung von Götterbildern und vor allem deren Einweihung auf uns gekommen. Die Handwerker / Künstler, welche die Figuren hergestellt hatten, übergaben der Priesterschaft ihr Produkt. Anschließend nahm man an den Bildnissen sogenannte „Mundwaschungsrituale" vor, mit denen sie als personenäquivalente Adressaten beseelt und in kultischen Kontexten installiert wurden. *„Im Verlauf des Mundwaschungsrituals müssen sie* (die Handwerker E.N.) *in einem feierlichen Eid auf ihre Beteiligung an der Geburt der Götter verzichten. Die Bilder der Götter sind daher nicht mehr von menschlichen Händen, sondern allenfalls von göttlichen Händen geschaffen worden."*[21] Mit diesem Ableugnungsritual wurden die Bildwerke von ihrer profanen Genese abgeschnitten und dann durch die Priester spirituell aufgeladen.

Anthropomorphe Figuren, Puppen, Idole und Statuen können schon durch ihre pure Existenz den Pygmalion-Effekt provozieren und zur Beseelung einladen. In der babylonischen Götterreligion wurde dieser Effekt nicht dem Zufall überlassen. Zwischen Genesis und Geltung, Herstellung und kultischer „Inbetriebnahme" sorgten die feierlichen mehrtägigen Zeremonien der Priesterschaft dafür, dass die profane Vergangenheit der Bildnisse, die Gewöhnlichkeit der Arbeiten und Materialien nicht einfach nur vergessen wurden, sie wurden vergessen gemacht. Von solchen Figuren ist es nicht weit zum hungrigen Gott Bel aus der Geschichte vom „Bel zu Babel" des Buches Daniel, in welcher der Gott Nacht für Nacht Speisen verzehrt. Ist die Statue einmal beseelt und belebt, kann sie auch Hunger bekommen.

Polemisch: Die biblische Aufklärung

Die biblische Aufklärung entlarvt dergleichen als Betrug oder Dummheit. Waren die Polytheisten dumm? Wenn die kleinen Mädchen schon nicht dumm sind, dann waren es die Polytheisten auch nicht. Auch sie spielten ein heiliges Spiel. Im Buch Daniel und an vielen anderen Stellen der Bibel vor allem bei (Deutero)Jesaja sollen sie jedenfalls dumm aussehen: Er konjugiert im 44. Kapitel alle gängigen Techniken durch, mit denen man Kultbilder herstellte. Dabei geht er sehr ins Detail, um zu zeigen, wie gewöhnlich und profan es dabei zugeht: *„Der Schmied facht* *die Kohlenglut an. Er formt ein Götterbild mit seinem Hammer und bearbeitet es mit kräftigem Arm. Dabei wird er hungrig und hat keine Kraft mehr. Trinkt er kein Wasser, so wird er ermatten."* (11f). Das ist profane ermüdende Arbeit, keine Spur von numinosen Kräften, alles geht gewöhnlich zu, alles ganz normal und banal.

Eine Holzfigur entsteht in drei bis vier Arbeitsschritten: *„Der Schnitzer misst das Holz mit der Messschnur, er entwirft das Bild mit dem Stift und schnitzt es mit seinem Messer. Er umreißt es mit seinem Zirkel und formt die Gestalt eines Mannes, das prächtige Bild eines Menschen; in einem Haus soll es wohnen."* (13) Die realistischen und detailfreudigen Herstellungserzählungen verfolgen die genaue Gegenstrategie zu den Mundwaschungsritualen. Diese wollen die Figur sakral aufladen, (Deutero)Jesaja will das Gegenteil. Indem er die Herstellung der Götterfigur durch Menschenhand kleinschrittig erzählt, entlarvt und profaniert er das Produkt als selbstgemachten Götzen. Immer neu nimmt er Anlauf: *„Man fällt eine Zeder, wählt eine Eiche oder sonst einen mächtigen Baum, den man stärker werden ließ als die übrigen Bäume im Wald. Oder man pflanzt einen Lorbeerbaum den der Regen groß werden lässt."* (14) Sogar das Holz verdankt sich also menschlichen, d. h. profanen Aktivitäten. *„Das Holz nehmen die Menschen zum Heizen, man macht ein Feuer und wärmt sich daran. Auch schürt man das Feuer und bäckt damit Brot: oder man schnitzt daraus einen Gott und wirft sich nieder vor ihm."* (15)

Das ist effektvolle orientalische Rhetorik. Und weil's so schön war, noch einmal: *„Den einen Teil des Holzes wirft man ins Feuer und röstet Fleisch in der Glut und sättigt sich an dem Braten. Oder man wärmt sich am Feuer und sagt: Oh wie wird mir warm! Ich spüre die Glut. (16) Aus dem Rest des Holzes aber macht man sich einen Gott, ein Götterbild, vor das man sich hinkniet, zu dem man betet und sagt: Rette mich, du bist doch mein Gott!"*(17) Wer so etwas tut, ist einfach dumm! *„Unwissend sind sie und ohne Verstand, denn ihre Augen sind verklebt ..."* (18) usw.

Bilder machen und mit ihnen im Ernst oder im Spiel Blicke tauschen, ist aus der Sicht der biblischen Aufklärung eine Dummheit. Dabei geht es ausschließlich um Gottesbilder. Im Alten und im Neuen Testament finden sich Szenen, die darüber belehren sollen, dass bei allem Verlangen, mit dem göttlichen Gegenüber einmal den Blick zu tauschen, gerade das nicht möglich ist.

79

Wer Gott „von Angesicht zu Angesicht" sähe, hätte ihn in einer „Stunde der Wahrheit" (Belting) erkannt. Die entscheidende Eigenschaft des einen Gottes, der gerade in diesem Punkt so ganz anders ist, als die vielen selbstgemachten Götter, dass er sich dem Blick entzieht auch und gerade dann, wenn er sich offenbart.

Das Bilderverbot

Es ist kein Zufall, dass das Verbot, sich von Göttern ein Bild zu machen, ganz am Anfang des Dekalogs steht. Ein prominenterer Platz lässt sich in der „Weisung" kaum denken. Dieses Kopfstück des Dekalogs bildet nicht nur den theologischen Auftakt, es ist sein eigentliches Proprium. Nicht stehlen, lügen und morden – das dürfte in allen Kulturen zur ethischen Norm erhoben werden. Das Gotteskonzept, mit dem der Dekalog beginnt, ist es, mit dem Israel einen scharfen Schnitt zwischen sich und die religiösen Üblichkeiten seiner Umgebung setzt.

Das „Zehngebot" findet sich in zwei Versionen. Im Buch Exodus (20, 1–17) und im Buch Deuteronomium. In Exodus wird das Bilderverbot als das Zweite Gebot aufgeführt. Als solches wird es traditionell auch meist angesprochen. Diese Zählung unterbricht freilich einen Gedankengang, der offensichtlich zusammengehört. Die Dtn-Zählung tut dies nicht. Beide Versionen unterscheiden sich ansonsten nicht. Hier die Deuteronomium-Fassung: *„Ich bin JHWH, dein Gott, der dich aus Ägypten geführt hat, aus dem Sklavenhaus. Du sollst neben mir keine anderen Götter haben. Du sollst dir kein Gottesbildnis machen, das irgend etwas darstellt, am Himmel droben, auf der Erde unten oder im Wasser unter der Erde. Du sollst dich nicht vor anderen Göttern niederwerfen und dich nicht verpflichten, ihnen zu dienen. Denn ich JHWH, dein Gott bin ein eifersüchtiger Gott. Bei denen, die mir feind sind, verfolge ich die Schuld der Väter an den Söhnen und an der dritten und vierten Generation; bei denen, die mich lieben und auf meine Gebote achten, erweise ich Tausenden meine Huld".* (Dtn 5,6–11)

JHWH stellt sich mit seinem „Namen" und durch seine Befreiungstat vor, und der Hörer / Leser des Gebots wird persönlich angesprochen: *„...der dich aus Ägypten herausgeführt hat, aus dem Sklavenhaus. Du sollst neben mir keine anderen Götter haben."* (5,7)

Abbildung 3: Ähnlich und doch ganz anders: die Stelen von Göbekli Tepe ca. 10.000 v. Chr.

Jedes Verbot lässt den Rückschluss auf eine Praxis zu, mit der nun Schluss sein soll.[22] Was nicht vorkommt, muss man nicht verbieten.

In der Tat handelt es sich um einen durchlaufenden Gedankengang. Zu ihm gehört auch noch das folgende, je nach Zählung zweite bzw. dritte Gebot, das den Namen Gottes eigens noch einmal erwähnt und hervorhebt: *„Du sollst den Namen JHWHs, deines Gottes nicht missbrauchen, denn JHWH lässt den nicht ungestraft, der seinen Namen missbraucht."* (Dtn 5,11; Ex 20,7)

Das Bilderverbot ist kaum zu verstehen und vor allem nicht durchzusetzen, wenn nicht klar ist, dass der Bilderkult dann durch etwas Besseres substituiert werden soll. Auch wenn die Exodus-Fassung den Gedankengang durch die Zählung unterbricht, wird die Konkurrenz des Gottesnamens JHWH mit den Kultbildern in beiden Versionen unmittelbar ersichtlich. Es ist die Konkurrenz zweier Medien. JHWH: Vier Buchstaben, der „Name" versus Götzenbild. Und JHWH ist einzig. Über seine Einzigkeit wacht er eifersüchtig.

Bild oder Schrift – der Medienwechsel als Drama

Der Sieg der Schrift über das Bild, den das Bilderverbot besiegelt, ist die Konsequenz einer hochdramatischen Erzählung, man könnte sie auch als erzähltes Drama bezeichnen: das Konkurrenzdrama vom Sinai. Es kann als Aitiologie, d. h. als Vorbereitung und Begründung des Götterbilderverbots gelten. Erster Akt: Mose verweilt 40 Tage auf dem Berg. Dort spricht Gott zu ihm und übergibt ihm schließlich die Bundesurkunde, steinerne Tafeln, auf die Finger Gottes geschrieben hatte. Das Volk vermisst Mose und wird ungeduldig. *„Denn dieser Mose, der Mann, der uns aus Ägypten heraufgebracht hat – wir wissen nicht, was mit ihm geschehen ist."* (Ex 32,1)

Die nun folgende Passage (32,2–4) kann als Parallele zu den detailreichen Schilderungen gelten, mit denen (Deutero)Jesaja die Herstellung der Götterbilder beschreibt. Wieder werden die einzelnen Arbeitsschritte im Detail beschrieben um zu zeigen, dass das Götzenbild ein selbstgemachtes Menschenwerk ist. Diesmal wird es nicht geschmiedet oder geschnitzt, sondern gegossen, und man erfährt sogar den Namen des Herstellers. Es ist Aaron, der Bruder des Mose. Er zeichnet mit einem

Griffel eine Skizze, nach einer anderen Lesart formt er eine Gussform und gießt daraus ein Kalb. Aber auch das Volk war direkt am Herstellungsprozess selbst beteiligt. Von ihm kommt das Material für den Götzen. Aaron sammelt von den Söhnen (sic!) und Töchtern Israels die goldenen Ohrringe ein. Bemerkenswert ist die Formulierung, mit der das fertige Produkt angesprochen wird: *„Das sind deine Götter, Israel, die dich aus Ägypten heraufgeführt haben." (Ex 32,4)*

Das Götterbild ist das Leitmedium des Polytheismus. Man könnte meinen, dass der Verfasser mit Absicht hier den polytheistischen Plural verwendet, obwohl ja nur von einem einzigen Kalb die Rede ist. Es gibt aber noch einen anderen Hintergrund: Im ersten Buch der Könige findet sich in einem vergleichbaren Zusammenhang fast wörtlich der gleiche Satz: *„Hier ist dein Gott, Israel, der dich aus Ägypten herausgeführt hat." (12,28)*

Dort wird er vom König Jerobeam gesprochen, dem Gründer des Nordreiches, der sich vom Haus David und Jerusalem losgesagt und für die Heiligtümer von Bet-El und Dan zwei goldene Kälber hatte gießen lassen. Hier stoßen wir auf den Subtext, der unserem Drama hinterlegt werden kann. Das Verdikt über das goldene Kalb vom Sinai soll auch die goldenen Kälber Jerobeams treffen. Wenn der Endredaktor und Dramaturg der Exoduserzählung den entwickelten, von seinen polytheistischen Schlacken gereinigten Monotheismus predigt, wie er sich im babylonischen Exil herausgebildet hatte, dann muss er sich mit seiner schwierigen Vorgeschichte auseinandersetzen, zu der auch Jerobeams Nordreich mit seinen goldenen Kälbern gehört. Auf sie müssen wir noch zurückkommen.

Immer wieder erinnern wir uns an die hermeneutische Regel, die für das Verständnis vieler biblischer Texte so hilfreich ist. Auch hier also die Frage: An wen adressiert sich der Autor, besser der Endredaktor, der den Text aus verschiedenen Überlieferungen zusammenbaut? Wer ist sein „impliziter Leser"? Sicher ein Israelit. Vielleicht einer von denen, die in Jerusalem geblieben waren, denen die Exodus-Tradition durchaus geläufig war, die sich aber, wie seinerzeit Jerobeam, noch nicht endgültig von den anderen Göttern und ihren Bildern verabschiedet hatten. Hier kann der Verfasser durchaus damit gerechnet haben, dass der gedachte Rezipient sich an den Untergang des Nordreichs (722 v. Chr.) erinnert. Wenn er von den schrecklichen Strafen hört, von denen noch die

Rede sein wird, soll er den Gedanken fassen: Das kommt davon. So ergeht es denen, die goldene Kälber produzieren! Nebenbei erklärt dieser Hintergrund auch, warum die Erzählung von einem Kalb handelt und nicht von einer anthropomorphen Götterfigur, wie man sie in Babylon vor Augen hatte. Götterbilder müssen nicht Menschengestalt haben. In Ägypten wimmelt es von theriomorphen Gottheiten und Gestalten, die als Attributwesen die Götter begleiten, wie die Widdersphingen des Amun. Bei unserer Geschichte wird mancher natürlich an den ägyptischen Apis-Stier denken.

Es folgen Schlachtopfer, man isst, trinkt und vergnügt sich. JHWH ist nicht entgangen, was da geschehen ist. Zu Mose spricht er: *„Jetzt lass mich, damit mein Zorn gegen sie entbrennt und sie verzehrt. Dich aber will ich zu einem großen Volk machen.“ (Ex 32,10)* Der erschrockene Mose versucht, Gott zu besänftigen, und es gelingt ihm fürs erste. Aber die schreckliche Strafe steht noch bevor. Mose selber wird sie ins Werk setzen.

Wenn wir uns vergegenwärtigen, dass dieser Text immer laut gelesen und rezitiert wurde, dürfen wir uns das Wechselbad der Gefühle vorstellen, dem der fromme Israelit, unser impliziter Rezipient, ausgesetzt war. Haarscharf ist gerade das Volk – sein Volk, seine Vorfahren, an der völligen Vernichtung vorbeigeschrammt. In den Augen JHWHs hatte es sie ja verdient. Glück gehabt! Es hätte auch anders kommen können. Und dann hört er den folgenden Vers mit seinen feierlichen Wiederholungen: *„Mose kehrte um und stieg den Berg hinab, die zwei Tafeln der Bundesurkunde in der Hand, die Tafeln, die auf beiden Seiten beschrieben waren. Auf der einen wie auf der anderen Seite waren sie beschrieben. Die Tafeln hatte Gott selbst gemacht und die Schrift, die auf den Tafeln eingegraben war, war Gottes Schrift.“ (Ex 32,15f)*

Wirkungsgeschichtlich nicht ohne Bedeutung ist das „Schreibgerät", der Finger Gottes. Er wird uns im Neuen Testament (Joh 8) noch einmal begegnen. In Ex 32,18 hatte es geheißen: *„Nachdem JHWH zu Mose auf dem Berg Sinai alles gesagt hatte, übergab er ihm die beiden Tafeln der Bundesurkunde, steinerne Tafeln, auf die der Finger Gottes geschrieben hatte.“*

Kann es für unseren impliziten Leser etwas Kostbareres geben als diese Tafeln? Gott selbst, die große Alternative zu den selbstgemachten Göttern, bietet sein ureigenes Medium, seine eigene Schrift gegen das Götzenbild auf.

Die Herstellungsprozesse der beiden konkurrierenden Medien laufen erzähllogisch parallel. Während am Fuß des Berges das Kalb gegossen wird, hatte Gott geschrieben.

Und noch eine Parallele ist wichtig: Es ist wieder die Hand Gottes am Werk. Mit ihr hatte er einst aus Ackerboden den Adam geformt. Und mit dem Finger dieser Hand setzt er nun das Schöpfungswerk fort. Zunächst hatte Gott den Kosmos erschaffen. Dieser legt als Ganzer Zeugnis ab von seiner Präsenz. Als das große Gegenüber der Welt kommt er in ihr als kontingente Einzelerscheinung nicht vor. Nun aber setzt er sein Schöpfungswerk fort, er erschafft die Schrift. In ihr, seinem ureigenen Medium, gewinnt er eine ganz eigene, einmalige Art von Präsenz, denn die Schrift ist ein Medium, wie für ihn gemacht. Sie unterscheidet sich von allen anderen Dingen in der Welt. Diese sind da oder sie sind nicht da. Die Schrift, ganz gleich auf welcher Materie sie haftet, steht als Hervorbringung eines Schreibers zwischen diesem und den Dingen. Sie ruft Bewusstseinsinhalte hervor, die nur dort, nicht aber schon in der Realität gegenwärtig sind. Sie erzeugt den Brathähnchen-Effekt, diese besondere Simultaneität von Präsenz und Entzug, wie sie schon der gesprochenen Sprache eigen ist. Das Wort „Brathähnchen" ist da, das Brathähnchen aber nicht.[23] Wenn die gesprochene Sprache zur Schrift gerinnt, ist sie zu einem Objekt geworden. Und sie hat eine entscheidende Eigenschaft, die das Bild nicht hat. Sie *ist* niemals das, was sie bedeutet. Sie ist das Medium der Differenz und kann niemals mit dem verwechselt werden, was sie bezeichnet. Diese Eigenschaft prädestiniert sie zum Gottesmedium für den neuen Gott Israels, denn genau das, die Verwechslung eines Gottes mit seinem Bild, ist der nicht unbegründete Vorwurf der biblischen Aufklärung an das dreidimensionale Bild, das Medium des Polytheismus.

Zurück zum Mediendrama vom Sinai: Nun erreicht der Spannungsbogen einen katastrophalen Scheitelpunkt. Er wird lebendig erzählt. „*Josua*" – hier erfahren wir, dass Mose nicht allein ist. Vielleicht braucht der Erzähler nach dem dramaturgischen Dr. Watson-Prinzip für den Dialog noch eine zweite Person. Wir hören O-Töne: *„Josua hörte das Lärmen und Schreien des Volkes und sagte zu Mose: Horch, Krieg ist im Lager. Mose antwortete: Nicht Siegesgeschrei, auch nicht Geschrei nach Niederlage ist das Geschrei, das ich höre."* (Ex 32,17f) Eigentlich war Mose ja schon informiert und hatte JHWH besänftigen müssen. Aber jetzt brennt der leicht Entflammbare selbst: *„Als Mose dem Lager näher kam und den Tanz sah, entbrannte sein Zorn. Er schleuderte die Tafeln fort und zerschmetterte sie am Fuß des Berges."* *(Ex 17,19)* (vgl. Abb. 3) Der Zorn des Mose – er ist unserem gedachten Zuhörer oder impliziten Leser schon einmal begegnet. Da war Mose Zeuge geworden, wie ein ägyptischer Aufseher bei der Fronarbeit einen Hebräer schlug. Daraufhin hatte er den Aufseher erschlagen und musste in die Steppe fliehen. Ohne seinen Zorn wäre Mose nie an den Schauplatz der großen Offenbarungsszene am brennenden Dornbusch gelangt.

Die biblischen Verfasser erzählen immer so, dass deutlich wird, dass es nicht Mose ist, der den Handlungsfaden spinnt. Er ist nur das Werkzeug Gottes. Das gilt übrigens für alle Propheten. Deshalb machen sie Einwände und sträuben sich. Jona flieht sogar vor seinem Auftrag. Mose hatte behauptet, kein Redner zu sein. Deshalb wird ihm Aaron zur Seite gestellt. Aber jetzt ist Mose zornig. Er zerschmettert die Tafeln Gottes. Hat er dadurch den Plan Gottes durchkreuzt? Gott hatte eigenhändig eine steinerne Bundesurkunde ausgefertigt, d.h. er wollte seinem Bund mit dem Volk eine sinnenfällige Dauer geben. Was hat Mose da getan! Unser impliziter Leser / Zuhörer ist entsetzt. Er hat das Heiligste zerstört, die Schrift Gottes, seine Zweitpräsenz, mit seinem eigenen Finger geschrieben! Jetzt ist alles aus!

Wenn wir uns die Wirkung des Textes auf diejenigen ausphantasieren, für die er ja schließlich geschrieben ist, dann rekonstruieren wir gleichzeitig das Kalkül der Verfasser und ermitteln so das, worauf sie hinauswollten. Es ist ein Drama mit gutem Ausgang, die Schrift wird am Ende gesiegt haben, aber wie in jedem klassischen Western scheint, bevor das Gute siegt, immer erst einmal alles aus zu sein. Aber am Ende sind wir noch nicht. Noch wütet der Zorn Mose: *„Dann packte er das Kalb, das sie gemacht hatten, verbrannte es im Feuer und zerstampfte es zu Staub. Den Staub streute er in Wasser und gab es den Israeliten zu trinken."* *(Ex 32,20)*

Eine physikalisch schwierige Performance. Gold kann man nicht verbrennen, allenfalls schmelzen. Das Ergebnis dann zu zermörsern oder zu „zerstampfen", wäre auch nicht leicht und hätte seine Zeit gebraucht. Das passt nicht zum rasenden Tempo einer Zornestat im Affekt. Das sind unstimmige und unplausible Details. Wer nun denkt: Das kann wohl kaum so gewesen sein, mag recht haben. Aber kommt es darauf an?

Offenbar kümmert sich der Erzähler nicht sonderlich um Plausibilität und erzähllogische Stimmigkeit. Für das Textverstehen sind solche Unwahrscheinlichkeiten wie blinkende Marker, die anzeigen, dass wir nach anderen Gründen suchen müssen. Der Schlüssel zum Verständnis dieser Episode liegt wieder in der Rekonstruktion der Erzählmotive. Was will der Verfasser damit „sagen"? In der Bibel treffen wir immer wieder diese Lehr-Performances. Da wird etwas erzählt, eine Ereignisfolge oder wie hier eine Handlung, bei der es nicht darauf ankommt, ob „es so gewesen ist" oder gewesen sein könnte, sondern darauf, was durch das Handlungssprechen klargemacht werden soll.

Dieses Handlungssprechen kann durchaus in direkte, diskursive Wörtersprache übersetzt werden. Jede Übersetzung ist immer auch eine Interpretation. Bei der Entschlüsselung des sehr speziellen Mose-Cocktails aus Wasser und Goldstaub sind die Motive des Verfassers und seine Erzählziele aber recht gut erkennbar: Zunächst handelt sich um eine Überbietung: Die Tafeln waren in Stücke gegangen, aber das Konkurrenzmedium, der goldene Götze, wird zu Staub zerstampft. Die Pulverisierung ist eine noch gründlichere, vielleicht überhaupt die gründlichste Art der Vernichtung. Sodann streut Mose den Goldstaub in Wasser und die Kinder Israels müssen das Gemisch trinken. Warum tut er das? Er demonstriert auf diese drastische Weise, um was es sich bei dem Götzenbild gehandelt hatte, um etwas (Selbst)Gemachtes. Er invertiert den Herstellungsprozess, den er, wie bei einem Filmrücklauf umkehrt. Die Kinder Israels müssen sich buchstäblich einverleiben, was aus ihnen gekommen war. Es war ihre Idee. Es war das Gold, das vorher an ihren Ohren, an ihrem Körper hing. „Ihr habt das Kalb selbst gemacht! Es war euer Gold. Von euch ist es genommen, aus euch ist es gekommen, und nun schicke ich es den Weg zurück den es genommen hat." Mose bzw. der Verfasser sparen sich diese Erläuterung. Er lässt die Fakten sprechen. Und wir dürfen durchaus an das stinkende Ende der Götzenmaterie nach Abschluss des Verdauungsprozesses denken.

Auf jede nur denkbare Art und Weise erinnert die biblische Aufklärung an die Tatsache, dass Götterbilder selbstgemachtes Menschenwerk sind.

Aaron wird zur Rede gestellt: *„Was hat dir dieses Volk getan, dass du ihm eine so große Schuld aufgeladen hast?"* (Ex 32,21) Mose sieht in Aaron den Verführer. Und der verteidigt sich. Die Initiative sei vom Volk ausgegangen: *„Mach uns Götter, die uns vorangehen…" (Ex 32,23)*

Wieder erscheinen die „Götter" im Plural! Den Herstellungsprozess schildert Aaron dann deutlich anders als ihn Vers 32,3 beschrieben und der implizite Israelit es gehört hatte. Das Gold habe er ins Feuer geworfen und es sei ein Kalb herausgekommen. Aaron will es nicht gewesen sein. Vielleicht erinnerte sich unser (nach)exilischer Erzähler noch an die Ableugnungsrituale der babylonischen Handwerker nach der Mundwaschungszeremonie? Aaron behauptet ja etwas Ähnliches wie die babylonischen Götzenmacher: „Wir waren es nicht – es war eine höhere Macht!"

Die Abschreckung

Nun folgt das furchtbare Strafgericht. Mose ruft zur Entscheidung auf: *„Wer für JHWH ist, her zu mir!"* (Ex 32,26) JHWH ist, wie er am Anfang des Dekalogs es selbst feierlich von sich offenbart, ein eifersüchtiger Gott. Eine radikale und absolute Entscheidung ist verlangt. Die Leviten sammeln sich um Mose und das Gemetzel beginnt. Mose befiehlt als Sprecher Gottes: *„Jeder erschlage seinen Bruder, seinen Freund, seinen Nächsten."* (Ex 32,27) Dreitausend Tote!

Was mag im Kopf unseres gedachten Israeliten vorgehen? Wieder haben wir es nicht mit einem historischen Bericht zu tun, sondern mit einem verbalen Exzess, einem Schlachtengemälde, maximal grausam, in pädagogischer Absicht. Nach dem exzessiven Ausmaß der Strafe bemisst sich die Dimension des Vergehens: *„Ach, dieses Volk hat eine große Sünde begangen, Götter* (sic! E.N.) *aus Gold haben sie sich gemacht."* (Ex 32,31)

Dann ist Mose wieder als Vermittler gefragt. Die Erzählung muss in die Zielgerade einbiegen. Die siegreiche und endgültige Installation der Gottesschrift muss schließlich herauskommen. Vorher wird den alten Bundesschlüssen ein weiterer hinzugefügt. Die eidliche Zusage an Abraham, Isaak und Jakob wird wieder einmal aufgerufen und die Aussicht auf das Land, wo Milch und Honig fließen, eröffnet. Dem störrischen Volk wird gleichzeitig mit nichts weniger als seiner Vertilgung gedroht. Es soll immer daran denken, was ihm blüht, sollte es je wieder rückfällig werden.

Dann wird ein interessantes Gottesmedium wieder zum Einsatz gebracht: Die Wolkensäule. Sie hatte schon auf dem Weg zum Schilfmeer, wo der Rettergott auf wunderbare Weise die ägyptischen Verfolger vernichtet hatte, JHWH verhüllt, der dem Volk den Weg gewiesen hatte. Nun verhüllt sie JHWH abermals, während sie zugleich seine Anwesenheit bezeugt. Aus ihr heraus redet JHWH mit Mose. Es ist ein bezeichnendes und für JHWH höchst passendes Medium, ein Simultanmedium wie die Schrift, die gleichzeitig Präsenz und Abwesenheit erzeugt. Die Wolkensäule folgt derselben Dialektik. Einerseits zeigt sie die Präsenz JHWHs an – wenn sie sich vor dem Zelt des Mose niederlässt, erheben sich alle und werfen sich vor ihren Zelten auf den Boden. Aber gleichzeitig macht sie JHWH unsichtbar. Ungewöhnlich, aber passend ist auch ihre Säulenform, so recht geeignet, eine anthropomorphe Gestalt zu verhüllen. Das haben Wolken nun einmal an sich, dass sie etwas den Blicken entziehen. Konturlos und amorph sind sie nichts Greifbares und Festes. Wieder treffen wir auf die Simultaneität von Anwesenheit und Abwesenheit, ein Zugleich von Zeigen und Verhüllen.[24]

Der Unsichtbare redet mit Mose, Mose schreibt auf, was ihm aufgetragen wird. Es naht das gute Ende, auf das unser gedachter Zuhörer schon wartet. Was Mose zerschlagen hat, muss er nun wieder ersetzen. Von einer Strafarbeit zu reden, wäre übertrieben. Es ist eher ein Akt der Wiedergutmachung. JHWH gibt den Auftrag: *„Hau dir zwei steinerne Tafeln zurecht wie die ersten! Ich werde darauf die Worte schreiben, die auf den ersten Tafeln standen, die du zerschmettert hast."* (Ex 34,1)[25] Dass der Zorn des Mose, so berechtigt er auch gewesen sein mag, mit ihm durchgegangen war, ist später vielen Malern, die sich mit der Offenbarung der Schrift befasst haben, allen voran Rembrandt, zu Recht als der dramatische Höhepunkt der Erzählung erschienen. Hoch über den Kopf streckt da Mose seine Arme, in denen er die Tafeln hält, um sie im nächsten Moment zu Boden zu schleudern. Dabei kann es nicht bleiben. Bei Mose liegt nicht das Gesetz des Handelns. Er ist ja nur das Werkzeug Gottes, sein Sekretär, der das Gesetz in extenso niederschreibt und später als der Verfasser des gesamten Pentateuch, der „fünf Bücher Mose" gilt. Gott wollte eine Bundesurkunde ausfertigen, und nun gegen Ende der dramatischen Ereignisse wird sein Wille final umgesetzt. Kein Mose kann ihn daran hindern. Sein Wille setzt sich durch. So erstehen die steinernen Tafeln neu und Gott schreibt noch einmal. Oder doch Mose? Wir werden sehen.[26]

Jedenfalls hat die Schrift gesiegt. Zu Recht, denn sie ist ja das Medium der Differenz. Sie kann beides: Sie vermittelt Präsenz und Vorenthaltung, Dasein und Abwesenheit.

Anmerkungen

1   *„Wenn ich weiter gesehen habe, als andere, so deshalb, weil ich auf den Schultern von Riesen stehe".* Der meist Isaac Newton zugeschriebene Satz stammt, wie Robert K. Merton gezeigt hat, von Bernhard von Chartres (12. Jh.) Vgl. Ders. *Auf den Schultern von Riesen*, Frankfurt / M. 1980.

2   Gottfried Boehm, *Was ist ein Bild?*, München 1995, S. 11.

3   Bei der Kasseler „documenta" 1977 installierte das Künstlerkollektiv Haus Rucker & Co. einen großen Bilderrahmen 336 x 340 cm oberhalb der Karlsaue. Wer sich auf den bezeichneten Blickpunkt stellt, sieht im Ausschnitt die barocke Landschaft, Orangerie und Park – als Bild. Der Rahmen besteht noch immer. Er ist das, was bleibt – immerhin nun schon einige Jahre. Die Landschaft ist einem ständigen Wechsel unterworfen.

4   Werner Herzog, *Die Höhle der vergessenen Träume*, (Film). Da die Feuchtigkeit des menschlichen Atems die Bilder angreift, hatte man schon in Lascaux die Höhle für das Publikum gesperrt und eine Nachbildung hergestellt. Auch die Chauvet-Höhle kann inzwischen als Kopie betreten und erlebt werden. Das Original bleibt den Wissenschaftlern vorbehalten.

5   In Djebel Irhoud fand man die bisher ältesten Fossilien von Homo sapiens. Neue Datierungsmethoden ergeben ein Alter von ca. 315.000 Jahren, wie „nature" vom 07.06.2017 berichtet.

6   Scientific Journal eLife v. 10.09.2015.

7   *Expanding Worlds*, Ausstellungskatalog, Landesmuseum Darmstadt 2015. Vgl. auch FAZ v. 28.09.2015, S. B4.

8   Der legendäre Debattierclub „The Apostles" ist eine traditionell elitäre Einrichtung, 1820 nach dem Vorbild einer Freimaurerloge gegründet. Vgl. Kap. IV Anm. 6.

9   Vgl. Josef Franz Thiel, *Religionsethnologie. Grundbegriffe der Religionen schriftloser Völker*, Collectanea Instituti Anthropos 33, Berlin 1984, S. 138.

10 Auch Hans Belting sieht im Ursprung der Maske im Totenkult: „Man hat dem Totenschädel, dessen Gesicht verwest ist, das Gesicht in der Maske zurückgegeben. So werden die Toten symbolisch mit einem Leihgesicht ausgestattet." Hans Belting in einem Interview der FAZ v. 01.12.2016: *Im Westen hat das Antlitz eine andere Bedeutung als im Orient.*

11 Auch in der Bibel finden sich Spuren vergöttlichter Ahnen. Ob es sich bei den Theraphim-Figuren, die Rahel ihrem Vater Laban stiehlt (Gen 31), um solche handelt, wird diskutiert. Vgl. Rainer Albertz, *Religionsgeschichte Israels in alttestamentlicher Zeit*, Bd. 1, Göttingen 1992, S. 65.

12 Georg Christoph Lichtenberg, *Sudelbücher*, Frankfurt / M. 1984, Fn. 88.

13 Hans Belting, *Faces: eine Geschichte des Gesichts*, München 2013.

14 Hans Belting, a. a. O., S. 7. Der Ursprung der Redewendung ist übrigens biblisch und an Ort und Stelle *eine Metapher der Vollendung. „Denn wir sehen* (blépomen E.N.) *jetzt durch einen Spiegel, in einem Rätsel, dann aber von Angesicht zu Angesicht."* 1 Kor 13,12. Ingmar Bergman hat aus diesem Vers gleich zwei Filmtitel gewonnen: *„Wie in einem Spiegel"* und *„Von Angesicht zu Angesicht".*

15 Vgl. auch Lawrence Kohlberg, *Zur kognitiven Entwicklung des Kindes*, Frankfurt / M. 1974, S. 228ff.

16 Walter Benjamin, *Gesammelte Schriften*, Bd. V, 2, Das Passagen-Werk, Frankfurt / M. 1982, S. 1050.

17 Für die Begriffsgeschichte von „Fetisch" vgl.: Karl-Heinz Kohl, *Die Macht der Dinge. Geschichte und Theorie sakraler Objekte*, München 2003, S. 13ff.

18 Ovid, *Metamorphosen*, 10. Buch, Vers 243ff.

19 Vgl. Klaus Schmidt, *Sie bauten die ersten Tempel. Das rätselhafte Heiligtum der Steinzeitjäger. Die archäologische Entdeckung am Göbekli Tepe*, 3. Aufl., München 2007.

20 Die biblischen Zahlenangaben differieren.

21 Angelika Berlejung, *Die Theologie der Bilder. Herstellung und Einweihung von Kultbildern in Mesopotamien und die alttestamentliche Bildpolemik*, Freiburg (Schweiz)/Göttingen 1989, S. 104 und passim.

22 In Dtn 4,16–19 gibt es eine Parallele, die noch deutlicher zeigt, dass nicht nur anthropomorphe Götterbilder, sondern auch theriomorphe, tiergestaltige Bildnisse gemeint sind: *„Lauft nicht in euer Verderben, und macht euch kein Gottesbildnis, das irgendetwas darstellt, keine Statue, kein Abbild eines männlichen oder weiblichen Wesens, kein Abbild irgendeines Tiers, das auf der Erde lebt, kein Abbild irgendeines gefiederten Vogels, der am Himmel fliegt, kein Abbild irgendeines Tieres, das am Boden kriecht, und kein Abbild irgendeines Meerestieres im Wasser unter der Erde. Wenn du die Augen zum Himmel erhebst und das ganze Himmelsheer siehst, die Sonne, den Mond und die Sterne, dann lass dich nicht verführen! Du sollst dich nicht vor ihnen niederwerfen und ihnen nicht dienen."*

23 Vgl. Kap. II: Sprache, Abschnitt „Sprache und Religion".

24 Vgl. Joseph Imorde, *Die Wolke als Medium*, in: *Ästhetik des Unsichtbaren. Bildtheorie und Bildgebrauch in der Vormoderne*, (Kult Bild 1), hrsg. v. D. Ganz/Th. Lentes, Berlin 2004, S. 171–195.

25 Vgl. Kap. VIII, Grapholatrie, *Ungereimt: Gott selbst oder Mose*. S. 200.

26 Vgl. S. 200.

Kapitel IV:
Konjunkturen der Aufklärung

Aufklärung – mehr als eine Epoche

Die Strahlen der Sonne vertreiben die Nacht, zernichten der Heuchler erschli-chene Macht" so singt Sarastro in Schikaneder/Mozarts Aufklärungs-oper *„Die Zauberflöte"*. Das Licht bildet die metaphorische Wurzel des Begriffs, das Licht der Vernunft. Derselbe Sarastro, darauf macht Gerd Neuhaus gerne aufmerksam, gibt aber auch in seinen *„heilgen Hallen"* das Stichwort für Robespierre: *„Wen solche Lehren nicht erfreuen, verdienet nicht, ein Mensch zu sein."* Wenn das so ist, voilá – dann wartet auf den Un-erfreuten die Erfindung des Dr. Guilliotin. Enthauptung, d. h. die Ent-fernung des Vernunftorgans, das war einmal die riskante Handarbeit des Henkers. Nun, mit der Maschine, geht alles glatt. Den Fortschritt gibt es wirklich...

Aufklärung funktionalistisch oder mehr?

Auch für die Philosophen Max Horkheimer und Theodor W. Adorno war aus dem Licht der Aufklärung im 20. Jahrhundert ein Zwielicht gewor-den. In ihrem Buch *„Dialektik der Aufklärung"* (1947) zeigen sie die inhu-mane Seite eines bestimmten Typus von Ratio auf. Dieser Rationalis-mus optimiert die Techniken der Naturbeherrschung und überträgt sie auf den Menschen. Der konnte schließlich mancherlei optimieren, auch die industrialisierte Ausmordung der Juden im 20. Jahrhundert. In die-ser Kehrseite der Aufklärung, der „instrumentellen Vernunft", erkannte dieses Jahrhundert seinen Schrecken. Das Schreckenshaupt der Medu-sa trägt ein menschliches Antlitz, um das, statt der Locken, Schlangen züngeln. Vor ihrem Blick musste im Mythos einst der Betrachter er-starren. Vielleicht ist aber Gianni Versace nicht nur ein fashion leader für Seidenfoulards gewesen, sondern auch symptomatisch für das Zeitalter „nach Auschwitz". Er hat das Medusenhaupt zu seinem dekorativen Markenzeichen gemacht. Für Adorno war die Ästhetisierung des Schreckens ein Sündenfall der Kunst. Für die alten Tragödiendichter war sie die Hauptquelle ihrer Inspiration.

Ursprünglich aber war Aufklärung ein Synonym für den Fortschritt, und es wäre zynisch, die Naturbeherrschung, ohne die wir alle längst erfroren, verhungert und elend an einer Seuche oder einem kranken Zahn gestorben wären, als bösen Trieb zu perhorreszieren. Ohne Naturbeherrschung ginge es uns als nackten Affen herzlich schlecht.

Ein Faszinosum der Epoche war die große Encyclopédie Diderots und D'Alemberts, das *„durchdachte Wörterbuch"*, ein *„Dictionnaire raisonné des sciences, des arts et des metiers"*. Sie stellte in Wort und Bild die neuesten und fortschrittlichsten Erfindungen der Technik und der frühen Industrie vor. Sie war von dem großartigen Ehrgeiz getrieben, das gesamte Wissen der Epoche zwischen die Buchdeckel ihrer 35 Bände zu packen. Die Funktionalität von Prozessen und Abläufen zu erkennen, war der erste Schritt zu ihrer Beherrschung. Das kraftschlüssige Ineinandergreifen von mechanischen Verbindungen, das sich im Bau von Apparaten und Maschinen so frappant bewährte, wurde zum Modell für Erkenntnis schlechthin, zum Modell des Funktionalismus. Die Charakterfigur der Epoche war der Menschenautomat. Jaques Offenbachs Puppe Olympia in „Hoffmanns Erzählungen" führt ihn uns, vom romantischen Dichter auf ironische Distanz gebracht, noch einmal vor.

Wie wäre es, wenn man das funktionale Modell auch auf die menschlichste aller Tätigkeiten, das Denken oder gar die Selbsterkenntnis anwenden könnte? Dazu müsste das Ich, das sich da selbst zum Gegenstand der forschenden Betrachtung machte, sich wie ein fremdes Gegenüber konzipieren: Der Mensch als die Summe seiner Funktionen – der akkumulierte Spezialfall von Entfremdung.

Die Hirnforschung macht sich anheischig, zumindest die Hardware unseres Denkens in ihren Funktionszusammenhängen zu entschlüsseln. Und wem ein Chip ins Hirn implantiert wurde, der wird zum „optimierten" Mischwesen. Was für ein Fortschritt gegenüber den mechanischen Puppen, mit denen sich das Jahrhundert der Aufklärung unterhielt... In der Optimierung seiner eigenen Funktionalität hätte homo sapiens postsapiens seine Freiheit riskiert.

„Sapere aude", „Habe Mut, dich deines eigenen Verstandes zu bedienen!". Dieser Wahlspruch war die Antwort Immanuel Kants auf die Frage: *„Was ist Aufklärung?"* In ihm sind beide Elemente des Begriffs enthalten, der des funktionalen Wissens – *„sapere"* kann das durchaus einmal bedeuten – aber auch der Reflexion, die hinter den Funktionalismus ein Fragezeichen machen kann. Mit dem *„aude",* „habe Mut, getraue dich!", ist das Selbst als Agent und Ort der Sapientia ausgewiesen. Diese Sapientia bedeutet nämlich am Ende doch mehr als funktionales Wissen. Zunächst zielt *„sapere"* auf den Geschmack, dann aber, im übertragenen Sinn, entspricht es der griechischen *sophia,* der Weisheit.

Aufklärung, wenn sie denn mehr sein soll als nur das Etikett einer Epoche, steht in einer knisternden Spannung zwischen funktionalistischer, instrumenteller Vernunft und einer Reflexion, die sich ihr gegenüberstellt. Das haben die Verfasser der *„Dialektik der Aufklärung"* erkannt.

Transfunktionale Religion

Aufklärung hat dort, wo sie die funktionalen Elemente der Religion untersucht, zwangsläufig kritische Züge. Dass davon nicht nur die griechischen Philosophen, sondern auch die biblischen Propheten Zeugnis geben, beginnt man langsam zu erkennen.

Für das Verständnis der großen Wende vom Polytheismus zum Monotheismus ist es wichtig, den durchgängig funktionalistischen Grundzug all der vielen Gottheiten der alten Welt zu erkennen: das *Prinzip Passung.* Ob sie am Nil zuhause sind oder in Mesopotamien, ob sie auf dem Olymp wohnen oder in den dicken Eichen Nordeuropas, alle sind sie durch irgendeine Funktion charakterisiert.

Hat der Funktionalismus ein Außerhalb? Den Stern dieses Transfunktionalismus hat man im alten Israel zuerst gesehen. Die Religionskritik an den selbstgemachten Göttern hat ihn als die große Alternative sichtbar gemacht. Braucht nicht ein Denken, das dem Zugriff des Funktionalismus entkommen will, ein wirkliches Gegenüber, das nicht unter dem Kurzschlussverdacht steht, selbstgemacht, wieder nur ein Produkt seiner selbst zu sein?

Wenn wir hier den Einwand zulassen, dass auch die Idee eines nicht selbstgemachten Gottes selbstgemacht sein könnte, geraten wir in einen unendlichen Regress, jene Form von Aporie, die wir schon aus Zeitmangel scheuen müssen, Aber sei's drum. Auch eine solche Idee würde ausreichen, um in ein reflexives Weltverhältnis einzutreten. Auch ein Atheist kann einräumen, dass die Anrufung Gottes in der Präambel des deutschen Grundgesetzes verhindert, dass der Staat sich absolut setzt. Es reicht aus, dass er sich einer Instanz unterordnet, um damit zu verhindern, dass er totalitär wird.

Die eschatologische Gewaltenteilung

Gott, wenn es ihn gibt, entmächtigt. Wenn es ihn nicht gäbe, müsste er nicht aus Gründen einer *eschatologischen Gewaltenteilung* erfunden werden? Genau das forderte niemand anderer als Voltaire: *„Si Dieu n'existait pas, il faudrait l'inventer." „Wenn Gott nicht existierte, müsste man ihn erfinden."*[2] Das brillante Oxymoron des antikleriaklen Causeurs belegt, dass er entweder einer Pointe nicht widerstehen konnte oder doch an der Existenz Gottes festhielt. Ein Gott, den es gibt, der darf nun einmal nicht erfunden, also selbstgemacht sein.

Nur wenn es ihn gibt, existiert jene oberste Instanz, der sich jeder weltliche Herrscher unterordnen muss. Er mag sich noch so absolut vorkommen – mit dem Gegenüber und Schöpfer der Welt muss er die Herrschaft teilen. Damit ist die Idee der Gewaltenteilung im Grundsatz figuriert. Sie macht sich schon in der Frühzeit der monotheistischen Alternative zu den funktionalistischen Gottheiten des Polytheismus bemerkbar. Mit einem Gott im Rücken, der kein Teil des Kosmos war, konnten die Propheten als Sprecher Gottes auftreten und ihre Stimme gegen die Könige Israels erheben. Diese mussten sich an göttlichen Standards messen lassen: *„Aber auch ein König – was könnte er für uns tun? Sprüche machen, Meineide schwören, Bündnisse schließen, und die Rechtsprechung wuchert, wie in den Ackerfurchen das giftige Unkraut."* (Hosea, 750–722 v. Chr., 10, 3f.) Der machtkritische Antagonismus zwischen Königen und Propheten zieht sich wie ein roter Faden durch das Alte Testament. Das war radikal neu. Dass ein Prophet Natan vor David trat, vor einen veritablen König, um ihm mit Berufung auf jene außerweltliche Instanz seine Vergehen vorzuhalten, war unerhört. Und das in einem Orient, in dem das Amalgam von Religion und Macht die Regel war!

Herrschaft ist zentripetal. Überall gravitiert sie auf einen Punkt. Welcher Machthaber der alten Welt ließ sich die himmlische Verstärkung seiner Macht durch die Instrumentalisierung der Religion entgehen? Wenn Könige nicht selber Götter waren, so stammten sie doch meist von ihnen ab, wie die Pharaonen oder der „Sohn des Himmels" im alten China, und die römischen Kaiser pflegten ihre Karriere mit einer Vergöttlichung zu beenden. Überall treffen wir auf diese Funktionalisierung der Religion als Machtverstärker. Sie ist der Normalfall. Vor dieser Folie hebt sich das aufklärerische Potential des privativen, entmächtigenden Monotheismus deutlich ab.

Keine biblische Gestalt steht so klar in der Tradition der eschatologischen Gewaltenteilung wie Jesus. Das Angebot der Menge, die in ihm den gesalbten Heilskönig sieht, der gegen die römischen Besatzer aufsteht, lehnt er ab: „...*Da erkannte Jesus, dass sie kommen würden, um ihn in ihre Gewalt zu bringen und zum König zu machen. Daher zog er sich wieder auf den Berg zurück, er allein.*" (Joh 6,15)

„Messias", „der Gesalbte", war durchaus eine Art Königstitel. Mit einer Salbung hatte Samuel David zum König gemacht. Jesus weist ihn nicht rundweg ab, er akzeptiert ihn aber nur mit einer entscheidenden Modifizierung. Bei seinem Einzug in Jerusalem hatte das Volk gerufen: „*Hosanna! Gesegnet sei er, der da kommt im Namen des Herrn, der König Israels*" (Joh 12,13). Doch dieses Missverständnis wird im Verhör des Pilatus (Jo 8, 33–38) aufgeklärt. Dieser fragt direkt: „*Bist du der König der Juden?*", darauf die berühmte Antwort Jesu: „*Mein Königtum ist nicht von dieser Welt*". Eine politische Königsrolle weist er ausdrücklich von sich. Der Satz, mit dem er die Fangfrage erledigt, ob man dem Kaiser Steuern zahlen soll, ist mit Recht ebenso berühmt: „*So gebt dem Kaiser, was dem Kaiser gehört und Gott, was Gott gehört.*"*(Mk 12,17)* Eine seltsame Konstellation: Der Messias will nicht König sein, aber er predigt den Anbruch des Königtums Gottes. Man krönt ihn mit Dornen. Im Titulus des Kreuzes, INRI, an dem die Juden Anstoß nehmen und auf dem Pilatus besteht: „*Jesus von Nazaret, König der Juden*" knistert noch die Spannung zwischen Religion und Macht.

Die Entmächtigung faktischer Herrschaft gehört zum Kernbestand der biblischen Aufklärung und zu den beachtenswertesten Möglichkeiten des Monotheismus. Bis in die Neuzeit ist dieses Potential kaum und nur in bescheidenen Ansätzen genutzt worden. Usurpatorische Funktionalisierungen und theokratische Rückfälle verstellen den Blick. Eigentlich sind sie dem Monotheismus wesensfremd. Was sind das Gottesgnadentum absolutistischer Monarchen, die Überblendungen von Thron und Altar und andere Ermächtigungsideologien anderes als Funktionalisierungen Gottes? Wo ist da der Unterschied zu den Funktionsgöttern des Polytheismus?

Erzählte Aufklärung

Auch in Israel hat also die Aufklärung eine tiefe Wurzel. Zugegeben, der Gedanke ist ungewohnt, aber Wurzeln kann man freigraben und dann muss in der Tat von biblischer Aufklärung die Rede sein. Es ist eine intellektuell äußerst reizvolle Aufgabe, die reflexiven, philosophischen und aufklärerischen Züge ihrer Texte herauszupräparieren. Das Besteck dafür hat die Sprachphilosophie des vorigen Jahrhunderts, die sich zu einer umfassenden Theorie des kommunikativen Handelns erweitert hat, zur Verfügung gestellt. Ernst Cassirers „symbolische Formen"[3] sind hier zu nennen, und von Kurt Hübner haben wir gelernt, dass die Welten von Mythos und Logos eine beachtliche Schnittmenge haben.[4]

Besonders hilft uns die analytische Sprachphilosophie. Mit dem Namen von John Longshaw Austin verbindet sich die Einsicht, dass wir mit der Sprache nicht nur Sachverhalte wiedergeben, sondern auch handeln. Wenn im Wahlkampf ein Redner Sachverhalte vorträgt, braucht der eigentliche Zweck seiner Worte in keinem einzigen Satz erwähnt zu werden. Der müsste lauten: „Wählt mich!". In der Kunstszene hat uns das inzwischen etablierte Format der Performance wieder an diese nonverbale Vorgehensweise herangeführt. Austins programmatischer Aufsatz: „How to do Things with Words" hat uns gezeigt, dass wir mit Sprache handeln können. Dann ist es nicht weit zu der komplementären Erkenntnis, dass wir auch durch Handlungen „sprechen" können. Manchmal kann das Handlungssprechen ungleich stärker wirken als Worte. Willy Brandts Kniefall im Warschauer Ghetto hatte etwas zum

Abbildung 4: Mose zerschmettert die Schrift Gottes – vorläufig.

Ausdruck gebracht, was in der Zerknirschungsrhetorik vieler Gedenk-
und Sonntagsreden längst zum Ritual verkommen war. Er verstand sich
auf die Kunst: „How to speak without Words".

Von dieser Form des nacherzählten Handlungsprechens macht die
biblische Aufklärung vorzugsweise Gebrauch. Sie hat ein narratives Gewand.

Dies gilt insbesondere von den mythischen Erzählungen von der Erschaffung der Welt und von den ersten Menschen im Paradies (Gen 1 und 2).

Keine andere biblische Geschichte hat so sehr die Gemüter in der
Neuzeit bewegt. Die kulturkämpferischen Gegner der biblischen Religion vom Schlage Richard Dawkins betrachten sie als Beleg für die In-
kompatibilität von Bibel und Moderne. Sie beharren darauf, dass diese
Texte auch von heutigen Bibelgläubigen als eine physikalische Theorie
der Kosmogenese und als Konkurrenz zu Darwins Evolutionstheorie
verstanden werden müssten, natürlich nicht, weil sie ihnen zustimmen
wollen, sondern um darauf hinweisen zu können, wie lächerlich und
überholt diese Theorien seien und wie beschränkt diejenigen, die sie
dennoch für wahr halten. Erzählungen sind aber niemals schon Theorien. Die Deutung der Texte als Tatsachenberichte haben sie mit den real
existierenden Fundamentalisten, vor allem im Bible-Belt der USA gemein. Wer daran glaubt, dass die Erde und ihre Lebewesen in sechs Tagen erschaffen wurden, leugnet dann auch die Evolution von Pflanzen
und Tieren, und für ihn steht auch fest, dass das Ganze nicht älter ist als
5780 Jahre. Beide Fundamentalismen weigern sich, einen anderen Typus
von Erzählung anzuerkennen als den Report empirischer Tatsachen.

Man braucht aber nicht einmal das ganze ausdifferenzierte Besteck
der historisch-kritischen Exegese auszupacken, um die eigentümliche
Qualität biblischer Mythen und Wundererzählungen im Koordinaten-
system der Moderne unterzubringen. Es reicht ein grundsätzlicher Verweis auf das biblische Gottesverständnis. Wenn es zutrifft, dass erstmals in der Religionsgeschichte als Alternative zu den funktionalen und
selbstgemachten Gottheiten des Polytheismus eine neue Größe im Blick
ist, deren Präsenz so erfahren wird, dass sie kein Teil des Kosmos, sondern dessen Gegenüber und Schöpfer ist, dann erkennen wir in dem ersten Schöpfungslied des Buches Genesis den elementaren Ausdruck dieser Theologie.

Alterität markieren

Wer diesen Gott zum Vorschein bringen will, der kein Phänomen in der Welt ist, steht allerdings vor einem medialen Pensum sondergleichen. Dessen Einzigartigkeit entspricht seinem Gegenstand. Er muss von einer ontologischen Singularität sprechen und hat das Problem, dass unsere Sprache und unser Denken darauf kaum vorbereitet sind. Wir sind es gewohnt, von Dingen und Ereignissen in der Welt zu erzählen, die auch unseren Sinnen unmittelbar zugänglich sind. *„Grüß Gott"* heißt es im Süden. *„Wenn du ihn siehst",* kontert der witzige Berliner, der schon sicher ist, dass er ihn nie zu Gesicht bekommen wird.

Der Gott, den Israel als Schöpfer der Welt und somit als ontologischen Sonderfall, als eine Wirklichkeit ganz eigener und anderer Art vor sich hat, kann eben nicht vorgezeigt werden, so wie man die Kultbilder der Götter vorzeigen konnte. Sichtbar und empirisch fassbar soll der so ganz andere Gott gerade nicht sein. Weil er sich entzieht, kann er nicht selbstgemacht sein. So wird die monotheistische Gottesrede vom Prinzip der Alteritätsmarkierung regiert.[5] Die Alterität des neuen Gottes, seine „Andersheit", wird auf vielerlei Weise markiert. Jedes Mal wird auf die eine oder andere Art etwas vorenthalten. Durch Brechung der Realitätskoordinaten, wie beim Dornbusch, der brennt und nicht verbrennt, überhaupt durch alle Wundererzählungen und, wie in der Schöpfungsgeschichte, indem eine quasi-empirische Ereignisfolge konstruiert wird, deren primärer Sinn darin besteht, das Verhältnis des Menschen zu Gott, zu den anderen Lebewesen und zu seinesgleichen in einem paradiesischen Rahmen darzustellen. Der Zutritt in dieses Paradies aber, die alteritäre Wirklichkeit par excellence, bleibt dem Leser / Hörer vorenthalten.

Diese Erzählung wurde die längste Zeit ihrer Wirkungsgeschichte hindurch durchaus als Bericht verstanden, der erzählt, *„wie es gewesen ist"* (Leopold von Ranke), also als Historie und nicht als Transportmedium von Anthropologie und Theologie. Erst als die Wissenschaft herausbrachte, dass es durchaus nicht so, sondern *ganz anders gewesen sein* musste, wurde klar, wie erhellend es ist, die Erzählung nicht als Ereignisgeschichte, sondern als Transportmedium für anthropologische und theologische Sinnfracht zu lesen. Dass sie das schon immer und nicht erst seit Galilei war, sehen wir an den erzählten Wundern, die es sehr bewusst darauf anlegen, nicht mit der normalen Alltagserfahrung verwechselt zu werden.

Ein Medienmissverständnis durchzieht und belastet bis heute die Geschichte des Monotheismus. Erzählte Wunder sind ein klassisches Mittel der Alteritätsmarkierung. Jeder kennt das Wunder aus schönen, manchmal auch schrecklichen Geschichten. Wer aber hätte schon eines erlebt? Wäre ein Mensch mit einem Löwenkopf eine übernatürliche Wundererscheinung? Hier die Auflösung des schon erwähnten Gedankenexperiments: Wittgenstein würde der Sache auf den Grund gehen, vielleicht sogar, *„… wenn die Schmerzen nicht wären“, das* Seziermesser zücken. Die Größe des Schöpfers zu preisen, fiele ihm nicht ein.[6]

Nun gilt es, Fabeln, Märchen und Mythen, überhaupt fiktionale Texte, von Chronik und Rapport zu unterscheiden. Für die Gotteserzählungen, die den ontologischen Sonderfall Gott in alteritären Wunderglanz tauchen, müsste man, so wie schon für ihn selbst, eine eigene literarische Klasse fordern. Das Genre wäre von Märchen und Fiktion genausoweit entfernt wie vom Faktenprotokoll im empiristischen Sinn. Noch besser gelingt das durch die Musik. Johann Sebastian Bach fällt allen zuerst ein, aber Händel ist auch großartig und natürlich Olivier Messiaen.[7]

Soll man es einen Kategorienfehler oder ein Gattungsmissverständnis nennen? Solange die Ereignisfolge mit den Erkenntnissen der Wissenschaft nicht konkurrieren musste, gab es keinen Grund, sie nicht *auch* als Historie zu verstehen. Erst mit den Erkenntnissen der empirischen Wissenschaften ergab sich ein Bild von der Kosmogenese, das es unmöglich machte, die biblische Version als Tatsachenbericht zu nehmen. Die einfachste Reaktion war, diese Erzählungen wie eine inzwischen überholte und falsifizierte Theorie nach dem Motto zu historisieren: „Damals wusste man's nicht besser". Wenn wir heute wissen, dass die Erde keine Scheibe ist, über der sich die Kuppel eines Firmaments wölbt, die von Wasser umgeben ist, das herabregnet, wenn sich die „Schleusen des Himmels" öffnen, dann erst stehen wir vor der hermeneutisch eigentlich interessanten Frage, ob die Erzähler der Genesis überhaupt primär an Fragen interessiert waren, die wir heute selbstverständlich in die Zuständigkeit der empirischen Wissenschaften verweisen. Ein Interesse an der Entstehung von Himmel und Erde gab und gibt es immer und überall. Auch hier kann man es durchaus unterstellen, es ist mit Sicherheit aber sekundär. Wenn Gott der Urgrund des Kosmos ist, gilt das erste Interesse ihm, dem Schöpfer. Wer ist Gott? Wie ist das Verhältnis des Menschen zu Gott? Was ist seine Bestimmung? Wie ist sein Verhältnis zu den anderen Lebewesen? Wo ist sein Platz in der Natur? Um diese Fragen geht es den Genesiserzählungen.

Ereignisse können erzählt werden, weil sie geschehen sind oder um mit ihnen etwas zu zeigen, das anders nicht gezeigt werden kann. Wenn Ereignisse als Darstellungsmedium benutzt werden, gibt es Fälle, bei denen es nicht darauf ankommt, ob sie stattgefunden haben, sondern darauf, was sie darstellen und aussagen wollen.

Die Sache wird nicht einfacher dadurch, dass mythische Erzählungen mit eigentlich theologischen Ambitionen oft an sagenhafte Überlieferungen anknüpfen. Wer in Ur tief genug gräbt, kann auf eine Schlammschicht stoßen, womöglich die Ablagerung einer großen Flut, und wenn dann auch das Gilgamesch-Epos von einer solchen berichtet, dann heißt es *„Und die Bibel hat doch recht"*[8], weil sie bekanntlich auch von einer Sintflut erzählt.

In Babylon mag es einen großen Turm gegeben haben. Aber was besagt dessen Existenz oder Nichtexistenz für das Erzählziel einer Parabel, welche die menschliche Hybris und ihre Bestrafung durch die Verwirrung der Sprachen zum Thema hat?

Biblische Texte enthalten in unterschiedlicher Dichte historisches Material. Sie benutzen es, um andere, nämlich theologische Ziele zu verfolgen. Dabei, dies kann nicht oft genug eingeschärft werden, geht es um einen Gott, der selbst gerade nicht empirisch vorzeigbar ist.

Wenn wir hinter der mythischen Ausgestaltung des großen Gegenübers, des Schöpfers und seiner Welt, die Figuration von Reflexion ausmachen, können wir statt der sechs Tage von Genesis 1 und ihren Einzelheiten, ohne Sinnverlust den jeweils aktuellen Stand der naturwissenschaftlichen Kosmologie substituieren. Ob wir dabei der Big Bang- oder der Steady-State-Theorie den Vorzug geben oder anderen, ganz druckfrischen Alternativen, wird an dieser Konstellation nichts ändern. Prinzipiell kann keine empirische wissenschaftliche Kosmogenese mit einer Schöpfungstheologie und dem großen Gegenüber konkurrieren, mit dem der biblische Monotheismus die entscheidende Schwelle der Religionsgeschichte überschritten hat.

Der Schöpfer – Prinzip oder Person?

Der neue Gott des alten Israel darf, so wie er im Garten der Schöpfung aus Ackerboden die Lebewesen formt, wie er nicht nur befiehlt und Regie führt, sondern auch Hand anlegt, so anthropomorph sein, wie ihn Michelangelo an der Decke der Sixtina zeigt, ein prächtiger Mann mit Bart, dem die Schwerkraft nichts anhaben kann. Das Paradies aber, der Gottesgarten, ist auf so eklatante Art anders als die uns bekannte Erde, wie es alteritärer nicht sein kann.

Mit einer eher abstrakten Wirklichkeit, die als eine eigene und andere hinter aller Materie steht und gleichzeitig in ihr enthalten ist, könnte ein kosmotheistisch gestimmter Zeitgenosse sich vielleicht noch anfreunden. Er ist inzwischen mit einer Kosmologie bekannt gemacht worden, die ihn bescheiden machen musste. Die Erde, einst Mittelpunkt des Kosmos, ist der Trabant einer Sonne, die als Stern in einer Milchstraße strahlt, von denen es Myriaden andere in einem sich ständig weiter ausdehnenden Weltall gibt. Gott als eine Instanz abstraktester Art, als ein mit Sinn aufgeladenes Hintergrundrauschen, lässt sich zusammen mit einem solchen Kosmos wohl noch denken. Schwerer ist es allerdings, eine von allen anthropomorphen Schlacken gereinigte Gottheit als Person zu denken, schwer, aber nicht unmöglich. Eine Person zu sein, diese besondere Qualität, das kostbare Ergebnis unserer Selbstwahrnehmung, hätten wir dann dem großen Gegenüber abgesprochen. Ist Gott, nachdem man ihm allen naiven Anthropomorphismus ausgetrieben hat, ein abstraktes schöpferisches Prinzip oder nicht doch eine Person? Ein göttliches Prinzip – weniger als ein Mensch? Der Vers Gen 1,28 *„Gott schuf den Menschen als sein Ebenbild…“* ist von Ludwig Feuerbach und anderen Vertretern der Projektionstheorie gerne umgedreht worden. Demnach hätte sich der Mensch Gott nach seinem Abbild geschaffen. Das hebräische „Selem“, das wir mit Abbild übersetzen, bezeichnet in anderen Kontexten die Statue des Pharao, die seine Anwesenheit stellvertretend überall im Lande herstellen sollte.[9] Entsprechend hätte der Mensch die Möglichkeit, sich als stellvertretender Agent Gottes zu deuten. Dass eine Statue aber deutlich weniger als der Pharao selbst ist, macht das Bild passend, denn dann wäre das Abbild, der Mensch, auch deutlich weniger als sein Schöpfer. Dieser wäre aber dann doch mindestens das, was der Mensch ist: eine Person. Das Gegenteil zu denken, dass Gott weniger wäre als wir, die Menschen, scheidet aus – dann wäre er nicht Gott. Was Gott neben seiner Qualität als Person sonst noch alles ist, das zu wissen bleibt uns vorenthalten.

Erzählte Lehr-Performances

In der gemeinsamen Geschichte von Aufklärung und Religion spielt die Erzählung von den ersten Menschen im Paradies eine besondere Rolle. Immanuel Kant hat ihr in einer kleinen Schrift von 1786 „*Mutmaßlicher Anfang der Menschengeschichte*"[10] eine überraschende Pointe abgewonnen.

Kant gibt zwar der Erzählung den Status einer Mutmaßung, liest sie aber noch, wie fast alle seiner Zeitgenossen, als einen historischen Tatsachenbericht. Dabei konzentriert er sich auf die Peripetie, den Wendepunkt der Geschichte, den Ungehorsam der ersten Menschen. Durch ihn brechen sie aus den „*Schranken, worin alle Tiere gehalten werden*" aus. Damit ist der „*Gängelwagen des Instinkts*" gemeint, den Kant mit der Stimme Gottes gleichsetzt. Dieselbe Stimme Gottes hatte auch verboten, von der Frucht des Baumes der Erkenntnis von Gut und Böse zu essen. Indem sie sich über das göttliche Verbot hinwegsetzen, machen die ersten Menschen erstmals von ihrer eigenen Vernunft Gebrauch. Freiheit, das ist die Lizenz, einen eigenen Weg gehen zu können und mag es auch der falsche sein. Der sonst so genannte „Sündenfall" ist für Kant also nichts weniger als der Beginn der Freiheitsgeschichte. Dieser „*erste Versuch einer freien Wahl*" fiel „*wahrscheinlicherweise nicht erwartungsgemäß*" aus. Dennoch sei es den ersten Menschen unmöglich gewesen, „*... aus diesem einmal gekosteten Stand der Freiheit ... in den der Dienstbarkeit (unter der Herrschaft des Instinkts) wieder zurückzukehren.*"[11]

Auch wenn man mit Robert Spaemann der Meinung sein kann, dass es ein ebenso vernunftgemäßer oder sogar noch besserer Gebrauch der Wahlfreiheit gewesen wäre, dem göttlichen Gebot zu gehorchen und sich den Willen Gottes, vielleicht nach kurzem oder längerem Überlegen, zu eigen zu machen,[12] geht aus solchen Gedankenspielen deutlich hervor, dass das eigentliche Thema der Paradieseserzählung, die Anthropologie, die „*Stellung des Menschen im Kosmos*" (Scheler), sein Verhältnis zu Gott und zu den anderen Lebewesen ist. Ohne schon über die Erkenntnisse der historisch-kritischen Exegese zu verfügen, hat Kant die Frage erkannt, um die es den biblischen Verfassern zu tun war.

An solchen Texten ermessen wir, was die Einsicht in die Möglichkeiten des nacherzählten Handlungs- und Faktensprechens für eine umfassende Theorie des kommunikativen Handelns wert ist. Wir sehen wieder, dass die „Sprache" der Ereignisse, der Dinge und der Handlungen immer schon einen oft entscheidenden Teil unserer Kommunikation ausmacht.

Wenn wir so die eigene Klasse der biblischen Gotteserzählungen markiert haben, wissen wir nun, dass das oberste Ziel dieser arrangierten Kommunikation nicht darin besteht, zu berichten, „wie es gewesen ist", sondern etwas in den Blick zu rücken, das zu den nachparadiesischen Fakten in einem Spannungsverhältnis steht. Die Ereignisse werden so arrangiert, dass sie dem Leser oder Hörer einen Zugang zu dieser besonderen Art von Wirklichkeit ermöglichen. Da ist dann hermeneutische Intelligenz gefragt, und wir sind herausgefordert, unsere Lesekunst auf unterschiedliche Frequenzen einzustellen.

Was soll beispielsweise damit „gesagt" sein, dass in Gen 2,7 erzählt wird, wie Gott den Menschen genauso aus Ackerboden formte, wie einige Verse später (2,19) auch die Tiere des Feldes und die Vögel des Himmels aus Ackerboden geformt werden? Was „sagt" uns das? Eine Übersetzung dieser bildhaften Abläufe in die uns vertraute Welt der diskursiven, wörtersprachlichen Bedeutungsproduktion könnte lauten: Mensch und Tier sind aus dem gleichen Rohstoff gemacht. Den hat jedenfalls der Mensch mit den Tieren gemein. Ist er deshalb ein Tier unter Tieren? In gewisser Hinsicht durchaus. Physiologisch sieht es ganz danach aus. Wie sehr ähneln wir mit Augen, Mund und Händen unseren nächsten tierischen Verwandten. Dann aber geht es um den Unterschied zwischen Mensch und Tier. Ihn markiert der biblische Erzähler durch das gleiche indirekte Verfahren, indem er durch erzählte Handlungen „spricht". Nur dem Adam wird der göttliche Atem in die Nase geblasen, den Tieren nicht. Sodann führt Gott dem Menschen alle Tiere, die er erschaffen hat zu *„um zu sehen, wie er sie benennen würde. Und wie der Mensch jedes lebendige Wesen benannte, so sollte es heißen." (Gen* 2,19) Der Mensch kann Namen geben, er steht an der Seite des Schöpfers, nicht auf der Seite der Tiere und – der Mensch kann sprechen. Er ist schließlich das Lebewesen, das Sprache hat.

Die Frage nach dem anthropologischen Proprium hatten wir schon bei Aristoteles und Karl Bühler kennengelernt. Kant hat aus dieser Genesis-Passage nichts gemacht. Aber analog zu seinem Interpretationsverfahren könnten wir aus diesem nacherzählten Handlungs- und Faktensprechen, aus dem Umstand, dass der Mensch als ein Gehilfe bei der Einrichtung des Paradieses an der Seite des Schöpfers stehen darf, herauslesen: Sein Platz ist irgendwo zwischen Gott und den anderen Lebewesen. Der Psalm 8,6 drückt das sehr vollmundig aus: *„Du machtest ihn (den Menschen E.N.) nur wenig geringer als die Engel, mit Ehre und Hoheit kröntest du ihn.“*

Das gibt ihm seine interessante Sonderstellung, die natürlich mit derselben Freiheit und Vernunft zusammenhängt, auf die Kant sich konzentriert hat.

Es folgt sogleich die nächste Lehr-Performance: Adam wird narkotisiert, eine seiner Rippen wird entnommen, um aus ihr die Gefährtin Eva zu formen. An diesem Beispiel können wir dann auch die Risiken studieren, die bei der Lehr-Performance als literarischer Form lauern. Sie ist nicht so eindeutig wie die direkte diskursive Rede und offen für mancherlei Interpretationen. Die herkömmliche patriarchalische, war auf den Primat des Mannes gegenüber der Frau fixiert. Adam wurde schließlich als erster geschaffen, und für die Erschaffung Evas war offenbar eine seiner Rippen ausreichend. Eva erscheint, wenn man diesen Umstand so deuten will, als eine Zweitfassung des Menschen, deren Erschaffung zudem noch funktional begründet wird. Sie zu erschaffen wird erst nötig, als die Tiere nicht ausreichten, um die Einsamkeit Adams zu beheben. Diese Passage wurde denn auch jahrhundertelang bemüht, um die Vorrangstellung des Mannes vor der Frau zu rechtfertigen. Zweifellos war die Welt der Bibel patriarchalisch. Das zu leugnen ist albern. Das ist für uns Feministen gewiss ein Ärgernis, allerdings nur dann, wenn von der Bibel verlangt wird, dass ihre Texte in jeder Hinsicht überzeitlich gültig sind. Dann muss – „Und die Bibel hat doch recht“ – dafür gesorgt werden, dass sie mit der gegenwärtigen Vorstellung von der Gleichwertigkeit der Geschlechter übereinstimmen. Wer die Texte so redigiert und umschreibt, dass sie der regierenden correctness entsprechen, hat im Grunde ein fundamentalistisches Grundverständnis: In der Bibel darf nichts Falsches stehen. Aber darf denn, so könnten wir fragen, ein Fundamentalist Hand an die biblischen Texte legen und sie „in gerechter Sprache" umformulieren, wo sie ihm nicht gerecht genug erscheint? Jedenfalls entscheidet sich hier, ob der biblische Text als überzeitlicher Fundus göttlicher Weisungen oder als historische Quelle und Referenztext der monotheistischen Religionsgeschichte gelesen wird. In unserem Fall gibt es allerdings die Pointe, dass die patriarchalische Lesart von der Ungleichheit der beiden Geschlechter sogar korrigiert werden kann, ganz ohne den Text nach den Bedürfnissen der gender-correctness aufzuschminken.

Es kommt im Repertoire biblischer Erzählformen immer wieder vor, dass eine Geschichte auf eine Art Merkformel, ein Logion hinausläuft, das in einem Satz auf den Punkt bringt, worum es dem Erzähler geht. Einen solchen Satz spricht Adam, nachdem er wieder aufgewacht ist und ihm Eva zugeführt wird. Er lautet: *„Das endlich ist Bein von meinem Bein und Fleisch von meinem Fleisch ..."* (Gen 2, 23)

Damit er diesen Satz sagen kann, verlangt die Erzähllogik, dass vorher dem Adam etwas entnommen wurde, das aus seinem Fleisch und Bein, d. h. Knochen bestand. Das trifft auf die Rippe und auch das Rippchen zu, so wie wir es bis heute, ob mit oder ohne Kraut, kennen. Auf den Schlusssatz jedenfalls läuft alles zu. In ihm wird die Botschaft, auf die es dem Erzähler ankommt, zusammengefasst. Adam und Eva, Mensch und Menschin sollten aus demselben Stoff *„Fleisch von meinem Fleisch"* gebildet werden. Dem Erzähler ging es, wie auch dem priesterschriftlichen Verfasser des ersten Schöpfungsliedes, um Gleichheit und nicht um Ungleichheit. Dort heißt es: *„Gott schuf also den Menschen als sein Abbild, als Mann und Frau schuf er sie ..."* (Gen 1,27)

Projektionen

Die biblische Aufklärung – sie gibt es wirklich! Dass die Philosophenzunft schon seit hundert Jahren von einer „vorsokratischen Aufklärung" spricht, liegt an einzelnen Denkern. So wie die Religionskritiker im 18. Jahrhundert mit dem Licht der Vernunft den religiösen Obskurantismus ausleuchten und entlarven wollten, so auch Xenophanes von

Kolophon (ca. 570–470 v. Chr.), den wir als Protagonisten einer ganzen Reihe kritischer Denker nehmen. Es sind nur Fragmente auf uns gekommen. Die aber sind bemerkenswert:

Dasjenige, in dem er Rinder, Pferde und Löwen, wenn sie denn Hände hätten, Bildwerke schaffen lässt, kennen wir schon. Er zeigt so, wie animalisch der Projektionsmechanismus ist, den er bloßlegt. Die Konsequenz, dass nämlich die Götter ihre Existenz der menschlichen Phantasie verdanken, überlässt er dem Leser oder Zuhörer. Ein Atheist ist er deshalb noch lange nicht: *„Ein einziger Gott, unter Göttern und Menschen der größte, ist weder dem Körper noch der Einsicht nach in irgendeiner Weise den Sterblichen gleich. Immer bleibt er an demselben Ort ohne sich in irgendeiner Weise zu bewegen; bald hierhin, bald dorthin zu gehen geziemt sich für ihn nicht. Sondern ohne Anstrengung, durch das Denken des Geistes erschüttert er alles. Als Ganzer sieht er, als Ganzer denkt (versteht) er, und als Ganzer hört er."*[14] Dass er nicht den Sterblichen gleich ist, auch dass er nicht umherschweift wie die anderen Götter, dass er als der Eine auch keine spezielle und partikuläre Zuständigkeit hat, all das unterscheidet ihn von den bekannten Gottheiten und befreit ihn von dem Verdacht, wie diese nur ein Produkt menschlicher Wünsche zu sein.

Der Eine ist anders. Er ist zwar Person, aber nicht anthropomorph. Dass er von einem Punkt aus alles versteht und erschüttert, macht ihn zu einer Gegenbesetzung zu den Göttern, die grundsätzlich partikular und funktional und vor allem viele sind. Während der Eine alles beherrscht, haben die Götter ihre abgesteckten Reviere und Kompetenzen. Xenophanes ist Monotheist.

Bei einer Inspektion des griechischen Götterhimmels war uns schon aufgefallen, dass alle seine Figuren eine mehr oder weniger klar umrissene Zuständigkeit und Funktion haben. Sie sind die Gesichter des Funktionalismus. So bedienen sie das, was die Menschen je nach Lebenslage und Bedürfnis benötigen. Sie sind Komplementärfiguren. Es gilt das Prinzip Passung: Kein menschliches Interesse ohne himmlische Adresse.

Wieder ist es Homer, in dessen Welt wir die Götter bei ihrem Treiben vollplastisch beobachten können. Nichts Menschliches ist ihnen fremd. Sie können rachsüchtig sein wie Poseidon, der es dem Odysseus nicht verzeiht, dass der seinen Sohn, den einäugigen Riesen Polyphem, geblendet hat. Auch im Kampf um Troja sind sie parteiisch. Athena hält zu den Achaiern, Aphrodite hilft den Trojanern. Paris der Königssohn, schön aber wenig weise, hatte ihr den goldenen Apfel als Schönheitspreis zuerkannt und sich damit Hera und Athene zu Feindinnen gemacht. Mit diesem Urteil hatte ja alles angefangen, genau genommen mit der beleidigten Göttin Eris, die nicht zum Fest der Götter eingeladen war. Sie machte ihrem Namen „Streit" – man könnte auch sagen ihrer Funktion – alle Ehre, indem sie den goldenen Apfel zwischen die Schar der feiernden Götter warf. Der wurde dann zum sprichwörtlichen Zankapfel. Da Zeus sich mit keiner der Damen anlegen wollte, überließ er das Urteil lieber einem Sterblichen. Xenophanes kommentiert dieses Treiben so: *„Homer und Hesiod haben den Göttern alles zugeschrieben, was bei den Menschen schändlich ist und getadelt wird: zu stehlen, die Ehe zu brechen und sich gegenseitig zu betrügen."*[15]

Was die Götter noch mehr dem Verdacht aussetzt, sie seien nichts anderes als das Produkt menschlicher Bedürfnisse und Interessen, ist, dass sie dem Prinzip Passung folgen. Sie passen perfekt zu den Wünschen der Menschen, die auf der Suche nach himmlischen Geschäftspartnern sind. Ein Vergleich dieser anthropogenen Religion mit dem modernen Marketing steht noch aus, wäre aber lohnend.

Tauschgeschäfte

Die vorsokratische Aufklärung hat erkannt, dass die Götter der Mythenwelten selbstgemacht sind. Allzu offensichtlich korrelieren sie mit dem menschlichen Bedürfnis, sich ein Gegenüber als Partner für die Wechselwirtschaft von Tausch und Opfer zu erschaffen. Genau wegen dieser Einsicht in die Funktionalität der polytheistischen Gottheiten ist hier der Begriff der Aufklärung einschlägig. Mag er zunächst nur ein Epochenetikett gewesen sein, so kann er, systematisch betrachtet, mit seinen Renaissancen die Zeitalter durchziehen. Immer gilt er fast als Synonym für Religionskritik. Diese Aufklärung kreist um das Tauschprinzip. Dieser Mentalitätsmechanismus ist ein einfacher, fast atavistischer Gedanke. Man zögert, ihn eine Theorie zu nennen. An der auf dem Tauschprinzip beruhenden Opferpraxis erkennen wir einen Typ von Religion, der weitgehend ohne theologische Lehren auskommt.

Die Seeleute, die das Los warfen, folgten keiner Theologie, sie suchten ein Mittel, die Wellen zu beruhigen. Aber auch der Bauer, der im fruchtbaren Halbmond alles getan hatte, was in seiner Macht stand, damit er eine gute Ernte einfahren konnte, also die Steine vom Acker entfernt, den Boden gelockert und gedüngt und die Saat ausgebracht hatte, war am Ende doch wie der Mensch auf hoher See den Naturmächten ausgeliefert. Ob es regnete oder nicht, stand nicht mehr in seiner Macht. Wenn er nun eine Wolke am Himmel vorbeiziehen sah – wie nahe lag es da, sie zu einem Gegenüber zu machen, zu einer Art Person, die man anreden und anflehen konnte, doch das kostbare Nass bitteschön über dem eigenen Acker niedergehen zu lassen, vor allem dann, wenn das Ganze unter einem Himmel stattfand, aus dem es regnen konnte oder auch nicht.

Das antiphonische Bewusstsein

Wie einladend ist es doch, sich himmlische Adressen zu verschaffen. In nahezu allen Kulturen treffen wir diese anthropogene Religion. Homo sapiens sapiens hat offenbar ein antiphonisches Bewusstsein. Die Antiphon, den Wechselgesang, kennen wir aus der Liturgie, da antworten die Stimmen der einen Seite im Chor denen der anderen. Das ist die ritualisierte Form dessen, was wir mit der Natur erleben. Wenn wir in den Wald rufen, dann schallt es heraus, und es ist nicht nur das Echo unserer eigenen Stimme, sondern das Lied, von dem der Freiherr von Eichendorff wusste, dass es in allen Dingen schläft. Was wären die Dichter ohne das vielstimmige Gegenüber der Natur. Sie sind ja selbst Sänger und verstehen sich oft genug als Übersetzer der Töne und Klänge von der anderen Seite.

Öffentliche Religion

Das Gegenüber bleibt niemals amorph. Die Lust, mit den Kräften der anderen Seite ins Geschäft zu kommen, sorgt dafür, dass es für alles, was sich im Wunschhimmel der Interessen und Bedürfnisse so denken und imaginieren lässt, alsbald Gesicht und Namen gibt. Für die anthropogenen Religionen, die ihre Existenz dieser menschlichen Imaginationslust verdanken, bedarf es keiner elaborierten Theologie. Der Tauschverkehr mit Göttern und Geistern kommt ohne systematische Diskurse aus. Da wird nicht gegrübelt oder nachgedacht. Das religiöse Exerzitium folgt auf dieser Ebene einer Pragmatik, deren Prägekraft nicht unterschätzt werden darf.

In der europäischen Moderne ist dagegen Religion mehr und mehr zu einer Angelegenheit von Theologen und Theoretikern geworden. Konfessionelle Kontroversen bewegen sich in der Regel oberhalb des religiösen Exerzitiums, das die ganze Verachtung der Intellektuellen trifft. Im schlecht beleuchteten Untergeschoss finden sich noch Reste von sogenannter „Volksreligion", um die sich aber eher Ethnologen wie Thomas Hauschild kümmern, der umfängliche Feldforschungen beim Stamm der Katholiken in Süditalien betrieben hat.[16] Während im europäischen Norden Religion fast ausschließlich ins Innere des Individuums verkapselt wird, ist sie in der Antike primär eine öffentliche Angelegenheit. Darauf haben Guy G. Stroumsa und Hartmut Leppin nachdrücklich aufmerksam gemacht.[17]

Es gilt inzwischen als ein Grunddogma pluraler Gesellschaften, dass Religion „Privatsache" sei. Die Devise des alten Fritzen: *„Jeder soll nach seiner Façon selig werden"* hat Konjunktur. Der Satz, den Religionslehrer am häufigsten aus Schülermund hören, lautet: „Das muss jeder für sich selbst entscheiden." In der alten Welt war das völlig anders. Was der einzelne dachte oder glaubte, bedeutete nicht viel. In der Religion spiegelten sich die Gesellschaften als Gemeinschaften. Öffentliche Prozessionen, Leichenspiele, Spiele zu Ehren der olympischen Götter, Spiele zu Ehren der Stadtgottheit wie die Panathenäen, die Dionysien, ein mehrtägiges ekstatisches Fest im Jahreskreis, aber auch Mysterienkulte, die einer eigenen Initiation durch Mystagogen bedurften, Wallfahrten zu den Heiligtümern und Orakelstätten bestimmen das Bild im alten Griechenland. Zentral war der Opferkult in den Tempeln. Eine systematische Doktrin, wie sie die christlichen Konfessionen später ausgebildet, in Lehrsätze gefasst und nach langen Beratungen in Konzilien befestigt haben, war unbekannt. Kenntnisse über den Götterhimmel vermittelte kein Religionsunterricht, sie wurden durch Dichter, Theater, Mythen und die praktische Einübung in die häuslichen und öffentlichen Riten vermittelt. Nicht „to know that", ein Wissen über die Götter und ihre himmlischen Verhältnisse, stand im Vordergrund, sondern „to know how", wie und in welcher Lebenslage man mit ihnen zu verkehren hätte.

Es sollte auch im alten Israel eine längere Entwicklung geben, bis ein durch Opfergaben bestechlicher Gott, eigentlich der polytheistische Standardtypus, verabschiedet war. Den Tauschgedanken lehnen schon die opferkritischen Propheten, allen voran Amos ab: *„Ich habe kein Gefallen an euren Gaben, und eure fetten Heilsopfer will ich nicht sehen"* (5,22).

Die Persistenz der Kulte

Dass Israel weiter opfert, stützt die These des Ethnologen Frits Staal, wonach überlieferte Kultpraktiken kaum oder gar nicht abzuschaffen sind, während ihre Deutung und Interpretation durchaus wechseln kann.[18] Es gibt tatsächlich unzählige Beispiele, die diese These stützen: Das römische Fest des Sol invictus, des „unbesiegten Sonnengottes", das um die Wintersonnenwende gefeiert wurde, erhielt nach der Christianisierung eine neue sinnvolle Deutung. Es wurde zum Geburtstag Jesu, der nach dem Johannesprolog das Licht war, das in die Finsternis kam, (Joh 1,4). Atheistische Kommunisten versuchten „Väterchen Frost" an dessen Stelle zu setzen, die Nazis, ein „Julfest" einzuführen. Auch nichtchristliche Japaner feiern inzwischen Weihnachten und postchristliche Anhänger der europäischen Konsumreligion auch.

Ostern war schon im alten Kanaan ein Frühlingsfest. Auch als Pessach-Gedenken an den Auszug aus Ägypten und als Fest der Auferstehung Christi blieb es ein solches.

Die DDR schaffte die christliche Konfirmation nicht einfach ab, sondern ersetzte sie durch die Jugendweihe. Auch diese ging nach der Wende nicht unter, sondern wurde notdürftig von einer steilen kommunistischen Ideologie doktrinal gereinigt. In die Variable der Initiation wurden dann „humanistischen Werte" eingetragen.

Die Rituale des „Hadsch", der großen muslimischen Pilgerfahrt, sind in allen Einzelheiten von Muhammad selbst vorgeschrieben worden. Auch sie sind das Ergebnis einer strategischen Überschreibung, denn Mekka war schon vor dem Islam das Zentrum einer großen Wallfahrt zur Kaaba, dem schwarzen Meteoriten. Viele Bräuche, wie „Steinigung des Teufels", blieben bestehen und wurden islamisch neu interpretiert.

Das Verhältnis von Kult und Doktrin ist gewiss komplex. Die Behauptung, sie hätten rein gar nichts miteinander zu tun, mag unhaltbar sein, vor allem wenn man im Kult auch eine Art Handlungssprechen erkennt. Auch der Opferkult der altkanaanäischen Religion wird nicht einfach abgeschafft. So opfert Israel tapfer weiter, auch dann noch, als es den Tauschgedanken eigentlich schon aufgegeben hat. Das ganze Buch Ijob (200 v. Chr.) läuft darauf hinaus, die Automatik von Wohlverhalten gegen Wohlergehen auszuheben. Aber der Tempel war ein Schlachthaus, so wie die Tempel für die paganen Götter auch. Nach Staal entwickeln Kulttraditionen eine Art Resistenz gegen den Wandel. Die Riten und Bräuche bleiben erhalten, während sich ihre Interpretation ändert oder sogar komplett ausgewechselt wird. Während die Opferpraxis Israels sich, von außen betrachtet, nicht von der paganen der anderen Völker unterscheidet, wird sie neu und anders gedeutet. Sie ist nicht mehr wie dort ein Versuch, die Gottheit günstig zu stimmen oder zu bestechen und so mit ihr eine Art Tauschgeschäft zu machen. Israels Opferpraxis soll nichts anderes mehr sein als Dank und Gehorsam gegen Gott, der in der Tora, insbesondere im Buch Leviticus, die Opfer im Detail vorgeschrieben hatte. Die blutige kultische Praxis bleibt bestehen, ihre Deutung wird aber dem neuen Gottesbild angepasst. Erst mit der Zerstörung des Tempels 70 n. Chr. floss kein Blut mehr in Jerusalem, keines jedenfalls von Böcken und Stieren.[19].

Religionen haben, auch wenn sie in intellektuelle Höhen vorstoßen, einen Körper. In die europäische, besonders in die deutsche Religions- und Konfessionsgeschichte hat sich über den vielen theologischen und philosophischen Debatten eine Verwechslung von Religion mit ihrer Doktrin eingeschlichen. Zur Entleiblichung der Religion hat die kantische Kritik am Kult als „Afterdienst" viel beigetragen.[20] Karl Barth und Dietrich Bonhoeffer strebten gar ein Christentum ohne Religion an. So kann sich der Blick verengen. Ein Blick in andere Kulturen kann da als Korrektiv wirken. In der vielsprachigen Götterwelt Indiens etwa ist das Amalgam von Spiritualität und einem handfesten rituellen Exercitium auch heute noch erlebbar.

Staals Verdienst ist es, auf die Persistenz der Kulte aufmerksam gemacht zu haben. Noch nie – so Staal – sei es in der Religionsgeschichte vorgekommen, dass Kulte ersatzlos verschwinden. Genau hier liegt auch der Grund für das Scheitern der monotheistischen Reformation Echnatons. Hätte sie sich auf Dauer gehalten, wäre sie tatsächlich das einzige Gegenbeispiel für Staals Behauptung gewesen. Aber sie konnte nicht gelingen, weil sie, in pharaonischer Selbstüberschätzung, die Kraft der alten Kulte meinte missachten zu können. Im alten Ägypten war das ganze Leben religiös imprägniert. Einer vielgestaltigen und selbstverständlich funktionalen Götterwelt diente nicht nur die Priesterschaft, sondern das ganze Volk. Diese kondensierte Echnaton auf ein strahlendes Gestirn, die Sonne.

„Die Fülle der Gestalten ist auf die eine Gestaltungsform des Strahlenaton verkürzt, der zur einzig verbindlichen Darstellung des Gottes wird, und aus der Fülle der Götternamen bleibt nur ein doppelter übrig: Re, der sich als Aton offenbart (‚gekommen ist') Aus einem Gott ‚ohne seinesgleichen' ist, in feiner Abstufung ein Gott ‚ohne einen anderen außer ihm'... Was zum Wesen des Aton nicht passt, ist nicht länger göttlich und wird durch Verschweigen geleugnet. Die Hymnik Echnatons, die den Aton mit vertrauten Wendungen preist, unterscheidet sich von der älteren Hymnik wesentlich durch das, was sie fortlässt." (Eric Hornung).[21]

Der Funktionalismus der vielen Gottheiten wird summarisch in einer einzigen und höchsten versammelt. Aber Echnatons Sonne, die göttliche Singularität, blieb ein Teil des Kosmos, wenn auch der spektakulärste. Daher findet der entscheidende Qualitätssprung in Amarna noch nicht statt. Der Unterschied zum Monotheismus Israels ist ein Unterschied ums Ganze. Dessen Gott wird nicht mehr ein Teil des Kosmos sein. Er ist vielmehr sein Schöpfer und Gegenüber. Hierin erst besteht die große Emergenz der Religionsgeschichte. Das ist dann wirklich etwas Neues! Das Schöpfungslied der Genesis hängt das Tagesgestirn tiefer, nämlich ans Firmament – als eine von zwei Himmelsleuchten (1,16).

Echnaton musste auch deswegen scheitern, weil er die Rechnung ohne die Priester und das Volk gemacht hatte. Für eine reiche, vielleicht allzu reiche Kultpraxis bot er keinen ausreichenden Ersatz. Das Volk war mehr gewohnt. Die Praxis der frommen Übungen prägte den Alltag der Familien. Der Ablauf der Zeit war an den großen religiösen Festen ablesbar, vom Totenkult ganz zu schweigen. Kurzum, die Kultpraxis war tief in die Lebensform am Nil eingelassen. Wie tief die Intervention Echnatons in diese Welt eingeschnitten hatte, zeigte sich an der gründlichen damnatio memoriae, die den Revolutionär auf dem Thron nach seinem Tod ereilte. Mit der Auslöschung der Erinnerung an ihn sollte der schreckliche Frevel, als welchen die Priesterschaft und das Volk die monotheistische Episode empfand, ungeschehen gemacht und der Vergessenheit überantwortet werden. Echnaton sollte es nicht gegeben haben.

Jan Assmann vergleicht ihn mit den Vorsokratikern, auch wenn ihn von diesen 700 Jahre trennen. Der Vergleich leuchtet ein, denn auch deren intellektuelle Götterkritik blieb für die Kultpraxis und die öffentliche Religion Griechenlands nahezu folgenlos.

Großen Eindruck hat Sigmund Freuds Schrift „*Der Mann Moses und die monotheistische Religion*" von 1939 gemacht. In ihr versucht er, einen Überlieferungskontakt zwischen Echnaton und Mose herzustellen, den er für den Begründer des biblischen Monotheismus hält. Die Historiker halten das für ausgeschlossen, da der Sonnenmonotheismus Echnatons im 12. Jahrhundert v. Chr. nicht mehr bekannt gewesen sei.[22] Dem Ägyptologen Assmann hat das keine Ruhe gelassen. In einer kühnen Konjektur hat er versucht, gerade aus der Perhorreszierung des Ketzerpharaos Spuren herauszudestillieren, die zu Mose führten. Er hat dazu eigens eine „Gedächtnisgeschichte" stark gemacht, die unter der Oberfläche auch längere Perioden überbrücken, besser, untertunneln könne, um dann wiederbelebt zu werden. Es gibt allerdings einen Einwand, der diese Theorie schwierig erscheinen lässt: Der historische Mose, von dem es außerhalb der Bibel keinerlei Spuren gibt, war aller Wahrscheinlichkeit nach kein Monotheist im exklusiven Sinn von Amarna.[23]

Wie auch immer die Wirkungsgeschichte Echnatons verlaufen ist und ob es sie überhaupt vor Freud nennenswert gegeben hat, kann offen bleiben. Aber alles spricht dafür, dass der Durchbruch zum Monotheismus nur gelingen konnte, wenn nicht nur der kritisch-reflexive und intellektuelle Geist der Religion, sondern auch ihr Körper beteiligt wurde. Dieses sehr plausible Phänomen spielt in der Mediengeschichte des Monotheismus eine große, ja eine entscheidende Rolle. Israel konnte die Kultbilder nur bekämpfen und verbieten, weil es im Schriftkult ein Substitutionsmedium entwickelt hatte. Weil die Schrift zum neuen Gottesmedium wurde, konnte sich auch das mit ihr verbundene neue Gottesverständnis durchsetzen. Im Kultbild war die Verwechslung des Gottes mit seinem Darstellungsmedium kaum zu vermeiden gewesen und gewissermaßen vorprogrammiert. Der suggestive Blick einer menschen- oder tiergestaltigen Götterfigur und das feierliche Ritual, das ihre Herstellung „von Menschenhand" vergessen machen sollte, bewirkten ihre spirituelle Aufladung und machten es leicht, die göttliche Präsenz in die Figur fahren zu lassen.

Was dagegen durch Schrift präsent gemacht wird, ist gleichzeitig auch abwesend. Diese Simultaneität von Präsenz und Entzug, der „Brathähnchen-Effekt", ist eigentlich eine triviale Eigenschaft des Mediums. Aber sie erweist sich dann als ein großer Vorteil, wenn es darum geht, einen Gott ins Spiel zu bringen, der ebenfalls, indem er „da ist" ist, sich entzieht. Diese abwesende Anwesenheit eines Gottes, den man nicht sehen kann, katapultiert ihn aus der Kontingenz der sinnlichen Welt heraus und verschafft ihm als dem Bewirker der Wirklichkeit seine singuläre Sonderstellung.

Erst dieser Medienwechsel erzeugte den kultfähigen Monotheismus.

Eine der Hauptthesen dieses Buches besagt, dass die Aufklärungsbewegung sich in Israel, wenn auch nach langen Kämpfen, nur durchsetzen konnte, weil es den Bilderkult des Polytheismus durch seinen neuen Schriftkult ersetzte. An die Stelle der polemisch bekämpften Idolatrie trat Grapholatrie, die kultische Verehrung der Schrift, einer Schrift, die auf dem Höhepunkt der Exodus-Sagen der Finger Gottes selbst auf die steinernen Tafeln der Bundesurkunde geschrieben hatte. Diese Substitution des alten Kults durch einen neuen war die Voraussetzung dafür, dass die Religion der Religionskritik nach und nach eine ganze Ethnie erfassen und prägen konnte. Dass es in Griechenland diese Möglichkeit nicht gab, sollten die beiden ersten Kapitel zeigen.

Priesterbetrug

In der aufklärerischen Polemik gegen die Religion spielt im 18. Jahrhundert die sogenannte Priesterbetrugsthese eine große Rolle.[24] Um sich Macht und Reichtum zu verschaffen, hätten schlaue Priester die Götter, wie überhaupt die Religion erfunden. Zwar richtete sich diese Theorie durchaus gegen die biblische Religion, konnte kurioserweise aber auch an biblische Quellen anknüpfen, besonders an die Geschichte vom „Bel zu Babel" im 14. Kapitel des Buches Daniel. Das ist ein später Text, der nur auf Griechisch überliefert ist, aber Traditionen fortschreibt, die bis in die Zeit des Exils zurückreichen. Daniel entlarvt mit geradezu kriminalistischen Methoden den Betrug der Tempelpriester. Der König fragt seinen Vertrauten Daniel, warum er den Bel nicht verehre. Darauf Daniel: *„Ich verehre keine Standbilder, die von Menschen gemacht worden sind, sondern nur den lebendigen Gott, der den Himmel und die Erde erschaffen hat."* (14,5) Darauf der König: *„Siehst du nicht, welche Mengen er Tag für Tag isst und trinkt?"* Es kommt zum Streit mit den Belpriestern. Sie fordern den König auf, die Tür zu versiegeln, nachdem die Speisen in den Tempel getragen waren. Als am anderen Morgen das Siegel theatralisch erbrochen und die Tür geöffnet wurde, waren die Speisen wie immer verschwunden. Der König blickte auf den Opfertisch und rief: *„Groß bist du Bel, bei dir gibt es nie einen Betrug!"* Dann hat Daniel seinen Auftritt. Er verweist auf die Fußspuren am Boden, den er mit Asche bestreut hatte. Die Priester, die einen geheimen Zugang benutzt hatten, waren überführt und wurden getötet.

Anmerkungen

1   Die Zauberflöte ist auch eine Freimaureroper. Sie zeigt auf charakteristische Weise das Doppelgesicht der Epoche, die in der Lage war, die Überständigkeit und den Wunderglauben der herkömmlichen Religion zu kritisieren aber auch Bewegungen wie die Freimaurer und Rosenkreuzer kannte, die neomythische Formen des Obskurantismus ausbilden konnten.

2   Der Satz findet sich in dem in Versen verfassten Brief an den anonymen Autor des Buches „Von den drei Betrügern" (1768). Aus dem Kontext der dritten Strophe geht hervor, dass Voltaire auf den Gottesglauben nicht verzichten will, weil er die Herrschenden vom Missbrauch ihrer Macht abhalten kann. Voltaire, *Epître à l'auteur du livre des Trois imposteurs*, *Œvres complétes*, *de Voltaire*, Paris 1877–1885, tome 10, pp. 402–405. Für den Hinweis danke ich Andreas Verhülsdonk.

3   Ernst Cassirer, *Philosophie der symbolischen Formen*, Bd. 1, (Sprache), Darmstadt 1923, Bd.

2, (mythisches Denken), Darmstadt 1925, Bd. 3, (Phänomenologie der Erkenntnis) Darmstadt 1929.

4   Kurt Hübner, *Die Wahrheit des Mythos*, München 1985.
5   Der Begriff ersetzt den zunächst von mir verwendeten der „Alteritätssicherung". Bei Hans-Jürgen Müller bedanke ich mich für einen entsprechenden Hinweis.
6   Vgl. Ludwig Wittgenstein, *Vortrag über Ethik und andere kleine Schriften*, Frankfurt/M. 1989, S. 9–19 (Der „Löwe"), S. 17.
7   Vgl. Jan Assmanns Interpretation, in: ders., *Das Oratorium Israel in Egypt von Georg Friedrich Händel*, Stuttgart 2015.
8   So der bekannte Buchtitel des Bestsellers von Werner Keller, Düsseldorf 1955.
9   Vgl. Norbert Lohfink, *Die Gottesstatue*, zweites Kapitel von „*Im Schatten deiner Flügel*", Freiburg/Basel/Wien 1999, S. 29–48.
10   A. a. O., S. 85–102.
11   A. a. O., S. 89.
12   Vgl. Robert Spaemann, *Das unsterbliche Gerücht. Die Frage nach Gott und die Täuschung der Moderne*, Stuttgart 2007, S. 203.
13   Fragmente 167–169. Übersetzung von Karlheinz Hülser in: S. Kirk, J. E. Raven, M. Schofield, *Die Vorsokratischen Philosophen*, Stuttgart/Weimar 1994, S. 184. Zählung nach Diels/Kranz, *Die Fragmente der Vorsokratiker*, Zürich u.a. 1934.
14   Fragmente 170–172, a. a. O., S. 185.
15   Fragment 166, a. a. O., S. 184.
16   Vgl. Thomas Hauschild, *Macht und Magie in Italien*, Gifkendorf 2002.
17   Vgl. Guy G. Stroumsa, *La fin du sacrifice*, Paris 2005, deutsch: *Das Ende des Opferkults*, Frankfurt/M. 2011. Sehr informativ dazu auch Hartmut Leppin, *Christianity and the Discovery of Religious Freedom*, in: Rechtsgeschichte (22) 2014, S. 62–78.
18   Staal räumt ein, dass Rituale Nebeneffekte haben und auch Bedeutungen generieren. Das Ritual selbst reduziert er auf eine im Prinzip bedeutungsfreie Aktivität. Vgl. Frits Staal, *The Meaningless of Ritual*, in: Numen (26) 1979, 1, S. 1, 26.
19   Vgl. Guy G. Stroumsa, *a. a. O.*
20   Vgl. Immanuel Kant, *Die Religion innerhalb der Grenzen der bloßen Vernunft*, Ausg. Weischedel, 2. Aufl., Wiesbaden 1960, Viertes Stück. Vom Dienst und Afterdienst unter der Herrschaft des guten Prinzips oder von Religion und Pfaffentum, S. 819 ff.
21   Erik Hornung, *Der eine und die Vielen*, 6. Aufl., Wiesbaden 2005, S. 259.
22   Othmar Keel, *Jerusalem und der eine Gott*, Göttingen 2014, S. 11
23   Vgl. Jan Assmann, *Moses der Ägypter. Die Entzifferung einer Gedächtnisspur*, München 1998.
24   Vertreten z. B. von Paul Heinrich Dietrich Holbach (1723–1789) und Claude Adrien Helvétius (1715–1771).

Kapitel V:
Der „Name" – Er ist, was er bedeutet: singulär.

Unausgesprochen präsent

Gott ist der schlechthin Eine, der Eifersüchtige, die Singularität in Potenz. Dies ist die Botschaft des Konkurrenzdramas vom Sinai, die in die Botschaft des Dekalogs mündet. Dessen Kopfstück, das zugleich das theologische Proprium bildet, schließt mit dem – nach der Zählung von Deuteronomium, zweiten Gebot, ab. Nach der Exoduszählung ist es das dritte: *„Du sollst den Namen des Herrn, deines Gottes, nicht missbrauchen; denn der Herr lässt den nicht ungestraft, der seinen Namen missbraucht."*(Dtn 5,11)

Schon medientheoretisch gesehen ist der „Name" Glutkern und Glanzstück des exilischen und nachexilischen Monotheismus. Er ist das Allerheiligste Israels, eine einmalige Koinzidenz von Form und Inhalt. Dass er im Dekalog, gleichsam in einem Atemzug mit dem Verbot, sich von Göttern ein Bild zu machen, herausgestellt und geheiligt wird, ist kein Zufall.

Das Tetragramm, die „vier Buchstaben", besteht aus den Konsonanten JHWH (Jod, He, Waw, He). Wie sie ausgesprochen werden, wissen wir, streng genommen nicht, denn die dazugehörigen Vokale sind unbekannt.[1] Die Bedeutung von JHWH ist aber durchaus bekannt, da der Text, der den Namen einführt, ihn auch gleichzeitig deutet. Sie ist ungewöhnlich, eben einzigartig, und sie hat mancherlei Übersetzungsversuche provoziert.

Die Septuaginta, die ca. 250 v. Chr. entstandene griechische Übersetzung des hebräischen Tanach formuliert: „Egṓ eimí ho ṓn", „Ich bin der Seiende". Viele Theologen lehnen sie ab. Sie sehen in dem „Seienden" einen allzu zeitlosen Hellenismus. [2] Im letzten Buch des Neuen Testaments, der Offenbarung des Johannes, ebenfalls auf Griechisch verfasst, lehnt sich der Autor an die Septuaginta-Formulierung an, erweitert sie aber auf alle drei Zeiten: „ho ễn kaì ho ổn kaì ho erchómenos", „*...der war und der ist und der Kommende*" (Offb 4,8). Aber auch im rabbinischen Judentum, das nach der Zerstörung des Tempels 70 n. Chr. zur selben Zeit entstand, gewinnt man eine überzeitliche, genauer, eine temporal nicht festgelegte Lesart aus der hebräischen Grammatik, welche die Bedeutung auf alle Zeiten hin öffnet. Vergangenheit, Gegenwart und Zukunft sind in ihr enthalten. Der „Name" wird vom Verbum hjh abgeleitet, als Vergangenheit im Perfekt „hajah", „er war", als Gegenwart, „hojêh", „er ist" (Partizip) und „jihjêh", „Er wird sein" (Imperfekt).[3] Buber-Rosenzweig übersetzen: *„Ich werde da sein als der, der ich da sein werde".*

Wer übersetzt: *„Ich bin der ich bin",* beschränkt die Bedeutung auf die pure Existenz. Allerdings wäre die reine Existenz auch mit der Vorstellung einer unvermittelt jenseitigen Entität verträglich. Dagegen spricht die Art, wie der Ausdruck eingeführt wird. Wenn also zu der Existenz auch die Präsenz hinzukommt, ist der, der da spricht, immer und überall gegenwärtig. Da die Präsenz die Existenz voraussetzt – wer oder was da sein soll, muss auch notwendig existieren – wäre die Lesart der Einheitsübersetzung *„Ich bin der ‚ich bin'"* hier die weitergehende.

Von der Begriffslogik zur Ontologie: Die Steigerung des Singulars

Das Tetragramm hat es in sich. Eine begriffslogische Betrachtung kann seine herausragende Singularität noch einmal verdeutlichen: In der Begriffslogik wird der Umfang eines Begriffs, also alles das, was er umfasst und worauf er sich erstreckt, als seine Extension bezeichnet, während die Intension seinen semantischen Inhalt erfasst. Wenn man das genannte Bedeutungsfeld in der Paraphrase wiedergibt: *„Ich bin der da war, da ist und da sein wird",* wird deutlich, dass der Ausdruck die größtmögliche Extension hat. Er ist nie nicht da, und nirgendwo nicht da.

Die eigentliche Pointe dieser umfassenden und zeitlich nicht festgelegten Präsenz besteht nun darin, dass sie als Name proklamiert wird: *„...dies ist mein Name für immer und so wird man mich nennen in allen Generationen." (Ex 3,15)*

Im üblichen Sprachgebrauch ist das Verhältnis von Intension und Extension so, wie wir es aus der Definitionspraxis kennen: Ein X wird dadurch immer genauer bestimmt, dass ich es inhaltlich eingrenze. Etwa so: Materie, Lebewesen, Warmblüter, Säuger, Mensch, Mann, Athener, Sokrates. Die Extension nimmt ab, aber die inhaltliche Bestimmtheit, die Intension nimmt zu. Am Ende wird das Objekt, das in diesem Fall auch ein Subjekt, nämlich Sokrates ist, unverwechselbar und erhält einen Namen. Mit „Sokrates", dem Unverwechselbaren, ist die maximale Intension erreicht. Die Namensvariable ist gefüllt. Wenn aber, wie bei JHWH, die pure Anwesenheit zum charakterisierenden Inhalt, zum „Namen" erklärt wird, schlägt die Extension in Intension um. Diese Koinzidenz von Intension und Extension kann es prinzipiell nur einmal geben. Die größtmögliche Erstreckung eines Da-seins wird als Name ausgerufen!

Ein kurzes Nachdenken ergibt, dass ein „Name", der besagt, dass sein Träger nirgendwo nicht und nie nicht da ist, auch seinem Wesen nach durch eine andere Art von Wirklichkeit ausgezeichnet sein muss, die ihn von allem unterscheidet, was es sonst in der Welt gibt. Für ihn benötigen wir somit eine eigene ontologische Klasse.

Dem begriffslogischen Unikat JHWH entspricht also die ontologische Einmaligkeit des streng monotheistischen Gottes. Er ist keine innerweltliche Figur, vielmehr ist er der Schöpfer der Welt. Er durchdringt und umgreift sie und steht ihr gegenüber. Der ersten Koinzidenz von Extension und Intension entspricht demnach eine zweite, die daraus folgt: die Koinzidenz von Logik und Ontologie. Die Form trifft, ja sie erzeugt sogar den Inhalt. Das verschärft den singulären Charakter JHWHs, des einen Gottes und seines „Namens".

Die begriffslogische Einmaligkeit des Gottesnamens bringt also auf geniale Weise auch seine ontologische Einmaligkeit zum Ausdruck. Hier berührt sich die Offenbarungserzählung in Ex 3 mit der Schöpfungserzählung der Genesis und den vielen anderen Texten, in denen Gott als der Schöpfer der Welt gegenübergestellt wird, die sein Werk ist.

Nüchtern und medientechnisch betrachtet, mutet diese begriffslogische Darstellung der ontologischen Singularität des biblischen Gottes wie ein Geniestreich an: Ein Dasein, das kein Ding in der Welt, ja sogar deren Schöpfer ist. Wieder kann man in dieser Konstellation die Reflexionsfigur als den Kern der Biblischen Aufklärung erkennen.

Dietrich Bonhoeffer trifft die ontologische Singularität JHWHs mit seinem bekannten Satz: *„Einen Gott, den es gibt, gibt es nicht."*[4] Jedes empirische Objekt in der Welt erhält nur dann den Existenzprädikator „es gibt", wenn es eine Ausdehnung (Extension) hat. Wenn, wie im Fall von JHWH, die Extension in der Intension aufgeht, kann man den Existenzprädikator verweigern. Bonhoeffer spielt mit der empiristischen Beschränkung der Wirklichkeit auf sinnliche Erfahrung.

Die Definition folgt aus der Erzählung

Wer den Sinn von JHWH umfassend deuten will, tut gut daran, auch hier das bewährte Verfahren anzuwenden, das darin besteht, den handlungs- und faktensprachlichen Hintergrund der ganzen Offenbarungserzählung als Kontext zu erschließen. Das ist gewiss nicht ganz neu, wenn auch vielleicht diese Methode nicht immer eigens reflektiert wurde. Natürlich wird man nach den Erkenntnissen der Rezeptionsästhetik immer auch versuchen, den impliziten Leser zu erschließen, also an denjenigen oder diejenigen denken, an die der Verfasser oder das Autorenkonsortium bei der Abfassung und Endredaktion des Textes gedacht hat.

Das dritte Kapitel des Buches Exodus ist zweifellos ein Höhepunkt im vielfarbigen und vielstimmigen Buch der Bücher. Und dessen Höhepunkt wiederum ist die Offenbarung des „Namens". Zu Beginn der Szene, in der JHWH proklamiert und installiert wird, stellt die Stimme aus dem brennenden Dornbusch sich vor:

„Ich bin der Gott deines Vaters, der Gott Abrahams, der Gott Isaaks und der Gott Jakobs." (3,8)

Eigentlich sollte der, der da spricht, damit schon identifiziert sein. Jedenfalls ist diese Mitteilung mit zu berücksichtigen, wenn es darum geht, den Bedeutungshintergrund von JHWH zu ermitteln. Der „da ist", ist der, der auch für Moses Vater, die Urväter Abraham, Isaak und Jakob schon „da war".

Und was ergibt die handlungs- und faktensprachliche Erschließung der folgenden Szene? Ein Dornbusch brennt und verbrennt nicht. So etwas kann in der normalen Welt, in der wir leben und in der auch Mose lebte, nicht vorkommen. Dafür braucht man nicht den zweiten Hauptsatz der Thermodynamik zu bemühen.

Die klassischen Koordinaten der von uns wahrnehmbaren Wirklichkeit sind nach Immanuel Kant die „reinen Anschauungsformen" von Raum und Zeit. Sie sind „a priori", immer schon. Wir können die Abwesenheit von Zeit zwar konzipieren, vorstellen können wir sie uns nicht. Dasselbe gilt für den Raum.

Ohne abstrakte Begrifflichkeit, durch reines Fakten- und Handlungssprechen, gelingt es dem Erzähler, diese Koordinaten außer Kraft zu setzen. Zunächst die Zeitkoordinate: Zeitgefühl wird durch Erlebnisse erzeugt. Wie die Zeit verstreicht, erleben wir durch Bewegung und Wandel. Heraklit stellt uns ans Ufer eines fließenden Wassers: *„Keiner steigt zweimal in denselben Fluss".* Auch die Zeit fließt. Das „Fließen" wird zur beliebtesten Metapher für das Erleben von Zeit. Wenn es dramatisch oder unterhaltsam wird, dann kann sie auch einmal „vergehen wie im Flug". Wer die Zeitknappheit ins Bewusstsein heben will, lässt sie rasen. Und wer zuschaut, wie sich in einem Feuer das Brennmaterial in Asche verwandelt, der erlebt die Taten der Zeit als einen rasanten unumkehrbaren Transformationsprozess.

Und das geschieht hier. Ein Dornbusch brennt, und er verbrennt nicht. Das ist die Installation einer Unmöglichkeit. Im Feuer, wo die Zeit sonst rast, steht sie still. Hier gibt es sie nicht, das Nicht-Verbrennen macht es Mose und dem impliziten Leser / Hörer klar: Die Zeit ist aufgehoben.

Mose muss, nachdem er einen Ägypter erschlagen hatte, in die Wüste fliehen. Dort hütet er die Schafe. Die Wüste ist das Andere der bewohnten Welt. Hier ist alles anders. Die Wüste schafft Abstand, und Abstand ist eine Bedingung von Reflexion. Sie ist die Landschaft der Langsamkeit und Ruhe. Auf dieser Folie hebt sich die rasende Bewegung des Feuers dann effektvoll ab. *„Mose sagte: Ich will dorthin gehen und mir diese außergewöhnliche Erscheinung ansehen. Warum verbrennt denn der Dornbusch nicht?"* (3,3) Dann hört er die Stimme aus dem Feuer: *„Komm nicht näher heran! Leg deine Schuhe ab, denn der Ort, wo du stehst ist heiliger Boden."* (3,5)

Dieser Befehl macht Mose sofort klar: Er steht nicht mehr auf dem „Boden der Tatsachen". Er hat einen heiligen, einen alteritären Raum betreten. Damit ist auch die Raumkoordinate suspendiert. In dieser Szene werden wir beiläufig durch Handlungs- und Faktensprechen mit einem elementaren Verständnis von Heiligkeit bekannt gemacht. Nicht zufällig ist es privativ, das heißt, Normalität wird weggenommen. Der heilige Boden wird durch Ausgrenzung ein anderer. Der heilige Bezirk, der Temenos, der Tempel, dann auch Kirchen und Friedhöfe, sind ausgegrenzte Räume, herausgesprengt aus dem Kontinuum der Nutzfläche. Hier, im eingefriedeten Bezirk, herrscht Frieden. Die Waffen werden abgelegt, hierhin flüchten sich die Verfolgten. Mose hat verstanden. Er zieht die Schuhe aus. Und was tut er noch? *„Da verhüllte Mose sein Angesicht, denn er fürchtete sich, Gott anzuschauen." (3,6)*

Jeder Jude und jede Jüdin kennt jeden Satz dieser Erzählung. Auch Maria Magdalena, als sie am leeren Grab Jesu in der Gestalt, die sie zuerst für den Gärtner hält, „Rabbuni", den „Herrn der Welten" erkennt, wendet sich erschüttert ab.

Alle Offenbarungserzählungen des entwickelten Monotheismus enthalten solche Indikatoren der Vorenthaltung. Gott offenbart sich, indem er sich entzieht. Anschauen darf man ihn – kann man ihn nicht. Nun aber, nachdem die Normalität gebrochen und die alteritäre Wirklichkeit Gottes in Szene gesetzt ist, folgt die große Zuwendung: *„Ich habe das Elend meines Volkes in Ägypten gesehen und ihre laute Klage über ihre Antreiber habe ich gehört. Ich kenne ihr Leid." (3,7)*

Es folgt die Zusage, das Volk in das schöne weite Land zu führen, in dem Milch und Honig fließen. Und es folgt der Auftrag an Mose, zum Pharao zu gehen und das Volk aus Ägypten herauszuführen. Das alles geht der Namensoffenbarung voraus und gibt schon reichlich Auskunft darüber, wer JHWH ist. Er ist barmherzig und mitfühlend. Er befreit sein Volk aus der Knechtschaft. Er ist der Gott der Väter, mit denen er einen Bund geschlossen hatte. Zu deren Nachkommen darf sich auch unser impliziter Leser zählen. Er gehört zum Bundesvolk. Es ist also nicht nur die Grammatik von JHWH, die dem „Namen" die Dimension der Vergangenheit erschließt, sondern, sehr konkret, seine Geschichte. Sie und die Zukunftsperspektive, die er eröffnet, gibt am besten Auskunft darüber, wer er ist.

Aber das reicht Mose offenbar nicht. Er will doch noch einen Namen wissen. Die Frage nach dem Namen ist biblisch ein Zugriff auf die Identität. Wer den Namen besitzt, hat eine Art von Gewalt über den Namensträger, er steht über ihm, so wie Adam über die Tiere gestellt wird, denen er Namen geben darf (Gen 2,19f). Daher wird Jakob, der in dem gespenstischen Ringen am Jabbok es nicht schafft, sich seines Gegenübers zu bemächtigen, die Frage nach dem Namen ausdrücklich verwiesen: *„Was fragst du mich nach meinem Namen!"*

Gott verweigert dem Jakob seinen Namen, nachdem er selbst ihm vorher den neuen Namen „Israel", „Gotteskämpfer" verliehen hatte. Mit diesem kann er ihn dann auch segnen. *„Dann segnete er ihn dort."* (Gen 32,30)

Damit ist die Rangordnung geklärt. Im Segen und im Fluch wird die besitzergreifende Namensmagie deutlich sichtbar. Im Namen löst sich ein sprachliches Gebilde, das ihn repräsentiert, vom Namensträger ab. In dieser Objektivation der gesprochenen Sprache ist die Namensgebung mit der Objektivation von Sprache in der Schrift vergleichbar. Der Name ist ein Objekt geworden, mit dem man etwas machen kann, segnen oder verfluchen. Jakob, der sich den Segen seines Vaters Isaak erschlichen hatte, behält ihn, auch nachdem der Schwindel aufgekommen ist. Der segnende Vater hatte etwas hergegeben. Das kann er nicht mehr ungeschehen machen. Der Name kann auch die Stelle seines Trägers vertreten. Wenn der Chef verhindert ist, darf sein Beauftragter „in seinem Namen" auch in säkularem Rahmen das Grußwort sprechen. Der Name macht den Abwesenden anwesend.

Da versteht es sich von selbst, dass dem heiligsten aller Namen besonderer Respekt gebührt. Das zweite (Dtn) bzw. dritte (Ex) Gebot des Dekalogs, wir hatten es schon erwähnt, schärft diese Sprechpraxis von „JHWH" mit Nachdruck ein: *„Du sollst den Namen JHWHs, deines Gottes, nicht missbrauchen."* (Dtn 5,11)

Auch das gehört zur Semantik von JHWH. Auf diesem Hintergrund erklärt sich die Vorsicht Mose. Er scheint ein Gespür dafür zu haben, dass es sich nicht gehört, direkt nach dem Namen zu fragen. Deshalb will er seinen Wissensdurst auf einem eleganten Umweg befriedigen. Nicht er selbst fragt, sondern er legt die Frage den Israeliten in den zukünftigen Mund. So formuliert er: *„Gut, ich werde also zu den Israeliten kommen und ihnen sagen: Der Gott eurer Väter hat mich zu euch gesandt. Da werden sie mich fragen: Wie heißt er? Was soll ich ihnen darauf sagen? Da antwortete Gott dem Mose: Ich bin der ‚Ich bin': Und er fuhr fort: So sollst du zu den Israeliten sagen: Der ‚Ich bin' hat mich zu euch gesandt."* (Ex 3,13f)

Man kann auch Moses „hintenherum" gestellte Frage so paraphrasieren: Da es ja so viele Götter gibt, sage mir doch deinen Namen, damit ich weiß, mit wem ich es zu tun habe. Dann wäre die Frage noch henotheistisch, JHWH wäre zwar der herausragende zukünftige Bundesgenosse, aber doch einer von vielen. Die Antwort aber entspricht dem reinsten Monotheismus.

Die formale Einzigkeit des Tetragramms, der die inhaltliche Einzigkeit des Schöpfers entspricht, könnte Mose im Nachhinein darüber belehren, dass die von ihm vorgeschobene Frage der Israeliten eigentlich unsinnig war.

Im Griechischen gibt es, so wie auch die moderne symbolische Logik zwei Zeichen benötigt, zwei verschiedene Begriffe für die Eins. Hen bedeutet „Eins von vielen", Monos „Eins und nur Eins". So sprechen manche Exegeten von Henotheismus, wenn sie die Phase ansprechen, in der JHWH zwar der bevorzugte Bundesgott Israels ist, aber die Existenz anderer Götter noch unterstellt wird. Für dieselbe Phase ist auch von „Monolatrie" die Rede. Nur der Eine wird verehrt, ohne dass die Existenz der anderen bestritten wird.

Zu den vielen monolatrischen Spuren, die sich im AT finden, zählt also auch die umwegige Frage des Mose nach dem Namen. Wenn schon klar ist, dass es nur einen Gott gibt, hätte sie sich erübrigt. Ein Name wird nur benötigt, wenn es mehrere Alternativen gibt. Die andern Götter haben denn auch alle normale Namen wie Baal oder Aschera. JHWH ist aber nicht normal. Einen normalen Namen bekommt Mose auch nicht zu hören. Einige Exegeten deuten die Antwort Gottes auf die Bitte um den Namen als Vorenthaltung. Jürgen Ebach[5] denkt sogar an eine Abweisung der Frage. *„Du fragst nach meinem Namen? Ich bin, der ich bin – ich heiße wie ich heiße!"* Ähnlich Ludwig Köhler[6]: *„Ich bin der ich bin" ist eine Aussage, welche die Auskunft verweigert."*

Für diesen Aspekt spricht auch die innere Logik der Szene. Die Tatsache, dass jemand mit ihm spricht, macht Mose trivialerweise klar, dass auch jemand da ist. Wenn der von sich nun mitteilt, er sei da, ist das eine sprachpragmatische Tautologie. Mose erfährt eigentlich nichts, was er nicht schon wüsste. Erst mit der zusätzlichen Proklamation, dass *„Ich bin da"* ein Name sein soll, bekommt die Mitteilung einen Sinn, der alles ändert. Aber wie kann das sein, dass JHWH, der doch einen so eindeutig monotheistischen Namen hat, zusammen mit anderen Gottheiten verehrt wird? Diese Frage wird uns noch beschäftigen.

Wenn wir an den Medienwechsel vom Kultbild zu Kultschrift denken, dann wird auch unter diesem Aspekt die Bedeutung der Namensproklamation noch einmal deutlich. Da wird aus einer als Wunder- und Offenbarungserzählung vorgetragenen Geschichte ein Ausdruck metasprachlich herausgestellt. Gott spricht noch einmal über das, was er gerade dem Mose geantwortet hat und qualifiziert diese Antwort als Namen. Das ist mehr als die situativ erbetene Information, die Mose zu seiner Legitimation bei den Israeliten zu benötigen glaubte. Der „Name" wird festgehalten und für alle Zeiten installiert: *„Das ist mein Name für immer. So wird man mich nennen in allen Generationen." (Ex 3,15)*

Diese Proklamation macht den Namen zu einem bleibenden Objekt. Noch hat der göttliche Finger nicht Schrift geschrieben, aber in vergleichbarer Qualität hat die Stimme aus dem Dornbusch etwas in die Welt gesetzt.

So ist der „Name" die Objektivation des Heiligsten. Durch diesen Akt ist er dazu befähigt worden, zu einem Kultobjekt zu werden, zum Allerheiligsten unseres impliziten Lesers. Das Tetragramm, die vier Buchstaben.

Nur ein bleibendes Objekt kann in der Konkurrenz der Medien das Kultbild ersetzen. Das leistet, so meine These, erst einmal die Schrift. Sie ist, so hatten wir gesehen, das Medium der Differenz, das durch die Simultaneität von Präsenz und Entzug gekennzeichnet ist. Das mag uns, die wir tief von Schriftlichkeit imprägniert sind, trivial erscheinen. Im heißen Kern seines Allerheiligsten, dem Tetragramm, ist die Gleichzeitigkeit von Präsenz und Entzug manifest. Das ist alles andere als trivial. Der „Name" wird dann auch geschrieben, in der hebräischen Bibel 6828 mal. Diese ist, man kann es nicht oft genug betonen, kein Lesebuch, sondern in den meisten Passagen eine Rezitationsvorlage. Durch lautes Lesen, das sich nicht wie normales Sprechen anhört, sondern eher wie ein Singsang, wird seine Heiligkeit hörbar gemacht. Diese Alteritätsmarkierung wird beim „Namen" noch einmal gesteigert. Ein frommer Jude spricht ihn bis heute grundsätzlich überhaupt nicht aus. Das Allerheiligste nimmt er aus Ehrfurcht nicht in den Mund. Wer die besondere Eigenart des Tetragramms verstanden hat, kann in dieser Praxis einen höchst angemessenen, tiefen Sinn erkennen: Präsenz und Entzug, beide Aspekte des Allerheiligsten kommen performativ zum Ausdruck: In den Buchstaben ist er präsent, in der substituierten Auslassung bleibt er der Verborgene. Wo JHWH im Text einer Rezitation erscheint, wird er beim lauten Lesen, meist durch „Adonai", „mein Herr" oder „HaSchem", „der Name" ersetzt. In Bubers Sammlung chassidischer Erzählungen spricht der Baalschem: *„Denn das ist der Dienst des Menschen in der Welt bis zur Todesstunde, Mal um Mal mit dem Fremden zu ringen und es Mal um Mal einzuheben in die Eigenheit des göttlichen Namens"*[7].[8]

Anmerkungen

1 Erst die Masoreten (Punktierer) ergänzten den rein konsonantischen hebräischen Text um 700 bis 1000 n. Chr. durch Punkte, welche die Vokale angaben. Aus fremdsprachigen Umschriften etwa aus dem Griechischen lässt sich allerdings die Aussprache in etwa rekonstruieren.

2 Über das Abgrenzungsbedürfnis besonders der reformatorischen Theologie gegenüber der griechischen Philosophie wäre noch zu reden.

3 Im Althebräischen wird mit „Imperfekt" nicht, wie etwa im Lateinischen, ein Tempus bezeichnet, sondern eine unabgeschlossene Handlung, die sich im Fluss befindet. Die Anwendung der für das Lateinische gebräuchlichen grammatischen Bezeichnungen auf das Althebräische ist nicht unproblematisch.

4 Dietrich Bonhoeffer, *Widerstand und Ergebung*, Werke (DBW) 8, München u. a. 1998, S. 514f.

5 Jürgen Ebach, *Gottes Name(n) oder: Wie die Bibel von Gott spricht*, in: Bibel und Kirche 65 (2010), S. 62–67.

6 Ludwig Köhler, *Alttestamentliche Theologie*, in: Theologische Rundschau (8) 1936, S. 61.

7 Martin Buber, *Die Erzählungen der Chassidim*, Zürich 1949, S. 151.

8 Als die Masoreten gegen Ende des ersten Jahrtausends n. Chr. die reine Konsonantenschrift des Tanach, den die Christen als ihr Altes Testament bezeichnen, mit einer Punktierung versahen, welche die Vokale angibt, schrieb man die Vokale von „Adonai" über JHWH. Das führte später zur Lesart „Jehova", die von der frühen Neuzeit bis ins 19. Jahrhundert üblich war, die „Zeugen Jehovas" halten bis heute an der eher kuriosen und eigentlich falschen Fassung fest.

Zweite Abteilung:

Geschichte und Motive

Kapitel VI:
Die Geschichte der Erzählung

Die Autoren der Texte, die die Einzigkeit JHWHs herausstellen und durchsetzen wollen, haben die Mitteilung des „Namens" nicht zufällig als ein singuläres Offenbarungsereignis erzählt, als Wundergeschichte, in einem alteritären Wirklichkeitsrahmen und als Selbstmitteilung Gottes. Das war angemessen. Weniger durfte nicht sein. Erst mit dieser Offenbarung, so könnte man denken, wäre „JHWH", der so ganz Andere in die Welt gekommen. Vom Ende her betrachtet, ist das auch so! Seine sprachlogische Singularität wäre ohne die Ausrufung des Tetragramms als „Namen" nicht zustande gekommen. Dazu passt der Namenskult, der nicht erst nach dem Durchbruch des Monotheismus im Exil mit diesem Tetragramm getrieben wird. Es ist der Kult für ein medientheoretisch hochinteressantes Gebilde. Es ist der „Name", dem Salomon einen Tempel baut.[1] *„Geheiligt werde dein Name"* so wird Jesus beten lehren. Der Tempel ist zerstört, der „Name" aber wird uns erhalten bleiben.[2]

JHWH oder Jahwe?

Hier ist mit einem vielstimmigen und auch erst einmal berechtigten Protest von Alttestamentlern und Archäologen zu rechnen, die auf immer mehr Spuren eines gewissen Jahwe gestoßen sind, der noch keineswegs als der Einzige und Schöpfer der Welt, sondern in zahlreicher Gesellschaft anderer Götter unterwegs war. Wann fing er an, sich über das Pantheon der anderen Gottheiten zu erheben, und wo beginnt sein Sonderweg, der mit der Nichtigkeit der anderen Götter und seiner Einzigkeit endete? Skarabäen und Rollsiegel zeigen ihn anfangs mit dem Sonnensymbol und in Gesellschaft der Göttin Aschera. Womöglich war er ein Sturm- und Wettergott? Erst nach und nach ist er der geworden, als der er im kanonischen Pentateuch vorgestellt wird.

Bevor der „Name" seine singuläre Spur ziehen konnte, hatte Jahwe also eine längere Vorgeschichte. Die Forschung wird hier vielstimmig und wird von jeder Ausgrabung, die neue Skarabäen, Rollsiegel, Münzen und Scherben zutage fördert, neu belebt.[3]

Um sie richtig deuten zu können, müssen wir noch einmal an unsere Abkoppelung der biblischen Erzählung von der Realgeschichte erinnern. Der Begriff „Narrativ" mag modisch sein, insofern er die „großen Erzählungen", natürlich auch die kleinen, von den Begründungspflichten entlastet, die jede Realgeschichte nun einmal hat. Aber er verschafft den Zutritt in den Kraftraum der Hermeneutik. Wer an den impliziten Leser denkt, also die Frage immer mitlaufen lässt: An wen haben die Autoren der Texte gedacht, als sie sie verfassten? An wen der jeweilige Endredaktor? Und wer die Bedeutung des Handlungs- und Faktensprechens erkannt hat, also weiß, dass es Gründe geben kann, eine Geschichte nicht deshalb zu erzählen, weil die Begebenheiten so und nicht anders stattgefunden haben, sondern weil mit der Erzählung etwas klar gemacht werden soll, das anders nicht vermittelt werden kann, so jemand könnte auf die Idee kommen, sich dann gleich ganz von der Realgeschichte zu verabschieden, auf die es hier offenbar auch gar nicht ankomme.[4]

Die Welt als Buch – Heilsgeschichte und Historie

Das geht aus mehreren Gründen nicht. Erstens gilt diese Lizenz – nennen wir sie einmal den Alteritätsvorbehalt – in erster Linie für die Darstellung des ontologischen Sonderfalls, als welchen wir den Gott ausgemacht haben, der als Schöpfer seiner Welt wie ein Vorzeichen und Partner gegenübersteht, und zweitens ist die alteritäre Gottesrede in der Regel eingelassen in Texte, die durchaus auch historiographische Interessen verfolgen, wie die als „Geschichtswerk" bezeichneten Teile des Buches Deuteronomium mit den Büchern Josua und Richter, den beiden Samuel-Büchern, den Büchern der Könige, den Chroniken. Dies gilt aber auch für einige andere Texte, wie etwa die Bücher Esra und Nehemia. Prophetische Texte machen gar aus den geschichtlichen Ereignissen eine Art göttliches Handlungssprechen und geben somit den realen Ereignissen die Qualität eines „Textes" im erweiterten Sinn, den es auf seine heilsgeschichtlichen Bedeutungen hin zu entziffern und zu entschlüsseln gilt: *„Was wollte uns Gott damit sagen, dass er...?"* Hier ist das vorweggenommen, was Hans Blumenberg als die „Lesbarkeit der Welt" problematisiert.[5] In einer Welt, die das „Buch" Gottes ist, wird jedes Ereignis zum Zeichen, das übersetzt und gedeutet werden will.

Unglück und Niederlagen sind aus dieser Übersetzerperspektive niemals bloß Pech und Panne sondern, je nachdem, ein göttliches Strafgericht oder ein Gnadenakt. Hinter dem Edikt des Großkönigs Kyros, das den Verbannten die Rückkehr und den Wiederaufbau des Tempels ermöglicht, steht die Huld und Fügung Gottes. Im Prinzip kann jedes Ereignis so zum Gottesmedium werden. Die Welt und alles, was in ihr geschieht, ist eine Textanalogie, das wahre „Buch" Gottes, des Herrn der Geschichte. So ist die biblisch-prophetisch erzählte Realgeschichte auch dort, wo sie die Farbe von Annalen und Chroniken annimmt, immer erkennbar überformt von ihrer heilsgeschichtlichen Interpretation.

Für den heutigen Religionshistoriker, der zwischen Sagen und Legenden und dem überprüfbaren Geschehen unterscheiden muss, werden daher außerbiblische Quellen und archäologisch gewonnene Indizien wichtig. Sie geben Hinweise auf die Historizität dessen, was die Bibel erzählt. Wer allerdings die biblischen Texte nur als mehr oder weniger zuverlässige Quellen für die entmythologisierte Historie sieht, oder in ihren philosophisch-theologischen Zielen nur das Epiphänomen politischer Verhältnisse erkennt, verfehlt die Frequenz der biblischen Autoren. Historiker und Theologen leben in derselben Welt.

Die Trennung des faktischen Geschichtsverlaufs von der Heilsgeschichte ist übrigens recht jung.[6] Erst die neuzeitlichen Alttestamentler, Religionsgeschichtler und Archäologen versuchen, ihn aus dem komplexen Textkonvolut der Bibel, aus anderen zeitgenössischen Textquellen und aus dem, was eine rege Ausgrabungstätigkeit zutage fördert, herauszufiltern.[7]

Ein gutes Beispiel für die Amalgamierung von politischer Realgeschichte und Religion bietet der Fall Jerusalems anno 587 v. Chr. Er war nicht nur eine politische und militärische Katastrophe. Für alle, die von bundestheologischen Vorstellungen und Hoffnungen geprägt waren, musste sich die Niederlage Judas anfühlen wie das Ende der Heilsgeschichte. Was für eine Anfechtung! Wo war der himmlische Bundesgenosse geblieben? Er war dem Babylonier nicht in den Arm gefallen.

Waren am Ende die Götter der babylonischen Sieger Assur und Marduk stärker? Wer war schuld an der Niederlage? Wer hatte den Bund gebrochen? Auf dieses beachtliche Erklärungspensum gab es Antworten, und die Propheten Jeremia, Jesaja aber auch Ezechiel erheben ihre Stimmen...

Ein solcher Versuch, die Mentalitäten der Akteure zu rekonstruieren, zeigt, wie theologische Fragen und Probleme wiederum zu geschichtswirksamen Fakten werden.

An den Flüssen von Babylon

Die politischen Ereignisse des siebten und sechsten Jahrhunderts v. Chr. schafften mit dem Babylonischen Exil (587–539) eine Art Laborsituation. Sie schnitten die deportierte judäische Oberschicht von den altkanaanäischen Kulttraditionen der Heimat ab und gaben ihr gleichzeitig einen Anschauungsunterricht in der babylonischen Kunst, Götter „von Menschenhand" zu machen. Davon konnten sie sich aufklärerisch abstoßen. Gleichzeitig musste man mit einem Schicksal fertig werden, das geeignet war, den Glauben an Gott als den großen Bundesgenossen tief zu erschüttern. Wenden wir uns also dem sechsten Jahrhundert v. Chr. genauer zu. Hier beginnt eine entscheidende Phase in der Entstehungsgeschichte des Monotheismus.

Das Babylonische Exil begann nicht erst 587/6 mit Nebukadnezzars Eroberung Jerusalems. Jojachin, der König der Stadt und des Südreichs Juda, hatte sich schon einmal, im Jahr 597, den Babyloniern geschlagen geben müssen und war mit 3023 Personen nach Mesopotamien deportiert worden: Diese „erste Wegführung" folgte einem erprobten Muster. Man deportierte die Oberschicht und ersetzte sie durch eine botmäßige Verwaltung. Eine solche Rochade war die übliche Praxis, mit der das große babylonische Reich seine Provinzen zu stabilisieren pflegte. In Jerusalem war danach der Vasallenkönig Mattanja, der sich später Zidkija nannte, eingesetzt worden. Der Prophet Jeremia rät zur Unterwerfung: *„Beugt euren Nacken unter das Joch des Königs von Babel und seid ihm und seinem Volk untertan, dann bleibt ihr am Leben." (Jer 27,12)*

Zidkija aber folgt dem Prophetenwort nicht und kündigt das Vasallenverhältnis auf. Daraufhin kommt es zur endgültigen Katastrophe. Bei der zweiten Eroberung Jerusalems ging Nebukadnezzar, der neue

Herrscher Babylons, gründlicher vor. Der Staat Juda ging unter und der Tempel wurde zerstört. Das Buch Jeremia berichtet ausführlich über diese Eroberung. Am Ende wird auch aufgeführt, welche Personengruppen deportiert wurden, Handwerker, auch Überläufer. *„…im Ganzen waren es 4600 Personen"* (Jer 52,30). *„Nur von den armen Leuten im Land ließ Nebusardan, der Kommandant der Leibwache, einen Teil als Wein- und Ackerbauern zurück."* (Jer 52,16)

Für die Einfärbung der späteren Texte sollte es sich als bedeutsam erweisen, dass ein Rest der Bevölkerung zurückblieb. Es versteht sich von selbst, dass dieser Teil des Volkes die Entwicklung, zu der es dann unter den Deportierten kam, nicht mitmachte. Der Tempel Salomos war zwar zerstört, der Opferkult kam aber nicht völlig zum Erliegen.[8] Die Zurückgebliebenen kommen nämlich infrage, wenn man nach dem impliziten Leser und Adressaten der Texte fragt, die im Exil und danach entstanden. Diesen Daheimgebliebenen, vielleicht auch den versprengten Resten Israels aus dem Nordreich und denen, die nach Ägypten geflohen waren, mussten die Erkenntnisse des exklusiven, voll entwickelten Monotheismus, die unter den besonderen Bedingungen des Exils gewonnen worden waren, nach der Rückkehr ebenso vermittelt werden wie den womöglich Wankelmütigen unter den eigenen Schicksalsgenossen.

Der umgesiedelten Elite geht es nicht unbedingt schlecht. Es finden sich auch Spuren gelungener Integration. Am babylonischen Hof und beim Militär tauchen jüdische Namen auf. Einzelne Juden machen Karriere, überliefert sind die Namen von Hananja, Mischael und Asarja (Dan 1,6). Daniel ist das prominenteste Beispiel. An ihm zeigt sich exemplarisch, wie gerade in der Konfrontation mit der polytheistischen Mehrheitskultur und unter Assimilationsdruck sich die eigene Identität schärfen kann, gleichzeitig dokumentiert sich die Fokussierung auf die Bilderfrage. *„Ich verehre keine Standbilder, die von Menschen gemacht worden sind, sondern nur den lebendigen Gott, der den Himmel und die Erde geschaffen hat und die Herrschaft besitzt über alles, was lebt."* (Dan 14,5)[9]

Ob das ein wörtliches Zitat des historischen Daniel ist, daran sind natürlich Zweifel erlaubt, eher spricht hier der Daniel, wie er nach dem Exil im Resonanzraum der Erinnerung fortlebte. Aber knapper kann der Kern der biblischen Aufklärung kaum ausgedrückt werden. Götter werden als selbstgemacht, *„von Menschen gemacht"* durchschaut, und im einen und einzigen Gott, der das Ganze, *„Himmel und Erde"* erschaffen hat, wird das große Gegenüber angesprochen. Damit ist schon die Instanz der Differenz im Blick, die es bis heute erlaubt, alles Geschaffene *„… im Licht der Erlösung"* (Adorno) zu sehen.

Drei Faktoren machen das Exil zu einem theologischen Labor. Sie hängen miteinander zusammen. Der erste ist der kritische und aufklärerische Blick auf den Bilderkult der Babylonier. Er war bei den judäischen Intellektuellen, besonders den Propheten, durch die Kult- und Kulturkämpfe geschärft worden, die in Jerusalem noch nicht lange zurücklagen. Ein anderer ist der Wille der Umgesiedelten, den JHWH-Glauben als die entscheidende Kohäsionsenergie ihrer Identität zu bewahren, ihn womöglich zu schärfen und auf das Wesentliche zu konzentrieren. Dieser Glaube an den Gott der Vorenthaltung bezieht seine Energie daraus, dass die Deportation selbst schon wie eine performative Vorenthaltung erlebt und interpretiert werden kann. Die Kraft der Entbehrung artikuliert sich in vehementen Klagen. Das Buch der „Klagelieder" ist dafür ein poetisch eindrucksvolles Dokument, hier wird der Psalm 48, das sogenannte Zionslied zitiert. Der Verlust der Heimat war auch ein religiöser Verlust. Er wurde gewiss schmerzlich erlebt. Jerusalem mit dem einzigen Tempel für den „Namen" JHWHs bleibt der Sehnsuchtsort. Man sitzt an den Flüssen Babylons und weint. Der dritte Faktor ist der Kollateralnutzen der Entwurzelung. Denn die Verschleppung sollte sich als ein außerordentlich wirksamer Vorteil erweisen, vielleicht musste sie stattfinden, damit der Durchbruch zum Monotheismus gelingen konnte. Das kann freilich erst der nachträgliche Beobachter erkennen. Die Entwurzelung gab nämlich der Befreiung vom Ballast altkanaanäischer Kulttraditionen, die in Jerusalem schon mehrfach versucht worden, aber nie nachhaltig gelungen war, den entscheidenden kräftigen Schub.

Noch einmal Staal

Frits Staals These von der Persistenz der Kulte wird durch die Art, wie die Deportierten auf die Ausnahmesituation reagierten, modifiziert, aber im Kern bestätigt. Sein systematischer Punkt war ja die Trennung von Doktrin und Kult. Man kann seine These dann auch so fassen: Wenn es zu einer primär intellektuellen und doktrinalen religiösen Innovation kommen soll, muss erst einmal die Persistenz der alten Kulte unterbrochen werden, die sich sonst immer wieder durchsetzen würden. Genau dies war nun eingetreten. Ohne die politische Niederlage, welche die aus Jerusalem Verschleppten von diesen Traditionen abschnitt, hätten die eingewurzelten alten Götterkulte, die sich seit Salomo um Tempel und Königtum festgesetzt hatten, ihre Attraktion behalten. Staals These bestätigt sich hier gleichsam andersherum. Sonst besagte sie, dass der Kult sich durchhält, während die doktrinalen Inhalte der Religion ausgetauscht werden. Nun wurden die Judäer durch die gewaltsame Deportation vom kultischen Ballast des alten Kanaan befreit und konnten ihn in Babylon durch einen neuen Schriftkult ersetzten: Die Schrift wurde zum Kultobjekt. Sie war das passende Substitutionsmedium für JHWH, den abwesend Anwesenden.

An dieser Stelle werden aber auch die Grenzen der Staalschen These sichtbar. Die Trennung von Kult und Doktrin darf man nicht übertreiben. Religion artikuliert sich nun einmal sowohl verbal wie auch nonverbal. Im Handlungssprechen, das für die Bibel so wichtig ist, treffen wir auf die Schnittmenge von verbalen und nonverbalen Formen der Kommunikation. Das betrifft auch Praktiken wie das Mundwaschungsritual, mit dem die babylonischen Priester die Götterbilder spirituell aufluden, genauso wie auch das Ableugnungsritual der Handwerker / Künstler, welche die Figuren hergestellt hatten. Das waren Interventionen, bei denen gewiss auch Worte fielen, das aber dürften eher liturgische Formeln gewesen sein und kaum diskursive Vorträge.[10] Zum Gesamtbild einer religiösen Kommunikation gehört auch die Arbeit im Grenzgebiet von Bild und Sprache. Das Anfertigen von Gottesbildern und ihre Aufladung gewinnt in dem Moment die Qualität eines doktrinalen Glaubenssatzes, in dem es mit der verbal vorgetragenen Vorstellung gekoppelt wird, das Bildnis sei von einer Gottheit beseelt.

Solche Praktiken konnten die aus Jerusalem Verschleppten nun in Babylon beobachten. Und solchen Machenschaften fühlten sich die Intellektuellen aus Judäa mit JHWH im Rücken überlegen. Gerade weil die babylonischen Priester die Genese der Bilder vergessen machen und auslöschen wollten, schildert sie (Deutero)Jesaja haarklein und in immer neuen, ja redundanten Varianten. *„Götter von Menschenhand"* – so lautet die Disqualifikationsformel.

Ein langer Kampf

Man könnte den langen Kampf von dem das deuteronomistische Geschichtswerk erzählt, einen Kulturkampf nennen, besser noch einen Kultkampf im buchstäblichen Sinn. Die archaische Religion gewann ihre Prägekraft, weil sie zäh mit vielen Kulten und Riten vor allem mit der Wechselwirtschaft von Tausch und Opfer, aber auch mit religiösen Sitten und Gebräuchen im Haus, im Alltag und im Festkalender fermentiert war. Sich davon freizumachen, das war für die aufklärerischen Monotheisten ein Kraftakt sondergleichen. Erst in Babylon konnte die Jahwe-Allein-Bewegung sich durchsetzen.

Wie sah die Szene aus, welche die Deportierten nun hinter sich gelassen hatten? Die Bücher der Könige dokumentieren ebenso wie die wortgleichen Passagen bei Jesaja das ständige Hin und Her und die Kämpfe zwischen denen, die JHWH allein verehren wollten, und denen, die an den altkanaanäischen polytheistischen Kulttraditionen festhielten. Es sind, wie so oft aber keineswegs nur theologische Motive, von denen die Akteure angetrieben werden.

Jerobeam I. (ca. 931–910 v. Chr.) hatte „das Haus Israel" von Jerusalem und dem „Haus David" nicht primär aus religiösen Gründen abgespalten und in Samarien sein eigenes Nordreich gegründet (1 Kön 12). Er sieht die Religion primär als Machtfaktor und benutzt sie wie ein Instrument. Die Instrumentalisierung der Religion für die Zwecke des Machterhalts ist der Klassiker in der Geschichte des Verhältnisses von Politik und Religion. Mit der Errichtung der Heiligtümer in Bet El und Dan wollte er mit dem Tempel Salomos in Jerusalem konkurrieren und die Wallfahrt dorthin unterbinden. *„Jerobeam dachte bei sich: Das Königtum könnte wieder an das Haus David fallen. Wenn dieses Volk hinausgeht, um im Haus des Herrn in Jerusalem Opfer darzubringen, wird sich sein Herz wieder seinem Herrn, dem König Rehabeam von Juda zuwenden."* (1 Kön 12,26f) *„Auch errichtete er Kulthöhen und setzte Priester ein, die aus allen Teilen des Volkes stammten und nicht zu den Söhnen Levis gehörten.* (Wie es eigentlich vorgeschrieben war, E.N.) *Für den fünfzehnten Tag des achten Monats stiftete Jerobeam ein Fest, das dem Fest in Juda entsprach."* (1 Kön 12,31f)[11]

Dass seine Religionspolitik von machtpolitischen Motiven angetrieben war, erkennt man auch daran, dass er sich auf die Stabilisatoren der

Religion konzentrierte: Kultbilder, Heiligtümer, Altäre und Feste. Frits Staal lässt grüßen.

Gleichzeitig aber hatte sich vor allem in Jerusalem, aber auch bei Ezechiel, der im Nordreich wirkte, eine prophetische, kultkritisch reflexive und intellektuell befeuerte Theologie entwickelt, die mit einem JHWH, der so ganz anders war als die anderen Götter, die Perspektive auf ein neues, tendenziell nicht-funktionalistisches und schließlich monotheistisches Gotteskonzept eröffnete. In den religionsgeschichtlichen Diskursen hat man dafür eine eigene Zwischenstufe eingerichtet, die den voll entwickelten exklusiven Monotheismus vorbereitet haben soll. Eine solche Phase der „Monolatrie", die nur den einen Jahwe verehrt, die Existenz anderer Götter aber nicht leugnet, wäre immerhin ein erster Schritt gewesen. Ihn aus dem Pantheon der herkömmlichen Götter herauszuheben, bedeutete aber offenbar noch nicht automatisch das Ende aller Kulte für seine Konkurrenten. Das ist auch der Befund der Archäologie. Soll man also unter dem Begriff der Monolatrie eine theologische Kompromissposition verstehen? Irgendetwas zwischen Poly- und Monotheismus? Vielleicht eine gleitende Überführung von einem Denkmodell ins andere? Ich werde unten einen anderen Vorschlag machen.

Die Platzierung der JHWH-Offenbarung der Schrift und die Proklamation seiner Einzigkeit im Dekalog ist von den exilischen und nachexilischen Autoren mit der großen Erzählung der Rettung am Schilfmeer und den anderen Ereignissen des Exodus mit seinen dramatischen Intermezzi und starken Bildern in eine so plausible Verbindung gebracht worden, dass dieser Zusammenhang sich in der ganzen Breite des Narrativs durchgesetzt hat. Aber die Wege der Tradierung sind nicht linear. Dass die Jahwe-Allein-Bewegung und überhaupt der Prozess der Herauslösung JHWHs aus den Kulten der Gewohnheit sich allein aus dem Exodus-Narrativ speisen konnte, ist keineswegs zwingend, denn wie wir sehen werden, ist die Erinnerung an den Auszug aus Ägypten auch in einer nicht-monotheistischen Variante tradiert worden.

Goldene Kälber im Exodus

Jerobeam hatte nämlich den Bundesgenossen vom Schilfmeer durch die Anfertigung seiner goldenen Kälber interpretiert. Das Kultbild aber ist in den Augen der exilischen und nachexilischen Erzähler das klassische Medium der traditionellen polytheistischen Religiosität. Durch seinen Satz: *„Hier ist dein Gott (Elohim) Israel, die dich aus Ägypten heraufgeführt haben"*[12] (1 Kön 12,28) macht das Buch der Könige Jerobeam zum Zeugen dafür, dass sich die Exodus-Erzählung auch polytheistisch oder zumindest monolatrisch, also eigentlich nicht-monotheistisch interpretieren ließ. „Elohim" ist ein Plural und könnte auch mit „Götter" übersetzt werden. Der Satz ist uns ja schon einmal begegnet. Es ist kein Zufall, dass er im Mediendrama vom Sinai, das in das Exodus-Narrativ seinen ausgereiften und kämpferischen Monotheismus einträgt, wortgleich vom Volk über Aarons Kalb gesprochen wird.

Ein bezeichnendes, eher kurioses Detail hatten wir schon erwähnt und kann hier noch einmal aufgegriffen werden. Zwei Kälber für eine Gottheit zwischen Singular und Plural?[13] Jerobeam könnte nicht so sprechen, wenn er die Identität von Gottesbild und Gott behaupten wollte. Bei dieser Identität handelt es sich genau um die Dummheit, welche etwa (Deutero)Jesaja den Götzenbildnern polemisch unterstellt. Wenn jedes der beiden Kälber den einen Befreier aus dem Sklavenhaus Ägypten präsent machen sollte, konnte keines von beiden den Anspruch auf eine exklusive Identität des Bildes mit dem, was es darstellen sollte, machen. Sollte Jerobeam ein Differenzbewusstsein gehabt haben? Er wäre dann von dem klassischen Vorwurf an die Bildermacher entlastet, er verwechsele den Gott mit seinem Abbild. Das stützt unsere Vermutung, dass die Götzenbildner keineswegs so dumm waren, wie sie die prophetische Polemik hinstellt.[14]

Das erzählte Exodus-Drama um das goldene Kalb ist nun ungleich spektakulärer und hat eine gewaltige Wirkungsgeschichte, aber redaktionsgeschichtlich ist es sekundär. Dafür sprach schon seine literarische Dramaturgie. Da hatte Aaron nur *ein* Kalb hergestellt, aber das Volk hatte darüber den Satz gesprochen, den wir hier bei Jerobeam wiederfinden: *„Das sind deine Götter (Elohim), Israel, die dich aus Ägypten heraufgeführt haben."(Ex 32,4)*

Auffallend ist, dass die Sätze gleich lauten. Sie beziehen sich ja auch auf die gleiche Art Kultbild. Da das kaum ein Zufall sein kann, stützt diese Übereinstimmung die These, dass hinter dem Mediendrama vom Sinai Jerobeams goldene Kälber durchschimmern, der in den beiden Büchern der Könige aus der Sicht des Südreichs als Erz-Götzendiener und Begründer all dessen dargestellt wird, *„was dem Herrn missfällt"*. Das ist keine ganz neue Erkenntnis.[15] Viel spricht für die Vermutung, dass jener Satz, mit dem das Stierbild spirituell aufgeladen wird, eine Parallele zu den Machenschaften darstellen soll, mit denen die babylonische Priesterschaft ihre Kultbilder beseelten. Es bleibt festzuhalten, dass sowohl bei Jerobeam wie auch bei Aaron für die exilischen Autoren und Redaktoren die Bilderfrage im Zentrum der Wende zum Monotheismus steht.

Die wichtigste Erkenntnis, die sich aus Jerobeams Satz gewinnen lässt, ist aber eine andere: Wenn man Jerobeam als notorischen Anhänger altkanaanäischer Kulttraditionen darstellt und ihm gleichzeitig eine polytheistisch eingefärbte Berufung auf das Exodus-Narrativ in den Mund legt, dann zeigt das, dass man die Geschichte von der Befreiung aus dem Sklavenhaus auch erzählen konnte, ohne schon lupenreiner Monotheist zu sein. Frank Crüsemann geht so weit, in der Berufung auf den Auszug aus Ägypten die „Staatsideologie" des Nordreichs zu sehen.[16] Das ist für die große Frage, ob die Bundes- und Erwählungstheologie zum Kernbestand der biblischen Aufklärung gehört, ein Aspekt, dessen Bedeutung man schwer übertreiben kann.

Als Zwischenergebnis halten wir somit fest, dass die Sage von der Befreiung aus dem Sklavenhaus Ägypten aus einer noch nicht monotheistischen Perspektive erzählt werden konnte. Es ist klar, dass diese Tatsache ein starkes Motiv dafür gewesen sein muss, diese Geschichte nun im Sinne eines exklusiven Monotheismus zu überformen und neu zu erzählen. Das Drama vom Sinai trägt deutliche Kennzeichen des erzählten Faktensprechens in erzieherischer Absicht. Das stützt die Vermutung, dass wir es nicht nur mit realgeschichtlichen Ereignissen zu tun haben.

Dreitausend Mann werden von den Leviten auf Befehl Moses erschlagen. Diese brutale Bestrafung des Rückfalls, wenn sie denn historisch stattgefunden hätte, müsste eigentlich alle folgenden Generationen vor dem eifersüchtigen und zornigen Bundesgenossen JHWH haben zittern lassen. Hat es aber, wie wir aus den Büchern der Könige, genauso wie aus dem archäologischen Befund lernen, keineswegs. Es stehen also eine monotheistische und eine noch nicht monotheistische Erzähltradition des Exodus nebeneinander – nein sie stehen nacheinander, oder noch besser: Wie bei einem Palimpsest, einem Pergament, das man abgekratzt hatte, um es ein zweites Mal zu beschreiben, kommt gelegentlich, besonders bei (Röntgen)Licht besehen, die erste ältere Version zum Vorschein. Es ist klar, dass die letzte, die zweite eindeutig monotheistische Überschreibung sich am Ende durchgesetzt hat. Diese Überformung des Narrativs lässt die Ereignisse der Befreiung aus dem Sklavenhaus und die Führer- und Prophetengestalt des Mose monotheistischer erscheinen, als sie bis Jerobeam erzählt wurden und als sie wahrscheinlich war.

Die exilische und nachexilische Redaktion der Exodus-Sagen und der Patriarchengeschichten arbeitet also mit Rückprojektionen. Sie hat mit ihren großen und immer wieder erneuerten Bundesschlüssen und Offenbarungserzählungen die Entstehungszeit des Glaubens an den Einen und Einzigen weit nach vorne verlegt. Die Exodus-Erfahrung hat sich erst nach und nach in der immer neu gefassten Erinnerung zu dem großen Gründungsereignis ausgewachsen, das die Tradition bis heute überliefert. Seitdem gilt Mose als Religionsgründer, und Jan Assmann spricht bis heute von der „mosaischen Entgegensetzung" bzw. „mosaischen Unterscheidung" als dem großen monotheistischen Schwellenereignis der Religionsgeschichte.[17] Dessen Bedeutung herauszustellen, verdient gerade unter einem Gesinnungsdruck, der im Zeitalter der Globalisierung dazu neigt, Unterschiede einzuebnen, alle Anerkennung. Aber die Mosaische Unterscheidung muss wohl ohne Mose auskommen, jedenfalls bei Historikern und Archäologen.

Unbelehrbar?

Ansonsten muss sich der vorkritische Bibelleser gefragt haben, wie es sein konnte, dass die Kinder Israels nach so eindrucksvollen Wundern, Machttaten und Offenbarungsdramen und nach so grausamen göttlichen Strafaktionen für den Abfall vom Gottesbund, offenbar ganz unbeeindruckt vom Zorn Gottes immer und immer wieder rückfällig geworden sind. War Israel unbelehrbar? Zunächst wird es die Niederlagen und Leiden des Gottesvolks ganz im Sinne der exilischen und nachexilischen Autoren als verdiente Strafe für den Götzendienst und den Abfall vom Bund nachempfunden haben. Diese exilischen Autoren werden gewiss nicht an die mehrtausendjährige Wirkungsgeschichte ihrer Texte gedacht haben. Ihre Drohkulisse war zunächst einmal für unseren impliziten Leser gedacht, der in Jerusalem zurückgeblieben und dort dem fortwirkenden Magnetismus der altkanaanäischen Kulte weiter ausgesetzt war.

Für die Deportierten kam es zunächst einmal darauf an, die entscheidende Frage zu beantworten, wie es geschehen konnte, dass auch Jerusalem und Juda trotz des Bundes mit JHWH besiegt werden konnten. Dass das Nordreich Juda schon 722, also ca. 136 Jahre vor Jerusalem untergegangen war, konnte man durchaus plausibel auf die notorische Götzendienerei der dortigen Könige von Israel zurückführen. Ihr Untergang war eine wohlverdiente Strafe. Aber auch in Juda hatte man schließlich *„die Greuel der Völker nachgeahmt"*, der Aschera und dem Baal geopfert und im Hinnon-Tal bei dem Tofet *„die Kinder durchs Feuer gehen lassen"*. Selbst Salomo der Märchenkönig, von dessen Pracht und Tempelbau das erste Buch der Könige schwärmt, war am Ende rückfällig geworden: *„Er verehrte Astarte, die Göttin der Sidonier und Milkom, den Götzen der Ammoniter. Er tat, was dem Herrn missfiel und war ihm nicht so vollkommen ergeben wie sein Vater David."* (1 Kön 11,5f)

In der Liste der Könige des Nordreichs findet sich immer wieder diese Formel: *„Er tat, was dem Herrn missfiel"*. In Juda hatte es immerhin mehrere kultkritische Anläufe gegeben. Bei König Asa (911–871) erscheint die positive Komplementärformel: *„Er tat, was dem Herrn gefiel."* Er entfernte die Hierodulen, die der Tempelprostitution nachgingen, aus dem Land und ließ das *„Schandbild der Aschera"* umhauen und im Kidrontal verbrennen. *„Nur die Kulthöhen verschwanden nicht."* Aber es bleibt dabei: Nicht nur die Könige des Nordreichs taten, was dem Herrn missfiel, auch in Juda kam es immer wieder zu Rückfällen. Besonders der König Ahas wird negativ gesehen: *„Er tat nicht, wie sein Vater David, was dem Herrn seinem Gott gefiel, sondern folgte den Wegen der Könige von Israel. Er ließ sogar seinen Sohn durchs Feuer gehen und ahmte so die Greuel der Völker nach, die der Herr vor den Israeliten vertrieben hatte. Auf den Kulthöhen und unter jedem üppigen Baum brachte er Schlacht- und Rauchopfer dar."* (2 Kön 16,2–4)

Von solchen Traditionen, die sich auch in Jerusalem am Tempel und am Königshof immer wieder gegen die prophetische JHWH-allein-Bewegung durchgehalten hatten, war nun die judäische Oberschicht zu ihrem Glück abgeschnitten und gleichzeitig konnte sie sich über die babylonische Götzenbildnerei empören. In der aufklärerischen Kritik an der babylonischen Religion schärfte sich der Blick und konzentrierte die Ablehnung auf das Medium des dreidimensionalen Götterbilds, besonders auf den Aspekt des Selbermachens *„von Menschenhand"*. Der nicht selbstgemachte Gott musste ganz anders sein. Der Blick musste sich drehen. Als Schöpfer der Welt war doch er es, der alles gemacht hatte. Unmöglich konnte er seine Existenz den gestaltenden Händen von Menschen verdanken! Wer dem Lehm oder einem anderen Werkstoff Gestalt gab, maßte sich an, das zu tun, was der Schöpfer im Paradies tat, als er den Adam aus Ackerboden formte.

Die Kritik der Exilanten am babylonischen Bilderkult erleichterte den Abschied von den Konkurrenten, gegen die sich Jahwe auch zuhause in dem monolatrischen Hin und Her der Königszeit immer wieder hatte behaupten müssen. In der Fremde konnte der Magnetismus der alten Kultorte, das Hergebrachte altkanaanäischer Bräuche, der Wallfahrten und Feste sich nicht mehr entfalten. Das alles hatte man hinter sich lassen müssen und konnte es hier, im Abstand der Fremde, leichter beiseite setzen, sich auch innerlich davon verabschieden und durch einen geklärten, konsequenten Monotheismus ersetzen.

Ob diese Faktoren, so plausibel sie auch sein mögen, ausgereicht hätten, um den entscheidenden Durchbruch zum entwickelten Monotheismus unter den deportierten Judäern zu befeuern, darüber könnte man spekulieren.

Als wichtigen Faktor hatten wir den starken Antrieb ausgemacht, die eigene Identität zu wahren und zu schärfen. Hier drängt sich die Frage auf: Warum eigentlich?

In Mesopotamien, einem bewässerten Gartenland mit ausgebildeter Staatlichkeit und urbanen Lebensformen, mit blühender Kunst und Wissenschaft, war man in einem Ambiente angekommen, das zur Assimilation geradezu einlud. In Einzelfällen wird es auch dazu gekommen sein. Der besiegte und begnadigte König Jojachin schmückte schon die Tafel des Großkönigs (2 Kön 25–28). Was also gab einem intellektuellen Kern der Heimatvertriebenen die Kraft und die Zuversicht, sich dem kulturellen Sog dieser attraktiven Zivilisation nicht zu überlassen und sich von ihm mitnehmen zu lassen, stattdessen an dem Kern der eigenen Religion nicht nur festzuhalten, sondern ihn erst so richtig freizulegen?

Ein noch genauerer vergleichender Blick auf das Nordreich Israel bringt uns einer Antwort näher. Seinen König Jerobeam I. mit seiner Fortführung alter Kulttraditionen und der Errichtung neuer Kultorte in Bet El und Dan kennen wir ja schon. Schon 733 hatte der assyrische König Tiglat Pileser III. große Teile des Gebiets von Israel erobert und tributpflichtig gemacht. Nach dessen Tod 727 stellte der israelitische König Hoschea 724 die Tributzahlungen ein. Sofort machte Salmanassar V. mobil. Er oder sein Nachfolger Sargon II. machten dann 722 dem Nordreich ein Ende.

Auch hier war die Methode angewandt worden, die Oberschicht zu deportieren und eine loyale Administration einzusetzen. Erhellend ist nun in der Tat der Vergleich zwischen Nord und Süd. Es fällt auf, dass die Verschleppten aus dem Nordreich sich völlig anders verhielten als die Exilanten Judas wenige Jahre danach. Die religiöse Ausgangssituation des Nordreichs muss sich deutlich von der des judäischen Jerusalem unterschieden haben. Götzendienst hatte es hier wie dort gegeben – im Nordreich sicher mehr als in Juda. In beiden Reichen, in Süd und Nord hatte man *„getan, was dem Herrn missfiel"*, Kultbilder und Kultpfähle aufgestellt und auf Kulthöhen Götzendienst betrieben. Aber die Verschleppten aus dem Norden legten offensichtlich keinen allzu großen Wert auf die Bewahrung ihrer religiösen Identität, und ihre Spur verliert sich im Assyrischen Reich. So stellt sich die Frage verschärft, was den Deportierten des Südreichs Juda aus Jerusalem die Kraft gab, dem attraktiven Magnetismus der zivilisatorisch überlegenen mesopotamischen Hochkultur zu widerstehen?

Joschija

Eine erste Antwort besteht in einem Namen: Joschija. Der hatte als König in Juda von ca. 639–609 regiert, und seine Kultreform war es, welche die religiösen Verhältnisse in Jerusalem und im ganzen Südreich 22 Jahre vor dessen Untergang in eine Richtung gelenkt hatte, welche die Exilanten noch in frischer Erinnerung haben mussten. In Babylon brauchten sie diese Impulse nur zu verstärken. Für unsere zentrale These, dass die Entstehung des Monotheismus mit einem Wechsel der Gottesmedien vom Kultbild zur Kultschrift zu tun hat, spielen die Perikopen eine entscheidende Rolle, in denen die Konkurrenz der beiden Medien offen zutage tritt. Neben dem Mediendrama vom Sinai spielt dabei der Bericht über die Auffindung des Gesetzbuches und die anschließende Kultreform Joschijas eine entscheidende Rolle. Beides steht in einem engen Zusammenhang.

In dieser Geschichte wird eine Bewegung manifest, die nun Fahrt aufnimmt und einen Höhepunkt erreicht. Die mehrfachen Reinigungskampagnen der braven judäischen Könige wie etwa Hiskija, waren nicht nachhaltig, weil sie, Frits Staals Regel zufolge, bei ihren Versuchen, die alten Kulte zu beseitigen, keinen Ersatz anbieten konnten. Das war nun, wie wir sehen werden, bei Joschija anders.

Wer wie Joschija Schluss macht mit dem Opferbetrieb außerhalb des Tempels und den Kulten für andere Götter, hatte damit eine Ausgangslage geschaffen, welche die aus dem Südreich Verschleppten deutlich von den seinerzeit ebenfalls Verschleppten des Nordreichs mit seinen goldenen Kälbern unterschied. Warum Israel im Nordreich untergegangen war, das wusste der Autor, der später seine Geschichte aus klar monotheistischer Sicht schrieb, genau: *„Das geschah, weil die Israeliten sich gegen den Herrn, ihren Gott, versündigten, der sie aus der Gewalt des Pharao, des Königs von Ägypten heraufgeführt hatte. Sie verehrten fremde Götter, ahmten die Bräuche der Völker nach... Sie bauten sich Kulthöhen in allen ihren Städten... errichteten Steinmale und Kultpfähle auf jedem hohen Hügel und unter jedem üppigen Baum."* (2 Kön 17,7–10)

Die Götzenbildnerei stand im Mittelpunkt: *„Sie übertraten alle Gebote des Herrn, ihres Gottes, schufen sich Gussbilder, zwei Kälber, stellten einen Kultpfahl auf, beteten das ganze Heer des Himmels an und dienten dem Baal."* (17, 16)

Wieder bestätigt sich, dass die Kultbilder und die Kritik an ihnen für die biblische Aufklärung eine zentrale, ja die entscheidende Rolle spielten. Dabei ist einzuräumen, dass die ganze Palette eines gewachsenen religiösen Exerzitiums mit Sitten und Gebräuchen, mit Ritualen und Gebeten und dem ausgebreiteten Opferbetrieb – das Buch Leviticus gibt uns hier einen guten Einblick – mehr Themen kennt, als nur die Frage nach dem Kultbild. Aber es ist doch dieses Göttermedium und seine Entlarvung als *„von Menschenhand gemacht"*, an dem sich der Durchbruch zum Monotheismus im Exil intellektuell anschärft.

Am Kultbild entzündete sich die vielleicht tiefste Frage an alle Religion, die bis heute aktuell geblieben ist: Betrügen wir uns nicht selbst, indem wir uns himmlische Partnerschaften fingieren? Bevor die Götterfiguren in Holz oder Stein „von Menschenhand" Gestalt annehmen, musste sich im Menschenkopf von ihnen eine Vorstellung ausgebildet haben. Die neue Gottesfrage ist aus der Reflexion geboren. Viel spricht dafür, dass ohne diesen aufklärerischen Zweifel, der im babylonischen Exil durch die Konfrontation mit dem babylonischen Bilderkult noch ordentlich Futter bekam, der Durchbruch zum Monotheismus eines nicht selbstgemachten Gottes nicht möglich gewesen wäre.

Die Geschichte Joschijas ist für die Mediengeschichte deswegen bedeutend, weil hier erstmals die Schlüsselrolle der Schrift sichtbar wird. [18] Die Kritik am selbstgemachten Götzen hatte, wie die ständigen Rückfälle in den Bilderkult zeigen, offenbar nur eine kurze Halbwertszeit. Destruktive Kritik alleine reicht nicht aus. Wenn der Medienwechsel vom Bild zur Schrift gelingen soll – das war meine These – musste an die Stelle des Bildes als Kultobjekt ein neues kultfähiges Medium treten. Mit einer Heiligen Schrift im Rücken ist Joschija erstmals gegenüber seinen gleichgesinnten Vorgängern in einer ganz anderen Situation.

Die Ereignisse liegen vergleichsweise kurz vor dem Fall Jerusalems. Der Text, der über sie berichtet, ist erkennbar von dem späteren Schicksal der Stadt beeinflusst und kann die Niederlage aus der Sicht einer nachgetragenen Prophezeiung „erklären". Trotz dieser heilsgeschichtlichen Überformung bleibt aber ein historischer Kern. Die Reformen hat es wohl wirklich gegeben.

Eine (Wieder-) Entdeckung der Schrift

Was das Joschija-Kapitel im zweiten Buch der Könige für die Mediengeschichte des Monotheismus so interessant macht ist, dass erstmals in ihm die Schrift als das neue Gottesmedium in ihrer vollen Performanz, das heißt in der Art, wie sie den Willen Gottes vermittelt, beschrieben wird. Es war das göttliche „Gesetzbuch", dessen Neuentdeckung den Startimpuls für die Reformen gegeben hat. Das ist mediengeschichtlich auch hochplausibel. Weil er in der Lage ist, die wiederentdeckte Heilige Schrift aufzubieten, kann Joschija gegen die Kulte ganz anders vorgehen. Ohne dass es ein Widerlager für die Reformen gibt, sind sie nicht nachhaltig. Durch die Inszenierung der Schrift, durch ihre mehrfach gesteigerte Rezitation erscheint sie als das Medium, das geeignet ist, an die Stelle der Kultpraktiken zu treten, mit denen Joschija dann aufräumt. Das kann sie nur, wenn sie sich selbst zum Kultobjekt entwickelt. So ersetzt die Grapholatrie die Idolatrie.

Aber war nicht Mose der Begründer des Schriftkults? Das Narrativ will es in der Tat so. In der historischen Abfolge müssen wir uns aber noch einmal daran erinnern, dass die entscheidende Endredaktion dieser Erzählung erst im Exil und danach erfolgt ist. Die ungleich berühmtere Mose-Geschichte von der Gottesschrift auf den steinernen Tafeln und wie sie in der Konkurrenz mit dem Kultbild den Sieg davonträgt, ist als Gründungserzählung in der Tat an einen erzähllogisch früheren Platz gesetzt worden als die Joschija-Geschichte vom Gesetzbuch, das im Tempel wiedergefunden wird. Wenn dieser Fund das vom Finger Gottes selbst geschriebene Buch sein sollte, gehört es auf einen zeitlich weit davor liegenden Platz. Was immer das für Texte waren, welche die Joschija-Reform ausgelöst hatten, in der Erzählung wird davon ausgegangen, dass es sich um das Mose zugeschriebene „Gesetzbuch" handeln musste. Doch erst in und nach der Umbruchzeit des Exils wird die Exoduserzählung mit der Offenbarung des Namens und dem Mediendrama vom Sinai neu gefasst. Was also in der Abfolge der Ereignisse, wie sie das Narrativ zeitlich ordnet, früher angesetzt ist, hat als Text erst im Exil oder danach seine redaktionelle Endfassung erhalten. So kann man realgeschichtlich die Auffindung des Gesetzbuches im Tempel als eine Art Inauguration des neuen Gottesmediums ansehen.

Die Parallele liegt auf der Hand. Wie in der Geschichte vom goldenen Kalb geht es auch diesmal um die Konkurrenz der Gottesmedien. Diesmal hat die Erzählung die Form eines linearen Berichts und enthält, anders als Moses' Mediendrama, keine retardierenden und spannungssteigernden Kunstgriffe. Dennoch ist sie insofern mit ihm vergleichbar, als sie ebenfalls den großen Medienwechsel zum Thema hat. Diesmal musste die Schrift nicht erst geschrieben werden. Sie war ja einst schon offenbart worden, aber dann war sie verloren gegangen und nicht mehr präsent. Und diesmal ist es nicht ein einzelnes Kultbild, gegen das sie sich durchsetzt, diesmal erweist sie sich als das Substitutionsmedium für ein breites Spektrum greller Kultpraktiken, die wir durch den ausführlichen Bericht über ihre Abschaffung dann auch kennen lernen.

Der König Joschija regierte von 639–609. Also bis 12 Jahre vor der ersten Eroberung Jerusalems 597. Schon mit acht Jahren hatte er den Thron bestiegen. Die spätere Richtung seiner Religionspolitik legt den Gedanken nahe, dass er von Priestern oder Propheten vielleicht schon im Sinne der „JHWH-Allein-Bewegung" erzogen wurde. Die stufenweise gesteigerte Erzählung inszeniert den Wendepunkt als eine Art Erweckungserlebnis: *„Als der König die Worte des Gesetzbuches hörte, zerriss er seine Kleider." (2 Kön 22,11)*

Was war geschehen? Der Tempel JHWHs war heruntergekommen. Dort hatte man auch dem Baal und der Aschera und dem *„ganzen Heer des Himmels"* geopfert. Die Heilige Schrift, das Gesetzbuch, war verloren. Dann aber hatte der Hohepriester Hilkija es gefunden und dem Schafan übergeben. Der liest es zuerst selbst. Dann verliest er es feierlich vor den Ohren des Königs. Hier schließlich entfaltet die Schrift ihre folgenreiche Präsenz und Wirkung. Dass Joschija seine Kleider zerreißt, ist die handlungssprachliche Pathosformel für Erschütterung und Umkehr. Umgehend gibt er dem Hohepriester und vier weiteren namentlich genannten Männern den Befehl: *„Geht und befragt den Herrn für mich, für das Volk und für ganz Juda wegen dieses Buches, das aufgefunden wurde. Der Zorn des Herrn muss heftig gegen uns entbrannt sein, weil unsere Väter auf die Worte dieses Buches nicht gehört und weil sie nicht getan haben, was in ihm niedergeschrieben ist."*

Für die Befragung des Herrn gibt es eine Adresse. Es ist die Prophetin Hulda, eine der interessanten starken Frauenfiguren im Alten Testament.

Engel und Propheten – lebendige Gottesmedien

Was ist eine Prophetin, ein Prophet? Jedenfalls mehr als nur ein Futurologe – das ist er in der Regel *auch*. Zur Unterscheidung des Prophetenwortes im Sinne einer indirekten göttlichen Intervention von einer futurologischen Prophezeiung eignet sich das Buch Jona sehr gut. Jeder Prophet wird dadurch ein glaubwürdiger Gottessprecher, dass er sich anfangs sträubt. Auch Mose hatte Ausflüchte gemacht, und wie dieser behauptet dann auch Jeremia: *„Ach mein Gott und Herr, ich kann doch nicht reden, ich bin ja noch so jung"* – das ist ein Topos, der beweist, dass er nicht aus eigenem Ehrgeiz und Antrieb spricht, sondern weil Gott ihn dazu zwingt. So wird das Medium des Prophetenworts mit dem Subtext versehen: Hier hört man nicht, was sich ein Mensch ausgedacht hat, sondern – *„Spruch des Herrn"* – Gottes Wort. Ein selbsternannter Prophet wäre mit dem Götzenbild vergleichbar, das ja auch das Stigma des Selbstgemachten trägt. So sträubt sich Jona, wie sich das für einen wahren Propheten gehört, erst einmal gegen den göttlichen Auftrag. Nach der Exposition der Geschichte, der berühmten Episode im Bauch des „Walfischs", fügt er sich und sagt der Stadt Ninive den Untergang voraus – wenn sie nicht umkehrt. Da sie genau das aber tut, trifft nicht ein, was der Prophet vorausgesagt hat. Daraufhin setzt sich Jona unter einen Rhizinusstrauch und schmollt. Als Futurologe fühlt er sich blamiert, aber die Intervention Gottes, in dessen Hand der Prophet eine Art Marionette ist, war erfolgreich.

Was Propheten verkünden, ist in der Regel metasprachlich eingerahmt: *„So spricht der Herr"* lautet die Einleitungsformel, und immer wieder heißt es formelhaft zur Bekräftigung zwischendurch oder am Schluss: *„Spruch des Herrn"*.

Wenn wir bei der medientheoretischen Beleuchtung von Sprache und Schrift nicht erst in der Schrift das Phänomen der Objektivation erkannt haben, das sie zu einem „Ding in der Welt" macht, sondern schon der gesprochenen Sprache zugebilligt haben, dass sie etwas in die Welt setzt, dann kann man in den metasprachlich verstärkten Prophetenworten einen noch höheren Grad an Objektivation erkennen als in der gewöhnlichen Alltagsrede. Auch die Prophetenworte gehören zu den starken Sprechakten auf der Grenze zwischen Sprachhandeln und

Handlungssprechen. Sie sind folgenreich und wirken schon so gut wie aufgeschrieben, was ja dann meist auch geschieht. Das hatte wohl auch Jaques Derrida im Sinn, wenn er schon der gesprochenen Sprache eine prinzipielle, aber verdeckte Schriftlichkeit zumisst.[19] In jedem Fall haben wir es also mit einer Objektivation zu tun, auch wenn das Haltbarkeitsdatum sehr verschieden ist.

Zurück zu Hulda: Sie beginnt mit einer Unheilsansage über Jerusalem und seine Bewohner: *„Denn sie haben mich verlassen, anderen Göttern geopfert und mich durch alle Werke ihrer Hände erzürnt. Darum ist mein Zorn gegen diesen Ort entbrannt und er wird nicht erlöschen."* (22,17) Wer das später, nachdem die Stadt erobert wurde, liest oder hört, unser impliziter Leser zum Beispiel, bekommt hier schon eine erste Antwort auf die Frage, warum Gott, der große Bundesgenosse, diese Niederlage zugelassen hat. Es war eine Strafe für den Götzendienst! Alles spätere Unheil, ja alles Unheil überhaupt, haben sich die Menschen durch ihr Fehlverhalten, durch Sünde und Ungehorsam gegenüber Gottes Gesetz selbst zuzuschreiben. Hulda bringt den Götzendienst und das unheilvolle Schicksal in einen Kausalzusammenhang. Das *Schick*sal hat hier noch seine präzise Etymologie: Es ist die Schickung Gottes, der die Ereignisse als Weltenlenker steuert. Huldas Link hat die Heils- und Unheilsgeschichte entziffert, die den Pentateuch, die „Fünf Bücher Mose", durchzieht. Als entzifferte ist sie ganz und gar nicht unproblematisch. Als Prophetin kennt sie die Gedanken Gottes.

Propheten, wie z. B. Amos, der schon sehr früh, im achten Jahrhundert v. Chr. gegen den Opferkult wettert, werden traditionell und sicher zu recht sehr positiv gesehen, weil sie gegen die Könige und die Mächtigen aufstehen, weil die Richtung ihrer Interventionen sowohl in der Heilsgeschichte des Gläubigen, wie auch in der Evolutionsgeschichte des Religionswissenschaftlers eine progressive ist. Es ist der intellektuelle Typus des Propheten, der hier zum Agenten der göttlichen Vorenthaltung wird. Indem er dem faktischen irdischen Machthaber und König eine himmlische Instanz überordnet, mit der dieser nicht konkurrieren kann, begründet er die eschatologische Gewaltenteilung. Wir haben sie als eine der segenreichsten Traditionen des Monotheismus kennengelernt. Aus ihr stammt die Energie der Entmächtigung, die in der Sprache des anbrechenden Gottesreichs, die Lukas im „Magnificat" Marias intoniert, in dem Satz kulminiert: *„Er stürzt die Mächtigen vom Thron und erhöht die Niedrigen"* (Lk 1,52).

Eine Inkarnation der Vorenthaltung

Medientheoretisch hat die Figur des Gottesmannes oder, wie in unserem Fall der Gottesfrau, noch einen weiteren Vorteil.

Wenn wir die Betrachtung der direkten Offenbarungsszenen des Alten Testaments – Jakob am Jabbok, Mose vor dem Dornbusch, zum Maßstab nehmen, dann hat sich das für den Monotheismus typische Charakteristikum herausgeschält, dass die Verfasser sich immer um die Markierung der Alterität Gottes, um die Simultaneität von Erscheinung und Entzug bemühen. JHWH ist schließlich eine Wirklichkeit, die sich der direkten sinnlichen Wahrnehmung entzieht. Da ist die Figur des Gottesmannes, der Gott, dem Unsichtbaren, seine Stimme leiht, zunächst einmal ein durchaus plausibles Medium, jedenfalls erspart er Gott einen direkten Auftritt. Gott selbst bleibt verborgen, aber er tut kund und zu wissen, was er will. Er redet durch den Mund der Propheten.

Ähnlich kann man auch die mediale Funktion der Engel beschreiben. Ein Engel, „Angelos", griech. „Bote", geht voll in seiner Funktion auf. Er vertritt Gott, man könnte auch sagen, er sorgt dafür, dass Gott selbst verborgen bleibt. Maler wie Rubljow oder Rembrandt haben denn auch mit einer richtigen Intuition geflügelte Engel gemalt, wo im biblischen Text von „Männern" die Rede ist, von denen sich aber dann herausstellt, dass es sich um Gott selbst gehandelt hatte. Es sind drei „Männer", die Abraham bei den Eichen von Mamre besuchen (Gen 18), und es ist für die monotheistische Überarbeitung der Geschichte bezeichnend, dass Abraham sie mit „Mein Herr", also im Singular, anspricht. Und wenn Rembrandt den Kampf Jakobs mit dem „Mann" zeigt (Gen 32,23–33), so trägt das Bild zu recht den Titel: „Jakobs Kampf mit dem Engel". Dabei könnte er sich schon auf den Propheten Hosea berufen, der die Szene so rekapituliert: *„...und als er* (Jakob E.N.) *ein Mann war, rang er mit Gott. Er wurde Herr über den Engel und siegte. Weinend flehte er ihn um Gnade an"* (Hos 12,4f) (vgl. Abb. 5).

Man stelle sich die Peinlichkeit vor, wenn Gott seine Vaterschaft Jesu ohne den Engel Gabriel, die „Kraft Gottes" hätte bewerkstelligen müssen. Lukas hat das in seiner Verkündigungserzählung elegant vermieden. Engel und Propheten sind Modi der Gottesartikulation. Sie sind die Verkörperung der Gleichzeitigkeit von Gottes Präsenz und Entzug. Engel noch reiner als Propheten, die, abgesehen von ihrer vornehmen Aufgabe, als Stimme Gottes zu fungieren, auch noch konkrete Menschen aus sichtbarem Fleisch und warmem Blut sind. So gesehen, kann man das Prophetenwesen zunächst einmal als eine durchaus legitime oder zumindest sehr verständliche Möglichkeit rekonstruieren, vom unsichtbaren Gott und seinem Wirken in der Geschichte zu erzählen oder erzählen zu lassen, ohne dass er selbst sichtbar auftreten müsste. Propheten sind eine Inkarnation der Vorenthaltung.

Die Figur des Propheten oder der Prophetin hat aber auch eine problematische Seite. Wenn wir es, wie in unserem Fall mit einer Prophezeiung zu tun haben, von der wir Gründe haben anzunehmen, dass sie sich nicht den seherischen Fähigkeiten der Prophetin verdankt, sondern dem Wissen eines Schriftstellers, der schon auf alles, was da als bevorstehende Strafe angekündigt wird, zurückblicken kann, der darf mit der Möglichkeit rechnen, dass es sich keineswegs um die Originalgedanken Gottes handelt, die er hier nachliest, sondern um den Reim, den sich der Verfasser auf die Ereignisse im Nachhinein aus der Perspektive des Exils gemacht hat. Eine solche nachträgliche Prophezeiung ist als vaticinium ex eventu bekannt, eine eigene, nicht ganz unproblematische literarische Form. Hier wird die zeitliche Differenz zwischen der Erzählzeit und der erzählten Zeit ausgeschlachtet. So kommt es dann auch zur futurologischen Sehkraft, mit der die Autoren ihre Propheten regelmäßig ausstatten. Freundlich betrachtet, steht dahinter der Glaube, dass Gott in allem, was geschieht, „spricht". Der Reim, den sich ein Frommer im Nachhinein auf die Ereignisse machen kann, wird dann vorverlegt und ein Prophet hat alles schon gewusst und prophezeit. Nüchtern betrachtet, ist die Sache mit dem Schwindel vergleichbar, mit dem im Film „Der Clou" der Protagonist Paul Newman eine Pferdewette gewinnt, indem er die Uhrzeit bei der Radioübertragung mit den Ergebnissen, die er in Echtzeit schon erfahren hat, nach hinten verstellt. Über einen frommen Schwindel könnte man noch lachen. Bedenklicher ist aber noch etwas anderes:

Der Tun-Ergehens-Zusammenhang: Gott als Notar

Daher zurück zu Huldas Link durch den sie das Schicksal der Stadt mit dem frevelhaften Tun ihrer Bewohner ursächlich verbindet. Fürs erste rettet diese Denkfigur die Bundestheologie vor dem Absturz. Nicht der göttliche Bundesgenosse, sondern der menschliche Vertragspartner ist selbst für das Unheil verantwortlich, das er erleben musste. Er ist es, der durch seinen Götzendienst den Bund gebrochen hat. JHWH bleibt unbeschädigt. Aber um welchen Preis? Eine konsequente Betrachtung dieses Tun-Ergehens-Zusammenhangs[20], für den JHWH die oberste Agentur sein soll, zeigt die fatalen Konsequenzen für das Gotteskonzept, das hier unterstellt wird. Der Topos des Tun-Ergehens-Zusammenhangs wird wie ein Kausalzusammenhang gedacht. Ursache und Wirkung stehen in einem festen Abhängigkeitsverhältnis, so wie der Mechanismus einer kraftschlüssigen Maschine: ein reiner Funktionalismus. Welche Rolle wird Gott dabei zugewiesen? Auf den ersten Blick erscheint er als der Souverän, die höchste Instanz, die straft oder belohnt. Aber ist er das wirklich? Oder wäre Gott nur ein anderer Name für den Tun-Ergehens-Mechanismus selbst? Vielleicht eine Art Notar, der überwacht, dass der Mechanismus seine Wirkung entfaltet? Bei Licht besehen, wäre es doch der Mensch, der durch sein Verhalten den Ablauf steuert. Sündigt er, wird er bestraft. Ist er ein Gerechter, wird er belohnt. Wer Vater und Mutter ehrt, lebt, dem Dekalog zufolge, lange auf Erden.

Die Denkfigur des Tun-Ergehens-Zusammenhangs, für die Huldas Link als Beispiel dienen kann, erzeugt gleichzeitig den Erklärungsschlüssel für alles erdenkliche Unheil. Sie regiert über weite Strecken die erzählte Heilsgeschichte, insbesondere die Epoche, die aus der Sicht des Exils mit dem monotheistisch geläuterten Blick des „Wir haben verstanden" in den Büchern der Könige aber auch im ganzen deuteronomistischen Geschichtswerk beschrieben wird. Der Mensch, auch im Kollektiv eines Volkes, vielleicht repräsentiert durch seinen König, muss alle Verantwortung übernehmen. Dieser Gotteskalkül mag im Einzelfall erst einmal glaubhaft erscheinen. Für das Unglück Jerusalems hat der Götzendienst jedenfalls eine Erklärung geliefert. Auch die Propheten Hosea (wirkte ca. 750–722 v. Chr.) und Ezechiel (ca. 592–571 v. Chr.), die den Götzendienst mit Treulosigkeit, Ehebruch und Unzucht drastisch vergleichen, stellen die politischen Katastrophen, die sie kommen sehen und deren Zeitgenossen sie sind, als Folge dieser Vergehen hin.

In der weiteren Geschichte des Monotheismus, vor allem im Buch Hiob und im Neuen Testament wird der Mechanismus: Wohlverhalten gegen Wohlergehen oder umgekehrt: Unglück ist die Folge von Sünde, allerdings mit Recht problematisiert und schließlich ganz außer Kraft gesetzt. Der Tun-Ergehens-Zusammenhang ist ein usurpatorischer Denkmechanismus, ein Schmutzfleck im reinen Monotheismus, indem er Gott zu einer Funktion des Tauschprinzips macht. Im nächsten Kapitel, das sich mit der Theologie des Bundes befasst, wird darauf noch näher eingegangen.

Den Absturz dieser Denkfigur, die in der Theodizee des Philosophen Gottfried Wilhelm Leibniz (1646–1716) noch einmal in einer neuzeitlichen Variante aufgelebt ist, bringt man gewöhnlich mit dem Erdbeben von Lissabon in Zusammenhang.

Nach Leibniz leben wir in der „*besten aller möglichen Welten*". In ihr gibt es zwar Unglück und Ungemach, dies wird – Futur II – am Ende einen Sinn und eine Funktion gehabt haben, die der Mensch freilich nicht kennt: Bonum durch malum. Die Übel dieser Welt sind immer für irgendetwas gut. Diese „*Entübelung der Übel*" (Odo Marquard) wurde tatsächlich in der Naturkatastrophe von 1755 ganz und gar unglaubhaft. Das Unglück von Lissabon hatte alle getroffen, Säuglinge und Greise, Gerechte und Ungerechte. Das konnten nicht alles Sünder gewesen sein, die ihre Strafe verdient hätten.

Aber schon im Alten Testament selbst, im Buch Hiob, einem nicht nur literarisch großartigen Lehrstück, ist eine andere Antwort gefunden worden. Im Neuen Testament zieht sich dann die Verabschiedung des Tauschprinzips wie ein roter Faden durch die Evangelien und vor allem die Paulusbriefe.

Hulda ist aber noch nicht fertig. Sie nennt Ursache und Wirkung. Der Götzendienst wird Unheil über den Ort bringen. Die Reaktion des Königs auf die Verlesung der Schrift bewirkt, dass das Unheil ihn persönlich nicht mehr trifft. Joschija wird, weil er sich vor dem Herrn gedemütigt hatte, ausgenommen. Wenn Jerusalem erobert und der Tempel zerstört wird, dann wird er schon friedlich in seinem Grab ruhen, ein anderes Unheil hatte ihn getroffen. Er war rechtzeitig in der Schlacht bei Megiddo gefallen.

Die Ansage des Unheils ist wieder ein starkes Indiz dafür, dass die Endredaktion des Textes in Kenntnis der Eroberung Jerusalems, also im Exil oder nach der Rückkehr aus Babylon erfolgt ist. Auf den impliziten Leser, also etwa einen derjenigen, die nicht verschleppt wurden und bei fortdauerndem Opferbetrieb immer noch versucht sind, die alten Kulte wiederaufleben zu lassen, auf ihn soll die Geschichte Eindruck machen, weil der ja, ebenso wie der Verfasser, auf die Ereignisse zurückblickt und weiß, dass es genauso gekommen ist, wie die Prophetin vorausgesagt hatte.

Und die Folgen

Wir bleiben beim Thema Schrift: Es kann darüber spekuliert werden, was es für ein Text war, der da wiedergefunden und in einer Art Gottesdienst im Tempel in Kraft gesetzt wurde.[21] Jedenfalls kann Joschija mit der kultisch verehrten Schrift im Rücken ganz anders gegen die alten Kulte vorgehen, als alle seine Vorgänger. Die nun folgende Schilderung seiner Purifizierungsmaßnahmen machen uns mit den synkretistischen Verhältnissen in Jerusalem und Umgebung bekannt. Da werden aus dem Tempel erst einmal alle Gegenstände herausgeschafft, die für die Gottheiten Baal und Aschera *„...und das ganze Heer des Himmels"* angefertigt worden waren. *„Auch setzte er die Götzenpriester ab, die von den Königen von Juda bestellt worden waren und die auf den Kulthöhen, in den Städten Judas und in der Umgebung Jerusalems Opfer verbrannt, sowie dem Baal, der Sonne, dem Mond, den Bildern des Tierkreises und dem ganzen Heer des Himmels geopfert hatten. Den Kultpfahl schaffte er aus dem Haus des Herrn und aus Jerusalem heraus in das Kidrontal und verbrannte ihn dort. Er zermalmte ihn zu Staub und streute diesen auf die Gräber des einfachen Volkes."* *(2 Kön 23,5f)*

Die Zermalmung eines Götzenbildes zu Staub erweist sich nun als Topos. Im Falle der Vernichtung des goldenen Kalbes konnten wir ihn als Lehr-Performance dechiffrieren. Auch hier bietet sich diese Deutung an. Der Kultpfahl war gewiss kein Bild mit mimetischen Qualitäten, aber doch eine Repräsentanz der Göttin Aschera, der dieses Gebilde eine physische Anwesenheit verschaffte. Dass der Staub auf unreine Gräber gestreut wird, ist wieder eine durchaus „sprechende" Maßnahme.

Sodann werden die Gemächer der Hierodulen abgerissen, die nicht nur der Tempelprostitution nachgingen, sondern auch *„Schleier für Aschera webten"*. Die befremdlichste Kultstätte war das „Tofet" im Tal der Söhne Hinnoms, der Platz für die Kinderopfer, die man dem Moloch darbrachte. So hatte noch der König Manasse seinen Sohn *„durchs Feuer gehen lassen" (2Kön 21,6)*. Damit machte Joschija nun Schluss. Auch alle Kulthöhen machte er unrein, die für die Gottheiten Astarte, Kemosch und Milkom, aber auch die für Jahwe, denn bis dahin war der Tempel nicht die einzige Opferstätte für ihn gewesen. Nicht alle Kulthöhen waren also den Götzen gewidmet. Es gab auch „Höhenpriester", die Jahwe opferten. Indem Joschija sämtliche Kulthöhen in Juda, aber auch in Samarien, bis wohin er seinen Einfluss ausgedehnt hatte, unrein machte und damit stilllegte, blieb als Opferstätte nur noch ein Ort übrig: Der Tempel.

Joschijas Kultreform stellt vor allem wegen ihrer Nachwirkung auf das theologische Labor des babylonischen Exils eine entscheidende Zäsur dar. Das Verschwinden der atavistischen Opferkulte und der Idolatrie in der Fläche und die Konzentration des Jahwekults auf Jerusalem wird nach der Durchsetzung des Monotheismus im Exil und danach keine Wüste des religiösen Exerzitiums hinterlassen. Entscheidend ist der Medienwechsel. An die Stelle der Opfer- und Bilderkulte tritt alsbald die Grapholatrie, der Schriftkult. Dieser Wechsel von der Idolatrie zur Grapholatrie hat deutliche Konsequenzen für das religiöse Exercitium. Es entsteht ein neuer Typus von Gotteshaus, der für die Verehrung der Schrift und ihr Studium charakteristisch ist: Die Synagoge als Mischung von Lehrhaus und Kultort. Joschija hatte mit der Auffindung und feierlichen Rezitation des Gesetzbuches einen wichtigen Schritt für den Medienwechsel hin zur Grapholatrie getan. Zudem hatte er in einer monotheistischen Tendenz den Opferkult auf einen einzigen Ort konzentriert, den Tempel zu Jerusalem, den er auch restaurierte.

Der Tempel wird bis zu seiner zweiten und endgültigen Zerstörung 70 n. Chr. als zentrale Opferstätte weiterbestehen. Spätestens mit dem Ende des Opferbetriebes gabelt sich die Geschichte des biblischen Glaubens an den unsichtbaren Schöpfergott. Ein nicht geringer Teil der Juden folgt der paulinischen Öffnung des Monotheismus für alle Völker, ein anderer Teil begründet in Jabne die Tradition des rabbinischen Judentums, das den Schriftkult zu neuer Blüte bringt[22], denn es war der einzige, der ihm geblieben war.[23]

Jahwe, seine Aschera und alle anderen

Mit der Erwähnung der weiblichen Gottheit Aschera ist nun das Stichwort für eine Rückblende in die Vorgeschichte von JHWH gefallen. Die Singularität, als welche sich JHWH mit der Offenbarung seines „Namens" in der großen Szene am Dornbusch installiert hatte, steht in einem deutlichen Spannungsverhältnis zu dieser Vorgeschichte. Wenn JHWH der Schöpfer von allem war, musste er es schon immer gewesen sein. JHWH, das Tetragramm, hat in dieser Vergangenheit noch keineswegs die Sonderstellung, die es durch die Erzählung von Ex 3 und vor allem durch die Ausrufung als „Namen" bekommen wird, semantisch noch nicht und auch nicht im religiösen Exercitium. Man könnte die These vertreten, dass der Jahwe, der als einer unter den zahlreichen Göttergestalten Kanaans, Palästinas und Ägyptens Karriere macht und es schließlich zum bevorzugten Bundesgenossen Israels bringt, mit dem JHWH des „Namens", der in eine andere, eine eigene ontologische Klasse gewechselt ist, nicht mehr viel zu tun hat – allenfalls den Namen (ohne Anführungszeichen) hat er mit ihm gemein.

Seit dem 19. Jahrhundert haben viele Alttestamentler und Archäologen diese Vorgeschichte zu rekonstruieren versucht. Mit jedem neuen Scherbenfund wird sie komplizierter. In Kuntillet, einer Karawanenstation, fand sich ein Krug aus dem achten oder siebten Jahrhundert v. Chr. mit der Inschrift: *„Ich habe euch gesegnet durch JHWH und seine Aschera."* Wo Aschera oder ihr Kultpfahl in der Bibel auftaucht, dies geschieht vierzigmal, ist sie dann immer negativ konnotiert. Das kann auch wegen der nachexilischen Redaktion der Texte nicht anders sein.

Manfred Görg resümiert und beginnt mit der Vermutung, es handele sich bei „Jahwe" ursprünglich um ein Toponym, eine Ortsbezeichnung, bringt ihn dann mit dem Begriff des „Wehens" in Verbindung, der die Brücke zu den „Wetter- und Sturmgöttern Ägyptens" herstelle, die wiederum mit der Vorstellung eines Vogels zu tun hätten oder in die

Nachbarschaft des ägyptischen Hochgottes Amun gehörten, der durch eine auffliegende Gans repräsentiert werde oder in die des Wüstengottes Seth, der als greifartiges Fabelwesen verehrt wurde. Das wiederum eröffne die „Vogelperspektive" und lenkt den Blick auf Amulette des 10. und 9. Jahrhunderts aus Südpalästina, die Jahwe als *„Herrn der Strauße"* darstellten. Als Beleg dient ein *„eisenzeitliches Stück aus dem Jerusalemer Antikenhandel"*, das einen Strauß mit einem flankierenden Zweig und einer Schlange in der Kralle zeigt. In der Tat haben *„...die archäologischen und kulturgeschichtlichen Erkenntnisse der letzten Jahrzehnte... so viel Material an Objekten und Inschriften zutage fördern lassen..."*, dass Manfred Görg und der archäologisch-philologische Diskurs davon schwer beeindruckt sind.[24] Material ist eben Material, etwas empirisch Handfestes.

Nicht nur die Archäologie, auch der Bibeltext selber liefert viele Spuren für die oben schon erwähnte These von einem gleitenden Übergang vom Poly- zum Monotheismus und jener Zwischenstation der Monolatrie, in der Jahwe der Vorsitzende eines Götterpantheons gewesen sein soll, bevor die anderen Götter in die Nichtexistenz gekippt worden seien. Als Beispiel sei hier nur der Psalm 82,1 angeführt: *„Gott steht auf in der Versammlung der Götter, im Kreis der Götter hält er Gericht."*

Der altkanaanäische Obergott El ist ebenfalls der Vorsitzende eines Pantheons, und eine solche Götterversammlung kennt auch die aramäische Religion des 8. bis 10. Jahrhunderts v. Chr. Wo es Götterkollegien oder -versammlungen gibt, sind sie in der Regel strukturiert und hierarchisch geordnet. Dieser Jupiter-Zeus-Effekt, den wir am besten aus der Versammlung der olympischen Götter kennen, ist ein Standardmerkmal des Polytheismus.

Polytheistische Spuren begegnen allenthalben im Alten Testament. Zwar hat sich in und nach dem Exil ein monotheistischer Redaktionsfilm über alles gespannt, die kurz danach einsetzende Sakralisierung der Tora hat aber dafür gesorgt, dass alle diese im Grunde unpassenden Spuren stehen geblieben sind – zur Freude der heutigen Philologen.

Auch der Erzvater Jakob, der im Narrativ der Endredaktion, wie alle Väter, selbstverständlich Monotheist ist, hat in Rahel eine nicht besonders monotheistische Hauptfrau. Sie hatte ihrem Vater Laban, als man sich trennte, dessen Götterfiguren gestohlen. In einer unsterblichen Szene versteckt sie diese in der Satteltasche des Kamels und setzt sich darauf. Zu ihrem Vater, der alles durchsuchen lässt, sagt sie: *„Sei nicht böse mein Herr! Ich kann vor dir nicht aufstehen. Es geht mir gerade, wie es eben Frauen ergeht…"*

Über die Existenz einer längeren Übergangsphase, in der sich neben der monotheistischen Spur zahlreiche Belege für ein Nebeneinander von Polytheismus und Monotheismus finden, kann es also keinen Zweifel geben. Zu der Beschreibung dieses Prozesses gehört auch die Identifikation der treibenden Kräfte und der Bremser. Es sind die Propheten, die sich als Agenten des anderen und einzigen Gottes ausmachen lassen, und es ist das Establishment um die Königshöfe und den Tempel, die von den alten Kulten nicht lassen wollen. Wenn einmal ein König schon im Kindesalter unter prophetischen Einfluss gerät, kann er sein Königtum und den Tempel in den Dienst der monotheistischen Reform stellen. Dies war wohl bei Joschija der Fall.

Wer einmal verstanden hat, dass die Götter selbstgemacht sind, dem geht es wie dem Patienten, der dahintergekommen ist, dass der Doktor ihm ein Placebo verordnet hat. Die Pointe der biblischen Aufklärung besteht in einer Einsicht, die Halb-und-Halb-Positionen eigentlich nicht zulässt. Ich möchte daher einen Vorschlag für eine modifizierte Interpretation dieses monolatrischen Befunds machen, denn ich glaube, dass es zwischen Poly- und Monotheismus keinen gleitenden Übergang und keinen eigentlichen Kompromiss geben konnte, wohl aber ein konkurrierendes Nebeneinander.

Monotheismus radikal neu

Der Kern der biblischen Aufklärung ist der Gedanke, dass die Götter „von Menschenhand", also selbstgemacht sind und dass der eine Gott als Schöpfer und Gegenüber der Welt eine unsichtbare Wirklichkeit eigener Klasse ist. Dieser Gedanke lässt eigentlich keinen Kompromiss zu. Es handelt sich bei dem, was Jan Assmann die „Mosaische Entgegensetzung" bzw. „Unterscheidung" nennt, in der Tat um etwas religionsgeschichtlich radikal Neues und nie Dagewesenes.

Für die Gegenbesetzung zu den selbstgemachten Göttern kennt das biblische Narrativ den Gedanken der Offenbarung. Dem nicht von Menschenhand und Menschengeist erzeugten Gott bleibt nichts anderes übrig, als selbst die Initiative zu ergreifen und sich zu offenbaren. Wichtig ist, dass alle Offenbarungsgeschichten mit dem Index des Entzugs und der Alterität versehen sind. Er ist einfach anders als alles, was man an Gottheiten bis dahin gekannt hatte.

Ein Nebeneinander von Unvereinbarem kann es immer geben. Eine Mischung von Unvereinbarem kann es nur als Missverständnis geben.

In wessen Kopf der neue und so andere einzige Gott zuerst aufgetaucht ist, kann kein Historiker oder Archäologe mehr ermitteln. Wie soll man sich das Vordringen des neuen Gottesverständnisses vorstellen? Am besten so, wie es der archäologische Befund zeigt. Wer von welchem Propheten auch immer von dem so andersartigen besonderen Gott namens Jahwe gehört hat, der wird kaum eine Konversion ums Ganze vollzogen haben. Er wird sich ihn vielleicht als Vorsitzenden eines Pantheons vorgestellt haben. Weil er die Andersheit JHWHs noch nicht verstanden hat, stellt er ihn in eine Reihe mit den Gottheiten, deren Kulte noch aktiv betrieben wurden. Der Götterhimmel war von Volk zu Volk, von Stadt zu Stamm durchaus mit anderem Personal besetzt. Dass es aber diese himmlischen Adressen gab, war einfach das Normale und Übliche.

Die plötzliche Konversion einer ganzen Ethnie zu einer Gottesvorstellung, die aus der Kritik an den herkömmlichen Gottheiten hervorgegangen ist, ist eigentlich nicht vorstellbar. Daran war schon Echnatons großer Versuch gescheitert. Die Durchsetzung des Monotheismus musste ein von vielen Rückfällen begleiteter langer Kampf gewesen sein, der in den biblischen Geschichtswerken als ständiges Hin und Her geschildert wird, bis schließlich unter den Laborbedingungen des Exils und mit der Möglichkeit, den Bilderkult durch einen Schriftkult zu ersetzen, ein Durchbruch möglich wurde. Dass vorher Alt und Neu im religiösen Exerzitium nebeneinander herlaufen, das ist anders kaum denkbar. Es ist sehr sinnvoll, von einer Jahwe-Allein-Bewegung zu sprechen, aber es ist kaum sinnvoll, von einer Monolatrie als einer Zwischenphase im Sinne einer doktrinalen mittleren Position auszugehen.

Es ist mit dem archäologischen und dem Befund biblischer und außerbiblischer Quellen vereinbar, dass die Idee von einem einzigen Gott, der nicht das Produkt menschlicher Imagination war, plötzlich und im vollen Licht ihrer Alterität aufgetreten ist, dass sie mit der Plötzlichkeit eines aufklärerischen Gedankens oder der Plötzlichkeit einer Offenbarung, was keinen Unterschied machen muss, in die Geschichte eingetreten ist und sich dann über viele Missverständnisse und pragmatische Kompromisse hinweg durchgesetzt hat.

Anmerkungen

1 Zion ist der *„Ort, wo der Name des Herrn gegenwärtig ist."* *(Jes 1,7)*. Ob der historische Salomo dem Namenskult im Sinne eines exklusiven Monotheismus schon verpflichtet war, kann offen bleiben, denn er hat (1 Kön 11,4f) auch die Verehrung der Götter anderer Völker in den judäischen Staatskult eingeführt.

2 Der Namenskult, der dem Tetragramm galt, setzt sich in einer etwas schwächeren Version im Kult um den Namen Jesus fort. Den Auftakt macht der sogenannte Philipperhymnus (Phil 2,6–11): *„Er war Gott gleich, hielt aber nicht daran fest, wie Gott zu sein, sondern er entäußerte sich und wurde wie ein Sklave und den Menschen gleich. Sein Leben war das eines Menschen. Er erniedrigte sich und war gehorsam bis zum Tod, bis zum Tod am Kreuz. Darum hat ihn Gott über alle erhöht und ihm den Namen gegeben, der größer ist als alle Namen, damit alle im Himmel, auf der Erden und unter der Erde ihre Knie beugen vor dem Namen Jesu und jeder Mund bekennt: Jesus Christus ist der Herr zur Ehre Gottes des Vaters."*
In der frühen Neuzeit nahm die Verehrung des Namens Jesu einen Aufschwung. Als eine an das Tetragramm angelehnte Buchstabenfolge, die man analog als „Triagramm" bezeichnen könnte, setzte sich das „IHS", die drei ersten griechischen Buchstaben des Namens IHSOYS durch. IHS wurde zum Emblem des Jesuitenordens. Papst Clemens VII. (1478–1534) widmete auf Bitten des Franziskanerordens dem Namen Jesu einen eigenen Festtag, den 1. Januar. Für diesen Tag, den Oktavtag von Weihnachten, wurde auch die vierte Kantate des Bachschen Weihnachtsoratoriums bestimmt, die auf den Namen Jesu Bezug nimmt. Seit 2002 feiert die römische Kirche das Fest am 3. Januar. Katholiken bekreuzigen sich *„Im Namen des Vaters und des Sohnes und des Heiligen Geistes"* und fassen den / die „Gottesnamen" trinitarisch zusammen.

3 Reiches Material bietet Othmar Keel, *Die Geschichte Jerusalems und die Entstehung des Monotheismus*, Göttingen 2007, Kurzfassung: *Jerusalem und der eine Gott*, Göttingen 2014.

4 Dies tut in einem anderen Zusammenhang Navid Kermani in seinem performativ und selbstreferentiell schönen Buch *„Gott ist schön"*, München 1999, vgl. vor allem S. 17f: Die Schönheit des rezitierend vorgetragenen Korantextes ist für ihn eine Art Gottesbeweis. So sammelt und referiert er eine Fülle islamischer Legenden, in denen das bloße Anhören der Koransuren die Konversion zum Islam bewirkt. Maßgeblich ist für ihn das „kulturelle Gedächtnis" für das er sich auf Jan Assmann beruft und nicht die Frage *„was damals wirklich geschah".*

5 Vgl. Hans Blumenberg, *Die Lesbarkeit der Welt*, Frankfurt 1981.

6 Noch in Georg Friedrich Wilhelm Hegels bekanntem Schiller-Zitat (aus dem Gedicht „Resignation"), *„Die Weltgeschichte ist das Weltgericht",* hört man ein Echo dieses Denkens im Modus der Geschichtsphilosophie.

7 Als Standardwerk galt lange Rainer Albertz, *Religionsgeschichte Israels in alttestamentlicher Zeit*, 2 Bde., Göttingen 1992; vgl. auch Othmar Keel, a.a.O. Die beachtlichen Differenzen nur zwischen diesen beiden gelehrten Werken dokumentieren die erstaunliche Vielstimmigkeit in der philologisch-archäologischen Forschung.

8 Während es in 2 Chr 36,21 heißt: *„Das Land bekam seine Sabbate ersetzt, es lag brach während der ganzen Zeit der Verwüstung, bis siebzig Jahre voll waren",* gehen einige Forscher davon aus, dass ca. 60.000 Bewohner zurückblieben. Vgl. Heinz Kreißig, *Die sozialökonomische Situation in Juda zu Achämenidenzeit*, Schriften zur Geschichte und Kultur des alten Orients 7, Berlin 1973, S. 20–34.

9 Auch wenn Teile des Buches Daniel später und in griechischer Sprache abgefasst worden sind, erfassen sie sehr gut die Situation des Exils.

Abbildung 5: Es wird hell, Jakob schaut weg und der Kampf ist zu Ende.

10 Vgl. Angelika Berlejung, a. a. O.

11 Das Laubhüttenfest.

12 „Elohim", eigentlich eine Pluralform, wird unter Vernachlässigung der Grammatik in der Tradition auch als Singular, also mit „Gott" übersetzt. An dieser Stelle steht aber auch das Verb im Plural. Vgl. auch Jan Assmann, *Israel in Egypt*, S. 225.

13 Vgl. Anm. 12.

14 Jan Assmann erkennt in dieser Stelle die erste datierbare Bezugnahme auf den Auszug aus Ägypten. Die Nordstämme sollen sich nach Salomos Tod vom Jersusalemer Königtum getrennt und die Exodus-Überlieferung zum Gründungsmythos ihres eigenen Königtums gemacht haben. Jerobeam, der vor Salomo nach Ägypten geflohen war, sei im ersten Jahr Rehabeams, Salomos Nachfolger, als neuer König des Nordreichs berufen worden, und weil Rehabeam in seinem 5. Jahr vom ägyptischen König Scheschonq angegriffen wurde, und dieses Ereignis nach ägyptischer Chronologie im Jahre 926 v. Chr. stattgefunden hat, müsste die Gründung des Nordreichs, die Aufstellung der goldenen Kälber und die Reaktivierung des Exodus-Mythos in das Jahr 931 v. Chr. fallen. Im Buch Exodus wird dieses Ereignis mit umgekehrten Vorzeichen in der Geschichte vom goldenen Kalb gespiegelt. Vgl. Jan Assmann, Exodus, Die Revolution der Alten Welt, München 2015, S. 73f.

15 Vgl. Knoppers, Gary N., *Aaron's Calf and Jerobeam's Calves*, in: Astrid B. Beck u. a. (Hrsg.), *Fortunate the Eyes That See, Essays in honor of David Noel Freedman in celebration of his seventieth birthday*, Grand Rapids u. a. 1995, S. 92–104.

16 Frank Crüsemann, *Bewahrung der Freiheit*, 2. Aufl. Gütersloh 1998, S. 108.

17 Vgl. Jan Assmann, a. a. O. Auch in seinem magistralen Buch: *Exodus. Die Revolution der Alten Welt*, München 2015, stellt er diesen Komplex noch einmal ins Zentrum seiner Gedächtnisgeschichte.

18 Frank Crüsemann hält es für möglich, dass der Text Ereignisse legendär ausgestaltet, die er als Machtübernahme einer Priesterschaft über einen jugendlichen König ansieht. Vgl. Frank Crüsemann, *Das Alte Testament als Wahrheitsraum des Neuen: Die neue Sicht der christlichen Bibel*, Gütersloh 2011, S. 317f.

19 Jaques Derrida, *Grammatologie*, Frankfurt / M. 1990, S. 97.

20 Klaus Koch, auf den die Prägung zurückgeht, spricht auch von einer „*schicksalswirkenden Tatsphäre.*"Vgl. Klaus Koch, *Gibt es ein Vergeltungsdogma im Alten Testament?*, a. a. O., S. 65–103, erstmals 1955.

21 Nach Othmar Keel möglicherweise eine Art „Urdeuteronomium", das „primär aus Forderungen und schlimmen Drohungen im Falle der Nichtbeachtung bestanden zu haben" scheint. Vgl. Othmar Keel, *Jerusalem und der eine Gott*, Göttingen 2014, S. 79.

22 Vgl. Peter Schäfer, *Die sogenannte Synode von Jabne. Zur Trennung von Juden und Christen im ersten / zweiten Jahrhundert n. Chr.*, in: Studien zur Geschichte und Theologie des Rabbinischen Judentums, Leiden 1978, S. 45–65.

23 Vgl. Guy G. Stroumsa, *Das Ende des Opferkults*, Frankfurt / M. 2011.

24 Vgl. Manfred Görg, *Nilgans und Heiliger Geist. Bilder der Schöpfung in Israel und Ägypten*, Düsseldorf 1997, S. 20.

Kapitel VII:
Der Bund

Das Tauschprinzip

Es ist die „Bundesurkunde" gewesen, auf die der Finger Gottes geschrieben hatte. Die Bundestheologie ist ein heikles Thema. Was ist ein Bund zwischen Gott und dem Volk, das er sich erwählt hat? Was ist ein Bund zwischen Göttern und Menschen? Was ist ein Bund? Kann es sein, dass die Bundestheologie ein Rest-Polytheismus ist?

Ein Versuch, diese Fragen zu beantworten, muss beim Äquivalententausch beginnen. Von diesem elementaren Prinzip geht die Energie aus, welche schon die Mehrzahl der menschlichen Verkehrsformen steuert. Beim Tausch soll es gerecht zugehen. Auf der einen Waagschale wird nie dasselbe liegen wie auf der anderen – wenn es dasselbe wäre, müsste man ja nicht tauschen, aber es soll gerecht zugehen. Waren, Dienstleistungen, Gefälligkeiten und Vergünstigungen, das alles ist gewiss höchst unterschiedlich, aber es wird daraufhin angesehen, ob es gleichviel wiegt. Es regiert die Waage im Kopf, das Prinzip der Äquivalenz. Angebot und Nachfrage, Berechnung und Gefühl können sich bei der Kontrollfrage: Was ist wieviel wert? Was bekomme ich dafür? ganz unterschiedlich mischen. Immer aber bestimmt das Tauschprinzip das Hin und Her. Es ist nicht nur die Basis aller Ökonomie, es bestimmt weit darüber hinaus das menschliche Miteinander.

Gilt das auch für die Wechselwirtschaft zwischen Menschen und Göttern? Viel spricht dafür, dass die Götter ihre Existenz in der Hauptsache überhaupt erst dem Tauschprinzip verdanken. Diese Erkenntnis, dass sie selbstgemacht sind, ist der Nucleus der biblischen Aufklärung. Man sieht es an ihrer funktionalen Zuständigkeit, die wir schon betrachtet haben, am Prinzip Passung. Wer ein Problem hat, fingiert sich einen himmlischen Helfer, der dazu passt. Und so gibt es Götter für Liebe und Krieg, für Fruchtbarkeit und Jagd usw. Auch die Verschonung vor Naturgewalten, vor Blitz, Donner und Meeressturm ist eine Gegenleistung der zuständigen Gottheit, die durch Opfergaben oder Opferleistungen bewirkt werden soll.[1] Wenn unser Merksatz stimmt: Kein menschliches Interesse ohne himmlische Adresse, könnte man auf die Frage: Was ist ein Gott? die performative Definition vorschlagen: Ein Gott ist die Instanz, der man etwas gibt, das man hat, damit man etwas bekommt, was man gerne hätte, aber aus eigener Kraft nicht erlangen kann.

Dass es von dieser Art Götter so viele geben muss, wie es menschliche Interessen gibt, liegt auf der Hand. Nachdem die Gottheit zunächst im Kopf fingiert und danach „von Menschenhand" in einem Kultbild Gestalt angenommen hat, weiß man auch von ihr allerhand Mythen zu erzählen. Sie ist Adressat für Gaben, Gebete und Riten der Verehrung. Man kann ihr ein Haus, einen Tempel bauen, ihr einen Platz im Festkalender geben und ihr Bildnis in Prozessionen mitführen. In einer umfassenden Theorie des religiösen kommunikativen Handelns im Spektrum von Sprachhandeln und Handlungssprechen wären alle diese Aspekte des religiösen Exerzitiums unter die Lupe zu nehmen und nach ihrer speziellen Funktion als Gottesmedium zu untersuchen.

Hier interessiert erst einmal das Opfer als Götterspeise. Wie uns die Daniel-Anekdote lehrt, kann das durchaus auch einmal buchstäblich genommen werden. Speise- und Trankopfer gehören von Anfang an zum Repertoire. Mit dem Stichwort Anfang sei noch einmal auf Thiels These verwiesen, nach der die Ahnen die ersten Götter gewesen seien.[2] In fast allen frühen Kulturen hat man den Toten vor allem Nahrungsmittel ins Grab mitgegeben, damit sie in der anderen Welt etwas zu beißen hätten. Jeder Ahnenkult geht davon aus, dass die Vorfahren auch nach ihrem Tod noch auf irgendeine Art weiterleben. Er ist die elementare funktionale Antwort auf die religionsgenerative Frage, die sich aus dem Wissen um die Endlichkeit des Lebens von selber stellt. Wenn also die Ahnen nach Thiel die ersten Götter waren, treffen wir auch bei ihnen auf die Korrelation von einem menschlichen Bedürfnis mit einer Fiktion, die es bedient.

Das Gegenüber von Göttern und Menschen ist mit der Herstellung und Aufladung des Kultbilds zustande gekommen, aber das war erst der Anfang einer Beziehung, die auf Dauer angelegt ist. Damit sie weiter bestehen kann, dazu bedarf es des Opfers als performativem Gottesmedium: „How to do Things by Immolating." Erst als regelmäßiger Empfänger von Opfergaben wird das Kultbild in Betrieb genommen und gewinnt seine finale Existenz und seine dauerhafte Präsenz. So kann ein Kultbild zur festen Empfängeradresse werden, an die sich die Opfernden von Fall zu Fall und je nach Anlass und Bedarf wenden können.

Auch die Opfergaben, die bis zum Äußersten, Liebsten und Kostbarsten gehen können und im Extremfall, grausam und entsetzlich sein können, folgen dem Gesetz der Äquivalenz. Je wertvoller das ist, was hingegeben wird, desto stärker wird die Empfängerseite in die Pflicht genommen, den Wunsch des Opfernden zu auch bedienen. Senkt sich die Waagschale nicht und bleibt der erbetene Effekt aus, kommt es zur Eskalation. Wenn einfache Gaben nichts bringen, muss draufgelegt werden. Das wertvollste Opfer ist in dieser Logik die Hingabe des Liebsten, das Opfer des eigenen Kindes, zumal des erstgeborenen Sohnes, der besonders bei Nomaden, Altersversorgung, zukünftige Kampfkraft und überhaupt Zukunft und Memoria garantiert. Je wertvoller die Gegenleistung ist, je mehr sie erhofft und benötigt wird, desto wertvoller muss das Opfer sein. Es regiert das Tauschprinzip!

Vom Tausch zum Bundesschluss: eine feste Geschäftsbeziehung

Von der einzelnen Opfergabe zu einem förmlichen Bundesschluss ist es nicht weit. In ihm gewinnt das Verhältnis zwischen Göttern und Menschen an Intensität und wird schließlich besiegelt. Opfer und Bund gehören zusammen. Wer einem Gott opfert, stellt erst einmal nur eine punktuelle, anlassbezogene Verbindung ohne dauerhafte Bindungswirkung her, auch wenn sie sich gelegentlich wiederholt. Wer dagegen mit einem Gott ein gegenseitiges Treueverhältnis begründen will, auf das er sich auch in Zukunft verlassen kann, der schließt einen Bund, einen förmlichen Vertrag, wie er auch zwischen Menschen geschlossen wird. Im Bund wird das Opfergeschehen auf die Zeitschiene montiert. Im Treueversprechen, das die Bündnispartner einander geben, verstetigen sie ihre Beziehung und verleihen ihr Bestand. So ist es eigentlich die Treue, die den Bund ausmacht und am Leben erhält. Die Basis der Treue zwischen dem Gott und seinem menschlichen Partner aber ist die Fortdauer der Wechselwirtschaft von Tausch und Opfer. In der regelmäßigen rituellen Darbringung, in der frommen Übung und im Gebet wird die Gottheit ernährt und „therapiert". „Bedienen, pflegen, verehren", so wird das griechische Verb therapeúein für den Dienst an den Göttern übersetzt.

Bis hierher sieht man noch kaum einen Unterschied zwischen einem Tausch- und Bundesverhältnis, das Menschen untereinander eingehen, und dem zwischen Menschen und Göttern. Die Götter mögen als Fiktionen im Kopf oder in Gestalt ihrer aufgeladenen Bildnisse existieren, der Bund mit ihnen simuliert die Form eines Bundes unter Menschen.

Damit ein Bund geschlossen werden kann, wären eigentlich nur zwei Personen nötig. Dieses zweistellige Konstrukt ist tatsächlich der Regelfall, wenn eine funktionale Gottheit um die Dienstleistung oder die Gunst angegangen wird, die in ihre Zuständigkeit fällt. Dann tritt der menschliche Partner in Vorleistung und schafft sich durch sein Opfer ein positives Guthaben für das erhoffte Tauschgeschäft. Zweistellig ist auch die Verbindung, die in den Minusbereich geraten ist. Dann wechseln natürlich die Begriffe und man spricht von Gläubigern und Schuldnern. Aber auch diese Geschäftsbeziehung ist eine Art Bund, wenn auch ein sehr spezieller und asymmetrischer. Das Geschäft ist schon zustande gekommen, doch erst, wenn die ausstehende Schuld bezahlt ist, ist es endgültig abgewickelt. Bis dahin ist noch eine Rechnung offen. Jedenfalls folgt auch die Beziehung zwischen Gläubiger und Schuldner dem Tauschprinzip. Das Schuldner-Gläubiger-Modell ist die Inversion eines positiven Bundes zwischen Gott und Mensch.

Der ausgeschlossene Dritte

Bei dem zweistelligen Typ eines Bundes treffen wir auf ein unkompliziertes Gegenüber der beiden Partner. Es gibt aber auch den Typus des drei- und mehrstelligen Bundes. Für ihn müssen wir uns deswegen besonders interessieren, weil er es ist, der die Bundestheologie des Alten Testamentes bestimmt. Wenn nämlich das Bundesverhältnis exklusiv wird, sind mehr als nur die beiden Vertragspartner im Spiel. Wenn es heißt: „Du und kein anderer!" ist der Andere als Dritter aufgetaucht. Er ist im Blick, soll aber ausdrücklich nicht dazugehören. Ihn auszuschließen kann sogar das Hauptmotiv eines Bundesschlusses sein. Wir erin-

nern uns: Der Bund mit JHWH ist exklusiv. JHWH ist eifersüchtig: „...
keine anderen Götter", so heißt es im Dekalog.

Spiegelbildlich beharrt aber auch das Bundesvolk auf seiner Exklusivität.

Springen wir einmal in die Zeit Nehemias und Esras, also in das Jerusalem nach der Rückkehr aus Babylon. Der persische Großkönig Kyros hatte (538–530) Babylon erobert und den Judäern die Rückkehr in ihre Heimat erlaubt. Das Buch Esra (ca. 400 v. Chr.) lässt sein Verfasser mit einer direkten Rede beginnen, in der sich Kyros geradezu als Lehensmann Gottes bekennt: *„JHWH, der Gott des Himmels, hat mir alle Reiche der Erde verliehen. Er selbst hat mir aufgetragen, ihm in Jerusalem in Juda ein Haus zu bauen. Jeder unter euch, der zu seinem Volk gehört – sein Gott sei mit ihm – der soll nach Jerusalem in Juda hinaufziehen und das Haus des Herrn, des Gottes Israels aufbauen, denn er ist der Gott, der in Jerusalem wohnt." (Esra 1,2f)*

Das klingt fast schon so, als sei Kyros zur JHWH-Religion konvertiert. Doch Vorsicht! Wenn JHWH der Gott des Himmels ist, der alle Reiche der Erde verleihen kann, und wenn er gleichzeitig der Gott Israels ist und Kyros diejenigen anredet, die zu seinem Volk gehören, dann ist er selbst der ausgeschlossene Dritte, denn er gehört nicht zu „seinem Volk". Esra gibt Ihm die Rolle eines Sympathisanten. Er ist ein Freund und Förderer, mehr nicht. Nun folgt die Phase des Wiederaufbaus. Serubbabel und viele andere, die auch namentlich genannt werden, machen sich an den Wiederaufbau des Tempels. Es kommt zu einer rührenden Szene: *„Viele betagte Priester, Leviten und Familienoberhäupter hatten noch den ersten Tempel gesehen. Als nun vor ihren Augen das Fundament für den neuen Tempel gelegt wurde, weinten sie laut. Viele andere aber schrien vor Jubel und Freude." (3,12)*

Dann aber zeigt sich, dass Kyros nicht der einzige neue JHWH-Anhänger war. Es melden sich „Feinde", deren Feindschaft sich darin zeigt, dass sie beim Tempelbau mitmachen wollen: *„Wir wollen zusammen mit euch bauen. Denn wie ihr verehren auch wir euren Gott und opfern ihm seit der Zeit des Königs Asarbaddon von Assur, der uns hierher gebracht hat." (4,2)*

Offenbar handelt es sich um Siedler, die anstelle der deportierten Judäer seinerzeit von den Assyrern im Rahmen ihrer Bevölkerungsrochade ansässig gemacht worden waren. Darauf Serubbabel: *„Es geht nicht,* *dass wir mit euch zusammen unserem Gott ein Haus bauen, sondern wir allein wollen für den Herrn, den Gott Israels, bauen, wie es uns König Kyros von Persien aufgetragen hat"* (4,3)

Wenn schon der Großkönig, dem Gott *„alle Reiche der Erde verliehen hat"*, nicht zum Volk Gottes gehört, dessen Lehensmann er aber gleichwohl sein soll, dann erst recht nicht die Menschen, die sich in Jerusalem und Umgebung breit gemacht haben, während die rechtmäßigen Besitzer von Stadt und Land verschleppt waren. An solchen Passagen zeigt sich deutlich der dreistellige Charakter der Erwählung. Wer nicht zum erwählten Volk gehört, wird sehr schnell als „Feind" betrachtet, nur weil er dazugehören und mitmachen will und sich in das Bundesverhältnis zwischen Gott und seinem Volk hineindrängen will.

In der Auszeichnung, die das Gegenüber des einen zum anderen Partner durch den Bundesschluss erfährt, ist das Moment der Abgrenzung oder auch der Abwehr gegen mindestens einen Dritten oder eine Welt von Feinden immer schon mitgedacht. Der Zusammenschluss erzeugt eine Binnenwelt, die sich gegen außen definiert und abschirmt. Gibt es keinen Feind, braucht niemand Verbündete. Wenn in der Politik gelegentlich erklärt wird: „Unser Bündnis richtet sich gegen niemanden", könnte sofort jeder Außenstehende fragen. „Und was ist mit mir?", so könnte auch Kyros gefragt haben. Und was, wenn er, der doch schon ein Lehnsmann JHWHs war, gesprochen hätte: „Ich sei, gewährt mir die Bitte, in eurem Bunde der Dritte?" Serubbabel hätte ihn abschlägig beschieden. Natürlich berichtet das Buch Esra, das einen exklusivistischen Standpunkt vertritt, davon nichts.

Der exklusive Bund ist also nur auf den ersten Blick zweistellig, bei Licht besehen aber drei- oder mehrstellig. In der dreistelligen Struktur des Bundes liegt ein Keim von Feindschaft. Solange er nicht mit zum Bund gehört, wird jeder Ausgeschlossene das Bündnis als Diskriminierung, am Ende als Feindseligkeit betrachten.

Diese dreistellige Struktur könnte uns an René Girard und sein „mimetisches Dreieck" erinnern. Ein Mensch, der Hunger hat, sieht eine Frucht und greift zu. Dieses zweistellige Gegenüber eines Subjekts mit dem Objekt der Begierde gibt es natürlich. Für die menschliche Gesellschaft ist das einsame Gegenüber von Subjekt und Objekt aber eher die Ausnahme. Wenn Homo sapiens unterwegs ist, ist er selten alleine. Wenn nun einer etwas begehrt, steckt er nach Girard seine Begleiter mit dieser Regung an. Ein Kind, allein in seinem Sandkasten, hat alsbald kein Interesse mehr an seinen Schippchen und Förmchen. Erst wenn ein anderes Kind dazukommt und danach greift, muss es sie unbedingt auch haben. Es ahmt das Begehren seines Spielgefährten nach. Diese Nachahmung (Mimesis) ist für Girard eine elementare gesellschaftliche Grundstruktur. Nicht nur Subjekt und Objekt stehen sich zweistellig gegenüber, vielmehr entsteht ein Dreieck, wenn zwei Subjekte dasselbe Objekt begehren. Hier liegt die Ursache von Rivalität und Feindschaft.

Kyros, der den Gott Israels als „Gott des Himmels" und als seinen Lehnsherrn anerkennt, der ihm alle Reiche verliehen hat, wird ebensowenig in den Bund aufgenommen wie die Neubürger Judäas, die nicht zu den Kindern Israels gehören. Serubbabel verweigert die Aufnahme, wie das Kind, das seine Spielsachen nicht teilen will.

Einerseits könnte man einen Kriegshelfergott, einen Bundesgenossen gegen die Feinde, in der Tat als funktionale Gottheit in die Reihe der anderen Funktionsgötter des Polytheismus stellen. So wie man einen Wettergott um gutes Wetter bittet, geht man den Retter in Kriegsgefahr an und bittet ihn um Beistand. Aber ein Unterschied ist wichtig: Die Bitte an den Wettergott ist zweistellig, die Bitte an den Kriegshelfer ist schon begriffslogisch dreistellig. Es ist nicht nur kein Dritter im Bunde, der Bund geht gegen den Dritten, den Feind.

Man vergleicht ja gerne den katholischen Heiligenhimmel mit dem Pantheon der alten Welt. Ähnlich wie Götter des Polytheismus haben die Heiligen unter dem Dach des Monotheismus bekanntlich ihre Zuständigkeiten. Man darf sie nicht anbeten, aber doch als Fürsprecher anrufen. Der bekannteste ist der heilige Florian. Er hilft in Feuersnot. Man könnte ihn natürlich zweistellig anrufen und ihn einfach im Brandfall um Beistand bitten. Wenn es aber im bekannten Witzreim heißt: *„Heiliger Sankt Florian, verschone unser Haus, zünd andren ihres an"* haben wir es mit einer dreistelligen Anrufung zu tun.

Die biblische Bundestheologie ist freilich kein Scherz. Wichtig ist die Erkenntnis, dass sie eigentlich nichts Besonderes ist. Sie liegt auch nicht in der Konsequenz des neuen Glaubens an den einen und einzigen Gott. Im Gegenteil, jeder Stamm, jede Stadt, jedes Volk hat diesen exklusiven himmlischen Bundesgenossen, der mit ihm siegt oder untergeht. Wenn der Großkönig von Babylon andere Völker unterwirft, lässt er sich dafür rühmen, dass deren Götter sie nicht vor ihm gerettet haben. (2 Kön 18–35)

Sanheribs Argument

Werfen wir einen Blick auf den Rabaschake, den assyrischen Hofbeamten (Obermundschenk) und Truppenführer: Sanherib, Großkönig von Assur und neuer Herrscher über das Zweistromland, hatte Babylon erobert und Ninive am Tigris zu seiner Hauptstadt gemacht. Von Hiskija, dem König von Juda, erhielt er beachtliche Tributzahlungen. Dennoch schickte er Truppen und belagerte Jerusalem. In 2 Kön 18 und 19 erhalten wir einen Einblick in die psychologische Kriegsführung der Assyrer, natürlich wie immer aus der klar monotheistischen Sicht der späteren (nach)exilischen Chronisten. Die Episode ist deshalb für uns so wichtig, weil uns die stilisierten Reden des assyrischen Kommandeurs eine Vorstellung davon vermitteln, dass üblicherweise jede der Krieg führenden Parteien einen göttlichen Kriegshelfergott hatte und auch davon, wie mit den göttlichen Bundesgenossen je nach Ausgang des Kampfes verfahren wurde. Die Szene ist sehr lebendig geschildert. Der Rabaschake spricht Judäisch, die Sprache der Einwohner Jerusalems, die auf der Stadtmauer zuhören. *„Hat denn einer von den Göttern der anderen Völker sein Land vor dem König von Assur gerettet? Wo sind die Götter von Hamad und Arpad? Wo sind die Götter von Sefarwajim, Hena und Arwa? Haben sie etwa Samaria vor mir gerettet? Wer von all den Göttern der anderen Länder hat sein Land vor mir gerettet? Wie sollte dann Jahwe Jerusalem vor mir retten?"* (2 Kön 18,33–35)

Auch die Autoren des parallelen Berichts in 2 Chronik 32,10–19 messen dem Sanherib-Argument eine große Bedeutung zu. Dreimal wird dort derselbe Gedanke als Botschaft des Großkönigs wiederholt: *„Wer von all den Göttern dieser Völker, die meine Väter dem Untergang geweiht haben, konnte sein Volk aus meiner Hand retten? Wie sollte dann euer Gott euch aus meiner Hand retten?"* Schließlich wird aus einem Brief Sanheribs zitiert: *„Wie die Götter der Völker in anderen Ländern ihr Volk nicht aus meiner Hand gerettet haben, so wird auch der Gott Hiskijas sein Volk nicht aus meiner Hand retten."*

Und als sei der Gedanke ganz neu, taucht Sanheribs Drohformel als Einleitung zu der eindrucksvollen Antwort Hiskijas noch einmal auf: *„Sind denn die Völker, die von meinen Vätern vernichtet wurden, von ihren Göttern gerettet worden, die Völker von Gosan, Haran und Rezef, die Söhne von Eden, die in Telassar wohnten? Wo ist der König von Hamat, der König von Arpad, der König der Stadt Sefarwajim, wo sind die Könige von Hena und Awa?"* Die Liste der besiegen Götter und Völker ist noch länger als die des Rabaschake. Unmissverständlich geht aus diesen Reden und Briefen ein funktionalistisches Gottesverständnis hervor. Jedes Volk hat seinen Kriegshelfer, und weil das der Normalfall ist, wird auch Hiskija mit seinem Jahwe in dieses Schema eingetragen. Der Kriegshelfergott siegt oder verliert mit seinem Bundesvolk.

Nach diesen Anläufen geben die exilischen und nachexilischen Autoren endlich Hiskija das Wort zu seinem großen Gebet, aus dem das neue monotheistische Gottesverständnis hervorgeht. In ihm heißt es: *„Herr, Gott Israels, der über den Kerubim thront, du allein bist der Gott aller Reiche der Erde. Du hast den Himmel und die Erde gemacht. Wende mir dein Ohr zu, Herr, und höre! Öffne Herr, deine Augen und sieh her! Hör alles, was Sanherib sagt, der seinen Boten hergesandt hat, um den lebendigen Gott zu verhöhnen. Es ist wahr, Herr, die Könige von Assur haben die Völker vernichtet, ihre Länder verwüstet und ihre Götter ins Feuer geworfen. Aber das waren keine Götter, sondern Werke von Menschenhand, aus Holz und Stein; darum konnte man sie vernichten. Nun aber, Herr, unser Gott, rette uns aus seiner Hand, damit alle Reiche der Erde erkennen, dass du Jahwe, Gott bist, du allein."* (2 Kön, 15–19)

Ist nun Jahwe ein Kriegshelfergott oder nicht? Am Schilfmeer hatte er sich doch als ein solcher erwiesen. Dennoch soll er ganz anders sein als die Götter aus Sanheribs Liste? Wenn jedes Volk seinen Gott hat, dann benimmt sich Israel wie alle anderen auch, wenn es sich an Jahwe hält. Er war doch der mächtige Retter am Schilfmeer!

Halten wir fest: die Bundestheologie ist ein funktionalistisches Konstrukt und entspricht im Grunde noch dem polytheistischen Gotteskonzept. Dass die assyrische Kriegsrhetorik JHWH in die Klasse der üblichen göttlichen Bundesgötter einreiht, ist aus Hiskijas Sicht allerdings eine Verhöhnung des lebendigen Gottes.

So muss die entscheidende Frage lauten: Was hat er denn für einen Grund, JHWH aus der Riege der üblichen Kriegshelfergötter herauszunehmen? Die Antwort gibt er in seinem Gebet: Die anderen Götter waren keine! Es waren nur Werke von Menschenhand, aus Holz und Stein; darum konnte man sie vernichten... Die Idee, es mit einem Rettergott zu tun zu haben, gibt er allerdings nicht auf. Der entscheidende Unterschied zwischen JHWH und den anderen besteht hier allein in der Tatsache, dass er nicht selbstgemacht ist.

Ein polytheistischer Rest

An Texten wie diesen treffen wir wieder auf die Spur der biblischen Aufklärung. Am Kultbild aus Holz oder Stein, das man vernichten kann, konnte der Aspekt des Selbermachens aufgezeigt und entlarvt werden. Im Bild wurde das objektiviert, was vorher in den Köpfen fingiert worden war. Indem Juda auf diesen Akt der Objektivation verzichtet, gibt es die Definitionshoheit über das Objekt auf. Dass es sich nur an den Bilderlosen halten und die anderen beiseite setzen soll, ist dann nur konsequent. Deswegen muss JHWH auch eifersüchtig werden. Im Dekalog wird er auf seiner Einzigkeit bestehen müssen. Vorerst, in Hiskijas Gebet, ist er schon einmal ein Anderer, der nicht mit den Göttern aus Holz oder Stein gleichzusetzen, sondern lebendig ist. Aber wie weit geht seine Alterität? Wenn er in seinem „Namen", der puren Ausrufung seines ubiquitären Daseins und nicht in Bildwerken von Menschenhand anwesend ist, und wenn er dennoch als Bundesgenosse angesprochen wird, ist dann nicht diese letzte bilderlose Funktionalität ein polytheistischer Rest?

Ob unter Hiskija die Phase der Monolatrie, in der man mit den anderen Göttern neben JHWH noch rechnet, in allen Köpfen Judas tatsächlich schon überwunden war, kann offen bleiben. Halten wir fest: Der Hiskija des zweiten Buchs der Könige weiß, dass die Götter der Völker nicht wirklich Götter, sondern Werke von Menschenhand waren, die man so vernichten konnte, wie sie gemacht worden waren. Hiskija spricht so, als hätte er gerade den Propheten (Deutero)Jesaja gehört. Ein weiteres Mal kann festgestellt werden, dass sich die monotheistische Polemik auf die Bilderfrage konzentriert.

Der lange Kulturkampf gegen die Kulte richtet sich aber auch gegen all die anderen Praktiken, gegen alles, *„was dem Herrn missfällt"*, also gegen die Errichtung von Kulthöhen und Kultpfählen, gegen *„die Söhne durchs Feuer gehen lassen"*, gegen Zauberei, Wahrsagerei, Totenbeschwörung und Zeichendeutung (2 Kön 21,6). Das alles wird durch die Entlarvung der Götzenbilder als Werke von Menschenhand miterledigt. In Kenntnis der Redaktionsgeschichte könnte man auch sagen: Dieser kultische Ballast war durch die Entwurzelung der Exilanten in Babylon abgeworfen worden. Der historische Hiskija lebte und regierte allerdings vor dem Exil. Der Hiskija der Chronisten hat die monotheistische Wende schon hinter sich.

Hiskijas Gebet dokumentiert jedenfalls schon den monotheistischen Qualitätssprung, der in der Gegenüberstellung des Schöpfers des Himmels und der Erde zu seiner Schöpfung besteht, auch darin, dass er als der alleinige Gott von allen Völkern erkannt werden muss.

Aber dieses Gebet erzeugt auch die Frage: Wie geht das zusammen – einerseits behält Jahwe die Funktion der anderen Kriegshelfergötter, er bleibt der übliche Bundesgenosse – andererseits muss er als der alleinige Gott ein ganz Anderer sein als die funktionalistischen Partikulargottheiten mit ihren jeweiligen Zuständigkeiten. Was unterscheidet einen Kriegshelfergott von einer Fruchtbarkeitsgottheit? Ist die Tatsache, dass Jahwe der Bundesgenosse Judas bleibt, nicht tatsächlich ein funktionalistischer Rest? Auch der Zusammenhang der Bundestheologie mit dem Opferbetrieb, der in Jerusalem nach dem Exil in großem Stil weitergeführt wird, führt zu Fragen, die in dieselbe Richtung gehen. Kann ein in die Konsequenz getriebener Monotheismus sich noch als exklusive Bundestheologie verstehen? Anders gefragt: Reicht seine Bildlosigkeit aus, um ihn vor dem Verdacht, selbstgemacht zu sein abzusichern?

Wenn wir die Sprache als menschliches Urmedium betrachten, dann ist der mündliche Bundesschluss einer jener starken Sprechakte, die etwas in die Welt setzen, das Folgen hat. Schon beim Medium des Prophetenwortes hatten wir bemerkt, dass es zwischen dem schnell im Wind verwehenden Geplapper und der auf Dauer fixierten Schrift ein Mittleres gibt, das wirkende Wort, das Bestand hat, das einmal in die Welt gesetzt, nicht verschwindet, sondern sich entfaltet. Soll man es mit Derrida die verborgene Schriftlichkeit des Mündlichen oder eine mündliche

Schriftlichkeit nennen? Wenn die Schrift gegenüber der gesprochenen Sprache die stärkste Form einer Objektivation ist, dann gibt es doch Vorformen, starke Sprechakte, wie den Schwur, den Fluch und das Segenswort, deren performative Qualität kaum mehr einer Verschriftlichung zu bedürfen scheint. Und doch bedeutet die Sistierung einer Bedeutung im geschriebenen Text, der sich von seinem Verfasser ablöst und eine eigene Existenzform darstellt, einen gewaltigen Schritt. Nur als geschriebenes wird das Wort kultfähig. Treue zu fordern und von Dauer zu sein, darin liegt der Sinn des Bundes. So erfüllt sich dieser Sinn im Akt einer Beurkundung auf nahezu unvergänglichem Material, den steinernen Tafeln. Der schreibende Finger Gottes erinnert in der Performanz des Vertragsabschlusses noch von Weitem an das alte Muster eines politischen oder militärischen Bündnisvertrags zwischen menschlichen Partnern, die sich auf Augenhöhe begegnen. Je mehr aber JHWH ein anderer wird, schließlich als der Schöpfer der Welt, als das große Gegenüber gesehen wird, umso weniger taugt das Modell eines Bundes zwischen Gleichen. Ein Bund zwischen diesem Einzigen und seinem Volk erweist sich von vornherein als etwas völlig anderes. Das Gesetz des Handelns liegt nun ganz bei ihm, der sich sein Volk erwählt. Das Verhältnis zum Unsichtbaren kann keine Beziehung auf Augenhöhe mehr sein. Dieser Bund ist denkbar asymmetrisch. Er kommt durch den einseitigen Akt der Erwählung zustande.

Erwählung und Erwählungsneid

In jedem Akt der Erwählung liegt Sprengstoff. Er erzeugt Fragen. Warum wurde gerade ich erwählt? Habe ich das verdient? Oder: Warum wurde ich nicht erwählt? Womit habe ich das verdient? Geht es überhaupt nach Verdienst?

Die Erwählung des einen erzeugt fast automatisch den Neid der anderen. Mehrfach begegnet im Alten Testament das Motiv des Erwählungsneids. Es begegnet uns in der Geschichte von Kain und Abel ebenso, wie in der von Esau und Jakob und der von Josef und seinen Brüdern. Und wenn wir noch tiefer fragen: Warum erwählt Gott die einen und nicht die anderen? Warum erwählt er nicht alle, die sich erwählen lassen? Wenn es in einem radikalmonotheistischen Ansatz nur den einen

Gott gibt, müssten ihm dann nicht alle Menschen verbunden sein können? Ist nicht der Erwählungsneid die tiefste Wurzel des Antisemitismus?

Aber Erwählung ist nicht gleich Erwählung. Es gibt die verdiente Erwählung, deren Gründe der implizite Leser gut nachvollziehen kann, und die grundlose Erwählung, deren Gründe uns und allen vorenthalten werden.

Warum Josef, der Liebling seines Vaters Jakob, seinen Brüdern vorgezogen wird, hatte seinen Grund. Er war der Erstgeborene von Rahel, der einzigen Frau, die Jakob wirklich geliebt hatte. Auch für Abrahams Erwählung erfahren wir den Grund. Hier wird die Erwählung als Konsequenz und Lohn für eine gottesfürchtige Vorleistung des Erwählten geschildert: *„Abraham glaubte dem Herrn und der Herr rechnete es ihm als Gerechtigkeit an."* (Gen 15,6) Danach (15,18) kommt es zum Bundesschluss. Auch in der ungeheuerlichen Erzählung, mit der sich der Monotheismus von den Kinderopfern für den Moloch verabschiedet, der Beinahe-Opferung des Spät- und Erstgeborenen Isaak heißt es: *„Weil du das getan hast und deinen einzigen Sohn mir nicht vorenthalten hast, will ich dir Segen schenken in Fülle und deine Nachkommen zahlreich machen, wie die Sterne am Himmel und den Sand am Meeresstrand. Deine Nachkommen sollen das Tor ihrer Feinde einnehmen. Segnen sollen sich in deinem Nachkommen alle Völker der Erde, weil du auf meine Stimme gehört hast."* (Gen 22,15–18)

Von Jesaja stammt die Formel *" Glaubt ihr nicht, so bleibt ihr nicht."* (7,9)[3]. Knapper geht's nicht.

Dann aber wird die Erwählung gerade nicht von der Vortrefflichkeit des Erwählten abhängig gemacht. Hier wird es interessant. Bei der Erwählung nach Verdienst liegt das Motiv auf der Hand. Abraham ist gerecht, weil er glaubt. Dafür wird er durch Bund und Segen belohnt. Diese Interaktion zwischen Gott und seinem Bundesgenossen folgt noch dem Tun-Ergehens-Zusammenhang, also dem Tauschprinzip: Leistung und Gegenleistung. Es bleibt dabei: Diese Regel ist wirklich fundamental. Aber kann das Grundprinzip aller menschlichen Verkehrsformen auch auf den Verkehr mit Gott übertragen werden?

Der zweite Typus von Erwählung kennt eigentlich überhaupt kein Motiv. Gott erwählt einfach, weil er es will. Die grundlose Wahl ist eine Manifestation der göttlichen Freiheit. Er will es einfach so, weil er Gott ist und niemandem seine Gründe zeigen muss. Man könnte auch sagen, er wählt ohne Grund – aus Liebe. Es ist kein Zufall, dass Ezechiel, der zu den nach Mesopotamien Verschleppten gehörte, das Verhältnis Gottes zum Volk seiner Erwählung als Liebesgeschichte beschreibt, denn Liebe sprengt das Tauschprinzip: In Ez 16, 1–63 ist Israel ist ein ausgesetzter Säugling auf freiem Feld. *„Da kam ich vorüber und sah dich in deinem Blut zappeln. Und ich sagte zu dir, als du blutverschmiert dalagst: Bleib am Leben!"*

Das Mädchen wächst heran und erblüht zu voller Schönheit. *„Doch du warst nackt und bloß. Da kam ich an dir vorüber, sah dich. Und siehe die Zeit war gekommen, die Zeit der Liebe. Ich breitete meinen Mantel über dich und bedeckte deine Nacktheit."* Der liebende Bräutigam überhäuft die Braut mit kostbaren Gewändern, Gold, Feinmehl, Honig und Öl ist ihre Nahrung. *„So wurdest du strahlend schön und wurdest sogar Königin."* Doch Israel, die treulose Braut wirft sich weg. Jedem, der vorbeikommt, bietet sie sich an. *„Du hast deine bunten Gewänder genommen und dir an den Kulthöhen ein Lager bereitet und darauf Unzucht getrieben. Deinen prächtigen Schmuck aus meinem Gold und Silber, den ich dir geschenkt hatte, hast du genommen und hast dir daraus männliche Figuren gemacht, um mit ihnen Unzucht zu treiben."*

Die Botschaft dieser starken Prophetenmetaphorik heißt: Götzenmachen ist Unzucht, die Perversion der reinen unverdienten Liebe Gottes zu seinem Volk. Liebe ist nicht käuflich. Sie ist ein Geschenk ohne Gegenleistung. Gott liebt zuerst und die erstaunliche Pointe ist: trotz der Treulosigkeit der Braut hält er an seiner Liebe fest. Am Ende heißt es: *„Ich selbst gehe einen Bund mit dir ein, damit du erkennst, dass ich der Herr bin"* (Ez 16,62)

Weil er sich dem Tauschprinzip nicht unterwirft, überlebt seine souveräne Liebe alle Treulosigkeiten. Vorher muss aber Israel sein babylonisches Schicksal als Strafe für seinen Götzendienst ertragen.

Auch im Mediendrama vom Sinai spielt die unverdiente Erwählung die entscheidende Rolle. Das Volk hätte wegen seines Götzendienstes Strafe und Untergang verdient. Die längeren Wechselreden zwischen Gott und Mose – Mose: *„Sieh diese Leute an: Es ist doch dein Volk!"* – münden in den Verzicht auf das Tauschprinzip: *„Der Herr erwiderte Mose: Auch das, was du jetzt verlangt hast, will ich tun; denn du hast nun einmal meine Gnade gefunden und ich kenne dich mit Namen."*

Und in der folgenden Szene mit Mose im Felsspalt, die wie kaum eine andere die Simultaneität von Offenbarung und Vorenthaltung zeigt, heißt es: *„Ich gewähre Gnade, wem ich will und schenke Erbarmen, wem ich will."*

Hier wird deutlich: Erwählung und Vorenthaltung gehören zusammen. In der grundlosen Erwählung zeigt sich die Andersheit Gottes des Inkommensurablen. In der Vorenthaltung der Gründe wird seine Souveränität manifest. In der grundlosen Zuwendung – nennen wir sie ruhig Liebe, zeigt er, dass er der Herr ist. Bei der verdienten Erwählung erfahren wir die Gründe. Gnade nennt keinen Grund.

Auch wenn das Vertragsmodell unter Gleichen die Semantik des Bundesbegriffes zwischen Gott und seinem Volk geliefert hatte, wurde die Heilsgeschichte doch alsbald als die Geschichte zweier ungleicher Vertragspartner erzählt. Gottes zweite Schöpfung war schließlich die eigenhändige schriftliche Ausfertigung einer Bundesurkunde. Der Glaube an Gott als den großen, ja unüberbietbaren Bundesgenossen, der zugunsten seines Volkes interveniert, es vor seinen Feinden rettet und wie ein irdischer Bundesgenosse mithilft, sie zu vernichten, der *„Ross und Wagenfahrer ins Meer warf"*, wie es im erwähnten Mirjam-Lied heißt, das die Rettung am Schilfmeer preist und als die älteste Spur der Exodus-Ereignisse gilt (Ex 15,21), dieser Glaube ist anfällig für eine verführerische, aber hochproblematische Vorstellung, die nach meiner Überzeugung den Kern des Monotheismus grandios verfehlt.

Sie entsteht im frommen Überschwang des Gläubigen, der mit inbrünstigen Gebeten, mit Gesetzesgehorsam und Observanzen in sich das sichere Gefühl erzeugt hat, dass der Wille Gottes mit dem seinen übereinstimmt. Er wird rückfällig und folgt dem Tauschprinzip, besser: er bleibt im Tauschprinzip gefangen. Weil er die Gott geschuldete Vorleistung erbringt, meint er, Anspruch auf Gottes Gegenleistung zu haben. Und weil er fromm ist, glaubt der Fromme, dass er den Willen Gottes kennt. Das ist Usurpation!

Die usurpatorische Versuchung begleitet den Monotheismus durch seine ganze Geschichte. Der Fromme will den Willen Gottes tun. Dazu muss er alles daran setzen, ihn zu ermitteln. Die Behauptung, ihn zu besitzen, unterschlägt aber das eigentliche Proprium der großen Offenbarungserzählungen. Alle sind sie gekennzeichnet von der Simultaneität von Präsenz und Entzug. Wer den Entzug unterschlägt, verfehlt das Entscheidende, das, was den Monotheismus von den funktionalistischen Gottheiten des Polytheismus unterscheidet.

Wer kennt den Willen Gottes?

Wer behauptet, den Willen Gottes zu besitzen, hat sich als Usurpator auf den Thron des Allwissenden geschlichen. Er ist ohne es zu merken dem Versprechen der Schlange gefolgt: *„Ihr werdet wie Gott und erkennt Gut und Böse"* (Gen 3,5)

Usurpation ist weiß Gott kein Alleinstellungsmerkmal spanischer Inquisitoren. Die Soldaten Hitlers lasen auf ihrem Koppelschloss *„Gott mit uns"* und Kreuzfahrer schrieben auf ihr Banner *„Deus lo vult"*. In wieviel Kriegen unter Christen wurde in den Kirchen verfeindeter Nationen für den Sieg gebetet? *„Wenn Gott mit uns ist, wer ist dann gegen uns?"* Ja wenn...

Was aber, wenn es zu einer Niederlage kommt, wo war da der Bundesgenosse geblieben? Diese Frage muss sich ein besiegtes Volk stellen, das davon überzeugt war, dass Gott mit ihm einen Bund gegen seine Feinde geschlossen hatte.

Anmerkungen

1 Das Motiv der Verschonung böte ein Stichwort für eine vertiefte Untersuchung der Bundes- und Opfertradition. Auch die Israeliten wurden verschont, als Gott die Erstgeburt der Ägypter tötete. Das an die Türpfosten gestrichene Blut des Opferlammes bewirkte den Vorübergang (Pessach), die Verschonung. Die Macht der Kultpersistenz sorgte dafür, dass das Blutmotiv des geschlachteten Lammes im Ritual des Sederabends repräsentiert durch roten Wein, neu überschrieben wurde und so, wiederum neu überschrieben, sich bis in die christliche Eucharistie verlängerte. Das Thema gewinnt an Komplexität durch den Blick auf Jesus als das neue *„Lamm Gottes, das hinwegnimmt die Sünden der Welt"*. Wer die Wurzel der Tieropfer im polytheistischen Tauschprinzip freigelegt hat, wird die Brisanz dieser Tradition erkennen. Hier muss ich es bei einer Andeutung belassen.

2 Vgl. Anm.49.

3 Dabei handelt es sich um ein Wortspiel.

Kapitel VIII:
Grapholatrie

Grapholatrie versus Idolatrie

Von „Grapholatrie" war bereits mehrfach die Rede. Der Begriff[1] ist eine Parallelbildung zur gängigen „Idolatrie". Die Kritik an den Götterbildern alleine konnte den Monotheismus noch nicht durchsetzen. Sie war ja zunächst rein destruktiv und entlarvend. Xenophanes mag einen Platz in der Philosophiegeschichte haben, für die religiösen Verhältnisse in Griechenland bedeutete seine Kritik wenig oder nichts. Die Wallfahrten zu den Orakeln, die großen Götterfeste und Spiele, die öffentlichen Kulte, die in der Polis Bürgerpflicht waren, hatten von den Intellektuellen nichts zu befürchten.

Bis hierher kam es mir sehr darauf an zu zeigen, wie wichtig die Grapholatrie für die Ablösung des Bilderkultes war. Wer sich auf seine Kritik beschränkte, hinterließ eine Leerstelle im religiösen Exercitium.

Zu dem großen monotheistischen Schwellenereignis konnte es – so meine These – nur kommen, weil es diesen Medienwechsel vom Kultbild zur Kultschrift gegeben hat. Dass Schrift auch ein Kultobjekt sein kann, übersieht man zunächst einmal aus verständlichen Gründen, denn sie ist ja zuerst etwas anderes, nämlich ein Sinnträger. Ihre primäre Funktion sehen wir doch darin, Inhalte und Botschaften zu transportieren. Auf diese sind wir in erster Linie neugierig. Und ist die Botschaft angekommen, ist der Bote schnell vergessen.

Auch ob sie auf Papier, mit Kreide an der Tafel oder auf dem Bildschirm zu lesen war, darauf scheint es nicht anzukommen. Zwar hatten wir die unterschiedlichen Schriftträger schon inspiziert[2]: Papier, Pergament, Wachstafeln, Tontafeln, Metall, Holz, Stein. Aber das war uns im ersten Anlauf nicht so wichtig. Dass die Schrift auf einem materialen Träger haften musste, konnte man in vielen Fällen für trivial halten.

Das ist es aber nicht! Marshall McLuhans Slogan: *„The medium is the message"* hatte oft ärgerliche Folgen. Er macht aber auf das allzu lang Übersehene aufmerksam und macht es übertreibend zur Hauptsache. Wenn die Inhalte für unwichtig erklärt werden, schlägt das Pendel zu weit aus. Uns sollten die Ausnahmefälle interessieren, in denen er Recht hat. Es kann durchaus einmal sehr darauf ankommen, ob etwas „in den Sand geschrieben" oder „in Stein gemeißelt" ist. Bei Heinrich von Kleist wird die Kostbarkeit einer Geschichte so gesteigert, dass es von ihr heißt, sie sei es *„...wert, in Erz gegraben zu werden..."*[3]. Auch diese Redewendungen beziehen sich noch auf den Inhalt, seine Wichtigkeit und Haltbarkeit, aber die Aufmerksamkeit gilt nicht mehr nur ihm, sondern auch und vielleicht sogar zuerst dem Objekt, an dem er haftet.

Einer anderen Funktion des beschrifteten Objekts nähern wir uns, wenn wir an Verträge und Unterschriften denken. Es gibt ja auch mündliche Abmachungen und den Handschlag der Viehhändler. Wenn aber jemand sagt: „Das hätte ich gern schriftlich!", dann will er etwas in der Hand halten, das die Abmachung fixiert. Noch intensiver wirkt die persönliche Unterschrift. Sie wird „geleistet". Da löst sich etwas Unverwechselbares vom Körper des Schreibers ab, in der Tat, eine Art Leistung, mit der Hand erbracht. Ist die Unterschrift dann geleistet, bekommt das Papier, auf dem sie erscheint, die Qualität einer Urkunde. Ein Notar kann „beurkunden" und das so Beglaubigte für jedes Gericht unumstößlich machen. Das Leisten einer Unterschrift geschieht auf der Grenze von Innen und Außen, von Körper und Welt. Analphabeten geben als Ersatz einen Fingerabdruck. Man kann es auch umgekehrt sehen: die Unterschrift ist eine Art Siegel, ein Zeichen, das seine primäre Qualität dadurch erhält, dass es vom Körper kommt. Auch ein Brief, wenn er „von Hand" geschrieben ist, hat deutlich an Wert gewonnen.

Wenn J. L. Austins Handlungsaspekt der gesprochenen Sprache, den „Sprechakt", auf die geschriebene übertragen, erhalten wir den „Schriftakt", von dem schon die Rede war. [4]„How to do Things with Scripture" müsste die entsprechende Abhandlung dann betitelt werden. Und schon trifft unsere Aufmerksamkeit nicht mehr nur auf die inhaltliche Botschaft der Schrift, sondern auch auf die stumme Botschaft, die in der Tatsache liegt, dass überhaupt geschrieben wird. Auch auf das Schriftmaterial, die Buchstaben und das Objekt, das die Inschrift trägt. Was einer dann mit dem texttragenden Objekt anstellt, kann weit über seine Syntax und Semantik hinausgehen, auch wenn die Inhalte in der Regel bedeutsam bleiben.

Die bewusste Vorenthaltung des Inhalts bleibt eine Ausnahme. Für diesen Fall kenne ich nur eine einzige Geschichte, die mir deswegen umso bedeutsamer erscheint: (Joh 8, 1–11). Hier schreibt Jesus; einer, der zwar schreiben konnte, aber zur Schrift ein distanziertes, besser ein reflektiertes Verhältnis hatte und, anders als die Schriftpropheten, keine Zeile hinterlassen hat. Wie das? Ja, Jesus schreibt ein einziges Mal, und zwar mit dem Finger auf die Erde. Und der Inhalt dessen, was er geschrieben hat, wird uns vom Erzähler der Episode, bewusst vorenthalten! Das Johannesevangelium, in das die Perikope eingebaut ist, hatte Jesus, den, dessen Finger hier schreibt, in seinem Prolog als den Fleisch gewordenen Logos, als das *„Wort"*, das *„Im Anfang"* war, bezeichnet (Joh 1,14). Auf den Finger, als den Köperteil, mit dem man schreiben kann, hatten wir schon aufmerksam gemacht, als es um die Beschriftung der steinernen Tafeln ging. Gott als Autor! Das war die Gründungserzählung eines starken Konzepts von Heiliger Schrift. Nun schreibt Jesus mit demselben Körperteil „auf die Erde" des Tempelvorhofs, wo die Schrift mit Füßen getreten werden kann. Gegenüber einer Schrift, die der Finger Gottes einst in steinerne Tafeln geschrieben hatte, ist das eine offensichtliche Gegendemonstration. Auf sie müssen wir noch ausführlicher zurückkommen.

Der Normalfall sieht anders aus.[5] Wenn wir zum Beispiel an die Überreichung einer Ernennungsurkunde denken, ist der Akt der Aushändigung genauso wichtig wie der Text der Urkunde. Im Beamtenrecht erlangt eine Beförderung erst Rechtskraft, wenn die Urkunde ausgehändigt ist.

Auf die Zaubereien mit Fluchtäfelchen hatten wir schon hingewiesen.[6] Bei diesem Schriftzauber sehen wir ebenfalls deutlich, dass es neben dem Inhalt, in diesem Fall den Fluchformeln, auch auf das ankommt, was mit den Täfelchen geschieht, wo sie platziert werden etc. Ein Forschungsprojekt der Universität Heidelberg hat sich die Untersuchung von Schriften vorgenommen, die von vornherein nicht dazu bestimmt waren, überhaupt gelesen zu werden.[7] Sie wurden an Bauwerken so angebracht, dass sie dem Blick entzogen waren oder auf der Unterseite von Steinplatten, deren Verlegung ausschloss, dass sie je eines Menschen Auge noch einmal erblicken würde. Dies kommt der Inszenierung eines Entzugs, zumindest aber einer Vorenthaltung gleich.

Das bekannteste Beispiel eines solchen Entzugs ist die Heiligung und Verehrung der Bundeslade, von der die koptischen Christen Äthiopiens glauben, dass sie auf Umwegen in ihren Besitz gekommen sei. Hier treffen wir auf das vielleicht liebenswürdigste Beispiel von Grapholatrie, denn der Inhalt der Bundeslade war doch die Heilige Schrift, und zwar das Original. Über ihren Inhalt geben die Abschriften der Bibel hinreichend Auskunft. Die Lade wird in Aksum aufbewahrt, aber sie wird nie gezeigt. Ein einziger Mönch bewacht sie sein ganzes Leben lang, Tag und Nacht. Ihre Nachbildung wird bei einem alljährlichen Fest in einer großen Prozession herumgeführt, auch in vielen Kirchen gibt es Nachbildungen, so dass sie fast überall verehrt werden kann. Sie gilt als das größte Heiligtum des Landes. Wunderbarerweise hat sich in Aksum der Schriftkult in einer Qualität erhalten, wie er in der Entstehungsphase des Monotheismus als Bedingung des großen Medienwechsels zuerst aufgetreten und von den Exilanten im 37. Kapitel des Buches Exodus beschrieben worden ist. Die Inszenierung der Gleichzeitigkeit von Präsenz und Entzug ist eine, ja die klassische Form der Alteritätsmarkierung.

Zum Wesen einer Kultschrift gehört ihre Versiegelung. Wenn sie heilig ist, muss sie auch unantastbar sein. Daher wird sie im Verlauf ihrer Sakralisierung mehr und mehr der redaktionellen Gestaltung entzogen und ist mit Abschluss der Kanonbildung buchstäblich festgeschrieben. Kein Jota darf verändert werden. Die Idee der unveränderlichen, am Ende gar ewigen und präexistenten, das heißt der Zeit enthobenen Heiligen Schrift, nimmt in der Logik des Narrativs ihren Anfang bei der Erzählung von dem erwähnten Finger Gottes, der auf die steinernen Tafeln geschrieben hatte. Je mehr dann diese Idee einer göttlichen Autorschaft auf andere Texte übergreift, umso mehr versteinern diese, werden sakralisiert und dann auch kanonisch.

Alles Geschriebene hat ohnehin die Suggestion, dass es bleiben soll. Schreiben um zu bleiben und bleiben zu machen, die Zeit auszubremsen, dieses Grundmotiv jeder Verschriftlichung durchzieht von Anfang an unsere Überlegungen. Die Buchstaben geben sich als Sieger über die

Vergänglichkeit, vor allem dann, wenn sie als alt und ehrwürdig gelten. Wie erst, wenn es Gott selbst ist, der schreibt...

Nach dem Ende der Schlachtopfer

Die philologische Forschung geht davon aus, dass für die Kanonbildung des Tanach die große Zäsur den endgültigen Abschluss bildet, die für das Judentum die Zerstörung des Jerusalemer Tempels durch Vespasian und seinen Sohn Titus im Jahre 70 n. Chr. darstellte. Diesen markanten Einschnitt hatten wir schon mehrfach als eine Art Gründungsereignis für das rabbinische Judentum erwähnt. Genauer gesagt, war es sein Auslöser. Während ein nicht geringer Teil Israels, die frühen christlichen Gemeinden, sich von dem steilen Konzept einer Heiligen Schrift als dem einzigen Ort Gottes verabschiedete und durch ein neues Gottesmedium überbot, ging das rabbinische Judentum einen anderen Weg.

Konsequenzen mussten auf jeden Fall gezogen werden, denn der Tempel war zerstört. Was bedeutete diese Zerstörung für Israel? Gewiss eine Katastrophe – zunächst einmal. Die zentrale, ja einzige Opferstätte gab es nun nicht mehr. Denn für JHWH, den Einzigen und so ganz Anderen, hatte ja nur an diesem einen Ort geschlachtet werden dürfen. Deswegen hatte Joschija seinerzeit alle anderen Kultstätten, auch diejenigen für Jahwe, stillgelegt. Und nun war mit Titus' Demolierung das Ende der blutigen Opfer gekommen. Dieses Ende des Opferkults in Israel[8] hatte Folgen für den Status der Heiligen Schrift bei den Rabbinen. Sie war nunmehr das einzig verbliebene Kultobjekt. Schon lange war sie das verehrte Königsmedium des Monotheismus gewesen. Aber nun erst hatte sie eine klare Monopolstellung. Die finale Sakralisierung bedeutete auch den Abschluss der Kanonbildung.

„Sola scriptura!" – „Allein die Schrift!" so werden die protestantischen Reformatoren vierzehnhundert Jahre später ausrufen. In Jabne, einem Ort ca. 20 km vom heutigen Tel Aviv entfernt, hätte die Reformulierung und Neubegründung des Judentums mit noch besserem Recht sich unter dieses Motto stellen können. Mit Erlaubnis des Kaisers Vespasian hatte sich dort der Sanhedrin, der „Hohe Rat" pharisäischer Prägung neu versammelt. Unter Rabban Jochanan ben Zakkai und seinem Nachfolger Gamaliel II. begann eine Phase der Neubesinnung, die dem rabbinischen Judentum in Distanz zum jungen Christentum eine lebensförmige Zukunft ermöglichen sollte. Manche sprechen auch von der „Synode von Jabne". Sie verschaffte dem Tanach seine solitäre Stellung als Kultobjekt, die er im orthodoxen Judentum bis heute bewahrt hat. Auch andere Schriften wie der Talmud hatten inzwischen ihre Bedeutung gewonnen. Die Epoche von Jabne dauerte von 70 n. Chr. bis zum Bar-Kochba-Aufstand im Jahre 135 n. Chr. Hier nahm das seinen Anfang, was George Steiner den *„Tanz des Geistes vor der halb geschlossenen aber strahlenden Bundeslade der Schrift"* nannte.[9]

Den Opferkult, der nun ein Ende gefunden hatte und den die Juden immer noch mit fast allen anderen Religionen der alten Welt teilten, hatten wir wegen seiner tiefen Wurzel im Tauschprinzip als einen überständigen polytheistischen Rest betrachtet. Dass er sich so lange gehalten hatte, zeigt die Gravitation der Kultpersistenz. Samuel Beckett hat es auch gewusst: *„Il est plus facile d'elever un témple, que d'y faire descendre l'objet du culte."*[10] *„Es ist leichter, einen Tempel zu errichten, als ein Kultobjekt zum Verschwinden zu bringen."*

Das portative Vaterland, die rabbinische Perspektive

Mit der Zerstörung des Tempels waren also die blutigen Tieropfer verschwunden, die Israel mit den Völkern noch gemeinsam gehabt hatte. Auf das einzige verbliebene Gottesmedium, die Heilige Schrift, konnte sich jetzt alle religiöse Energie der versprengten Judenheit konzentrieren. So beklagenswert die Zerstörung des Heiligtums für die Betroffenen auch war, in gewisser Weise wurde dadurch der bis dahin gediehene Monotheismus von dem zweifelhaften Kulthintergrund endgültig abgeschnitten, der eigentlich ein Überbleibsel der polytheistischen Praxis war. Der Medienwechsel zur Schrift war erst jetzt in die Konsequenz getrieben worden. Dies geschah allerdings unfreiwillig und durch fremde Gewalt.

Im Rückblick ergibt sich eine bezeichnende Parallele: So wie die Zerstörung Jerusalems und seines ersten Tempels durch Nebukadnezzar die deportierten Judäer von dem kultischen Ballast des alten Kanaan endgültig befreit hatte, von den Kultpfählen für die Aschera, dem Tofet für die Kinderopfer und den Hierodoulen, so hatte die zweite Zerstörung des

Tempels durch Titus die Juden vom blutigen Opferkult befreit. Jedes Mal ergab sich für die Geschichte des Monotheismus aus einem für die Betroffenen zunächst traurigen Desaster ein beachtlicher Entwicklungsschub. Die Heilige Schrift als einzig verbliebenes Kultobjekt hatte mit der Einzigkeit dessen, der als ihr Autor galt, gleichgezogen. Ein Gott – ein Medium, und dieses Medium war wie gemacht für den so ganz anderen einzigen Gott, der sich offenbarte, indem er sich entzog, denn was immer Schrift ins Bewusstsein hob, war anwesend und abwesend zugleich.

Wenn die Heiligung und Kanonisierung des Tanach in dieser Epoche auch einen Abschluss fand, angefangen hatte sie weit früher.

Wenn wir die Schrift als das damals neue Gottesmedium des Monotheismus herausgestellt haben und die Opferpraxis als Charakteristikum des Polytheismus, dann erscheint es auf den ersten Blick widersinnig, dass in Jerusalem auch nach dem Exil immer noch geschlachtet und geopfert wird, zumal es eine lange Tradition der prophetischen Kritik am Opferkult gab. Warum bedurfte es erst einer gewaltsamen römischen Intervention, um die Opfer zu beenden? Diese Frage ist schnell beantwortet. Dass die Opfer nicht schon früher durch einen reinen Schriftkult ersetzt wurden und bis zur Zerstörung des Tempels weitergeführt wurden, wenn auch mit neuer Deutung – Frits Staal lässt wieder grüßen – erklärt sich aus dem trivialen Umstand, dass sie in der Heiligen Schrift, z. B. im Buch Leviticus vorgeschrieben waren. Die Schrift war ja zum guten Teil ein Gesetzbuch, und es kam natürlich in erster Linie darauf an, das auch zu befolgen, was hier vorgeschrieben war. In dieser Orthopraxie bestand die wichtigste, man könnte auch sagen, die primäre Form der Verehrung. Kann man einen Text besser verehren, als durch die Befolgung dessen, was er vorschreibt? Weil die Schrift also die Opfer gebot, schlossen Grapholatrie und Opferkult, solange der Tempel stand, sich nicht nur nicht aus, sondern bedingten einander. Das Ende des Opferkults konnte also nur durch äußere Gewalt besiegelt werden.

Der schwerkranke Heinrich Heine (1797–1856) kommt auf die Katastrophe des Tempelverlusts zu sprechen und spielt in seinen „Geständnissen"[11] von 1854 noch einmal auf die legendäre Auffindung des Gesetzbuches bei Joschija an. Dem protestantisch getauften Juden konnte das Motto der Reformatoren, „Sola scriptura", nicht entgangen sein. In dieser Zentrierung auf die Schrift als das einzige Gottesmedium sah er das

Scharnier, das seinen alten Glauben mit dem neuen verband. Sein jüdisches Volk sah er als Hüter der Schrift, welche die Reformatoren dann wieder in den Mittelpunkt stellen konnten. So musste er als Konvertit seine jüdischen Wurzeln nicht als Renegat abschneiden. Die reformatorische Konzentration auf das heilige Buch bezeichnet er als in Anspielung auf Joschija als „Auffindung": *„Ich sage Auffindung, denn die Juden, die dasselbe* (sc. das Buch, E.N.) *aus dem großen Brande des zweiten Tempels gerettet, und es wie im Exile gleichsam wie ein portatives Vaterland mit sich herumschleppten, das ganze Mittelalter hindurch, sie hielten diesen Schatz sorgsam verborgen..."*12

Es mag eine kühne Behauptung sein, dass die Bibel bis zur Reformation ein verborgener Schatz gewesen sein soll, aber darin hat Heine durchaus recht, wenn er die jüdische Diaspora mit dem babylonischen Exil vergleicht und auch dort schon dem Buch die Rolle zumisst, die es dann schließlich exklusiv einnehmen sollte.

Heilige Schrift – heiliges Land

Die Wendung vom *portativen Vaterland* ist allerdings ein Gedankenblitz. Mit ihm beleuchtet Heine den Übergang vom einst verheißenen Land, in dem Milch und Honig fließen, zu einem „portativen", einem „tragbaren", das die Juden der Diaspora nun überallhin mitnehmen konnten. Ihr „Land" war nun überall dort, wo das Buch war. Genauer, das Land wurde durch die Schrift ersetzt. Sie war bis zur Gründung des Staates Israel nunmehr die Heimat der Juden. Hinter ihr stand Gott als Autor, darin unterschied sie sich von den religiösen Schriften der anderen Kulturen und das machte sie zur Heiligen Schrift im emphatischen Sinn. So war es nur konsequent, dass sie sich mehr und mehr zu einem Objekt der Verehrung entwickelte. Wenn dieses Kultobjekt nunmehr auch das verheißene Land zu ersetzen imstande war, erinnert uns Heine daran, dass dieses Land schon lange ebenfalls eine sakrale Qualität besaß. Das verheißene Land und das Volk der Erwählung waren durch eben diese Verheißung sakral verbunden. In dieses Land, in die Freiheit, hatte Mose das Volk aus dem Sklavenhaus Ägypten führen sollen. In Dtn 3,25 betet er: *„Lass mich doch hinüberziehen! Lass mich das prächtige Land jenseits des Jordan sehen, dieses prächtige Bergland, und den Libanon!"*

Aber das Verheißene wird ihm, dem größten der Propheten vorenthalten! Sogar die Bitte wird ihm verwiesen: *„Komm mir niemals wieder mit dieser Bitte" (Dtn 3,26)*. Norbert Lohfink hat in einer brillanten Analyse die Spannung aufgezeigt, die durch diese Vorenthaltung entsteht. Erst mit dem Einzug in das verheißene Land wäre der Exodus vollendet gewesen: *„Dieser Sinn-Bruch generiert in den Heiligen Schriften eine Grundstruktur der ganzen Bibel, ja überhaupt der jüdisch-christlichen Existenz."*[13] Zwar erobert Josua mit vielem Blutvergießen dann doch das Territorium, aber Lohfink trifft wieder auf seine Grundstruktur der Vorenthaltung: *„Israel wird zwar nicht vernichtet, aber das Land wird ihm wieder genommen, jenes Land, in das der Exodus geführt hatte. Es muss ins Exil. Die zweite Hälfte des Exodus, die Mose nicht mehr angeführt hatte, ist am Ende der Königsbücher wieder annulliert."* Israel ist zurückverwiesen in die Latenz der Erwartung.

Schrift und Land – beide gehören in den Komplex der Bundes- und Erwählungstheologie. Es wäre reizvoll, dieses Motiv, dass ein Land zum Kultobjekt werden kann, bis hin zu dem Anspruch, mit der Verheißung auch schon in einem göttlichen Grundbuch eingetragen zu sein, bis in die Moderne zu verfolgen. Für orthodoxe und säkulare Israelis, für die Vertreter der anderen monotheistischen Religionen und für die Palästinenser ist dieses Motiv ein Reizthema und die Quelle eines nicht enden wollenden Streits. Geht es um das Land hinter dem Horizont, das Mose nicht mehr betreten durfte, oder um den Jordangraben, Judäa, Samarien, Galiäa, die Jesreel-Ebene, die Golan-Höhen, um Eretz Israel? Auch wenn für diese Debatten hier kein Platz sein kann, muss bei einer Inspektion der Medien des Monotheismus auch das Motiv „Heiliges Land" als Kultobjekt wenigstens erwähnt werden.

Heines Gedankenblitz von der Substitution des Landes durch die Schrift erinnert auch an die Transfiguration des irdischen in das himmlische Jerusalem, wie sie fast zeitgleich mit der Zerstörung des Tempels in der Apokalypse des Neuen Testaments angelegt wurde und sich in der Denk- und Bilderwelt des Christentums lebendig erhalten hat. Das Land der Verheißung und die Stadt auf dem Berge als die großen Schauplätze des Narrativs entfalten durch ihre Entmaterialisierung erst ihre volle Wirkung. Dass es den Tempel in der empirischen Realität nun nicht mehr gab, dass das Land verloren und das Volk überallhin zerstreut war, bedeutete einen großen Entzug. Dieser verlieh den beiden verheißenen Größen eine umso stärkere spirituelle Attraktion: *„Nächstes Jahr in Jerusalem".* So lautete jedes Jahr der Gruß. Dieses Jerusalem glich dem Horizont auf den man zulaufen, den man aber nie erreichen kann. Mit der Gründung des Staates Israel und der Eroberung der Stadt im Sechs-Tage-Krieg ist dies wieder anders geworden.

Orthopraxie als primäre Grapholatrie: „...tun, was dem Herrn gefällt"

Orthopraxie – tun, was dem Herrn gefällt, besteht also in der Befolgung dessen, was die Schrift vorschreibt, das war ihr primärer Sinn. Sie gilt als das Medium des göttlichen Willens. Grapholatrie führt zur Orthopraxie und diese ist dann der konsequenteste Ausdruck des Schriftkults. Um sie befolgen zu können, musste man die Schrift aber erst einmal kennen, das gebietet die innere Logik des Mediums. Daher ist das akribische Studium und die Disputation des Inhalts eigentlich kein Akt der Gelehrsamkeit im wissenschaftlichen Sinn, sondern eine Art Gottesdienst. Im Jiddischen heißt daher das Lehrhaus, die Synagoge, (griech. „Versammlungsort") auch die „Schul".

Ein Text, der ausgelegt und kommentiert sein will, erzeugt wiederum neuen Text, wenn die Auslegung, etwa durch einen berühmten Rabbi, es wert ist, aufgeschrieben zu werden. So entstehen, gemäß einem inneren Quellprinzip des heiligen Textes, immer neue Kommentare und Kommentare von Kommentaren. Die Mischna galt alsbald als mündliche Tora, die dem Mose, der jüdischen Überlieferung zufolge, zugleich mit der schriftlichen geoffenbart wurde. Es ist bezeichnend, dass sie im Wesentlichen auf Orthopraxie abzielt, denn in ihr werden hauptsächlich religiöse Vorschriften und Gesetze verhandelt. Aber auch die „mündliche Tora" konnte ihre Mündlichkeit nicht bewahren, auch sie ereilte das Schicksal, aufgeschrieben und kanonisiert zu werden. Der Prozess der Kommentierungen und Disputationen geht weiter, so entsteht aus der Mischna die Gemara in einer palästinensischen, Eretz-Israelischen und einer babylonischen Version. Im Midrasch bildet sich eine eigene literarische Gattung heraus und schließlich der Talmud, den es in verschiedenen Überlieferungen gibt.

Bemerkenswert ist, dass man schon in Jabne die unterschiedlichen Interpretationen und Ansichten der verschiedenen Autoritäten nebeneinander hat stehen lassen. Einen heiligen Text kann man nicht mehr ändern. Man kann ihn aber interpretieren und kommentieren. So bleibt es beim Tanz vor der halb geöffneten aber strahlenden Bundeslade der Schrift, und der finale Wahrheitsbesitz wird nicht behauptet. Wenn der Disput offengehalten wird, ist sichergestellt, dass die Debatte weitergeht. Die Installation von Widersprüchen bei gleichzeitiger Kanonisierung der Schriften sorgt dafür, dass der Scharfsinn der Lerner und Ausleger sich nie beruhigen kann. So hat sich eine sublime Art von Schriftkult herausgebildet, welcher der scharf- und tiefsinnigen Arbeit am Text in der jüdischen Kultur ein prinzipiell unbegrenztes Spielfeld beschert hat. Hinter allem steht die Frage nach dem Willen Gottes. In der Schrift ist er verborgen. Ihren Status bringt Jacob Neusner, ein gelehrter Rabbiner unserer Tage, auf den Punkt: *„Wir hingegen halten dafür, dass die Tora vollkommen war und ist, über jegliche Verbesserung erhaben, und dass das Judentum, das auf der Tora und den Propheten und den Schriften gründet, sowie auf dem ursprünglich mündlich überlieferten Teil der Tora, die in der Mischna, im Talmud und im Midrasch niedergeschrieben sind, Gottes Wille für die Menschheit war, ist und bleibt."*[14]

Dass es bei einem so emphatisch ausgerufenen Anspruch möglich ist, ihn in vielen, ja widersprüchlichen Auslegungen zu erheben, macht nicht nur die Faszination des rabbinischen Judentums aus, sondern sorgt auch für eine innere Liberalität dieser Religion. Grapholatrie ohne Eindeutigkeit hält am Ende die Frage nach dem Willen Gottes in der Latenz. Das letzte Wort ist, vor der Ankunft des erwarteten Messias, nie gesprochen.

Die grapholatrische Versuchung

Der Anspruch, in der Schrift die göttliche Wahrheit im Prinzip schon zu besitzen, wobei der Prozess der Auslegung noch nicht abgeschlossen ist, ist von einem Anspruch auf Wahrheitsbesitz streng zu unterscheiden, der keine Fragen mehr zulässt. Dies allerdings hat sich in der Geschichte des Monotheismus als die gefährlichste Suggestion herausgestellt. Dass Gott unsichtbar ist und dass man von ihm kein Kultbild haben kann, dass er in seinem „Namen" Präsenz und Entzug vereint, ist die Kernbotschaft der biblischen Aufklärung. Seine singuläre Art da zu sein, macht ihn unverfügbar. Macht er sich dann aber nicht doch verfügbar durch das, was er geschrieben hat? Über die Schrift kann man doch verfügen! Und was sie verfügt, ist das dann nicht der Wille Gottes? Wer befolgt, was an Gesetzen, Geboten und Vorschriften von Gott verfügt worden ist, kann der nicht sicher sein, „zu tun, was Gott gefällt"? Dieser Zusammenhang zwischen Grapholatrie und Orthopraxie kann den Mentalitätstypus des Wahrheitsbesitzers erzeugen, der in dieser Selbsteinschätzung eine tiefe Trennungslinie zwischen sich und denen zieht, die nicht gleich ihm, sich der stärksten Form der Schriftverehrung befleißigen, nämlich zu tun, was die Schrift befiehlt. Weil er das tut, hält er sich für „gerecht". Schon die Wortwahl weckt den Verdacht, dass das Tauschprinzip auf versteckte Weise in dieses Denken wieder eingesickert ist. Auf der einen Waagschale, dem Instrument, das Gerechtigkeit herstellen soll, liegt das, was die Schrift vorschreibt, und auf der anderen die Leistung dessen, der sie befolgt. Mit Sätzen wie *„Wer ohne Sünde ist, werfe den ersten Stein auf sie..." (Joh 8, 7)* wird Jesus in den Konflikt mit dieser Art Schriftbesitz gehen.

Ebenso kann der Schriftbesitzer einen tiefen Graben zwischen sich und diejenigen ziehen, denen nicht, wie ihm, die heilige Gottesschrift übergeben worden ist. Ein Monotheismus der Vorenthaltung schlägt hier um in sein Gegenteil. Er wird zu einem Monotheismus der Ermächtigung umfunktioniert. Dass das überhaupt möglich war, liegt am Objektcharakter der Schrift. Der verführt zu der Vorstellung, man könne den Willen Gottes schwarz auf weiß nach Hause tragen.

Das rabbinische Judentum hat sich vor dieser Versuchung durch seine Kultur des Kommentars und der Disputation weitgehend in Sicherheit gebracht. Der Vorwurf des finalen Wahrheitsbesitzes kann solange nicht treffen, wie noch nicht alles ausgelegt und ausdiskutiert ist. Das gilt besonders für das chassidische Judentum. Gegenüber seinen Schülern, die seine Lehre unterschiedlich auslegten, führte der Maggid einen Spruch des Talmuds an, der die gegensätzlichen Meinungen Hillels und Schammais so kommentiert: *„Denn an ihrem Quell ist die Tora eine; in den Welten hat sie siebzigfaches Antlitz. Schaut einer aber eins ihrer Antlitze wahrhaft an, da bedarf es keiner Worte und keiner Lehre mehr; denn die Züge des ewigen Angesichts reden zu ihm."*[15]

Wenn die Tora ein siebzigfaches Antlitz trägt, ist die Unmittelbarkeit und Gegenwärtigkeit, die im Bild eines Antlitzes, das dich anschaut, aufgerufen wird, ein polarer Gegensatz zu einer Schrift, die in der Geschichtlichkeit ihrer Geschichten eine Gefangene der Zeit zu sein schien. Kein Wunder, dass der Begriff des Antlitzes einen jüdischen Philosophen wie Emmanuel Lévinas fasziniert hat.

Bevor aber die Tora und ihre Filiationen in diesem Sinne kommentiert und durch Befolgung verehrt werden, kann sie selbst als geschriebenes Objekt zum Mittelpunkt ritueller Praxis im religiösen Exerzitium werden. Wenn die primäre Grapholatrie in der Befolgung dessen besteht, was der Text vorschreibt, so ist die feierlichste Art, einen Text präsent zu machen, seine Rezitation. Diese hat ihren Ort in der häuslichen Gebetspraxis, beim täglichen Sprechen des „Sch'ma Israel" und bei den großen Festen im Jahreskreis. Vor allem ist sie auch Bestandteil des Synagogengottesdienstes, dessen Anfänge man für das Exil ansetzt. Den Tempel, die zentrale Opferstätte hatte es nur in Jerusalem gegeben. Alle anderen Opferkultstätten, auch wenn sie Jahwe galten, hatten Hiskija und Joschija beseitigt.[16] Die Schrift dagegen gab es überall, wo es Juden gab. So entstanden überall, in Mesopotamien, Ägypten und Kleinasien in Äthiopien und der Magna Graecia Synagogen. Eigentlich war der ubiquitäre Text schon lange vor dem Untergang des Tempels ein portatives Vaterland.

Schriftkult durch Rezitation

Heilige Schrift muss vorgetragen werden. Ohne ihre feierliche Rezitation ist sie tot. Wie die Partitur einer Symphonie erst durch die Aufführung des Orchesters zu Musik wird, gewinnt sie erst durch eine feierliche Verlesung ihr Leben. Was geschrieben steht, bleibt unverändert, scheinbar zeitlos. Erst die Rezitation entreißt sie der Vergangenheit, verschafft ihr eine Art von Gegenwart, die nicht vergehen kann, denn was aktualisiert vor die Ohren aller Hörer dringt, ist immer gleich. Diese Dialektik von Präsenz und überlieferter Vergangenheit verleiht der Schrift schon als Medium und ganz unabhängig von ihrem Inhalt einen Abglanz des Ewigen. So verwundert es nicht, dass das forcierte Verständnis von Heiliger Schrift im starken Sinn bis heute dazu neigt, sie überhaupt jeder Zeitlichkeit zu entkleiden. Tora und Koran gelten Juden und Muslimen ganz unabhängig vom Zeitpunkt ihrer Offenbarung als ewig und präexistent, das heißt, es gibt sie vor aller Zeit und immer schon. Ihr Autor ist ja nicht der Mensch. *„Nicht von Menschenhand"* sind die Buchstaben der Bundesurkunde am Sinai, die der Finger Gottes in den ewigen Stein gegraben hatte. Zu Muhammad wird sie über den Engel Gabriel „herabgesandt", bei Allah gab es sie immer schon. In liturgischem Gesang wird sie zu Gehör gebracht.[17] Navid Kermani: *„Der Koran ist nicht primär Schrift, sondern Rezitation des Gotteswortes, das der Verkünder empfangen hat. Sein Auftrag ist die Rezitation des Wortes Gottes, das im Koran seinen sekundären schriftlichen Niederschlag gefunden hat."*[18]

So beschreibt auch Ansgar Wucherpfennig im Anschluss an Angelika Neuwirth die selbstreferentielle Deutung des Korans.[19] Nach dieser Aitiologie wäre der geschriebene Koran nur die Zwischenstation zwischen zwei Rezitationen. Bei der ersten hätte der Verkünder zuerst vorgetragen und dann niedergeschrieben, bei der zweiten erwecken die Gläubigen ihn durch erneuten Vortrag wieder zum Leben. Ähnlich charakterisiert Franz Rosenzweig die „Schrift", seine zusammen mit Martin Buber unternommene Übersetzung der hebräischen Bibel: *„Was aber im Sprechen entstanden ist, kann nur im Sprechen je und je wiederleben, ja nur durch (...das Sprechen E.N.) rein und wahr aufgenommen werden ... Schon die hebräische Bezeichnung für ‚lesen' bedeutet ‚ausrufen'... auch unsere Verdeutschung der Schrift will ‚ausgerufen' werden."*[20]

Die Rezitation eines Textes ist eine starke Alteritätsmarkierung. Sie unterscheidet sich von einer nüchternen Verlesung durch einen erhabenen melodiösen Vortrag, einer Art Singsang, meist auf einem einzigen Ton, der mit formelhaften Verzierungen und Melismen ansetzt und ausklingt. Dass der Koran nicht ohne seine Rezitation zu denken ist, schmälert nicht seine Würde als Schrift, im Gegenteil.

Das heilige Buch als Kultobjekt

Auch wenn es sich also empfiehlt, den Koran nur als den buchstäblich buchstäblichen Teil, als Mittelstück des religiösen Exercitiums zu betrachten, so kreist doch alles um ihn. Er ist das Buch einer Buchreligion.[21] Dieses Buch steht auch ohne Rezitation im Zentrum einer vielfältigen grapholatrischen Praxis. Es entstehen prachtvolle und kostbare Codices, in denen die Schriftzüge die Qualität ästhetisch gesteigerter Artefakte erlangen. Die arabischen Buchstaben werden zum Ornament, und wenn Navid Kermani behauptet, Gott sei schön, [22]ist es zuerst und zumindest einmal die Schrift, als deren Autor er gilt. Kalligraphisch veredelt, verziert sie die Moscheen und macht auch diese zu heiligen Orten.

„Inkarnation – Inlibration"

Der Schriftkult hatte bei der Entstehung des Monotheismus eine Schlüsselrolle gespielt. Bis heute hält das Judentum in seiner orthodoxen Observanz daran fest. Der Ausdruck „Inlibration" (librum / liber = Buch) den Harry Austryn Wolfson 1976 prägte[23], ist eine bewusste Parallelbildung zur „Inkarnation", mit der er das Konkurrenzverhältnis der beiden Wege herausstellen wollte. Das Fleisch gewordene, nicht das geschriebene Wort war für die Christen das Modell einer neuen gegenwartpflichtigen Gottespräsenz im Menschen. Für das orthodoxe Judentum ist Gott nach wie vor im Tanach,[24] seiner im emphatischen Sinn Heiligen Schrift anwesend. Er ist letztlich ihr Autor. Dies glauben die Muslime ebenso vom Koran. Es war zunächst der Islam, für den Wolfson seine Parallelbildung geprägt hatte: Inkarnation versus Inlibration, Buch oder „Fleisch", das ist der, medial gesehen, entscheidende Unterschied, den Wolfson erkannt hatte. Zwischen Judentum und Islam besteht er eigentlich nicht. Bei allen inhaltlichen Unterschieden von Tora und Koran kann man ihr Verständnis von Heiliger Schrift sehr gut vergleichen. Die göttliche Autorschaft erhöht die sakrale Autorität des Textes bis ins Unantastbare. Wo Gott nicht selbst mit seinem Finger auf steinerne Tafeln schreibt, macht er in der jüdisch orthodoxen Deutung Mose zu seinem Schreiber, im Islam ist es der Erzengel Gabriel, über den die Schrift „herabgesandt" wird. Die grapholatrischen Traditionen des jeweiligen Schriftkults sind allerdings, wie wir gesehen haben,[25] sehr unterschiedlich.

Im Koran treten bekanntlich die großen Gestalten des Alten und Neuen Testaments noch einmal auf. Auch zu Abraham, Mose und den Propheten waren, ihm zufolge, so, wie zu Muhammad, seinem letzten und maßgeblichen Propheten, göttliche Schriften „herabgesandt" worden. Die Juden hätten diese aber verfälscht. Auch Jesus, der letzte große Prophet vor Muhammad, habe Heilige Schriften empfangen, die dann von den Evangelisten verfälscht worden seien. Dieser Vorwurf der Schriftfälschung „tahrīf",[26] ist keine Medienschelte – im Gegenteil, dieses im alten Israel entstandene und in Jabne exklusiv gewordene Modell einer von Gott selbst buchstäblich offenbarten Schrift wird verschärft und maßstäblich gemacht. Der Koran als jüngste der „herabgesandten" Schriften erhebt dann den Anspruch, die Verfälschungen der Juden und Christen zu korrigieren und die wahre Heilsgeschichte neu, abschließend und richtig zu erzählen. Aus dem Neuen Testament werden Wundergeschichten wie die jungfräuliche Geburt Jesu problemlos übernommen, der historische Kern aber bestritten: Jesus sei nicht am Kreuz gestorben etc. In der Logik dieses Schriftverständnisses versteht es sich von selbst, dass der Koran nichts davon weiß, dass Jesus das überkommene Modell einer finalen Gottespräsenz in der Schrift überboten hat. Da sich also von der Medienkritik des Neuen Testaments, von der das nächste Kapitel handelt, keine Spuren finden, kann der mediale Aspekt der Inkarnation auch nicht als ein neues Modell der Gottespräsenz im Menschen gesehen werden. So gerät ihr tieferer Sinn nicht in den Blick. Inkarnation wird auf die Behauptung reduziert, Gott habe einen Sohn gezeugt, was dann in seiner biologischen Unglaublichkeit unsinnig erscheinen und abgelehnt werden muss. Wir sehen, dass der Koran keine reflexive Medienperspektive kennt. Seine Kritik an den älteren Schriften eröffnet lediglich eine inhaltliche Konkurrenz. Die wirklich medienkritische Frage, ob es sein kann, dass der Wille Gottes überhaupt final und für alle Zeit in Schriftform festgehalten, ob eine Heilige Schrift Gott zum Autor haben kann, ist weder für den Tanach noch für den Koran zugelassen.

Auch wenn sich beachtliche Reste eines grapholatrischen Schriftkults vor allem in den fundamentalistischen Kirchen erhalten haben, ist das Christentum ansonsten, anders als es ein auch außerhalb des Islams üblich gewordener Sprachgebrauch behauptet, keine Buchreligion im starken Sinn. Auch wenn es die Tradition erhabener Bibelsprüche und einen evangelikalen Fundamentalismus gibt, so ist in den Großkirchen des Westens auch die aufgeklärte wissenschaftliche Exegese zuhause. Und auch wenn in den alten Kirchen die Bibel in der Liturgie beweihräuchert, geküsst oder feierlich herumgetragen wird, ist sie doch nicht mehr als der verehrte Referenztext der Inkarnation, freilich auch nicht weniger. Heilige Schrift ist sie nur insofern, als sie vom Eintritt des einzigen Gottes in die Religionsgeschichte und von Jesus dem Fleisch gewordenen Wort erzählt. Vom Heiligen zu erzählen, bedeutet aber keineswegs schon, selber heilig zu sein. Der Medienwechsel von der Inlibration zur Inkarnation entlastet die Schrift vom Tabu der Unantastbarkeit und hat ihr einen Status verschafft, der sie für eine historische, vernunftkompatible Betrachtung öffnet. Wenn sie dann kein Objekt kultischer Verehrung mehr sein muss, stellt sich die Frage der Kultpersistenz neu. Nicht weil wir Frits Staal zu Füßen liegen, sondern weil es uns die Religionsgeschichte in hundert Beispielen gelehrt hat, wissen wir: Religion ohne Kult gibt es nicht. Monotheismus als Überzeugung einzelner Intellektueller hat es, von Echnaton bis Xenophanes, auch außerhalb Israels gegeben. Um die überindividuellen Kohäsionskräfte einer Religion mit allen Riten und Performanzen zu entbinden, bedurfte es, eines Kultes, der die Gottespräsenz der Schrift durch eine alternative Art, Gott gegenwärtig werden zu lassen, sinnen- und sinnfällig machen konnte.

Judentum und Islam sind aber in der Tat Buchreligionen. Für sie ist ihr Buch das heiligste Objekt auf Erden. Die Singularität Gottes geht auf sein Buch über, und wenn die Nachricht umläuft oder auch nur der der Verdacht besteht, ein Koran sei geschändet worden, kommt es regelmäßig zu weltweiten Empörungsexzessen und rabiaten Reaktionen der Gläubigen. Salman Rushdies Thematisierung der „Satanischen Verse" führte zu der bekannten Fatwa, die den Autor deshalb verurteilte, weil er sich am Heiligsten vergangen hatte.

Neben dieser grapholatrischen Pragmatik steht der respektvolle und sorgfältige Umgang mit der materialen Gestalt. Hier kommt zunächst alles darauf an, dass der Text ohne die geringste Abänderung abgeschrieben wird. Wie sorgfältig er vervielfältigt und überliefert wurde, belegen für die Tora die Funde von Qumran, zum Beispiel die Jesaja-Rolle (ca. 200 v. Chr.), die so gut wie gar nicht von dem nächstälteren Jesaja-Text des Codex Leningradensis abweicht. Dazwischen liegen 1200 Jahre.

Die Sorgfalt der Schreiber ist Ausdruck der Sakralisierung des Textes. Im rabbinischen Judentum ist der Sofer, der Toraschreiber, ein Amt, für das man sich lange qualifizieren muss und zu dem man schließlich ordiniert wird. Die Schreibmaterialien sind genau vorgeschrieben:

Gänse- oder Truthahnfeder, metallfreie Tinte und Pergament. Dieses muss von Hand hergestellt und aus der Haut von reinen Tieren gewonnen sein. Die Heilige Schrift wird nicht mit bloßen Händen berührt. Da die Torarolle nicht umgeblättert, sondern durch Drehen an den Stäben, den „Ez Chajim", den „Hölzern des Lebens", weitergeführt wird, ist das auch möglich. Für das Aufzeigen einer bestimmten Stelle, wird ein silberner Zeigestab benutzt, der oft in einer kleinen Hand (Jad) mit ausgestrecktem Zeigefinger ausläuft.[27] Das Abschreiben des Textes durch den ordinierten Sofer, die sorgfältige Aufbewahrung in einem Schrein der Synagoge, der nach der Bundeslade benannt ist, der Kult der Ver- und Enthüllung durch einen kleinen Vorhang, und der Kronenschmuck aus Silber (Keter), all das macht die Kostbarkeit der Tora sinnenfällig. Das Anbringen der Mesusa, einer Kapsel, die das Sch'ma Israel (Dtn 6, 4–9) enthält, an den Türpfosten und die kleinen ledernen Kapseln (Tefillin) mit denen Toratexte (Dtn 11,18), von Hand auf Pergament geschrieben, mit Riemen an den linken Arm und auf die Stirn gebunden werden, dies alles sind Bräuche, die sich mit der Verehrung von Kultobjekten in anderen Religionen vergleichen lassen. Sie gehören zum grapholatrischen Rahmenwerk und formen das Gesamtbild des jüdischen Schriftkults. Im Zentrum dieses Kults aber steht das Tetragramm. Auf die substituierende Auslassung des heiligen Gottesnamens hatten wir schon hingewiesen. Diese Kultpraxis, bei der „JHWH" nicht in den Mund genommen und stattdessen „Adonai" oder ein anderer Ersatz gesprochen wird, macht die abwesende Anwesenheit des monotheistischen Gottes regelrecht erlebbar.

All das bleibt als grapholatrische Kultpraxis, in der ein Religionswissenschaftler oder ein Ethnologe wie Frits Staal den harten Kern der religiösen Praxis sehen mag, sekundär, wenn wir die Befolgung des in der Schrift Vorgeschriebenen als die primäre Verehrung betrachten.

Auch wenn die Kanonbildung erst 70 n. Chr., also nach der Zerstörung des Tempels als endgültig abgeschlossen gilt, hatte sie schon lange vorher eingesetzt. An „Gesetz und Propheten" darf kein Jota mehr verändert werden, um es mit den Worten Jesu aus der Bergpredigt (Mt 5,18) zu sagen. Das ist freilich nicht sein letztes Wort zur Schrift. Von Jesus, dem Schriftkritiker, muss noch ausführlich die Rede sein. Die Sakralisierung der Texte und ihre finale Kanonisierung war ein Prozess mit mehreren wichtigen Stationen. Die sakralisierenden Impulse waren zunächst und vor allem öffentliche Akte vor dem „Volk", das damit zu einer Kultgemeinde wurde. So wie die babylonischen Handwerker und Priester die Aufladung ihrer Götterstatuen vor dem Volk inszenierten,[28] wird „das Gesetz" vor dem Volk feierlich rezitierend vorgetragen.

Wenn der Text buchstäblich vor den Ohren aller präsent gemacht wird, wissen alle, dass dieser Akt auch jederzeit wiederholt werden kann. Es wird immer derselbe Text bleiben. Darin unterscheidet sich eine rezitierende feierliche Verlesung von einem freien Vortrag und auch von einem abgelesenen Vortrag, der ja immer illokutionär, das heißt ohne dass der Vortragende es ausdrücklich machen muss, als sein geistiges Eigentum vorgestellt wird. Auch kann es sein, dass das Verlesene nur für diese Gelegenheit verfasst wurde. Die Rezitation einer Schrift, zumal einer Heiligen Schrift, ruft dagegen den abwesenden Autor in die Mitte der Hörer. In der Rezitation Heiliger Schrift, spannt sich eine Dialektik von Präsenz und Ewigkeit auf. Diese Dialektik gilt auch für die Rezitation als Präsentationsform. Sie erzeugt die für JHWH so charakteristische Simultaneität von Anwesenheit und Abwesenheit. Während er in seinem erklingenden Wort präsent ist, bleibt er doch verborgen. Der Text aber wird so zum stellvertretenden Körper Gottes. Es ist kein Körper aus Fleisch. Es ist ein diaphaner Körper, durchsichtig zwischen Präsenz und Vorenthaltung, in der Rezitation eigentlich ein Klangkörper. Die Buchstaben aber sind der Vorhang, der den Unsichtbaren verhüllt und ihm als ein Index von Vorenthaltung jene singuläre Art von Präsenz verschafft, die ihm angemessen ist. Das Medium scheint wie gemacht für einen Gott, der sich, indem er sich offenbart, gleichzeitig entzieht.

Einen ersten bemerkenswerten Impuls für die Sakralisierung des Textes haben wir schon kennengelernt. Dreimal wurde das wiedergefundene „Gesetzbuch" in der Joschija-Episode einer gesteigerten Lektüre unterzogen. Der Hohepriester hatte es gefunden, der Staatsschreiber hatte es gelesen, dann dem König vorgelesen und zuletzt kommt es zum Höhepunkt: *„Der König ließ alle Ältesten Judas und Jerusalems bei sich zusammenkommen. Er ging zum Haus des Herrn hinauf mit allen Männern Judas und allen Einwohnern Jerusalems, den Priestern und Propheten und allem Volk, Jung und Alt. Er ließ ihnen alle Worte des Bundesbuches vorlesen, das im Haus des Herrn gefunden worden war."* (2 Kön 23,2f)

197

Auch der Name Esra markiert eine wichtige Station. Als Beauftragter des persischen Großkönigs kümmerte er sich um den Wiederaufbau der Gemeinde in Jerusalem. Im achten Kapitel des Buches Nehemia treffen wir auf das Dokument einer voll erblühten Grapholatrie. Nachdem das ganze Volk sich vor dem Wassertor versammelt hatte, bestieg Esra eine Kanzel. „*Als er das Buch aufschlug, erhoben sich alle. Dann pries Esra den Herrn, den großen Gott; darauf antworteten alle mit erhobenen Händen: Amen, amen! Sie verneigten sich, warfen sich vor dem Herrn nieder, mit dem Gesicht zur Erde ... Man las aus dem Buch, dem Gesetz Gottes in Abschnitten vor und gab dazu Erklärungen, so dass die Leute das Vorgelesene verstehen konnten.*" (Neh 8,5 und 8)

Das Volk weint. Nehemia, Esra, Priester und Leviten erklären den Tag zum heiligen Tag zur Ehre des Herrn. Es folgen ein Festmahl und ein Freudenfest – ein Festgottesdienst der Grapholatrie. Wir sind im Jahr 440 v. Chr. und die rabbinische Tradition spricht von der „Schließung der Tora". Die performative Heiligung des Textes bedeutet gleichzeitig seine Kanonisierung. Ein bezeichnender Zusammenhang.

Ein weiteres bemerkenswertes Indiz für die fortgeschrittene Grapholatrie verbindet sich ebenfalls mit dem Namen Esra. Er sorgt dafür, dass die Heilige Schrift, aber auch bibelnahe Texte vorzugsweise in Hebräisch niedergeschrieben werden und das zu einer Zeit, als Hebräisch schon keine Umgangssprache mehr war und man längst aramäisch sprach.

Sakralsprache

Damit berühren wir erstmals das Phänomen der Sakralsprache, das uns in allen monotheistischen Denominationen, aber auch in anderen Religionen als Alteritätsmarkierung begegnet. Wie kommt es dazu? Eine erste Erklärung, dass nämlich die schriftliche Fixierung dafür sorgt, dass mit der fortschreitenden Sprachentwicklung automatisch ein Abstand zwischen der fixierten und der lebendigen Alltagssprache entsteht, ist nicht falsch, springt aber zu kurz. Wir schrammen hart an einem Kalauer vorbei, wenn wir „alteritär" mit „alt" in Verbindung bringen. Es ist im Grunde das Moment von Fremdheit, das die Sakralsprache heilig macht. Bei lat. „alter" bleiben wir doch lieber korrekt: der oder das „Andere". Sakralsprache muss einfach anders sein als die alltägliche. Dafür sorgt auch ihre gesungene Rezitation, die wohl schönste Art der Verfremdung. Navid Kermani hat für den Koran darauf hingewiesen.

Sie spielte auch bei Esra eine große Rolle. In der Rezitation geheiligt, war die Schrift fortan unantastbar und „geschlossen". Nun ist es auch nicht mehr möglich, Doppelungen und Widersprüche zu beseitigen. Wenn sie im heiligen Text auftreten, könnten sie ja einen verborgenen Sinn haben. Welchen? Das herauszufinden kann eine intellektuelle Herausforderung sein. Vielleicht kann man ihn erklären oder als Wunder sakral verschärfen. Beides kommt vor. Während zuvor Autoren und Redaktoren mit dem überlieferten Textbestand relativ frei nach ihren jeweiligen Überlieferungen und Interessen verfuhren, kam es nun erst einmal darauf an, die Schriften buchstabengetreu zu überliefern, denn sie waren zur „Heiligen Schrift" geworden. Der Ausdruck steht nicht zufällig in einem sakralisierenden Singular. Der wirkt wie ein Vorzeichen, das die eigentlich bunte Sammlung von Texten der unterschiedlichsten Tonarten auszeichnet und absetzt von dem Geschreibsel der paganen Schriftsteller. Heilige Schrift im starken Sinn ist Gottes Schrift. Wenn er nicht mit seinem Finger selbst auf steinerne Tafeln schrieb, hatte er seine personalen Medien, zuletzt Muhammad. An erster Stelle aber Mose, der in Ex 24 dem „Bundesbuch" als Sekretär Gottes wirkt: *Mose kam und übermittelte dem Volk alle Rechtsvorschriften JHWHs. Das Volk antwortete einstimmig und sagte. Alles, was der Herr gesagt hat, wollen wir tun. Mose schrieb alle Worte des Herrn auf.*

Mose gilt dann alsbald als Autor des gesamten Pentateuch, der „fünf Bücher Moses". In der wissenschaftlichen Literatur überwiegen inzwischen die griechischen Benennungen, die auf die alexandrinische Übersetzung der Tora, die Septuaginta, zurückgehen, also „Genesis", „Entstehung", „Exodus", „Auszug", Leviticus, Numeri, Deuteronomium usw.

Personale Medien sind aber auch die anderen Propheten. Im Begriff „Prophet" steckt das Verb „phemí" sprechen. Und „pro" heißt hier „anstatt". Wir hatten mit Blick auf Hulda schon bemerkt, dass das prophetische Reden ein starker Sprechakt ist, den eine Gravitation auf Schriftlichkeit hin auszeichnet. So wundert es nicht, dass die bedeutenden Propheten des siebten Jahrhunderts v. Chr. auch wirklich Schriften verfassten. Wer als Prophet an Gottes statt redet, kann auch an Gottes statt schreiben. Wenn im Neuen Testament von der hebräischen Bibel die Rede ist, heißt es dann immer formelhaft „Gesetz und Propheten".

Mit Esra aber war nach rabbinischer Überlieferung die Tora festgeschrieben worden. Sie war für jeden Eingriff tabu. An Heilige Schrift durfte von nun an um Gottes Willen nicht mehr Hand angelegt werden.[29] Zum Glück für die Philologen, die den Text weniger verehren als analysieren, sind durch diesen konservatorischen Grapholatrieeffekt alle Sprünge, Wiederholungen, Widersprüche und Ungereimtheiten stehen geblieben, welche die Fundamentalisten in Verlegenheit führen. Jeder aufmerksame Bibelleser wird auf kryptische Spuren und Widersprüche stoßen.

Ungereimt: Gott selbst oder Mose?

Aus vielen Beispielen nur dies eine, weil es den Kern des grapholatrischen Narrativs betrifft: Wir erinnern uns. Mose hatte die steinernen Tafeln, auf die der Finger Gottes von beiden Seiten geschrieben hatte, zerschmettert und nun geht es um deren Wiederherstellung. In Ex 34,1 hatte es geheißen: „*Weiter sprach der Herr zu Mose: Hau dir zwei steinerne Tafeln zurecht wie die ersten! Ich werde darauf die Worte schreiben, die auf den ersten Tafeln standen, die du zerschmettert hast.*"

Mose befolgt diese Anweisung und auch den Befehl, auf den Berg Sinai hinaufzusteigen, wo Gott in der Wolke herabsteigt und seinen „Namen" ausruft. Dann aber heißt es in Ex 34,28: „*Mose blieb dort beim Herrn vierzig Tage und vierzig Nächte. Er aß kein Brot und trank kein Wasser. Er schrieb die Worte des Bundes, die zehn Worte auf Tafeln. Als Mose vom Sinai herabstieg, hatte er die beiden Tafeln der Bundesurkunde in der Hand.*"

Gott hatte angekündigt, noch einmal selbst zu schreiben, und nun schrieb Mose. Wer hat denn nun geschrieben? Die hebräische Grammatik ist eindeutig: „*Er schrieb*" muss sich auf Mose beziehen.

Undenkbar, dass solche Widersprüche noch redaktionell beseitigt werden. Anlass für Kommentar und Kommentierung des Kommentars bieten sie freilich immer.

Die Heiligkeit des Textes ist auch dann gesichert, wenn es nicht, wie angekündigt, abermals der Finger Gottes war, der schrieb, sondern Mose. Mose war ja auch sonst das lebendige Schreibwerkzeug Gottes.

Außerdem hatte er sich durch vierzigtägiges Totalfasten geheiligt. Als Ausweis seiner Heiligkeit strahlte die Haut seines Gesichts, als er vom Berg herunterstieg.

Wieder einmal gewährt uns die Redaktionsgeschichte einen Einblick in die Entstehung eines Textes. Der Exeget stellt fest, dass unterschiedliche Textüberlieferungen nebeneinander stehen geblieben sind.

Grapholatrie oder Exegese?

Kein Lektor unserer Tage würde Texte zum Druck freigeben, die solche Ungereimtheiten und Sprünge enthalten. Dass sie in der Bibel weithin anzutreffen sind, ist ein starker Indikator von Grapholatrie. Sie verhindert, dass seine für sakrosankt erklärte Endgestalt noch verändert wird. So ergeben sich zwei Zeitrichtungen der Auslegung. Die grapholatrische zeigt nach vorne, die historisch-kritische blickt zurück. Die grapholatrische Auslegungspraxis kann nur nach vorne kommentieren und versuchen, aus dem Text mögliche, bisher nicht erkannte Bedeutungen herauszumelken. Der Text steht fest, aber die Lebenswelt und die Umstände, in denen er vorgetragen wird, bieten sich ständig anders und neu dar. Daher müssen viele Fragen, die sich durch diese Änderungen ergeben, beantwortet werden. Wenn etwa am Sabbat jegliche Arbeit verboten ist und wenn es einst richtig Arbeit machte, ein Licht, ein Feuer, vielleicht mithilfe von Feuerstein und Zunder anzuzünden, bleibt der Text, der die Arbeit verbietet, unangetastet, und die Frage an den Ausleger der Schrift kann nur lauten, ob das Umlegen eines Lichtschalters, bei dem ein Funke entsteht, als „Arbeit" anzusehen ist.

Wer zwischen die Schrift und sich als Leser die Metaebene der Reflexion einzieht, hat ihr sofort einen anderen Status verschafft. Gegenüber ihrer kultischen Verehrung nimmt er den Standpunkt eines Beobachters ein. Neben der Ermittlung ihres Sinnes ist die Rekonstruktion ihrer Entstehung die Aufgabe des wissenschaftlichen Exegeten. Das eine kann er nur mithilfe des anderen leisten. So erst wird die Redaktionsgeschichte, in die wir hier mit unserem Suchscheinwerfer nur knappe Einblicke geben können, rekonstruierbar. Kritische Exegese schaut rückwärts, sie wird „historisch-kritisch".

Ein in ganz anderer Weise problematischer Aspekt der Grapholatrie ergibt sich im Medienvergleich. Gegenüber dem Kultbild hatten wir der Kultschrift als einem Medium der Differenz zugestanden, dass sie davor sicher ist, mit dem verwechselt zu werden, was sie darstellt. Soweit so gut. Dieser Vorzug bleibt festzuhalten. Der Idolatrie hatte der im Kern berechtigte Vorwurf gegolten, dass sie das Göttliche instrumentalisiert. Aber ist die Kultschrift wirklich sicher vor diesem Akt der Bemächtigung?

Der Ethnologe und Religionswissenschaftler Karl-Heinz Kohl geht in einer Rekonstruktion der grapholatrischen Praktiken, ohne sie so zu bezeichnen, sehr weit. Er sieht in der Verehrung der Gesetzestafeln einen funktionalen Ersatz für das im Dekalog verbotene Gottesbild. In ihnen sieht er die Verkörperung des Heiligen *„... in einem wörtlichen, ja in diesem Fall ‚buchstäblichen‘ Sinn".* Er verweist auf die ausführlichen Beschreibungen der Bundeslade, in denen die Tafeln aufbewahrt wurden, und auf die Kostbarkeit der edlen Materialien, aus denen die Lade gefertigt war. Er sieht in ihr einen *„...mit göttlicher Macht aufgeladenen Gegenstand, dem das Volk der biblischen Überlieferung zufolge zahlreiche Siege verdankte. Als die Israeliten den Jordan überquerten, sollen die Wasser vor ihr zurückgewichen sein (Josua 3,6–17). Bei der Eroberung von Jericho ließ Josua sie unter Posaunenklängen sieben Mal um die belagerte Stadt tragen, deren Mauern daraufhin fielen. Auch noch in der Zeit der Philisterkriege soll das Heer sie auf seinen Feldzügen mit sich geführt haben."*[30]

Er führt auch die Episode an, in der der Lade *„personenhafte Wirkkraft zugeschrieben wurde."* Sie war in die Hände der Philister gefallen und wurde im Tempel des Gottes Dagon aufgestellt. Als die Lade dessen Statue zu Fall gebracht und demoliert hatte, expedierten die Philister das tatkräftige und ihnen unheimliche Stück wieder zurück zu den Israeliten.

So weist für Kohl die Bundeslade *„nach den Vorstellungen der alten Israeliten also ähnliche Heil- und Unheil bringende Eigenschaften auf wie die ‚Fetische‘ der Bewohner der westafrikanischen Küste."* Er will auf ein Phänomen hinaus, das in der Tat besondere Aufmerksamkeit verdient: *„Zieht man in Betracht, dass die Bundeslade der Aufbewahrung der heiligen Worte jenes Gottes diente, der seinem Volk ausdrücklich die Herstellung von bildlichen Darstellungen seiner selbst verboten hatte, so gelangt in den ‚fetischistischen‘ Vorstellungen, die man mit ihr verband, ein in der Geschichte der Reli-*

gionen häufig zu beobachtender Vorgang zum Ausdruck: die Wiederkehr des Verdrängten im Verdrängenden selbst."[31]
Gerd Neuhaus nimmt in seiner fulminanten „Fundamentaltheologie" dieses Stichwort mehrfach auf und wendet es ins Grundsätzliche. Es wird uns noch in anderem Zusammenhang begegnen.

Anmerkungen

1 Erstmals habe ich ihn in meiner Rezension eines Buches von Hans Belting benutzt. Eckhard Nordhofen, *Der Logos als Kind*, Rezension zu Hans Belting, *Das echte Bild. Bildfragen als Glaubensfragen*, in: Die Zeit v. 21.12.2005. Ausdrücklich vorgeschlagen habe ich ihn dann in dem Aufsatz „*Idolatrie und Grapholatrie*", Merkur 791, April 2015, S. 18–30.
2 Kap. I.
3 Heinrich von Kleist, so der Untertitel der Anekdote, „Franzosen-Billigkeit".
4 S. 41.
5 Wer nach weiteren Ausnahmen sucht, wird auch bei der experimentellen Lyrik fündig, die eine „reine Poesie" ohne inhaltliche Fracht nur aus dem Material von Sprache und Schrift erzeugen will. Vgl. Jürgen Brockhoff, *Geschichte der reinen Poesie. Von der Weimarer Klassik bis zur historischen Avantgarde*, Göttingen 2010.
6 S. 541.
7 Sonderforschungsbereich 933, Materiale Textkulturen. Dazu: Markus Hilgert, *Text-Anthropologie*, in: *Mitteilungen der Deutschen Orient-Gesellschaft zu Berlin*, Nr. 142, 2010, S. 87–126.
8 Vgl. Guy G. Stroumsa, *Das Ende des Opferkults*, Frankfurt / M. 2011.
9 George Steiner, „Unglaublich geübtes Gedächtnis und philologische Virtuosität vollführen einen Tanz des Geistes vor der halb geschlossenen aber strahlenden Bundeslade der Schrift.", Vgl. Ders. *Von realer Gegenwart*, München,Wien, 1990, S. 62.
10 Samuel Beckett, *L'Innommable*, Paris 1953.
11 Heinrich Heine, *Geständnisse*, Kapitel 7.
12 Ebd.
13 Vgl. Norbert Lohfink, *Im Schatten deiner Flügel*, Freiburg 1999, Kap. 1, Der Tod am Grenzfluss, S. 1–28.
14 Jacob Neusner, *Einzigartig in 2000 Jahren. Die neue Wende im jüdisch-christlichen Dialog*, in: Thomas Söding (Hrsg.), *Ein Weg zu Jesus. Schlüssel zu einem tieferen Verständnis des Papstbuches*, Freiburg 2007, S. 71–87.
15 Vgl. Martin Buber, *Die Erzählungen der Chassidim*, S. 199.
16 Die einzige Ausnahme bildet der Jahwe-Tempel auf der Nilinsel Elephantine, ein allenfalls monolatrischer Nebenschauplatz, der hier nicht weiter untersucht werden kann.
17 Angelika Neuwirth und Navid Kermani legen auf diesen Aspekt besonderen Wert. Vgl. A. Neuwirth, *Der Koran als Text der Spätantike. Ein europäischer Zugang*, Berlin 2010, S. 24–28; N. Kermani, *Gott ist schön. Das ästhetische Erleben des Koran*, München 1999, 5. Aufl. 2015..
18 N. Kermani, a. a. O.
19 Vgl. A. Wucherpfennig, *Monotheismus und Schriftlichkeit. Neutestamentliche Überlegungen zum islamischen Vorwurf der Verfälschung der Schrift*, in: Timo Güzelmansur (Hrsg.), *Das koranische Motiv der Schriftfälschung (tahrif) durch Juden und Christen*, Regensburg 2014, S. 184.
20 Vgl. Martin Buber, Franz Rosenzweig, *Die Schrift, Die Übersetzung des Tanach*, überarbeitete Ausgabe, vier Bde., Stuttgart 1992, Vorwort.
21 Karl-Heinz Kohl hat aus der Sicht eines Ethnologen und Religionswissenschaftlers die Rolle der Schrift im Kulturvergleich untersucht. Wissenschaftler und Missionare haben vielen, zunächst illiteraten Kulturen, durch die Aufzeichnung ihrer jeweiligen Mythen zu „heiligen Schriften" verholfen. Im muslimisch dominierten Indonesien haben die

Aufzeichnungen Hans Schärers, eines Ethnologen und Missionars, den Anhängern der indigenen Ngayu Dajak-Religion dazu verholfen, den Status einer staatlich anerkannten und geförderten „Buchreligion" zu erlangen, denn nach dem indonesischen, muslimisch inspirierten Standard, wird für die offizielle Anerkennung verlangt, dass ein heiliges Buch existiert. Schärer hatte auf ca. 700 Seiten die Mythen dieses Volkes erstmals aufgezeichnet. Vgl. Karl-Heinz Kohl, *Verschriftlichung als Rationalisierung mündlicher Überlieferungen. Zur ethnologischen Produktion heiliger Texte*, in: Andreas Kablitz, Christoph Markschies (Hrsg.), *Heilige Texte*, Berlin / Boston 2013, S. 243–259.

22 Vgl. Navid Kermani, a. a. O..

23 Vgl. Harry Austryn Wolfson, *The Philosophy oft the Kalam*, Cambridge MA 1976, S. 244–263. In der Version „Illibration", die sich nach den lateinischen Ausspracheregeln durchaus nahelegt, geht die beabsichtigte Parallele zur „Inkarnation" verloren. Annemarie Schimmel hat den Begriff in Deutschland eingeführt, vgl. Annemarie Schimmel, *Der Islam. Eine Einführung*, Stuttgart 1990. Angelika Neuwirth hat die Analogie noch ausdifferenziert: So wie Maria, das Medium der Inkarnation, als Jungfrau gelte, so sei der Prophet Muhammad als Medium des Koran des Schreibens unkundig gewesen, so wie die Trinität als Hypostase des einen Gottes gelte, so auch der Koran usw. Vgl. Angelika Neuwirth, *Der Koran als Text der Spätantike*, S. 159.

24 Norbert Lohfink, *Im Schatten deiner Flügel*, S. 1–28. Rabbi Neusner zählt noch den Talmud, die Mischna und den Midrasch dazu.

25 Vgl. Kap. VIII, Grapholatrie.

26 Sure 5: 13–14 „Und weil sie ihre Verpflichtung brachen, haben wir sie verflucht. Und wir machten ihre Herzen verhärtet, so dass sie die Worte (der Schrift) entstellten, (indem sie sie) von der Stelle weg(nahmen), an die sie hingehörten. Und sie vergaßen einen Teil von dem, womit (oder woran) sie erinnert worden waren." Vgl. Timo Güzelmansur, a. a. O., S. 9

27 Man könnte die Frage stellen, in welchem Verhältnis dieser Finger am Stab zu dem Finger Gottes steht, der auf die steinernen Tafeln geschrieben hatte? Ist er das Bild eines göttlichen Körperteils?

28 Vgl. A. Berlejung a. a. O.

29 Die Bibelwissenschaft beugt sich natürlich mit Eifer und Aufmerksamkeit über pseudoepigraphische bzw. apokryphe Texte und freut sich über die zwischentestamentlichen Schriften und in Ägypten und in den Höhlen von Qumran gefunden wurden, zieht aber auch, wo sich Berührungspunkte oder Parallelen ergeben, die pagane Literatur zu Rate.

30 Kohl, *Die Macht der Dinge*.

31 Gerd Neuhaus bezieht sich mehrfach auf Karl-Heinz Kohl, *Die Macht der Dinge*, S. 35f. Für die topische „Ubiquität" dieses Vorgangs in der Geschichte der Religionen verweist dieser auf Klaus Heinrich, *Anthropomorphe. Zum Problem des Anthropomorphismus in der Religionsphilosophie*, Dahlemer Vorlesungen, Bd. II, Basel / Frankfurt / M. 1986.

Kapitel IX:
Die Schriftkritik im Neuen Testament

Pharisäer und „Schriftler"

Ein Idol, das Bild eines Gottes mit ihm selber zu verwechseln und dann gar anzubeten, ist die Dummheit, die der Begriff „Idolatrie" entlarven und anprangern will. Weil das Medium Schrift zu dieser Verwechslung nicht einlädt – wir haben es oft genug herausgestellt, dass die Schrift niemals vorgibt, das auch zu sein, was sie bedeutet – scheint an dem Begriff „Grapholatrie" der analoge Vorwurf der Dummheit nicht haften zu können. Insofern scheint die Parallelbildung Idolatrie-Grapholatrie, auf den harmlosen Vergleichspunkt zusammenzusinken, dass es sich in beiden Fällen um einen Kult und ein Objekt der Verehrung handelt. Bisher ist denn auch die Rolle des damals noch recht jungen Mediums Schrift sehr positiv geschildert worden, sie war ja schließlich herausragend. Nur mit ihr gelang der Durchbruch zum Monotheismus.

Nun aber ist die Frage zu beantworten, was niemand anderen als Jesus von Nazaret bewogen haben könnte, sich ständig mit denen anzulegen, die in den Evangelien als „Grammateis" bezeichnet werden. Sie treten in so vielen Perikopen als Gegner Jesu auf, dass man von einem Grundkonflikt reden muss. Wie ein roter Faden durchzieht er alle vier Evangelien, führt schließlich zum Prozess und zur Hinrichtung Jesu, und es ist offensichtlich ein Medienkonflikt.

Übrigens ist die Übersetzung des griechischen „Grammateus" (Singular) mit „Schriftgelehrter" gewiss nicht ganz falsch, aber doch leicht irreführend. Zwar versteht es sich von selbst, dass jemand, der die Schrift so hoch hält, wie diese frommen Schriftverehrer es taten, diese auch eifrig studiert haben mussten, aber eine Gelehrsamkeit im heutigen Sinn gibt die Semantik von „Grammateis" (Plural) eigentlich nicht her. Wörtlich übersetzt, bedeutet der Ausdruck eigentlich die „Schriftler", oder in der Umschreibung: „diejenigen, die auf die Schrift setzen".

Da es hier sehr darauf ankommt, den oft vernachlässigten Kultaspekt herauszuarbeiten, soll es mir auf einen Neologismus mehr oder weniger nicht ankommen, daher werde ich versuchsweise von den „Schriftlern" sprechen, wo wir gewohnt sind, dass man sie uns als Gelehrte vorstellt. Das ist aber nicht abschätzig gemeint; man könnte auch von „Schriftverehrern" sprechen. Ob ich mich einem Text als Gelehrter nähere oder ob ich ihn verehre, ist, wie wir im letzten Kapitel an den beiden Wegen, sich mit der Heiligen Schrift auseinanderzusetzen, sahen, etwas durchaus Verschiedenes. Der Schriftler ist das ausführende Subjekt der Grapholatrie. Er rezitiert und singt den Text, er gehorcht ihm, lernt ihn auswendig, trägt ihn auf der Stirn, verhüllt die Schriftrolle in kostbare Textilien und zitiert ihn bei jeder passenden Gelegenheit.

Für die Mediengeschichte ist es durchaus von Bedeutung, dass es sich bei der Tora um eine Rolle handelt. Wollte man in gelehrter Manier ein Zitat verifizieren, musste man umständlich zurückrollen oder aus dem Gedächtnis zitieren. Das geht manchmal auf Kosten der Genauigkeit. Von dieser Praxis müssen wir für die Zeit Jesu noch ausgehen. Sowohl die Rolle als auch der Kodex werden als Buch bezeichnet. Dieser kam erst in der römischen Kaiserzeit als neue Buchform auf. Er bot einleuchtende Vorteile und hat sich bis zum vierten Jahrhundert überall durchgesetzt. Einen Kodex kann man an jeder beliebigen Stelle aufschlagen. Wer bei einer Buchrolle eine bestimmte Passage aufrufen will, hat zu tun. Dauert es zu lange, kann er „durchdrehen". Erst als der Text in Codices übertragen wurde, bei denen es möglich wurde, vor und zurück zu blättern, Zitate schnell aufzurufen und zu vergleichen, konnte sich ein anderer, wenn man so will, gelehrterer Umgang mit dem Text ergeben. Diese neue Art Buch wird dann auch im Judentum durchaus genutzt. Für den Synagogenkult der Tora hält man aber bis heute aus grapholatrischen Gründen an der traditionellen Rolle fest.

Und was ist ein Pharisäer?[1] „Pharisäer und Schriftgelehrte" so heißt es immer. Wir können diese Dyas entweder als Synonyme nehmen oder die Schriftverehrung als nähere Bestimmung des Pharisäers.

„Phärisäer" steht bei uns auf der Menükarte mancher Cafés. Der „Pharisäer" kommt in einer Kaffeetasse und ist von außen von einem normalen Kaffee mit Sahne nicht zu unterscheiden. Wer seinen Alkohol nicht in einem für alle sichtbaren Cognacschwenker zu sich nehmen will, bestellt ihn in einer Kaffeetasse. *Er* ist eigentlich der Pharisäer, nicht das unschuldige Getränk. Ein Pharisäer ist demnach der Heuchler, der nach außen Abstinenz vortäuscht, insgeheim aber dem Alkohol, in der Kaffeetasse getarnt, nicht abgeneigt ist.

Dass die Pharisäer Heuchler sind, die nur auf den äußeren Schein aus sind, dieser Vorwurf ist biblisch und geht vor allem auf die drei synoptischen Evangelien zurück. Bis hin zu Molieres Tartuffe und bis in unsere Tage ist „Pharisäer" der Standardvorwurf an alle, die ihrer Frömmigkeit und Gesetzestreue eine Außenseite geben, die dann von aller Welt besichtigt und bewundert werden soll. Heuchelei und Pharisäertum in diesem moralisierenden Sinn sind allerdings keine jüdischen Spezialitäten. Die Vorwürfe sind auch im christlichen Moraldiskurs prominent vertreten.

Im Markusevangelium, das Lukas und Matthäus schon kannten und als Quelle benutzten, sind entsprechende Vorwürfe an die Adresse der Pharisäer reichlich enthalten. Zum Glück stellt es uns am Ende aber auch einen guten Schriftler vor.

Innen und außen: Das Herz als Muskel der Inkarnation

Es empfiehlt sich, die schon in den Evangelien zugespitzte moralisierende Polemik gegen die Pharisäer von dem tieferen, dem eigentlichen Konflikt mit Jesus zu trennen. Es ist ein Medienkonflikt. Wieder einmal geht es um den Vorgang, der uns bei der Untersuchung des Mediums Schrift schon mehrfach begegnet ist, die Frage nämlich, was sich ereignet, wenn ein Bewusstseinsinhalt von innen nach außen dringt und sich vom Körper ablöst?

Im siebten Kapitel des Markusevangeliums[2] kommt es wieder einmal zum Streit mit den Pharisäern und Schriftlern. Diese hatten Jesus zur Rede gestellt, weil seine Jünger sich vor dem Essen nicht die Hände gewaschen hatten, wie es vorgeschrieben war. Jesus, offensichtlich in der Schriftauslegung selbst bestens bewandert, ruft einen gewichtigen Zeugen auf: *„Der Prophet Jesaja hatte recht mit dem, was er über euch Heuchler sagte: Dieses Volk ehrt mich mit den Lippen, sein Herz ist aber weit weg von mir. Es ist sinnlos, wie sie mich verehren, was sie lehren, sind Satzungen von Menschen."* (7,6)[3]

Da ist er, der Gegensatz von innen und außen, von Herz und Lippen! Auf das Herz kommt es an. Die Lippen, der Mund, das ist die Körperöffnung, die das, was „innen", im Herzen, im Bewusstsein seinen eigentlichen Ort hätte, nach außen transportiert, die undichte Stelle des Körpers, zunächst mündlich, dann aber auch schriftlich fixiert als „Satzung". Das ist dann für Jesus gerade nicht das göttliche Wort, die Tora – diese respektiert Jesus als frommer Jude durchaus und zwar so, dass er sie auf ihre eigentliche Intention hin auslegt und dabei immer wieder, in der Bergpredigt sechsmal, mit einem *„Ich aber sage euch"* überbietet. Die Tora sollte, wie es in Dtn 6,6 heißt: *„...auf deinem Herzen geschrieben"* sein. Er hält seinen Gegnern vor, dass sie die Schrift verdrehen, aus der göttlichen Weisung *„Satzungen von Menschen"* machen. Wir hören hier jenes *„von Menschenhand"* mit, die Standardformel der Kritik am Kultbild. Menschliches als göttlich auszugeben, das ist nichts weniger als der Vorwurf der Usurpation. Diesen Vorwurf belegt er sodann mit Beispielen. Das liest sich zunächst wie ein Streit unter Gesetzeslehrern und Auslegern. Dann aber wird Jesus grundsätzlich, und er wird zum Medientheoretiker: *„Nichts, was von außen in den Menschen hineinkommt, kann ihn unrein machen, sondern was aus dem Menschen herauskommt, das macht ihn unrein."* (Mk 7,14 ff)

Vordergründig geht es um Vorschriften für die kultische Reinheit. Was ist Reinheit? Die Reinheitsgebote sind mehr als hygienische Vorschriften. Sie sollen vielmehr garantieren, dass derjenige, der sich an sie hält, sich in den Zustand gebracht hat, der *„dem Herrn gefällt"*. Sie verbürgen für den, der sie gemäß der Schrift beobachtet, den Willen Gottes. Das ist der Kern dessen, was die Schriftler glauben, und das ist es, was Jesus angreift. Der Konflikt hat hier seine tiefste Wurzel. Aber auch die Jünger Jesu hatten noch nicht verstanden. So verdeutlicht er noch einmal: *„Begreift auch ihr nicht? Seht ihr nicht ein, dass das, was von außen in den Menschen hineinkommt, ihn nicht unrein machen kann? Denn es gelangt ja nicht in sein Herz, sondern in den Magen und wird wieder ausgeschieden...* (Mk 7,18)

Wichtig ist die Trennung, die Jesus hier vornimmt. Er unterscheidet physische Nahrungsmittel, deren Verdauungsprozess er andeutet, von geistigen. Dieser Transfer von der Materie auf den Geist ist das hermeneutische Grundprinzip fast aller jesuanischen Reden. Das Herz ist das innerste Zentrum des Körpers, der Ort der Wahrheit. In den Seligpreisungen wird er angesprochen: „*Selig sind die, die in reines Herz haben; denn sie werden Gott schauen*". *(Mt 5,8)* Dieser entscheidende Gedanke, dass es das Herz des Menschen ist, an dem sich der Geist Gottes antreffen lässt, trennt Jesus von den Schriftlern, die sich mit Geschriebenem begnügen wollen.

Zu Rehabilitierung der Pharisäer ist inzwischen das Nötige gesagt worden. Neben den Sadduzäern, die zum Tempel und seiner Kultpriesterschaft hielten, waren sie die Frommen in Israel, die sich besondere Mühe gaben, die „Weisung" pünktlich und demonstrativ zu befolgen. Dass der Vorwurf der Heuchelei weit über die Grenzen des Judentums hinausgreift, ist schon bemerkt worden. Für den christlichen Antijudaismus ist ihre Rolle im Prozess Jesu eine Hauptquelle gewesen. Nach dem NS-Versuch, das auserwählte Volk in einer industriell organisierten Mordaktion auszulöschen[4], ist man auf christlicher Seite verständlicherweise bemüht, die Juden als „ältere Geschwister" anzuerkennen, und man schämt sich zu Recht der antijudaistischen Traditionen, die zu den Quellen des Antisemitismus gezählt werden. Matthäus lässt das Volk den wirkungsgeschichtlich so unheilvollen Satz rufen: „*Sein Blut komme über uns und unsere Kinder!*" *(Mt 27,25)* Der lieferte im Mittelalter oft das Stichwort für antijüdische Exzesse. In der christlichen Ikonographie wurden die Pharisäer meist mit hässlichen Physiognomien und krummen Nasen dargestellt. Davon deutlich abzurücken, wäre auch ohne die NS-Katastrophe mehr als angemessen gewesen.

Das Matthäusevangelium setzt die Zerstörung des Tempels bereits voraus. Es ist also in einer Zeit entstanden, als die Spaltung des jüdischen Volkes in Judenchristen und diejenigen, die sich mit dem Zentrum in Jabne weiterhin auf die Synagoge und die Tora, auch die sog. „mündliche Tora" konzentrierten, in vollem Gange war. Dass es dabei zu Rivalitäten kam, bei der keine Seite auf die andere gut zu sprechen war, ist vielfach belegt. Die antijüdischen Töne des Evangeliums haben eine zeitgleiche Entsprechung in den antichristlichen Verwünschungen aus der Synagoge. Peter Schäfer, der diesen Prozess untersucht hat, weist darauf hin, dass im jüdischen „Achtzehn-Bitten-Gebet" der täglichen Liturgie eine kraftvolle Verwünschung der Häretiker (Birkat hammînîm), enthalten ist. Gemeint waren nicht nur aber in erster Linie die Judenchristen. Auch in der Väterliteratur wird diese Verwünschungspraxis vielfach gespiegelt. [5]

Wenn es auch schwerfällt, die entsprechenden Passagen des Matthä-
usevangeliums zu lesen und dabei von ihrer unheilvollen Wirkungsgeschichte abzusehen, gehört es doch zu den Grundregeln der Hermeneutik, diesen Text in die Zeit seiner Entstehung zu stellen und ihn relativ
zu den damals anstehenden Streitfragen zu verstehen.

Die guten Pharisäer

Zurück zu den Pharisäern. Das waren also Menschen, die ihre Religion
sehr ernst nahmen. Es waren fromme Schriftler und Gesetzeslehrer, die
sich alle Mühe gaben, *„zu tun was dem Herrn gefällt"*. Ihnen wirft Jesus ja
nicht ihren Gesetzesgehorsam vor, im Gegenteil. Er selbst verteidigt in
der Bergpredigt (Mt 5,19) zunächst das Gesetz und redet wie einer von
ihnen: *„Wer auch nur eines von den kleinsten Geboten aufhebt und die Menschen entsprechend lehrt, der wird im Himmelreich der Kleinste sein. Wer sie
aber hält und halten lehrt, wird groß sein im Himmelreich."*

Dann aber folgt die entscheidende Überbietung, die der Schlüssel
für Jesu Verständnis von Schrift ist: *„Darum sage ich euch: Wenn eure Gerechtigkeit nicht größer ist als die der Schriftgelehrten und Pharisäer, werdet
ihr nicht in das Himmelreich kommen."*

Die moralische Entrüstung der Evangelisten über die Schriftler und
Pharisäer, übertrieben oder nicht, verdeckt und überlagert in der Rezep-
tion durch die christlichen Jahrhunderte den viel wichtigeren Medienkonflikt. Wer Jesus den Überbieter und Kritiker des Mediums Schrift in
diesem Punkt verstanden hat, kann auch als Christ die Schrift nicht schon
deshalb neuerlich zu einem Kultobjekt machen, weil sie von ihm erzählt.

Da ist es gut, dass in den Evangelien auch Schriftler vorkommen, die
positiv gesehen werden. In Mk 12,28–34 fragt einer, dessen Namen wir
nicht erfahren, nach dem ersten Gebot von allen. Jesus antwortet mit
dem *„Höre Israel"* dem Herzgebet des Gottesvolks, das es am Morgen und
am Abend spricht: *„Höre Israel, JHWH unser Gott ist der einzige Herr. Darum sollst du JHWH deinen Gott lieben mit ganzem Herzen und ganzer Seele,
mit all deinen Gedanken und all deiner Kraft..."* Dann fügt er ein weiteres
Zitat hinzu, das er dem ersten gleichstellt: *„Als zweites kommt hinzu: Du
sollst deinen Nächsten lieben wie dich selbst. Kein anderes Gebot ist größer als
diese beiden"* (Lev 19,18).

Der Schriftler stimmt, Jesu Worte wiederholend zu, gibt ihm sogar den Ehrentitel *„Rabbuni",* den später auch Maria Magdalena in dem Augenblick aussprechen wird, in dem sie im Auferstandenen den „Herrn der Welten" erkennt. Dann stellt er die beiden höchsten Gebote über alle Brandopfer und andere Opfer, woraufhin Jesus zu ihm sagt: *„Du bist nicht fern vom Reich Gottes".*

Jesus ist sich mit diesem Schriftler in allen Punkten einig. Das kommt also auch vor. Hier ist es kein Zufall, denn das Doppelgebot der Gottes- und Nächstenliebe als das höchste von allen hat für ihn offenbar einen Sonderstatus. Dieses Gebot, welches *„das erste von allen"* ist, können wir im Sinne eines „Metagebots" deuten, das über allen anderen steht. So wie der Dialog im Markusevangelium wiedergegeben ist, trägt er auch nicht die Merkmale eines diskursiven Austauschs von Argumenten. Das Sch'ma Israel wird vielmehr re-zitiert, eigentlich gebetet, denn die Rezitation eines Gebets *ist* ein Gebet. Der Schriftler wiederholt es feierlich und übernimmt dabei auch das Gebot der Nächstenliebe, das Jesus aus Lev 19,18 hinzugefügt und der Gottesliebe gleichgestellt hatte.

Nach der Aufforderung „Höre Israel!" folgt sofort das Bekenntnis, worauf sie sich bezieht: *„JHWH ist unser Gott, JHWH ist einzig."* Da ist er, der „Name", das Tetragramm, dessen sprach- und sachlogische Singularität wir schon kennen. Weil er einerseits nichts Bestimmtes, andererseits aber auch nicht nichts ist, besser, in der Ausrufung des puren Daseins die Koinzidenz von allem und nichts, hat das, was folgt, eine Adresse. Was folgt, ist die Aufforderung zur Liebe *„mit ganzem Herzen".* So ist klar, das Sch'ma Israel kann nicht von Jesu Medienkritik an der Schrift getroffen werden. Diese hat ihren Platz überall dort, wo es zu einer Kollision mit den detaillierten Vorschriften kommt. In seiner grundsätzlichen Allgemeinheit unterscheidet es sich von den vielen Einzelbestimmungen, über die er sich mit den Schriftlern streitet. Ja es relativiert, indem es das Liebesgebot zum *„erste(n) von allen"* macht, alle anderen Weisungen. Die Liebe zu Gott und dem Nächsten ist eine Art Generalklausel, das Vorzeichen vor der Klammer der Einzelheiten. Augustinus mit seinem *„Dilige et quod vis fac!",*[7] *„Liebe und mach was du willst!"* folgt dieser Spur. Wer liebt, kann eigentlich nichts falsch machen. Auch hier ist die Liebe das Vorzeichen vor allen anderen Geboten, die es im Zweifel außer Kraft setzen kann. Dass dieser biblische Anarchismus auch eine mediale Facette hat, kann uns nicht mehr überraschen, denn im „Höre Israel" waren wir schon auf das Herz, die lebendige, pulsierende Mitte des Körpers, als die maßgebliche Instanz getroffen *„Von ganzem Herzen"* soll Israel Gott lieben, und gleich danach, in Dtn 6,4 heißt es: *„Diese Worte, auf die ich dich heute verpflichte, sollen auf deinem Herzen geschrieben stehen..."* Das Herz, die Mitte des Körpers, der ohne seinen Puls nicht lebt, bleibt der oikẽios tópos, der Heimatort des Guten. Dass die Liebe das Tauschprinzip transzendiert, hatten wir schon erkannt (Kap. VIII). Was auf dem Herzen geschrieben steht, war noch nicht den Risiken der Objektivation ausgesetzt, hat sich als Schrift noch nicht veräußerlicht, noch nicht vom Körper und seiner Mitte getrennt.

Auch das Johannesevangelium berichtet (3,1–13) von einem guten und aufrechten Pharisäer, dessen Namen wir diesmal sogar erfahren und der Jesus bei Nacht aufsucht: Nikodemus. Ihm wirft Jesus nicht, wie den anderen, Geltungssucht und Heuchelei vor. Diese Vorwürfe konnte übrigens jeder Pharisäer und Schriftler, wenn sie denn zutrafen, seinen Mitpharisäern auch machen, und wo wäre Heuchelei kein Laster?

Das eigentliche Problem, das Jesus mit ihnen hat, wird in dem Gespräch mit dem offenbar integeren Nikodemus erkennbar. Beide schätzen einander. Zunächst erkennt Jesus ihn als *„Lehrer Israels"* an, und Nikodemus hat seinerseits eine hohe Meinung von Jesus: *„Rabbi, wir wissen, du bist ein Lehrer, der von Gott gekommen ist."*

Jesus verlangt von diesem Mann der Schrift nicht eine andere Schriftauslegung oder gar eine Novellierung von Gesetzen. Es geht ihm um Grundsätzliches. Es geht um die Frage, was die Schrift überhaupt kann und ob es ausreicht, sie zu studieren und zu befolgen, wenn es darum geht, *„zu tun, was dem Herrn gefällt"*. Jesus zeigt vielmehr, dass er mehr will, als das schriftlich fixierte Gesetz kann. Daher empfiehlt er ihm eine andere, die entscheidende Erkenntnisquelle: die Wiedergeburt aus dem Geist: *„Wenn jemand nicht von neuem geboren wird, kann er das Reich Gottes nicht sehen."*

Nikodemus ist ein wenig begriffsstutzig. Er ist mit der Stilistik Jesu, dem Transferprinzip, noch nicht vertraut und versteht die Sache mit der Geburt zunächst rein physiologisch: *„Wie kann ein Mensch der schon alt ist, geboren werden? Er kann doch nicht in den Schoß seiner Mutter zurückkehren. Und zum zweiten Mal geboren werden."*

Dann löst Jesus seine Bildrede auf: Nicht die Geburt *„aus dem Fleisch"* ist gemeint, sondern die aus dem Geist. Und Nikodemus hört die vorwurfsvolle Frage: *„Du bist der Lehrer Israels und verstehst das nicht?"*

Den „Schriftler", der gewohnt ist, sich an das fixierte Gottesmedium zu halten, erinnert Jesus an das Brausen des umspringenden Windes: *„Der Wind weht, wo er will, du hörst sein Brausen, weißt aber nicht, woher er kommt und wohin er geht."*

Dann definiert er sein Medienproblem: *„Wenn ich zu euch über irdische Dinge gesprochen habe und ihr nicht glaubt, wie werdet ihr glauben, wenn ich zu euch über himmlische Dinge spreche."* (31,12)

Das Sprechen über himmlische Dinge, das ja nur ein indirektes Sprechen im Transfermodus, in Gleichnissen und Metaphern sein kann, erfordert eine größere Glaubensanstrengung, man könnte auch sagen, eine größere hermeneutische Intelligenz.

Bleibt festzuhalten, dass Jesus von einer Geburt aus dem Geist und vom Innersten des Körpers, dem Herzen, als dem Ort spricht, auf den es ankommt. In Israel gilt das Herz, wie auch noch bei uns, als ein besonderer Ort. Es ist mehr als ein Pumpmuskel, es ist das Zentrum des Lebens. Statt einer fossilen Objektivation des göttlichen Willens in der Schrift, kommt es auf den lebendigen Menschen und seinen Körper auf der Gleitschiene der Gegenwart an. Das Wirken des göttlichen Geistes ist körpergebunden. Nur hier kann er eine wirkliche Präsenz entfalten. Das darf man Inkarnation nennen. Wir sind im Johannesevangelium, aus dessen Prolog dieser Begriff stammt. (lat. *Verbum caro factum est,* 1,14) Dort, an einer denkbar prominenten Stelle, ist der Gedanke aus dem Nikodemus-Gespräch schon einmal aufgetaucht. Es geht, wie in dem nächtlichen Gespräch mit dem guten Pharisäer um die Geburt aus dem Geist Gottes und überhaupt um die Möglichkeit, durch diese Geburt *„Kind Gottes"* zu werden: *„Allen aber, die ihn aufnahmen, gab er Macht, Kinder Gottes zu werden, allen, die an seinen Namen glauben, die nicht aus dem Blut, nicht aus dem Willen des Mannes, sondern aus Gott geboren sind"* (1,12f).

Dass der Mensch, sein „Fleisch", ein möglicher Ort des Gottesgeistes sein kann, wird oft sehr schnell und ausschließlich auf Jesus bezogen: *„Und das Wort ist Fleisch geworden und hat unter uns sein Zelt aufgeschlagen. Und wir haben seine Herrlichkeit gesehen, die Herrlichkeit des einzigen Sohnes vom Vater, voll Gnade und Wahrheit."* (1,14)

Dieser Vers ist so berühmt, dass sein Vorspann manchmal in Vergessenheit gerät. So kann es kommen, dass der Inkarnationsgedanke nur als das exklusive Mysterium der Göttlichkeit Jesu verstanden wird. Aber bei aller Einzigkeit, die Johannes in einer sublimen Stretta am Ende seines Prologs betont: *„Der Einzige, der Gott ist und am Herzen des Vaters ruht, er hat Kunde gebracht"* wird klar: Jesus ist kein Einzelkind. Alle, die diese Kunde vernehmen, das heißt, die ihn als Modell und Vorbild nachahmen, die *„ihn aufnahmen"*, haben die Macht, Kinder Gottes und somit Geschwister des Sohnes zu werden. Wie sich die Einzigkeit dessen, der *„am Herzen des Vaters ruht"*, zu dem Angebot: Inkarnation für alle verhält, wird noch zu klären sein.

Wir sollten den Prolog auch medientheoretisch lesen. Dass das Wort Fleisch und nicht wie im bisherigen Monotheismus Schrift geworden ist, ist die stärkste Ansage für einen Wechsel, genauer, die Überbietung des alten Gottesmediums. Der Mensch selbst löst die Schrift als Gottesmedium ab.

Die Waage im Kopf

Jetzt muss aber erst zum wiederholten Male das Tauschprinzip aufgerufen werden. Mit ihm lässt sich das Medienproblem, das Jesus mit den Schriftgelehrten hat, genauer fassen. Immer wieder das Tauschprinzip! Was Jesus von den Schriftlern trennt, ist eigentlich schon gesagt: Er will mehr als die Schrift kann. Was ihn gegen sie aufbringt, ist die Haltung, die sie aus ihrem Schriftverständnis heraus entwickeln. Als Heilige Schrift war sie zum Kultobjekt geworden, mit der Betonung auf „Objekt". Wenn sie alle Gebote beachteten, dann war dieser Schriftgehorsam seinerseits ein Objekt geworden, das auf der Waagschale ihres Selbstbildes lag. Es wog so viel, dass sich der Anspruch auf den göttlichen Lohn fast von selbst daraus ergab. Im Gleichnis vom Pharisäer und Zöllner (Lk 18,9–14) bringt er diese Einstellung auf den Punkt. Es erzählt von *„…einigen, die von ihrer Gerechtigkeit überzeugt waren und die anderen verachteten."* Der Pharisäer im Gleichnis führt an, was er auf der Haben-Seite vorzuweisen hat: *„Ich faste zweimal die Woche und gebe dem Tempel den zehnten Teil meines Einkommens."* Was er im Gegenzug von Gott als Lohn erwartet, ist klar und muss nicht eigens ausgeführt werden. Er glaubt als

Gerechter vor Gott zu stehen. Im Begriff der Gerechtigkeit kommt die Waage im Kopf zum Gleichstand. Der Zöllner, der als öffentlicher Sünder mit den Römern, der Besatzungsmacht, kollaboriert, schlägt sich an die Brust und betet: *„Gott sei mir Sünder gnädig."* Mit dem Richtspruch: *„Ich sage euch: Dieser kehrte als Gerechter nach Hause zurück, der andere nicht.",* verwirft Jesus mit kraftvoller Lakonie die Waage im Kopf als Modell der göttlichen Gerechtigkeit.

Leistung und Gegenleistung, der Äquivalententausch, das war die elementare Basis aller Ökonomie. Jesus hebt dieses Tauschprinzip radikal auf. Und das ist nicht die einzige Gelegenheit, bei der er das tut. Dieser Angriff auf den Tun-Ergehens-Zusammenhang findet sich bei so vielen Gelegenheiten, dass wir hier vom heißen Kern der Predigt Jesu sprechen können. *„Wenn ihr nämlich nur die liebt, die euch lieben, welchen Lohn könnt ihr dafür erwarten? Tun das nicht auch die Zöllner? Und wenn ihr nur eure Brüder grüßt, was tut ihr damit Besonderes? Tun das nicht auch die Heiden?"* (Mt 5, 46f).

Auch beim Gleichnis von den Arbeitern im Weinberg, (Mt 20,1–16) die provokant ungleich entlohnt werden, was prompt den Protest derer hervorruft, welche *„die Last und Hitze des Tages getragen haben",* wird die Basis aller Ökonomie angesägt. Hier lässt der Erzähler das Tauschprinzip, die gerechnete Gerechtigkeit, gegen seine Überbietung antreten. Wollte Jesus den Tariflohn verachtfachen? Offensichtlich nicht. *„Freund, dir geschieht kein Unrecht. Hast du nicht einen Denar mit mir vereinbart? Nimm dein Geld und geh.",* lässt Jesus den Gutsbesitzer zu einem der Ganztagsarbeiter sagen, der sich beklagt hatte.

Und es ist wieder diese selbe Gedankenfigur, die uns im Gleichnis vom verlorenen Sohn und barmherzigen Vater begegnet (Lk 15,11–32). Auch hier beschwert sich der brave Sohn, der daheimgeblieben war und sein Erbe nicht verprasst hatte. Auch er muss sich mit der luxurierenden Überbietung der Tauschgerechtigkeit abfinden: Das Mastkalb wurde für den Schwerenöter geschlachtet, nur weil der umgekehrt und wieder nach Hause gekommen war.

An diesen Gleichnissen, wie überhaupt an dieser von Jesus favorisierten Form des (nach)erzählten Fakten- und Handlungssprechens, können wir uns noch einmal klarmachen, wie wichtig im monotheistischen Narrativ diese Form der indirekten Rede ist. Das Darstellungsproblem des Monotheisten besteht ja immer darin, dass es ihm um eine Wirklichkeit zu tun ist, die in den Funktionsprinzipien des zwischenmenschlichen Verkehrs, der ökonomischen Ausgleichsgerechtigkeit, in Politik und Justiz einfach nicht vorkommt. Über *„irdische Dinge"* zu sprechen war schon schwer genug, über *„himmlische Dinge"* (Joh 31,12) zu sprechen, wird zu einer eigenen Kunst. Zu ihr gehört die Eröffnung einer doppelten Wirklichkeit in den Gleichnissen und die Überschreibungen bestimmter Sinnträger mit neuem Sinn, das Prinzip des hermeneutischen Transfers von Materie auf Geist. Da kann aus dem Lebensmittel, das täglich satt macht, plötzlich das *„Brot für das ewige Leben"* werden.

Wenn Jesus mit den Sündern und Zöllnern isst und einem von ihnen, nämlich dem Zachäus, dem zu kurz geratenen Zöllner, demonstrativ die Ehre seines Besuchs erweist, treffen wir wieder auf Empörte: *„Bei einem Sünder ist er eingekehrt"* (Lk 19,7). Ginge es nach dem Tauschprinzip, dürften Sünder nicht belohnt werden. Zachäus kehrt um. Auslöser ist die Zuwendung, die er unverdient erfahren hat.

Dass Jesus mehr als eine gelegentliche und situative Transzendierung des Tauschprinzips im Sinn hat, sondern eine grundsätzliche Einstellung, geht aus der Empfehlung hervor, die er in Lk 14,13 gibt: *„Nein, wenn du ein Essen gibst, dann lade Arme, Krüppel, Lahme und Blinde ein. Du wirst selig sein, denn sie können es dir nicht vergelten; es wird dir vergolten werden bei der Auferstehung der Gerechten."*

An diesem Text lernen wir gleichzeitig, wie der Auferstehungsglaube mit der Aufhebung des Tauschprinzips zusammenhängt. Erst jenseits der Lebensgrenze kommt es zur Vergeltung. So vertröstet dieser Glaube nicht auf ein besseres Jenseits, sondern er hilft schon hier, unter irdisch-realen Bedingungen das Zusammenleben so zu gestalten, als ob die Basileía toũ theoũ schon wahr geworden wäre. Er überspringt die Grenze und erzeugt eine neue Art von Wirklichkeit. Die Aufhebung des Tauschprinzips besteht nicht in seiner totalen Leugnung oder Vernichtung, sondern in seiner Vertagung auf den Tag der Auferstehung der Gerechten. In jedem Fall ist seine Geltung suspendiert.

Metastruktur und Reflexion

Nicht nur die Gleichnisse also, die Jesus erzählt, transzendieren die regierenden Schemata, auch seine eigene handlungssprachliche Praxis hat diese Struktur. Es gibt einen Begriff, der diese Struktur – eigentlich ist es ja die Bewegung, mit der eine vorgefundene Struktur transzendiert wird – sehr genau bezeichnet. Jesus verwendet ihn in den Evangelien 21 Mal: „Metanoia". Die Meta-Struktur, die in diesem Ausdruck enthalten ist, lässt aufhorchen. „Metá" ist eine gängige Präposition. Wir kennen sie aus vielen Komposita z. B. bei der „Metaphysik". Im Zusammenhang mit dem Stamm „noia" hat sie zwei Bedeutungen: „darüber/danach" und „anders". In der Philosophie spricht man von einer „Metaebene", wenn unsere Vorstellungskraft ein Stockwerk „darüber", eine Reflexionsebene über das soeben Besprochene gelegt hat.

Und was heißt „-noia"? Das kann man mit „Denkakt" übersetzen. Noein heißt denken und Nous ist die Vernunft. Biblisch ist hier nicht nur der analytische und kalkulierende Verstand gemeint, sondern ein aktiver Intellekt, der Herz und Kopf zusammennimmt. Wenn Johannes der Täufer ruft: „Metanoeîte!" können wir übersetzen: „Denkt um! Werdet anderen Sinnes. Stellt euch über das, was ihr bisher getan habt, und ändert es, wo nötig." Andere üblich gewordene Übersetzungen wie „Umkehr" und „Buße" lassen den reflexiven Vernunftaspekt des Begriffs nicht immer deutlich werden. In nahezu jedem Gleichnis werden die Hörer in die Figur der Metánoia hineingezogen. Ein Schema wird aufgerufen und transzendiert. Mit der Metánoia und dem Transzendieren der Schemata bewegen wir uns im Kernbereich der biblischen Aufklärung.

Es ist frappierend, wie auffällig die für den biblischen Monotheismus so charakteristische Abstoßung vom Status quo, eben die Reflexion, mit der der Ist-Zustand auf den Prüfstand gestellt und bewegt wird, in der Praxis Jesu ebenso zu beobachten ist wie in seiner Predigt. Der Ruf zur Umkehr: „Metanoeîte" ist die Aufforderung zur Reflexion, und zwar nicht nur im denktechnischen Sinne eines scharfen Verstandesgebrauchs, sondern als ein Denken des Herzens, besser noch, des ganzen Körpers.

Wenn wir als synoptische Leser der Evangelien feststellen, dass sowohl die Lehre Jesu wie auch seine Praxis dieses durchgängige Muster aufweist, das allen Beteiligten und Zeugen klarmachen sollte, worum es geht, um nichts weniger als den Anbruch der Gottesherrschaft, dass *„sein Wille geschehe, wie im Himmel so auf Erden"*, dann erkennen wir dieses Schema als isomorphes Muster und können es abstrakt beschreiben: Jesus lehrt und praktiziert, das Transzendieren der Schemata des Lebens im Interesse dessen, was er „Basileía toũ theoũ", wörtlich „Königtum Gottes" genannt hat, das wahr-Werden des göttlichen Willens.

Der Begriff „transzendieren" bedeutet, dass das Schema, das überschritten wird, gerade nicht für immer außer Kraft gesetzt wird. Der vereinbarte Lohn der Tagelöhner war in Ordnung, das gleichmäßig aufgeteilte Erbe der beiden Söhne war auch in Ordnung. Weiterhin werden wir die grüßen, die uns grüßen. Wenn der ins Gesicht Geschlagene die andere Wange hinhalten soll, dann deshalb, weil in dieser blitzartig aufgerufenen Szene das Reiz-Reaktionsschema von Gewalt und Gegengewalt durchbrochen werden kann, nicht aber, weil hier eine masochistische Verpflichtung begründet werden soll, sich künftig immer verprügeln zu lassen.

Der luxurierende Vorgriff auf die *„weit größerer Gerechtigkeit, als die der Schriftler und Pharisäer" (Mt 5,18)* ist eine Eingebung des Augenblicks, das Hereinbrechen einer Gegenwart, die nicht in Gesetzesform gegossen werden kann.

Welcher Finger schreibt hier?

Auch in dem schon kurz erwähnten achten Kapitel des Johannesevangeliums, das Jesus auch vielen Nichtchristen so sympathisch macht, wird ein Schema transzendiert. Es geht um die Rettung der Ehebrecherin, die nach dem Gesetz hätte gesteinigt werden müssen. Nebenbei: In einem frühen Kodex fehlt die Perikope. Ob sie aus der Hand des Verfassers des ganzen Evangeliums stammt oder einen eigenen Autor hat, mögen die Philologen diskutieren. Inhaltlich passt sie, wie wir sehen werden, bestens zum Evangelium der Inkarnation.

In flagranti beim Ehebruch ertappt: Eine Szene wie im Kino. So sehr das Thema der ehelichen Treue im Vordergrund zu stehen scheint – eigentlich geht es in dieser Szene wieder um das zentrale Medienproblem, über das Jesus im Dauerstreit mit den Schriftlern lag: Welche Funktion hat der Buchstabe des Gesetzes, wenn man herausfinden will, was der Wille Gottes ist? Den Schriftlern war aufgefallen, was auch uns aufgefallen ist, dass Jesus schon öfter, ja ständig und demonstrativ diesen Buchstaben des Gesetzes transzendiert hatte. Offenbar war ihm die Schrift nicht so heilig wie ihnen. Und das war es, was die Schriftler gegen ihn aufgebracht hatte. Über die Reinheitsgesetze hatten sie mit ihm gestritten, seine Jünger hatten am Sabbat Ähren abgestreift, also „geerntet", und er selbst hatte am Sabbat Kranke geheilt, nun wollten sie ihn nageln. Der Tatbestand war klar. Der Ehebruch war nicht zu bestreiten. Ebenso klar war die dafür vorgesehene Strafe: *„Mose hat uns im Gesetz vorgeschrieben, solche Frauen zu steinigen. Nun, was sagst du?"*[8]

Was nun folgt, hat es in sich und erschließt sich nur dem, der in die Entzifferung des Handlungssprechens eingeübt ist. Daher lohnt sich ein zweiter Blick auf diese Szene. Jesus inszeniert eine Lehr-Performance. Auf die Frage *„Nun, was sagst du?"* bekommen sie diese Antwort ohne Worte: *„Jesus aber bückte sich und schrieb mit dem Finger auf die Erde."*

Dass die Performance tatsächlich als Antwort gemeint war, unterstellt der Verfasser wenn er formuliert: *„Als sie hartnäckig weiterfragten, richtete er sich auf und sagte zu ihnen: ..."*

Bevor wir den zu recht berühmten Satz Jesu aufrufen, sollten wir diese Spur beachten. Der leise Vorwurf, der darin liegt, dass sie *„hartnäckig weiterfragten"* besagt doch, dass das mit-dem-Finger-auf-die-Erde-Schreiben schon eine „Antwort" war, eine handlungssprachliche Antwort ohne Worte.

Dem kundigen Leser, der die Details der Tora kennt, könnte schon hier der Groschen fallen. Wo war ihm ein schreibender Finger schon einmal begegnet? Nur hier, ein einziges Mal in allen vier Evangelien, wird berichtet, dass Jesus schreibt. Mit dem Finger! Auf die Erde, in den Staub des Tempelbodens! Was hat er denn da geschrieben? So wird reflexartig die Frage des unbefangenen Lesers/Hörers lauten. Mit dieser natürlichen Erwartung muss auch der Verfasser gerechnet haben. Dass er sie nicht bedient, ist gewiss keine Unachtsamkeit oder Vergesslichkeit. Dadurch dass uns er uns die Antwort vorenthält, führt er uns auf eine andere Spur. Ihr sind nicht viele gefolgt. Stattdessen hat man Alten Testament nach Stellen gesucht, die Jesus vielleicht zitiert haben könnte. Origenes, Chrysostomus, Hieronymus und andere sind dabei schon in der Väterzeit nicht so recht fündig geworden. An diesen Spekulationen beteiligen sich auch die modernen Kommentare, die oft psychologisieren. Da ist dann von einem „retardierenden Moment", die Rede, oder von einem Jesus, der so cool ist, Kringel auf den Boden zu zeichnen etc. Ein überzeugendes Ergebnis gibt es nicht.

Aber es gibt ein schlagendes Argument, das solchen Spekulationen ein Ende setzt: Wenn es auf den Inhalt dessen angekommen wäre, was Jesus da geschrieben hatte, dann hätte uns der Verfasser den gewiss nicht vorenthalten. Worauf aber kommt es denn dann an? Wenn es offenbar nicht der Mitteilung wert ist, *was* er schreibt, dann kann es nur darauf ankommen, *dass* er schreibt. Und er schreibt ja gleich zweimal. Zwischendurch richtete er sich auf und spricht den Satz, der alles überstrahlt und der zweifellos der Höhepunkt der Geschichte ist. Mit ihm erledigt er die Fallenstellerei der Schriftler, rettet der Frau das Leben und macht alle nachdenklich. *„Wer ohne Sünde ist..."*. Danach aber bückt er sich wieder und schreibt abermals mit dem Finger auf die Erde. Der schreibende Finger Jesu rahmt den gesprochenen Satz. Erst das Gesamtpaket des kommunikativen Handelns, das Zusammenspiel von verbalem und nonverbalem Agieren ergibt den vollen Sinn der Erzählung.

Die Schriftler hatten ihn vor ein Dilemma gestellt: Entweder er widerspricht der Heiligen Schrift frontal, dann kann er als Häretiker belangt werden, oder er muss der Steinigung zustimmen. Das wäre, um es vorsichtig zu formulieren, nicht die für Jesus typische Art mit Sünderinnen und Sündern umzugehen. Er scheint sich entscheiden zu müssen: Ja oder Nein – ein Drittes schien es nicht zu geben.

Als er dann doch den Mund aufmacht, greift Jesus das Gesetz des Mose nicht an; das tut er eigentlich nie. Er überbietet es, indem er seine Anwendung an eine Bedingung knüpft, die vorher erfüllt sein müsste: Wer als erster einen Stein werfen will, müsste selber ohne Sünde sein. Das erinnert an einen Satz der Bergpredigt: *„Ihr sollt also vollkommen sein, wie es auch euer himmlischer Vater ist".* (Mt 5,48)

Höher kann die Latte schlechterdings nicht gelegt werden. Was ist der Sinn dieser unerfüllbaren Forderung? Sie erzeugt eine Einsicht, welche die Schriftler besonders nötig hatten. Vor der Forderung ohne Sünde, bzw. vollkommen zu sein, muss auch ein Pharisäer, muss jeder Mensch erkennen, dass er auf die göttliche Barmherzigkeit angewiesen, somit ein Sünder ist. Um diese Einsicht ist es Jesus zu tun, denn sie könnte das Verhalten der Menschen untereinander ändern. Wenn alle Sünder sind, hat keiner ein Recht, sich über die anderen zu erheben. Darum geht es auch im Gleichnis von den beiden Schuldnern. (Mt 18,23–35) Dem ersten ist von seinem Herrn eine Riesenschuld erlassen worden. Darauf trifft der einen, der auch ihm eine kleine Summe schuldete: *„Er packte ihn, würgte ihn und rief: Bezahle was du mir schuldig bist"*. Das wird dem großzügigen Herrn berichtet, der dann den unbarmherzigen Schuldner hart bestraft.

„Wer ohne Sünde ist, werfe als erster einen Stein auf sie." So lautete der Satz, mit dem Jesus die Frau rettet. Die Einsicht, selbst auf die göttliche Barmherzigkeit angewiesen zu sein, führt dazu, auch der Ehebrecherin diese Barmherzigkeit nicht vorzuenthalten. *„Als sie seine Antwort gehört hatten, ging einer nach dem anderen fort, zuerst die Ältesten."*

Erinnern wir uns: In der Exposition der Szene war es doch eigentlich um die Frage gegangen, welche Funktion der Schrift zukommt, wenn es darum geht, den Willen Gottes zu tun. Und es war gerade im Umgang mit den Schriftlern ständige Praxis Jesu, die Differenz sichtbar zu machen, die sich zwischen einem heiligen Text und dem Willen Gottes auftat. Doch diesmal war er noch einen Schritt weitergegangen. Die Botschaft dieser Lehr-Performance verstehen seine Gegner nicht. Sie können es auch nicht, denn sie wissen ja nicht, wen sie da vor sich haben. Wohl aber könnte sie der implizite Leser der Perikope verstehen, der ja weiß, von wem die Rede ist: Im Johannesevangelium ist Jesus das Fleisch gewordene Wort Gottes. Die göttliche Qualität Jesu zu verkünden, dieses Motiv zieht sich wie ein cantus firmus durch das Evangelium. Der Geist Gottes im Menschenfleisch! So kann der Verfasser unserer Perikope bei seinem impliziten Leser damit rechnen, dass sein Arrangement verstanden wird. Der große Satz. *„Wer ohne Sünde ist..."*, hatte die unerfüllbare Bedingung für die Steinigung genannt und den Anklägern zur Einsicht verholfen, dass sie als Sünder sich nicht auf den Richterstuhl Gottes setzen dürfen.

Welche genaue Bedeutung erschließt sich also aus der Lehr-Performance? Wenn es richtig ist, dass es nicht darauf ankam, *was* Jesus schreibt, sondern darauf, *dass* er schreibt, dann muss dieser Schreibakt bei gleichzeitiger Vorenthaltung des Inhalts eine Bedeutung haben, die sich aus der Erinnerung an den schreibenden Finger Gottes ergibt, der auf die steinernen Tafeln der Bundesurkunde *„von beiden Seiten"* (Ex 31,18) geschrieben hatte. Für die Schriftler war dieser in Stein gegrabene Text zum absoluten Maßstab eines Gottesmediums geworden. Und nun schreibt der Finger des Fleisch gewordenen Worts abermals und zwar in den Staub des Tempelbodens, wo das Geschriebene mit Füßen getreten werden kann. Was er schreibt, beansprucht keinerlei Dauer. Wir erfahren es nicht einmal. Von dieser sonst so eindrucksvollen Fähigkeit des Mediums Schrift wird kein Gebrauch gemacht. Der Finger Jesu „zerschreibt" den Buchstaben, der beinahe getötet hätte.

Was für eine Pointe: Das einzige Mal, dass Jesus schreibt, zerschreibt die Schrift.

Diese Deutung der Geschichte, so wenig sie auch in der philologischen Exegese bisher bekannt ist, muss nicht so neu sein, wie sie hier daherkommt.

Die genialste Interpretation der Geschichte findet sich im Frankfurter Städel. Sie stammt von Pieter Aertsen (1509–1575). Er zeigt im Vordergrund eine Marktszene, die ihm erst einmal Gelegenheit gibt, seine handwerkliche Virtuosität als Maler vorzuführen. Wir sehen ein opulentes Stillleben. Dieses Fach der Malerei ist gerade im Entstehen, und Aertsen ist eine seiner Gründerfiguren.[9] Zur besonderen Manier Aertsens, die er mehrfach anwendet, gehört eine raffinierte Blickregie. In der Regel stellt sich heraus, dass das, was vordergründig zunächst alle Aufmerksamkeit auf sich zieht, keineswegs das Wichtigste ist. Erst der zweite Blick, der den Hintergrund erforscht, erschließt das Hauptthema des Bildes.

Erst beim zweiten Blick entdeckt der Betrachter im Hintergrund eine Szene – unsere Szene mit der Ehebrecherin und dem schreibenden Jesus. Die Hälfte der Umstehenden studiert, was auf der Erde zu lesen ist, die andere Hälfte sucht schon das Weite. Aber nun kommt die geniale Pointe, die zeigt, dass Aertsen einer der wenigen war, die unseren Text wirklich verstanden haben. Vielleicht sogar der erste. Er lüftet das uralte Geheimnis. Diesmal können wir lesen, was Jesus geschrieben hat! Und was hat nun Jesus geschrieben? Wir sehen keinen sinnvollen Text, stattdessen sehen wir lesbare Schrift, genauer, das Rohmaterial der Schrift, hebräische Buchstaben, das hebräische Alphabet![10] Vor aller historisch-kritischen Exegese hat Pieter Aertsen den eigentlichen Sinn der Lehr-Performance genau getroffen (vgl. Abb. 6).

Der nicht schreibende Prophet

Die Perikope vom schreibenden Finger ist noch aus einem anderen Grund kostbar. Es ist bekannt und wird auch gelegentlich, meist eher beiläufig erwähnt, dass Jesus – so wie auch der Schriftskeptiker Sokrates – nichts Schriftliches hinterlassen hat. Das ist ungewöhnlicher als bei Sokrates. Da wächst ein Jude in einer Kultur auf, in der die Schrift nicht nur, wie sonst überall, das Kommunikationsmedium einer Elite ist, sondern weit mehr als das, ein Kultobjekt, das jeder, der in dieser Religion erzogen wird, selbstverständlich lernt. Wer nicht Lesen und Schreiben kann, ist vom grapholatrischen Gottesdienst ausgeschlossen. Literalität bewirkte hier Zugehörigkeit. In der Bar Mizwa-Feier beweist bis heute ein jüdischer Junge, dass er aus der Tora rezitieren kann und ist damit in die Gemeinde der Erwachsenen aufgenommen. Das Lukasevangelium (2,41–52) lässt den zwölfjährigen Jesus mit den Lehrern im Tempel über die Schrift disputieren. Später lehrte er in der Synagoge. Jesus war ein Rabbi, ein Lehrer mit prophetischem Auftreten. Propheten sprechen nicht nur, sie schreiben auch. Wie kann es sein, dass da einer in einer Kultur auftritt, die wie keine andere die Schrift zur Heiligen Schrift promoviert hat, und selbst nicht schreibt? Es ist unwahrscheinlich, dass das nichts zu bedeuten hat. Umso wertvoller ist diese Perikope, die belegt, dass Jesus durchaus schreiben konnte. Es bleibt nur die Erklärung, dass er auf das Medium der Schriftler bewusst verzichtete.

Es ist der radikale Paulus, der die Schriftkritik Jesu auf die Spitze treibt. Sein markiger Satz: *„Denn der Buchstabe tötet, der Geist aber macht lebendig"* (2 Kor 3,6) klingt so, als ob die Geschichte von der geretteten Ehebrecherin hätte auf den Punkt bringen wollen. Auch wenn der zweite Korintherbrief wohl vor unserer Perikope abgefasst worden ist, könnte die Episode ihm überliefert worden sein, bevor sie aufgeschrieben wurde. Wenige Verse davor beschreibt er in seinem Brief an die Gemeinde in Korinth den zweiten Medienwechsel so: *„Unser Empfehlungsschreiben seid ihr; es ist eingeschrieben in unser Herz, und alle Menschen können es lesen und verstehen. Unverkennbar seid ihr ein Brief Christi, ausgefertigt durch*

unseren Dienst, geschrieben nicht mit Tinte, sondern mit dem Geist des leben-
digen Gottes, nicht auf Tafeln aus Stein, sondern – wie auf Tafeln – in Herzen
von Fleisch. (2 Kor 3,2f)

Pfingsten oder die Schrift – eine Botschaft des Kalenders

An Pfingsten feiert die Christenheit die Gegenwart des Gottesgeistes. Die Apostelgeschichte erzählt von einem Sprachenwunder, das sie kaum zufällig auf das Wochenfest Schawuot legt, mit dem Israel die endgültige Übergabe der Tora feiert. Dieses Fest wird durch das christliche Narrativ mit einem neuen Sinn überschrieben.

Pentekosté heméra,[11] am fünfzigsten Tag,[12] sieben Wochen nach Pessach *„...kam plötzlich vom Himmel her ein Brausen, wie wenn ein heftiger Sturm daherfährt... und es erschienen Zungen wie von Feuer...Alle wurden mit dem heiligen Geist erfüllt und begannen in fremden Sprachen zu reden, wie es der Geist ihnen eingab.“*(Apg 2,1–4) Das Wunder erfasst auch die frommen Männer *„aus allen Völkern unter dem Himmel“*. Eine lange Liste zählt sie auf, *„Juden und Proselyten“,* alle hörten sie in ihren Sprachen Gottes große Taten verkünden. Die Verwirrung der Menschheit durch die vielen Sprachen, die Strafe für den Turmbau zu Babel, war plötzlich und wunderbar aufgehoben.

Die Exegeten datieren die Abfassung des Textes zwischen 80 und 90 n. Chr. Die Zerstörung des Tempels zu Jerusalem, dieser tiefe Einschnitt, hatte soeben (70 n. Chr.) alle erschüttert.

Es ist kein Zufall, dass im inkarnatorischen Narrativ der Apostelgeschichte das Fest der Geistesgegenwart Gottes ausgerechnet auf Schawuot fällt, jenes Fest der fünfzig Tage, mit dem Israel die endgültige Offenbarung der Tora, seiner Heiligen Schrift, begeht. Das Fest bleibt, Frits Staals Regel der Kultpersistenz folgend erhalten, erhält aber einen nahezu gegenteiligen Sinn. Aus einem Fest für die Schrift wird ein Fest des Gottesgeistes, der mit Sturm und Feuerzungen in die Gemeinde fährt. Die Datierung des Pfingstfestes ist eine schriftkritische Gegenbesetzung. Das Fest der Geistesgegenwart bezeugt den inkarnatorischen Medienwechsel.

Abbildung 6: Was hat er geschrieben? Endlich lesbar: das Alphabet.

Anmerkungen

1   Vgl. Gerd Neuhaus, a. a. O., S. 150.

2   Parallel dazu Mt 15,8–19.

3   Vgl. Jes 29,13.

4   Dass dem Motiv des Erwählungsneids dabei eine Schlüsselrolle zukommt, ist in der Debatte, die sonst kaum ein Detail unberücksichtigt lässt, bisher weitgehend ausgeblendet worden. Vgl. Eckhard Nordhofen, *Die Beleuchtung des schwarzen Lochs*, in: „Die Zeit" 10/1995, v. 03.03.1995.

5   Vgl. Peter Schäfer, a. a.O, S. 45–65.

6   Dtn 6,5 Jesus fügt *„mit all deinen Gedanken"* hinzu.

7   Augustinus von Hippo, *In epistulam Ioannis ad Parthos*, tractatus VII,8.

8   Lev 20,10.

9   Vgl. dazu ausführlicher, Eckhard Nordhofen, *Schrift-Körper-Kunst. Zu einer elementaren Medientheorie des Monotheismus*, in: Christian Wessely, Alexander D. Ornella (Hrsg.), *Religion und Mediengesellschaft*, Innsbruck 2010, S. 191–214.

10   Den Hinweis darauf verdanke ich dem Judaisten Jacob Nordhofen. Die Bewunderung für Aertsen, den genialen Exegeten, wäre weniger steil, wenn man die triviale Begründung unterstellte, dass er, um nur etwas Hebräisches zu zeigen, sich das Muster eines Alphabets besorgt und abgemalt hätte. Aber auch dann stützte sie noch die Lesart als Lehr-Performance.

11   „Pfingsten" geht auf das griechische Wort zurück. Althochdeutsch „fimfichusti" „P" wird in der zweiten Lautverschiebung zu „Pf".

12   Die Zahl 50 ergibt sich durch die mit sich selbst multiplizierte heilige Zahl Sieben, das macht 49, ergänzt durch die Eins, die für den einen Gott steht.

Dritte Abteilung:

Das Medium der Vorenthaltung

Kapitel X:
Die vierte Bitte: Das neue Gottesmedium

Die Kultschrift wird überboten

Die Bedeutung des Vaterunsers für die Mediengeschichte des Monotheismus kann nicht übertrieben werden. Auch wenn es auf den ersten Blick nicht ins Auge springt: das Gebet markiert eine Wende. In ihm erscheint nämlich an zentraler Stelle das neue Gottesmedium, das Jesus für sein Konzept der Inkarnation installiert. Es leistet überbietend genau das, was die Schrift nicht leisten kann. Wenn Jesus in seinem Medienstreit mit den Schriftlern die Verhexung durch den Buchstaben, der töten kann, transzendiert, dann konnte es nicht bei einer rein destruktiven Kritik an der Schrift bleiben. Es bestätigt sich noch einmal die Einsicht, die wir beim ersten Medienwechsel vom Kultbild zur Kultschrift gewonnen hatten, dass eine bloß negative Medienkritik solange folgenlos bleibt, wie sie nicht durch ein neues, besseres Medium ersetzt wird. Gibt es also etwas, das dem Anspruch der Heiligen Schrift, den Willen Gottes lesbar und erkennbar zu machen, besser gerecht wird als sie selbst?

Schon rein formal gehört das Vaterunser zu den Texten, die am Rande der Schriftlichkeit stehen. Es wäre gerade in einer Kultur, in der die Schrift eine so große Rolle spielt, durchaus denkbar gewesen, diesen wohlüberlegten Text, dessen Formulierungen eine bündige Sequenz bilden und sinnvoll ineinandergreifen, schriftlich zu fixieren. Aber die Schrift ist für Jesus nun einmal nicht das letzte Medium der Gottespräsenz. Und um nichts Geringeres ist es ihm zu tun. Jesus schreibt nicht, Jesus spricht, wie es sich für ein Gebet auch gehört. Lukas überliefert den Anlass seiner Entstehung. Einer seiner Jünger bittet ihn: *„Herr lehre uns beten, wie schon Johannes seine Jünger beten gelehrt hat."* (Lk 11,1).

Um den Wüstenprediger und Täufer Johannes hatte sich eine Jüngergemeinde gebildet, die von ihm ein Gebet gelernt hatte, das offenbar ein Mittel war, sie als Gemeinschaft zusammenzuhalten und gleichzeitig die Kerngedanken des Propheten festzuhalten, ein Johannesgebet. Jesus geht ohne weiteres auf die Bitte des Jüngers ein, der um ein entsprechendes Jesusgebet bittet: *„Da sagte er zu ihnen: Wenn ihr betet, so sprecht:"* Es gibt keinen Grund, diesen „Sitz im Leben" in Frage zu stellen. Auch das Gebet, das Jesus nun für seine Jünger formuliert, wird sich nämlich genau als das erweisen, um was der Jünger gebeten hatte: Es enthält die Essenz der Lehre Jesu, und es stiftet Gemeinschaft unter seinen Jüngern.

Matthäus bietet eine andere Einleitung des Gebets. Zunächst kritisiert hier Jesus das öffentliche Beten der Heuchler, die sich in die Synagogen und an die Straßenecken stellen, damit sie von den Leuten gesehen werden. Dann heißt es: *„Wenn ihr betet, sollt ihr nicht viele Worte machen. Macht es nicht wie die Heiden, die meinen, sie werden nur erhört, wenn sie viele Worte machen. Macht es nicht wie sie; denn euer Vater weiß, was ihr braucht, noch ehe ihr ihn bittet. So sollt ihr beten: Unser Vater..."* (Mt 6,6–9).

Dieser letzte Gedanke der Einleitung, nach dem der Vater immer schon *„...weiß was ihr braucht, noch ehe ihr ihn bittet"*, markiert übrigens vorab präzise die Ebene, auf der das Gebet Jesu sich bewegen, bzw. nicht bewegen wird. Während die Heiden mit vielen Worten um die Erfüllung ihrer konkreten Bedürfnisse bitten, um das, *was sie brauchen,* zielen die Bitten, die Jesus anschließend vorgibt, auf anderes. Das, was man braucht, die tägliche Nahrung z. B., darum weiß der Vater schon, ehe man ihn bittet. Deswegen muss man ihn um derlei gar nicht erst angehen. Das Gebet mit Jesu Worten bittet nicht um die Erfüllung konkreter Bedürfnisse, das tun die Heiden, wenn sie sich an ihre Funktionsgötter wenden. Sein Gebet bittet um anderes.

Die beiden Einleitungen widersprechen sich nicht. Lukas beschreibt einen sehr plausiblen Anlass, der das Stichwort für das Vaterunser gibt und ist damit näher am „Sitz im Leben", während Matthäus die besondere Frequenz des Betens herausstellt, bei der es nicht um die Befriedigung bestimmter Bedürfnisse geht.

Es ist ein Text, der über jede aktuelle Situation hinausweist und für fast alle Lebenslagen eine erstaunliche Triftigkeit behält, obwohl, ja gerade weil er um nichts Konkretes bittet. Es ist eine Art Grundsatzerklärung in Gebetsform, die den Kernbereich dessen anspricht, worum es Jesus zu tun ist.

In der Forschung hat sich die sogenannte Zwei-Quellen-Theorie durchgesetzt. Wir hatten schon erwähnt, dass die Evangelisten Matthäus und Lukas das Markus-Evangelium, das somit als das älteste gilt, als Quelle benutzen konnten. Man nennt diese drei Evangelisten auch deshalb „Synoptiker", weil sich große, zum Teil wörtliche Übereinstimmungen ergeben, wenn man die Texte in einer Synopse (vergleichende Zusammenschau) nebeneinander legt. Bei diesem Vergleich hat sich nun gezeigt, dass es bei Matthäus und Lukas weitere auffällige Übereinstimmungen gibt, die darauf hinweisen, dass beide noch eine zweite gemeinsame Quelle gehabt haben müssen. Man nennt sie die „Logienquelle" oder „Spruchquelle", abgekürzt „Q", weil es sich meist um Logien, das heißt sentenzartige Merksprüche und um Grundsätzliches handelt. Matthäus hat aus dieser Quelle seine sogenannte „Bergpredigt" komponiert. Hier findet sich auch seine Fassung des Vaterunsers. Weil sie etwas ausführlicher ist als die Lukas-Version, ist sie dann auch als das „Herrengebet" in die liturgische und persönliche Gebetspraxis übernommen worden. Beide Fassungen gehen aber auf Q zurück.

Es versteht sich, dass es zum bekanntesten Text der Christenheit, den wohl jeder Christ von Kindesbeinen an tausendfach in der Familie, in der Gemeinde gehört und selbst laut oder leise gebetet hat, den er an Gräbern, an dramatischen Höhepunkten und Tiefpunkten seines Lebens, by heart, auswendig und inwendig aus tiefstem Herzen oder gedankenlos plappernd gesprochen hat, auch eine ausführliche wissenschaftliche Forschung gibt. Hier ist vor allem Marc Philonenko zu nennen, der die kaum mehr übersehbare Literatur der letzten Jahrzehnte aufbereitet, ergänzt und die Ergebnisse vorgestellt hat.[1] Mit fast allen Autoren geht er von einer aramäischen Urfassung aus, denn Jesus sprach aramäisch. Sie ist nicht erhalten. An der Authentizität des Gebets, so wie es Matthäus und – etwas kürzer Lukas – auf Griechisch überliefern, wird nicht gezweifelt.

Dass in diesem bekanntesten Text der Christenheit eine Entdeckung von grundstürzender Tragweite zu machen sein könnte, ist so unwahrscheinlich, dass mir kein passender Vergleich einfällt. Und doch nähern wir uns einer solchen. Wenn es sich nur um ein philologisches Detail handelte, wäre diese Entdeckung nicht sonderlich dramatisch. Aber es geht um mehr.

Die Architektur der Gedanken

Gehen wir den Text in der Matthäus-Fassung durch: Schon die Anrede hat es in sich: *„Unser Vater in den Himmeln".*

So sehr dem christlichen Ohr das „Vaterunser" wie ein Mantra eingewöhnt und geläufig geworden ist, so ungewöhnlich war diese Anrede in Israel. JHWH als seinen Vater anzusprechen, konnte einem Schriftler als kühne Anmaßung und Gotteslästerung erscheinen. *„Wer mich sieht, sieht den, der mich gesandt hat" (Joh 12,45)*

Dass Jesus die Gottesnähe bis zur Identität ausdehnt, skandalisiert ihn und führt schließlich zu seiner Hinrichtung.

Bei dem finalen Verhör vor dem Hohen Rat mit den „Ältesten des Volkes" und den Schriftlern wird er direkt gefragt: *„Du bist also der Sohn Gottes? Er antwortete ihnen: Ihr sagt es – ich bin es." (Lk 22,70)* In der Matthäus-Parallele kommt es daraufhin zu einer dramatischen Reaktion: *„Da zerriss der Hohepriester sein Gewand und rief: Er hat Gott gelästert! Wozu brauchen wir noch Zeugen?" (Mt 26,65)*

Den Schöpfer Himmels und der Erden als Vater anzusprechen, war also alles andere als selbstverständlich. In seinem Gebet geht Jesus noch einen Schritt weiter. Er nennt Gott nicht nur *seinen* Vater, er legt diese Anrede auch den Jüngern in den Mund. Indem er seine eigene Gotteskindschaft auch den Jüngern als Modell anbietet, entspricht er genau jener Ausrufung einer Inkarnation für alle, die wir aus dem Johannes-Prolog (1,12) schon kennen: *„Allen aber, die ihn aufnahmen, gab er Macht, Kinder Gottes zu werden, allen, die an seinen Namen glauben."* Der Vater Jesu ist also der Vater aller, die ihm nachfolgen und diese Kindschaft annehmen. In der anrührenden Szene, in der der Auferstandene zu Maria aus Magdala spricht, heißt es: *„Ich gehe hinauf zu meinem Vater und zu eurem Vater, zu meinem Gott und zu eurem Gott" (Joh 8,17).* Paulus hat diesen Gedanken einer Gotteskindschaft im Römerbrief, vielleicht sogar in Anspielung auf unser Gebet, noch vertieft: *„Ihr habt den Geist empfangen, der euch zu Söhnen macht, den Geist, in dem wir rufen*

‚Abba' Vater! So bezeugt der Geist selber unserem Geist, dass wir Kinder Gottes sind." (Röm 8,15f)

Und im Brief an die Galater heißt es: *„Weil ihr aber Söhne seid, sandte Gott den Geist seines Sohnes in unser Herz den Geist, der ruft ‚Abba' Vater."* (Gal 4,6)

Joachim Jeremias hält das „Abba" Jesu für eine kindliche „Lallform", wie sie ähnlich in vielen Sprachen (Papa, Babba) die enge Vertrautheit und Nähe mit dem liebenden Vater ausdrücke.[2] Auch wenn jüngere Deutungen bezweifeln, dass dieser Sprachgebrauch Jesu völlig neu und einmalig ist, so bleibt er doch für ihn charakteristisch.[3] Man darf auch an das Gleichnis vom barmherzigen Vater denken (Lk 15, 11–32). Die eigene Gottesnähe wird den Jüngern zur Nachahmung empfohlen. *„Unser Vater in den Himmeln, geheiligt werde dein Name."*

Mit dem „Namen" sind wir im Herzraum monotheistischer Theologie. Der Vater, der durch die vertrauliche Anrede in die größte familiäre Nähe gerückt war, ist gleichzeitig *„in den Himmeln".* Er ist entrückt. Er ist da und nicht da. Wir treffen wieder einmal auf die klassische Spannung von Anwesenheit und Abwesenheit, wie sie auch im Allerheiligsten Israels, dem „Namen" JHWH zum Ausdruck gekommen war. Da ist er wieder, der „Name", diesmal als Sprungbrett einer Inkarnation für alle. Er wird feierlich aufgerufen, mehr als das, er wird performativ geheiligt. Erinnern wir uns: performative Verben *sind*, was sie bedeuten. *„Geheiligt werde dein Name"* ist mehr als eine Bitte oder ein Wunsch. Die Formulierung im „ehrerbietigen Passiv" stellt selbst eine Heiligung dar.

In dieser Spannung ist schon das eigentliche Pensum enthalten, um das es in den folgenden Bitten geht. Wie kommen Himmel und Erde zusammen? *„Es soll kommen, dein Königtum."*

Die geläufige deutsche Übersetzung. *„Dein Reich komme."* ist missverständlich. Sie wäre ganz abwegig, wenn man an ein Reich mit Ausdehnung und Grenzen dächte. Basileía toũ theoũ, „das Königtum Gottes" – was kann das sein? Das Königtum des Unsichtbaren ist gerade nicht eine Theokratie, das übliche orientalische Amalgam von weltlicher und geistlicher Herrschaft, wie es in der alten Welt der Normalfall war. Kein Potentat verzichtete dort auf die Stabilisierung seiner Macht durch Götter und Religion. Die Königsherrschaft Gottes macht im Gegenteil allen weltlichen Herrschern Konkurrenz. Sie entmächtigt allein schon dadurch, dass dem Herrscher an der Spitze seines Machtsystems gesagt werden kann, dass es eine Instanz über ihm gibt, die er anerkennen muss. Wir unterstreichen hier noch einmal die große monotheistische Errungenschaft der eschatologischen Gewaltenteilung. Wenn Gott als „König" herrscht, steht jede weltliche Herrschaft in einem andern Licht. Das hatte sogar Voltaire imponiert. [4] Basileia toũ theoũ: Ich bleibe bei meiner Übersetzung: „Das wahr-Werden des Willens Gottes".[5] Und genau darum geht es in der nächsten Bitte. Sie präzisiert, worum es beim Königtum Gottes geht: *„Dein Wille geschehe, wie im Himmel, so auch auf Erden."*

Bis hierher hatte sich jede Bitte des Gebets aus der vorigen ergeben. Der Gedankenweg folgt einer inneren Logik. Er geht von „oben" nach unten, vom Himmel auf die Erde. Schon die Anrede stand in der Spannung von Nähe und Ferne. Einerseits ist der Vater eine Person, der das Kind so nahe steht, wie es nur geht, andererseits ist er „im Himmel". Der Beter weiß, an wen er sich da wendet, an JHWH, die große Singularität, und er heiligt diesen „Namen". Was das Kommen seines Königtums ermöglichen kann, wird erklärt: Es muss der Wille Gottes geschehen: *„Wie im Himmel, so auf Erden"*. Dass dies im Himmel geschieht, versteht sich von selbst. Himmel und Erde stehen in einer monotheistischen Spannung. Aber der Kosmos Gottes kann nicht zweistöckig bleiben. Gottes Welt muss eine einzige werden. Der Himmel liefert den Maßstab. Ohne ihn bliebe auf Erden alles beim Alten. Die Frage aller Fragen ist damit exponiert. Es ist die Frage nach dem Willen Gottes. Wie kann man ihn ermitteln? Wie geht es weiter? Gibt auch hier der folgende Gedanke einen Hinweis?

Ein Bruch

Jedem, der der Gedankenspur bis hierher gefolgt ist, kann auffallen, dass die nächste Bitte auf einer völlig anderen Frequenz liegt. Wir kennen sie in der Formulierung: *„Unser tägliches Brot gib uns heute."*

Bis hierher war ein großer, ja der maximale Horizont aufgespannt worden: Himmel und Erde und der „Name", JHWH, die Wirklichkeit der Wirklichkeiten, die hinter allem steht. Und nun dieser Schnitt: zurück in den Alltag. Die Erde hätte uns wieder. „Tägliches Brot?" Scheinbar zoomt hier die Perspektive auf das Niveau des physiologisch notwendigen Stoffwechsels zusammen. Das tägliche Brot ... Jesus hätte an alles – vielleicht nicht alles, aber doch an unsere Grundbedürfnisse gedacht. Dem Bertolt Brecht der Dreigroschenoper hätte diese materialistische Sicht gefallen: „*Erst kommt das Fressen, dann kommt die Moral*". Täglich Brot – ist ja wahr, wir müssen doch immer etwas zu beißen haben. Jesus, der Mensch, wäre hier alltagsfreundlich geworden, eben menschlich. Das könnte man sympathisch finden. Zwar ist für uns Europäer das tägliche Brot nicht gerade das, was uns fehlt, Hunger kennen wir allenfalls als Appetitanreger oder wenn abgespeckt werden soll. Für Millionen Menschen war und ist er aber doch eine bittere Realität. „*Wie läuft man auf der Welt herum, wenn man nichts mehr über sich zu sagen weiß, als dass man Hunger hat.*"(Herta Müller)[6] Wen der Hunger wirklich gepackt hat, der kann an nichts anderes mehr denken. Und ist es nicht typisch für Jesus, dass er die Sorge der Hungrigen teilt? Hat er nicht auch in seiner großen Rede vom Weltgericht (Mt 25,35) an erster Stelle seiner „Werke der Barmherzigkeit" die Speisung der Hungrigen erwähnt? Ganz passt dieser Gedanke, bei Licht besehen, freilich nicht, denn bei der Bitte um das tägliche Brot denkt der Beter ja erst einmal an sich und die Seinen und nicht an die anderen Hungrigen.

Zweifel kommen auch deswegen auf, weil es, anders als in der Einleitung des Matthäus angekündigt, doch um etwas Konkretes ginge: Brot, von dem man satt werden soll, ist etwas sehr Konkretes, und folglich gehörte es zu dem, worum man eigentlich nicht bitten müsste, denn der himmlische Vater weiß ja schon, was wir brauchen, bevor man ihn darum bittet. Die Zweifel werden nicht weniger, wenn wir nur wenige Verse nach dem Vaterunser bei Matthäus lesen: „*Sorgt euch nicht um euer Leben und darum, dass ihr etwas zu essen habt...*" (Mt 6,25).

Epiousion

Bevor wir diese Gedanken weiterspinnen, sollten wir erst einmal in den griechischen Originaltext schauen. Bei Lukas (11,3) heißt die Bitte: „*Tòn artón hemōn tòn epioúsion dídou hemĩn tò kath'heméran.*"

Wörtlich: „Unser *epioúsion* Brot gib uns jeden Tag." Um dieses Wort „*epioúsion*", das hier noch nicht übersetzt ist, wird es im Folgenden gehen.

Es erscheint genauso auch in der Matthäus-Version (6,11). *„Tòn árton hemōn tòn epioúsion dòs hemĩn sémeron."*

Wörtlich: „Unser *epioúsion* Brot gib uns heute." *Epioúsios* ist also das Adjektiv, das angibt, um was für ein Brot es sich handelt, übrigens das einzige Adjektiv im Vaterunser.

Um es vorweg zu sagen: unsere Zweifel sind berechtigt: „täglich" kann es aus vielen Gründen nicht heißen. Der Lukas-Satz würde dann nämlich lauten: *„Unser tägliches Brot gib uns täglich (jeden Tag).*[7]

Das wäre offensichtlich Unsinn oder wie Philonenko meint, eine „unerträgliche Tautologie"[8]. Auch Matthäus klingt schon tautologisch. In dem „täglich" – wenn es denn bei „täglich" bleiben sollte – wäre das „heute" schon enthalten. Es gibt aber noch andere gewichtige Gründe, weshalb nicht das tägliche Brot, die physische Nahrung gemeint sein kann.

Bevor wir der Bedeutung des ungewöhnlichen Adjektivs näherkommen, und es in seine semantischen Bestandteile zerlegen, muss auf einen Umstand aufmerksam gemacht werden, der in der jüngeren Forschung wenig Beachtung gefunden hat. Dem Kirchenvater Origenes aus dem dritten Jahrhundert und in seinem Gefolge auch Josef Ratzinger / Papst Benedikt XVI., war er allerdings aufgefallen.[9] „Epioúsion" ist nämlich mehr als nur ungewöhnlich, es handelt sich um ein sogenanntes hapax legomenon, ein Wort, das es eigentlich im Griechischen gar nicht gibt – sonst nicht gibt. Das weisen auch die maßgeblichen großen Griechisch-Lexika aus, der deutsche „Pape" und der englische „Lidell-Scott". Beide können als Belegstellen ausschließlich unsere beiden Evangelien angeben.[10] Dass sowohl bei Lukas wie auch bei Matthäus, die sich bei dieser Bitte nur unwesentlich unterscheiden, derselbe einzigartige Neologismus erscheint, lässt darauf schließen, dass das „epioúsion" auch in der gemeinsamen Vorlage, der Logienquelle stand.

Die Evangelien sind in einem sogenannten Koiné-Griechisch verfasst, der lingua franca der hellenistischen Welt. Man sprach es als Fremdsprache. Die Evangelisten waren keine griechischen Muttersprachler, und man kann von einem durchaus eingeschränkten Wortschatz ausgehen. Das gilt auch für die Autoren der griechischen Logienquelle. Auch sie scheiden als Erfinder des Neologismus aus. So muss man annehmen, dass das hapax legomenon auf das aramäische Original, also auf Jesus selbst zurückgeht. Warum erfindet jemand ein neues, bisher nie dagewesenes Wort? Ein Neologismus ist ein sprachpragmatisches Ausrufezeichen, das Aufmerksamkeit erzeugen soll. Durch die analytische Sprachphilosophie sind wir für die Sprachpragmatik inzwischen ausreichend sensibilisiert worden und können verstehen, was ein solches Hapax legomenon zu bedeuten hat. Es beansprucht Einmaligkeit. Etwa so: Das, was ich mit diesem Wort, das ihr sonst nicht kennt, sagen will, ist unvergleichlich, etwas so Besonderes, dass ich dafür einen eigenen, einen neuen Ausdruck bilden musste.

Und nun soll „epioúsion" „täglich" heißen, „tägliches Brot"? Was ist hier geschehen? Ist hier eine sprachpragmatische Singularität buchstäblich alltäglich gemacht, das heißt ins Gegenteil verkehrt worden? Bevor wir dies als Pointe verbuchen, sollten wir uns klar machen, mit was für einer ehrwürdigen Gebetstradition wir es hier zu tun haben. Sie geht bis ins zweite Jahrhundert zurück, bis auf die ersten Versuche, die Bibel ins Lateinische zu übersetzen. Man fasst diese Texte unter dem Sammelnamen „Vetus Latina" zusammen. Dort heißt es: *Panem nostrum cotidianum (täglich) da nobis hodie", „Unser tägliches Brot gib uns heute"*, und so betet es die Christenheit in ökumenischer Eintracht bis heute. Wie es zu dieser Übersetzung kam, dazu unten mehr. Wie viele Generationen haben täglich das „tägliche Brot" im Munde geführt und oft genug, ohne dass sie es wirklich hatten? Eben deshalb steht diese Gebetstradition nun wie ein Gebirgsmassiv vor uns und wirft einen langen Schatten.

Bevor wir uns den semantischen Bestandteilen des Adjektivs „epioúsios" und seiner ursprünglichen Bedeutung zuwenden, hilft vielleicht schon ein genauer Blick auf das, worauf es sich bezieht, das Brot.

Ungesäuertes Brot

Nicht erst Jesus hat Brot zum Sinnträger gemacht. Die Tradition, im Brot nicht nur etwas Alltägliches sondern etwas Besonderes zu sehen, geht auf die Exodus-Sagen zurück. Dort wird in Exodus 12, wo der eigentliche Auszug geschildert wird, das Brot zu einem Hauptthema. Es geht zunächst um den Gegensatz von Sauerteigbrot und ungesäuertem Brot. Das normale gesäuerte Brot, das Grundnahrungsmittel für jeden Tag, wird plötzlich verboten: Eine Art Ausnahmezustand wird ausgerufen, und es ist Gott, der hier redet: *„Sieben Tage lang sollt ihr ungesäuertes Brot essen"(Ex 12,15).*

Neunmal wird in ähnlichen Wendungen dieselbe Vorschrift eingeschärft: „Esst also nichts Gesäuertes". Zweimal wird gedroht: *„Jeder, der Gesäuertes isst, er sei fremd oder einheimisch, soll aus der Gemeinde Israel ausgemerzt werden" (12,19).* Und zwei Verse vorher hatte es geheißen: *„Begeht das Fest der ungesäuerten Brote! Denn an diesem Tage habe ich eure Scharen aus Ägypten herausgeführt" (12,17).*

Hatte er (Gott) denn schon? Vom eigentlichen Aufbruch war bis hierher noch gar nicht die Rede ... Aber wir treffen schon auf eine erste Semantisierung. Das ungesäuerte Brot wird mit einer Bedeutung belegt. Es wird mit der großen Rettungstat Gottes in Verbindung gebracht: Er hatte die Scharen der Israeliten aus dem Sklavenhaus Ägypten herausgeführt. Dem ungesäuerten Brot wird ein siebentägiges Fest gewidmet, und es wird zum Zeichen der Befreiung erklärt.

Die Zeitverhältnisse folgen keiner Erzähllogik. An Stellen wie dieser machen wir uns klar, dass die biblische Erzählweise nicht linear ist. Wir stoßen hier wieder auf redaktionelle Ungereimtheiten. Textstücke sind aneinander gefügt, die nicht in eine logisch stimmige Zeitenfolge eingeordnet waren. Wir wissen, warum das nach der Erhebung der Tora zur Heiligen Schrift nicht mehr möglich war. An ihr noch redaktionelle Eingriffe vorzunehmen, wäre ein Sakrileg gewesen. So lesen wir, bevor der eigentliche Auszug geschildert wird, erst einmal die Vorschriften, wie man sich an ihn erinnern soll und wie das siebentägige Fest der ungesäuerten Brote, das mit dem Seder-Abend seinen feierlichen Auftakt hat, zu feiern sei (Ex 12,25–27). Erst sieben Verse danach heißt es in Ex 12,34: *„Das Volk nahm den Brotteig ungesäuert mit; sie wickelten ihre Backschüsseln in Kleider ein, und luden sie sich auf die Schultern."*

Und in Ex 12, 39: *„Aus dem Teig, den sie aus Ägypten mitgebracht hatten, backten sie ungesäuerte Brotfladen, denn der Teig war nicht durchsäuert, weil sie aus Ägypten verjagt worden waren und nicht einmal Zeit hatten, für Reiseverpflegung zu sorgen."*

Wieder einmal treffen wir auf zwei konkurrierende Aitiologien: Ist es die neunmalige göttliche Weisung, die am Anfang der Tradition des ungesäuerten Brotes steht, oder die plötzliche Vertreibung durch die bösen Ägypter? Und wieder einmal können wir uns zu dem grapholatrischen Respekt gratulieren, der die Überlieferer des Heiligen Textes daran gehindert hat, solche Widersprüche zu beseitigen. So können wir die Zeitverhältnisse ordnen und die Genese des ungesäuerten Brotes als Kultobjekt mit allen Vorbehalten, was die Historizität der Ereignisse angeht, einigermaßen rekonstruieren.

Das ungesäuerte Brot wird Sinnträger

So könnte es gewesen sein: Ein hastiger Aufbruch erlaubte es nicht, in der Wüste normales, alltägliches Brot zu backen, das durch die Fermentation mit Sauerteig würzig gemacht worden war. Sauerteig braucht eine bestimmte Temperatur und muss ruhen. Daher ist das Verfahren bei Nomaden und Wüstenbewohnern unbekannt. So wird ungesäuertes Brot zunächst mit dem Erlebnis des Exodus und mit der Wüste in Verbindung gebracht. Dem Brot fehlte etwas, die gewohnte Säuerung und Würze. Schuld daran waren laut Ex 12,39 die Ägypter, die den Kindern Israels nicht einmal Zeit gelassen hatten, für Reiseverpflegung zu sorgen. Aber gerade durch das, was ihm fehlt, wird das Wüstenbrot zu etwas Besonderem und Anderem, es wird alteritär. Und es wird zu einem Sinnträger. Es wird zum Brot der Befreiung aus dem Sklavenhaus Ägypten. Diese Semantisierung, das heißt Aufladung mit einer bestimmten Bedeutung, wird dann in späteren Erzählschichten und Redaktionen – durch die göttlichen Vorschriften und mit der Installation eines eigenen Festes – bekräftigt und gesichert. So kann für alle künftigen Generationen, die keine eigene Erinnerung an den Exodus und das Wüstenbrot mehr auf der Zunge haben, die Bedeutung des ungesäuerten Brotes festgehalten werden. Nach der rituellen Vergegenwärtigung des plötzlichen Aufbruchs isst man es sieben Tage lang.[11] Das Brot, dem etwas fehlt, ist mit einem göttlichen Befreiungsindex versehen worden, einer Alteritätsmarkierung.

Einmal mehr werden wir auf diese besondere Art der Indizierung des Anderen (lat. alter) aufmerksam: Es fehlt etwas, es wird etwas weggenommen und vorenthalten. Einmal mehr ist die Alteritätsmarkierung die Spitzmarke der monotheistischen, privativen Theologie.

Brot vom Himmel

Zur Exoduserzählung gehört auch die doppelte Wundergeschichte vom Manna, dem vom Himmel fallenden Brot, mit dem Gott das hungernde Volk in der Wüste speist (Ex 16,15f). Auch hier handelt es sich nicht um gewöhnliches Brot, sondern *„etwas Feines, Knuspriges"*, das die Israeliten nicht kannten. Aber Mose spricht: *„Das ist das Brot, das JHWH euch zu essen gibt."* Das allein ist schon ein Wunder. Es soll aber noch ein Wunder im Wunder folgen. Deshalb erfahren wir: Manna ist nicht haltbar. Es verfault schnell und muss daher *täglich* frisch vom Himmel fallen und *täglich* gesammelt werden. Wunderbarerweise verdirbt es am Tag vor dem Sabbat nicht, und das Volk kann die doppelte Ration sammeln. So hilft Gott seinem Volk, das Arbeitsverbot am Sabbat zu halten. Auch der Sabbat, der Tag JHWHs, wird durch eine Vorenthaltung alterität markiert, das heißt geheiligt: keine Arbeit. Wer arbeitet, verfolgt einen Zweck. Dass der Tag JHWHs durch die Abwesenheit von Zwecken glänzt, macht den Unterschied zu den funktionalen Gottheiten des Polytheismus sichtbar.

Das himmlische Brot aber wird auf diese Weise mit dem Aspekt der Täglichkeit behaftet. Diese Täglichkeit hat ihre Ursache in seiner schnellen Verderblichkeit. In diesem faktensprachlichen Umstand ist in nuce das Drama der verrinnenden Zeit enthalten. Was gestern noch essbar war, nährt heute schon nicht mehr. Ohne die Verderblichkeit hätte es des Zusatzwunders nicht bedurft, das den Sabbat einzuhalten erlaubte und ihn damit bekräftigte. Die Erzähllogik dieses Zusatzwunders macht also aus dem himmlischen Brot ein tägliches. Es rettet das Volk, stillt den Hunger, dient der Sättigung und befriedigt das lebenserhaltende Grundbedürfnis des Menschen. Eine folgenreiche Doppelcodierung. Die Lehre des Manna lautet: Himmlisches Brot ist zeitempfindlich. Man braucht es täglich neu und frisch.

Das singuläre Brot

Zurück zum Vaterunser und seiner vierten Bitte. Zunächst hatte uns beschäftigt, dass das zum Brot gehörige Adjektiv ein hapax legomenon ist und wir hatten erkannt, dass dieser Neologismus, ohne dass wir ihn überhaupt übersetzt haben, die unausgesprochene Botschaft enthält: Es muss etwas Einzigartiges sein, das dieses Brot auszeichnet, denn auch das Adjektiv, das es qualifiziert, ist einzig. Könnte es sein, dass, wie bei dem Tetragramm JHWH, dem formalen Singularismus ein singulärer Inhalt entspricht? Gibt es im Bedeutungsfeld des Vaterunsers ein singuläres Brot?

In der Tat! Es liegt nahe, das singuläre Brot des Vaterunsers mit dem Brot in Verbindung zu bringen, von dem Jesus in der großen Brotrede bei Johannes (6,22–59) spricht und von dem er beim letzten Mahl mit den Zwölfen sagt: *„Das ist mein Leib"*.

Für den Evangelisten Johannes ist Jesus der Fleisch gewordene Singular. Über das Fleisch gewordene Wort, das *„Im Anfang"* war und *„unter uns sein Zelt aufgeschlagen hat" (eskénōsen en hēmῖn)* (Joh 1,14), ist in zweitausend Jahren so viel nachgedacht und geschrieben worden, dass ich es hier bei einem – allerdings stark unterstrichenen – Hinweis belasse. Die Einzigkeit Jesu ist der Kern der Christologie. Worin sie besteht, wird noch genauer zu untersuchen sein.

Können wir unterstellen, dass Jesus bei dem Gebet, das er für seine Gefolgschaft formulierte, sein Ende kommen sah? Die Evangelien sind voll von Vorverweisen, die offensichtlich auf Jesus selbst zurückgehen. Natürlich sind diese Texte im Nachhinein verfasst worden, als das Schicksal Jesu sich längst vollendet hatte, aber nicht alle können als vaticinium ex eventu[12] abgetan werden. Was spricht dagegen, dass er das Brot bei seiner Formulierung des Vaterunsers schon als das Medium im Sinn hatte, das seine Lebenszeit überdauern sollte? Es wäre dann das Brot für morgen, für alle Zukunft, für die Zeit danach, wenn das Zelt nach 33 Jahren wieder abgeschlagen sein würde. Wenn die Exegeten darüber diskutieren, ob die Verbindung des Brotes der vierten Bitte mit der späteren Gegenwart Christi im eucharistischen Brot nicht eher auf das Konto der Evangelisten gehe, welche die eucharistische Praxis rückprojizierten, wäre das Ergebnis dasselbe. Die Frage, auf die es ankommt, lautet: legt sich eine solche Verbindung nahe oder nicht?

Die große Brotrede

Am deutlichsten wird sie in der großen Brotrede Jesu in Kapharnaum beantwortet, die sich im Johannesevangelium findet (6,22–59). Sie schließt sich an die Wundererzählung von der Brotvermehrung an. Hier hatte das Brot alle satt gemacht: *„Ihr sucht mich nicht, weil ihr Zeichen gesehen habt, sondern weil ihr von den Broten gegessen habt und satt geworden seid."* (6,26)

Hier treffen wir wieder auf das Dauerproblem des Gottespredigers. Der, dem er zur Präsenz verhelfen will, ist kein Phänomen in der Welt. Von *„himmlische(n) Dinge(n)"* (Joh 3,12) kann nur indirekt geredet werden. Immer wieder muss er erleben, dass er nicht verstanden wird, wenn er sich auf der Zeichenebene bewegt und in Gleichnissen redet. Das hatten wir schon im Nikodemus-Dialog sehen können, der gefragt hatte, wie es sein könne, dass ein Erwachsener in den Mutterschoß zurückkehrt, als Jesus von der Wiedergeburt aus dem Geist gesprochen hatte. *„Begreift und versteht ihr immer noch nicht, ist denn euer Herz verstockt?"*

So fährt er die Jünger auch in Mk 8,17 an, die sich um ihren Proviant Gedanken machen. Sie *„...hatten vergessen, bei der Abfahrt Brote mitzunehmen... und er warnte sie: Gebt acht, hütet euch vor dem Sauerteig der Pharisäer und dem Sauerteig des Herodes. Sie aber machten sich Gedanken, weil sie kein Brot bei sich hatten."* (Mk 8,14–16)

Vom Brot, das satt macht, reden die Jünger. Wenn Jesus von Brot redet, hat er zweierlei Brot im Sinn: Das alltägliche Sauerteigbrot ordnet er seinen Gegnern zu, dem Herodes und den Pharisäern. Es ist das tägliche Brot, das vor dem Fest der ungesäuerten Brote bis auf den letzten Krümel aus dem Haus gekehrt werden muss. Sein Brot dagegen ist das alteritäre ungesäuerte Brot des Exodus.

Über das, worum es ihm geht, kann Jesus nur in Gleichnissen und in handlungs- und faktensprachlichen Zeichen sprechen. Das ungesäuerte Brot, das eigentlich allen, die mit dem Exodus-Narrativ vertraut waren, als das Brot der Befreiung hätte bekannt sein können, stand im Gegensatz zu der Sauerteig-Welt der Pharisäer, Sadduzäer und des Herodes. Matthäus erläutert in seiner Überarbeitung des Markustextes die Szene etwas ausführlicher: *„Warum begreift ihr denn nicht, dass ich nicht von Brot gesprochen habe, als ich zu euch sagte: Hütet euch vor dem Sauerteig der Pharisäer und Sadduzäer? Da verstanden sie, dass er nicht gemeint hatte, sie* *sollten sich vor dem Sauerteig hüten mit dem man Brot backt, sondern von der Lehre der Pharisäer und Sadduzäer." (16,11f)*

Zurück zur Brotrede des Johannesevangeliums. Geht es um Brot, das satt macht, oder um ein anderes Brot? *„Müht euch nicht um Speise, die verdirbt* (wie das Manna, das der Sättigung diente E.N.), *sondern für die Speise, die für das ewige Leben bleibt und die der Menschensohn euch geben wird."* Kann man sich klarer ausdrücken?

Die Menge bittet um ein Zeichen und erinnert auch an das Mannawunder. *„Jesus sagte zu ihnen: Amen, amen ich sage euch: Nicht Mose hat euch das Brot vom Himmel gegeben, sondern mein Vater gibt euch das wahre Brot vom Himmel. Denn das Brot, das Gott gibt, kommt vom Himmel herab und gibt der Welt das Leben. Da baten sie ihn: Herr gib uns immer dieses Brot. Jesus antwortete ihnen: Ich bin das Brot des Lebens; wer zu mir kommt, wird nie mehr hungern..." (Joh 6,32–35).*

Mehrfach identifiziert sich Jesus im folgenden Text mit dem himmlischen Brot und stößt dabei auch auf immer dasselbe Unverständnis, so wie in 6,41.49f: *„Die Juden murrten, weil er gesagt hatte: Ich bin das Brot des Lebens... Eure Väter haben in der Wüste das Manna gegessen und sind gestorben. So aber ist es mit dem Brot, das vom Himmel herabkommt: Wenn jemand davon isst, wird er nicht sterben. Ich bin das lebendige Brot, das vom Himmel herabgekommen ist. Wer von diesem Brot isst, wird in Ewigkeit leben."*

Halten wir fest: Das Manna der Wüste ist für Jesus ein Brot, das satt gemacht hatte. Daher konnte es auch die Israeliten vor dem Hungertod retten. Das Brot, das er im Sinn hat, soll gerade nicht ein solches Brot sein. *„...mein Vater gibt euch das wahre Brot vom Himmel".* Aber wie das Manna ist es ein *„Brot, das vom Himmel herabgekommen ist".* Jesus bleibt durchaus im Bild- und Denkhorizont der Wundererzählung, überbietet sie aber in der für ihn charakteristischen Weise. Das wahre himmlische Brot ist nicht das Brot, das satt macht. Und mit diesem identifiziert er sich.

Hieronymus – die Übersetzung

Wir können die entscheidende Frage sogar ohne diese starken Passagen beantworten, und das liegt an der Semantik von „epioúsion", die wir nun endlich klären müssen.

Dieses Wort ist zwar einmalig, es setzt sich jedoch aus zwei Bestandteilen zusammen, die alles andere als einmalig sind. Es handelt sich um die Präposition „epí" – „darauf/darüber" und das Substantiv „ousia". Beide sind sehr geläufig, sind aber bis dahin noch nie miteinander in Verbindung gebracht worden. „Epi" kann in seinen vielen Kombinationen und Kontexten natürlich auch vielerlei bedeuten, „ousia" ist ebenso variantenreich. Hier hilft ein Blick in die Vulgata, die wichtigste lateinische Übersetzung des griechischen Neuen Testaments, die auf den Kirchenvater Hieronymus zurückgeht und die frühen Versuche der Vetus Latina überboten und abgelöst hat.

Wie ist er mit „epioúsion" verfahren? Er übersetzt sehr genau. Er liefert ein seltenes Meisterstück der Übersetzungskunst. Wir hatten gesehen, wie wichtig der Umstand ist, dass es sich um ein hapax legomenon handelt. Von ihm geht die Botschaft des Besonderen und Singulären aus, auf die es ankommt. Hieronymus hat das erkannt und es gelingt ihm, diese sprachpragmatische Botschaft in seine Zielsprache, das Lateinische zu transportieren. Er übersetzt „epioúsion" mit „supersubstantialem", voilá – auch das ist ein Neologismus, ein völlig ungebräuchliches Kompositum. Auch diese Kombination von „super" und „substantialis" kommt im Lateinischen sonst nicht vor. Und ebenso wie im Griechischen sind beide Wortbestandteile sehr geläufig.

Was heißt „Ousia" in unserem Kontext? Eine besonders interessante Deutung des Begriffs, der im Deutschen am besten mit „Wesen" wiedergegeben wird, hatte Aristoteles geliefert. Für das Wesen einer Sache bildete er einen auch im Griechischen künstlich wirkenden Ausdruck: „Tò ti ēn eínai", „Das was-es-war-Sein."[13] Damit meint er, dass das, was etwas ist, sein eigentliches Wesen, dadurch bestimmt wird, was es (einmal) war. Das Wesen einer Sache erkennt man dann nicht an den Akzidentien, den oberflächlichen sichtbaren Merkmalen, sondern an ihrer Geschichte, die „darunterliegt". Diese Deutung liegt auch der lateinischen Entsprechung „substantia" zugrunde, auf die Hieronymus zurückgreift. „Substantia", wörtlich: „Das Darunterstehende". Der heute geläufige Inhalt des Substanzbegriffs, etwas unbestimmt Materielles, läuft so ziemlich auf das Gegenteil dieser ursprünglichen Bedeutung hinaus. Das Wesen, die Substanz einer Sache, kann man gerade nicht an der materiellen Oberfläche entdecken, es ist das verborgen Darunterliegende.

Genau das trifft auf das ungesäuerte Brot zu. Wie es schmeckt und aussieht – darauf kommt es nicht an. Sein Wesen ist seine Geschichte. Die ist unsichtbar, man kann sie aber erzählen.

Der Substanzbegriff hat bei Thomas von Aquin noch einmal eine prominente Verwendung erfahren. Auch wenn Thomas (1224–1274 n. Chr.) von Aristoteles (384–322 v. Chr.) ein paar Jahre trennen, wird er doch zu Recht als sein Schüler betrachtet. Er versucht zu verstehen und zu erläutern, was im Hochgebet, dem Kern der Eucharistiefeier, geschieht. Hier wird der Übergang von gewöhnlichem Brot in den „Leib Christi" regelrecht inszeniert. Äußerlich ändert sich an der Hostie nichts. An der Substanz des ungesäuerten Brotes, dem „Darunterliegenden" umso mehr. Diesen Vorgang bezeichnet Thomas mit einer eigenen Prägung als „transsubstantiatio", interessanterweise einer substantivierten Verbform. Aus „substantia" wird eine „substantiatio". Ein Verb, die Wortart der Bewegung, erfasst die Dynamik des Übergangs. Sie wird durch die Präposition „trans", „darüberhinaus" noch verstärkt. Diese Begriffspolitik erinnert stark an das „supersubstantialis" des Hieronymus, das Thomas aus der Vulgata gekannt haben muss. Das Verb bezeichnet den transitorischen Vorgang, das Substantiv das Ergebnis. Thomas stellt sich damit in die Tradition von Neologismen und zieht damit die Spur des monotheistischen Singulars weiter.

Dieses Mehr an Bedeutung hatte Hieronymus durch die Präposition „super", das heißt „darüberhinaus" schon erfasst. „Supersubstantialis" bildet also genau die griechische Vorlage „epioúsion" nach.

Beim ersten Medienwechsel vom Kultbild zu Kultschrift hatten wir gesehen, dass es mit einer bloßen Kritik an den problematischen Eigenschaften des kritisierten Mediums nicht getan war. Die Mediengeschichte einer Religion ist immer auch eine Kultgeschichte. Was die Medien sind, wird erst durch die Art und Weise deutlich, wie mit ihnen verfahren wird. Der Sprachpragmatik (Austin) entspricht eine Medienpragmatik. Daraus folgt: Wenn ein Medium verschwinden soll, muss es substituiert werden. Der kritisch versenkte Kult darf keine Leerstelle hinterlassen. Für ihn muss es einen kultischen Ersatz geben. Das war bei Frits Staal zu lernen. Diesmal verhält es sich allerdings ein wenig anders. Zwar entsteht ein neuer Brotkult aber das ältere Medium wird nicht einfach zum Verschwinden gebracht. Die Schrift verliert zwar ihre Monopolstellung als Gottesmedium aber sie kann nicht so verschwinden wie einst die Götzenbilder. Von einem Schriftverbot ist nichts bekannt. Im Gegenteil. Die Schrift bleibt wichtig. Jesus „zerschreibt" sie zwar bei der Rettung der Ehebrecherin und setzt sie für den Moment ihrer Überbietung außer Kraft, aber er bekämpft sie nicht einmal. Er will nur mehr als sie kann. Allerdings verändert die Schrift ihren Status. Und sie steht auch nicht mehr im Mittelpunkt eines Kults. Mit dieser Einschränkung hätte sich Staals These von der Persistenz der Kulte noch einmal bestätigt.

Unversehens sind wir, ausgehend von der vierten Bitte, im Abendmahlssaal angekommen. Diese Verbindung ist schon von Origenes und anderen Kirchenvätern, also sehr früh, gesehen worden. Das legt sich auch mit Blick auf die große Brotrede des Johannesevangeliums nahe. Das heißt aber nicht, dass die Bitte um das überwesentliche Brot im Gebet Jesu nicht auch ohne diesen Bezug sinnvoll ausgesprochen werden könnte. Nicht jedes Vaterunser ist schon eine Eucharistiefeier.

Hieronymus – der Kommentar

Doch wir sind mit Hieronymus noch nicht fertig, und jetzt wird es noch einmal interessant. Hieronymus hat nämlich neben seiner Übersetzung „supersubstantialem" auch noch einen Kommentar hinterlassen. Er hatte, um hinter die Bedeutung des ungewöhnlichen „epioúsion" zu kommen, auch noch ein Evangelium in aramäischer Sprache zu Rate gezogen, das heute nur noch in einigen Fragmenten überliefert ist, das sogenannte „*Evangelium der Hebräer*"[14]. Könnte er womöglich hier jenes Ur-Hapax legomenon antreffen, das dem griechischen „epioúsion" zugrunde gelegen hatte? Aramäisch, das war schließlich die Sprache Jesu! Was er dort findet, enttäuscht auf den ersten Blick ein wenig. Was bei Matthäus und Lukas ein hapax legomenon war, ist hier ein ganz gewöhnliches Wort: „*mahar*". Es bedeutet „*morgen*", „*Brot von morgen*". Hier sein Kommentar: „*Lasst uns ‚von morgen' (crastinum) so verstehen, dass der Sinn lautet: Gib uns heute unser Brot für morgen, das heißt für die Zukunft.*"[15]

Was Hieronymus hier macht, ist aus mehreren Gründen bemerkenswert. Er überliefert ja nichts weniger als eine aramäische Fährte, die zu unserem „epioúsion", hätte führen können, folgt ihr aber am Ende doch nicht. Warum entscheidet sich Hieronymus in seiner finalen Vulgata-Übersetzung nicht für diese Version, die er doch in einem Evangelium in der Sprache Jesu angetroffen hatte? Er hätte dann formulieren müssen *„panem nostrum crastinum".* Stattdessen entscheidet er sich für sein „supersubstantialem".

Offensichtlich maß er dem Umstand, dass er ein Evangelium in aramäischer Sprache vor sich hatte, keine ausschlaggebende Bedeutung zu. Für ihn ist der griechische Matthäus-Text am Ende der authentischere und maßgeblichere geblieben. Das dürfte deswegen der Fall gewesen sein, weil das ganze *„Evangelium der Hebräer",* obwohl in der Sprache Jesu verfasst, eine Übersetzung aus diesem griechischen Matthäusevangelium, also sekundär war. Der Primärtext war und blieb für Hieronymus der griechische.

Die letztlich entscheidende Antwort kennen wir schon. Der geniale Übersetzer hatte die sprachpragmatische Botschaft des Neologismus „epioúsion" verstanden. Das auffällige und ungewöhnliche Adjektiv hält er fest und zieht es dem gewöhnlichen mahar vor. Damit folgt er der hermeneutischen Regel, nach welcher die *lectio difficilior,* die schwierigere Lesart, vorzuziehen ist. Aber ganz wischt er „mahar", das *„Brot für morgen"* nicht vom Tisch. Hier könnte er ein Echo des Manna-Doppelwunders von Ex 16 gehört haben. Dann hätte er das, was dort nur die Sabbatruhe sichern sollte, in seinem Kommentar ins Grundsätzliche gewendet: Brot für die Zukunft. Das kann ein Manna-Echo sein oder auch nicht. Wahrscheinlicher ist aber, dass Hieronymus, der voll in der eucharistischen Tradition stand, an den Gedächtnisauftrag dachte, den Jesus mit dem Brot beim letzten Abendmahl verbunden hatte: *„Tut dies zu meinem Gedächtnis"* – das ist ein Zukunftsauftrag! An dieser Stelle könnten sich die beiden Brottraditionen vereinigt haben, und diese Vereinigung ginge auf Jesus selbst zurück.

Das erste Referenzmedium des Abendmahls ist zweifellos das ungesäuerte Pessach-Brot der Befreiung. Im Gedächtnisauftrag wird es zum Brot für morgen und alle Zukunft. Ist damit auch das himmlische Brot der Manna-Tradition aufgerufen? In diesem Gedächtnisauftrag wird ein heutiger Bibelleser nicht unbedingt eine Anspielung auf das „Brot für morgen" der Manna-Geschichte herauslesen, Hieronymus vielleicht auch nicht.

Manna eschatologisch

Das war im ersten Jahrhundert anders. Für die Bedeutung, die man etwa im palästinensischen Targum (aramäisch) und im jüdischen Umfeld der Manna-Erzählung beimaß, kann Marc Philonenko reiches Belegmaterial anführen.[16] Er zitiert eine Reihe von intertestamentarischen Texten und Autoren, mit denen er belegt, dass es einen ausgedehnten Hof von Legenden und Assoziationen um das Manna-Motiv im jüdischen Milieu der Zeit Jesu gab. So kann er zeigen, dass das „Wunderbrot", von dem auch der Psalm 78, 24f[17] spricht, mit endzeitlichem, himmlischem Sinn angereichert wurde. Das Doppelwunder, das die Heiligung des Sabbats möglich gemacht hatte, hatte also zur Zeit Jesu und im ersten Jahrhundert für eine endzeitliche Sicht auf den „großen Sabbat" als Heilszeit gesorgt. Auch in der Offenbarung des Johannes (2,17) heißt es: *„Wer Ohren hat zu hören, der höre, was der Geist den Gemeinden sagt: Wer siegt, dem werde ich von dem verborgenen Manna geben. Ich werde ihm einen weißen Stein geben, und auf dem Stein steht ein neuer Name, den nur der kennt, der ihn empfängt."*[18]

Die Apokalypse scheut vor kühnen Koppelungen nicht zurück. Hier sollte offensichtlich das *„verborgene Manna"* mit dem *„Namen"* zusammengeführt werden. Der überkommene „Name" JHWH, das Allerheiligste Israels, war im Dekalog auf Stein gemeißelt, so musste die Unterlage für den neuen Namen auch ein Stein sein. Dass es ein weißer Stein sein musste, ist nochmals ein Hinweis auf das Manna, von dem es heißt: *„Es war weiß wie Koriandersamen..."* (Ex 16,31). So viel kann man zu dieser Stelle wohl sagen, dass auch hier das Manna als „Brot für morgen", das heißt, für den großen Sabbat, eine Gabe des Himmels ist. So sagt es der *„Geist den Gemeinden".*

Bei dem „neuen Namen", springt die Assoziation zu dem Hymnus im Philipperbrief (2,9), wo es von Jesus heißt, dass Gott ihm den Namen gegeben hat, *„...der größer ist als alle Namen."* Mit der Neuheit dieses „Namens" ist die Verbindung zum Tetragramm JHWH, dem alten „Namen" hergestellt. Im „Triagramm" IHS, den ersten Buchstaben von griechisch „IHSOUS", knüpft die christliche Fortsetzung des alten Namenskults, wenn auch spät, an diese Tradition an.[19]

Philonenko zieht folgendes Resümee: *„Die vierte Bitte des Vaterunsers ist eschatologischer Natur. Im Hintergrund stehen Spekulationen über das*

Manna, die sich im ersten Jahrhundert unserer Zeitrechnung in jüdischem Milieu entwickelt haben."[20]

Philonenko würdigt die Übersetzungsleistung des Hieronymus nicht. Er kommt zu dem für uns verblüffenden Urteil, seine Übertragung des „epioúsion" mit „supersubstantialis" sei eine bloße Nachahmung des griechischen Neologismus.[21] Aber was kann ein Übersetzer aus dem Griechischen besseres machen, als die Sprachpragmatik dieser Sprache in seine Zielsprache zu überführen? Und auf die Idee, dass der griechische Neologismus eine Nachahmung eines aramäischen Neologismus ist, der auf das Jesus-Original zurückgeht, ist er auch nicht gekommen.

Man muss ihm bei dieser Einschätzung, die dazu geführt hat, dass er die vierte Bitte ausschließlich auf die Manna-Tradition zurückführt, nicht zustimmen. Das sollte uns aber nicht daran hindern, die Ergebnisse seiner intertestamentarischen Literaturrecherche in einem ganz anderen Sinn auszuwerten. Sie machen uns nämlich auf einmal klar, wie es zum „täglichen Brot", der aus heutiger Sicht höchst missverständlichen Vetus-Latina-Übersetzung der Brotbitte, kommen konnte. Wenn wir von Philonenkos Recherche ausgehen, dann konnte der frühe Übersetzer der Vetus latina mit seinem „panem cotidianum", „tägliches Brot", nämlich damit rechnen, dass seine Leser/Hörer schon den eschatologischen Manna-Bezug mithören und herstellen würden. In judenchristlichen Ohren ist „tägliches Brot" himmlisches Brot für morgen, das Manna, das täglich vom Himmel gefallen war. Falsch wird diese Übersetzung erst, wenn dieser Rezeptionsrahmen wegfällt und der Resonanzraum mit seinen eschatologischen, man könnte auch freier formulieren, „überwesentlichen" Manna-Bezügen nicht mehr existiert.

Der Hieronymus-Kommentar zu „epioúsion" und „mahar", vor allem die Tatsache, dass er an „supersubstantialis" festhielt, zeigt, dass dies im vierten Jahrhundert und außerhalb der judenchristlichen Tradition schon der Fall war. Die „Heidenchristen" warteten nicht mehr auf das Manna des großen Sabbat, sondern auf die Wiederkunft Christi. Der eschatologische Subtext, der ja in der Formulierung des „cotidianum", „tägliches Brot" nicht ausdrücklich gemacht war, konnte nun nicht mehr mitgehört werden. Erst jetzt sinkt das „tägliche Brot" auf seinen alltäglich flachen Sinn herab und wird zur banalen leiblichen Nahrung. So musste es allerdings dann auch (miss)verstanden werden, und so versteht es bis heute die Mehrzahl der christlichen Beter.[22] Hieronymus aber hatte durch sein „supersubstantialis" den Versuch unternommen, den ursprünglichen Sinn zu retten und zu sichern. Die Vulgata hat ihn bewahrt, die Gebetpraxis leider nicht.

Wenn wir mit Philonenko davon ausgehen, dass für judenchristliche Ohren, das „cotidianum" der Vetus-Latina-Übersetzung nicht unbedingt falsch sein musste, bleibt immer noch die Frage, warum sich nach der Ausbreitung des Christentums weit über die jüdischen Gemeinden hinaus, die richtige Hieronymus Übersetzung nicht durchsetzte? Dazu nur einige Vermutungen: Erstens gab es in einer Welt, in der es immer wieder zu Hungersnöten kam, nichts, was eingängiger gewesen wäre als die Bitte um Nahrung. Sie entsprach einer atavistischen Angst vor Brotknappheit, die immer drohte und allen vertraut war. Was war da naheliegender, als Gott um das tägliche Brot zu bitten. Da musste man sich von Jesus gut verstanden fühlen, auch wenn der etwas anderes im Sinn hatte. Und zweitens geht „supersubstantialis" als Neologismus nur schwer über die Lippen. Das Brot im übertragenen Sinn zu verstehen, bedeutete zudem eine intellektuelle Leistung, die, auch wenn sie im Sinne Jesu einzufordern wäre, eine gewisse Anstrengung erforderte. Anders als die schriftfrommen Juden, war die überwiegende Mehrzahl der Christen bis weit in die Neuzeit illiterat und an den Umgang mit Textkomplikationen nicht gewöhnt. Lesen und Schreiben konnte nur eine intellektuelle Elite, das Vaterunser aber lernte jeder auswendig. Eine lectio difficilior einer hochplausiblen Bitte vorzuziehen, fiel da niemandem ein. Und so blieb man lieber bei dem überkommenen „cotidianum".

Die Bedeutung der Manna-Tradition für die Zeitgenossen Jesu kann man mit Philonenko eschatologisch nennen. Wie steht es mit Jesus selbst? Was hat er gemeint? Man muss bei aller Plausibilität einer Sattmacherbitte auf dieser Frage bestehen. Der Wert des Gebets besteht doch für alle Christen darin, dass es von Jesus selbst stammen soll. Diese Frage beantwortet seine Brotrede bei Johannes auf eindrucksvolle Weise.

In ihr wird klar, dass Jesus selbst von der Vorstellung eines Brotes, das vom Himmel herabkommt, fasziniert ist. Allerdings legt er Wert auf einen wichtigen Unterschied. Es geht ihm gerade nicht um ein Himmelsbrot, das satt macht, sondern um das *„wahre Himmelsbrot"*. Mit ihm identifiziert er sich genauso, wie er sich später mit dem ungesäuerten Gedächtnisbrot der Pessach-Feier identifizieren wird. Diesen überbietenden Akt der Identifikation finden wir also in beiden Brottraditionen: mit dem Manna in der Form der feierlichen Rede „*Ich bin das Brot des Lebens*" *(Joh 6,35)* und mit dem ungesäuerten Exodus-Brot beim letzten Abendmahl. Durch diese zweifache Identifikation entsteht eine Verbindung zwischen dem Zukunftsblick der Manna-Tradition und der Befreiungstradition des ungesäuerten Brotes. Aus einem Brot von einst wird ein Brot für die Zukunft. In der Eucharistiefeier werden beide gegenwärtig gesetzt. Hier steht das ungesäuerte Brot der Befreiung im Vordergrund, im Vaterunser das himmlische Brot für jeden Tag; täglich gewinnt es immer neue Gegenwart, die so wenig haltbar ist wie das „Feine und Knusprige", das Mose zum Brot erklärt hatte, daher erbittet es der Beter für „jeden Tag" (Lukas) bzw. für „heute" (Matthäus).

Hätte Hieronymus sich für eine wörtliche Übernahme des aramäischen „mahar" (morgen) entschieden, hätte er den Sinn verkürzt. Die Besonderheit des himmlischen Brotes erkennt er im Originaltext des Matthäus mit dem „epioúsion" besser als im „Evangelium der Hebräer", das ihm aber mit seinem „mahar" den Zukunftsaspekt durchaus nahebringt. Diesem konnte er auch einen guten Sinn abgewonnen haben.[23] Als regelmäßiger Teilnehmer an der eucharistischen Gedächtnisfeier konnte er sehr gut einen Zusammenhang zwischen dem Gedächtnisauftrag Jesu und dem Manna-"Brot für morgen" herstellen: „*...das heißt: für die Zukunft.*"

Hieronymus hat sich aus gutem Grund für „supersubstantialem" entschieden, denn er kann in dieser Prägung die Botschaft der Einmaligkeit, die er in „epioúsion" als einem Hapax legomenon erkannt hat, ebenso mitnehmen wie den Zukunftsaspekt von „mahar". Was „überwesentlich" ist, ist auch und gerade das, was wir morgen und in Zukunft brauchen. Auf diese Weise kommt er insgesamt dem ursprünglichen Sinn am nächsten.

So können wir mit ihm als Ergebnis festhalten: Jesus hat schon in dem Gebet für die Seinen mit Blick auf sein nahes Ende und die Zeit danach das überwesentliche Brot als Brot für die Zukunft als neues Gottesmedium ausgewiesen.[24]

Probe bestanden: Jede Bitte ergibt sich aus der vorigen

Ein sehr gewichtiges Argument für unsere Lesart der zentralen Bitte ist, dass mit ihr der abrupte Bruch im Gedankengang vermieden wird, der in der alten Lesart unvermeidlich war. Jede Bitte, so hatten wir bis dahin feststellen können, hatte sich ja konsequent aus der vorigen ergeben. Und mit der Sattmacher-Bitte wäre die gedankliche Verschränkung der Bitten abgerissen. Erinnern wir uns an die dritte Bitte: *„Dein Wille geschehe, wie im Himmel, so auf Erden."* In ihrer Logik liegt die Frage aller Fragen: Was ist denn der Wille Gottes, und wie kann ich ihn erkennen? Mit dieser Frage sind wir mitten im zentralen Medienstreit, der alle vier Evangelien durchzieht. Es ist der Streit mit den Schriftlern, der Streit um die Schrift. Sie war doch für die Gegner Jesu der einzige und im Buchstaben verbindliche Weg, den Willen Gottes zu ermitteln. Eigentlich musste er gar nicht groß ermittelt werden, da er ja schon festgeschrieben war, er musste nur befolgt werden.

Und gibt denn die Lesart *„Unser überwesentliches Brot für morgen gibt uns heute"* einen anschlussfähigen Sinn, der die Spur der dritten Bitte weiterzieht?

Die Antwort ist: ja!

Jeden Tag himmlisches Brot essen, jeden Tag maximale Gottesnähe herstellen, das ist die Antwort Jesu auf die Frage aller Fragen, die Frage nach dem Willen Gottes, die sich aus der vorigen Bitte ergeben hatte. Dafür findet sich noch ein zusätzliches Indiz im vierten Kapitel des Johannesevangeliums: Einmal, in Samarien, drängen seine Jünger Jesus, etwas zu essen. *„Er aber sagte zu ihnen: Ich lebe von einer Speise, die ihr nicht kennt. Da sagten die Jünger zueinander: Hat ihm jemand etwas zu essen gebracht? Jesus sprach zu ihnen: Meine Speise ist es, den Willen dessen zu tun, der mich gesandt hat und sein Werk zu Ende zu führen." (Joh 4,31–34)*

Eine Speise im übertragenen Sinn also! Immer wieder der für Jesus so typische Transfer von Materie auf Geist. Dieser Gedanke, dass es eine Speise im übertragenen Sinn und einen Zusammenhang zwischen dem Willen Gottes und dieser Speise gibt, begegnet uns genau bei der Frage, wie die dritte mit der vierten Bitte zusammenhängt. Der Wille Gottes muss inkorporiert werden – wie eine Speise, wie Brot.

Und schlagartig wird klar, dass wir hier vor der großen Medienalternative stehen, die Jesus, der bei der Schriftkritik nicht stehen bleibt, nun anbietet: Wer jeden Tag das überwesentliche himmlische Brot für morgen empfängt und sich einverleibt, stellt jeden Tag neu die Frage nach dem Willen Gottes und er muss sie aus der Gottesnähe, die das Brot herstellt, jeden Tag neu beantworten. Dieses „jeden Tag" finden wir ja auch wörtlich in der Lukas-Version der vierten Bitte, in der es heißt: „káth' heméran" – *„jeden Tag"*. Bei der Hieronymus-Übersetzung kommt es natürlich auch nicht mehr zu der *„unerträglichen Tautologie"* (Philonenko), die schon ein starkes Argument dafür war, dass mit der Übersetzung des „epioúsion" mit „täglich" etwas nicht stimmen konnte. Dann hätte es in der Tat heißen müssen: *„Unser tägliches Brot gib uns täglich"*...

So hatte Jesus mit dem „überwesentlichen Brot für morgen an jedem Tag" seine Alternative zur Schrift angeboten. Sie ist der bessere Weg, den Willen Gottes zu ermitteln, denn sie ist die Antwort auf das prinzipielle Veralten der Schrift. Jeden Tag stellt sie neu Gegenwart her. Das neue Medium macht gegenwartspflichtig.

Die Lebensmittel Brot und Wasser

Wenn Jesus auf Brot zu sprechen kommt, ging es in den bisher erwähnten Stellen immer zuerst um die Frage, ob das alltägliche Grundnahrungsmittel gemeint ist, oder ob das Brot alteritär aufgeladen ist. Die Funktion, die das Brot als Bedingung für das physische Überleben hat, ist natürlich die elementare Metaphernbasis für die übertragene Bedeutung, die es als Lebensmittel für das ewige Leben annimmt. Brot ist einfach das, was man zum Leben braucht. Das berühmte Wort Jesu aus der Versuchungsgeschichte: *„Der Mensch lebt nicht vom Brot allein"*, war die Antwort auf die Aufforderung des Versuchers, aus Steinen Brot zu machen. Jesus hatte gefastet und er hatte Hunger. Hier geht es also eindeutig um Sättigung. Wichtig ist aber die vollständige Antwort, denn der Evangelist lässt Jesus fortfahren: *„...sondern von jedem Wort, das aus Gottes Mund kommt."* (Mt 4,4,)

Es ist immer dasselbe: Jesus geht auf Distanz zum Brot als physischen Grundnahrungsmittel. Er kann sich dafür auch auf die Tradition aus dem Deuteronomium berufen, die er hier zitiert[25]. Für das Wort aus dem Mund Gottes ist dort noch nicht das Medium des himmlischen

Brotes gefunden, aber doch gedanklich vorbereitet worden. Dass aber das eigentliche Lebensmittel von Gott kommt, verbindet diese Versuchungsgeschichte mit den anderen Stellen, in denen es um Brot geht.

Es bot sich für Jesus an, Brot zum „Sprechen" zu bringen. Auch bei dem anderen elementaren Lebensmittel, dem Wasser, muss nicht viel erklärt werden, wenn es zum Zeichen des Lebens wird. Die „Sprache" dieser Lebensmittel wurzelt unmittelbar im menschlichen Körper. In der Szene am Jakobsbrunnen, die Johannes in seinem vierten Kapitel schildert, hatte eine samaritanische Frau für Jesus Wasser geschöpft. In dem Dialog, der sich anschließt, knüpft Jesus, wie beim Brot, dem anderen elementaren Lebensmittel, an der physisch-leiblichen Bedeutung, die auch das Wasser hat, an. Jesus, der seinen leiblichen Durst gerade gestillt hatte, verfährt mit dem Lebensmittel Wasser genauso wie mit dem Lebensmittel Brot und gibt ihm eine neue Bedeutung. Johannes lässt Jesus in der dritten Person eine Anspielung auf sich als den Messias machen: *„Wenn du wüsstest, worin die Gabe Gottes besteht, und wer es ist, der zu dir sagt: Gib mir zu trinken! Dann hättest du ihn gebeten, und er hätte dir lebendiges Wasser gegeben... wer aber von dem Wasser trinkt, das ich ihm geben werde, wird niemals mehr Durst haben; vielmehr wird das Wasser, das ich ihm gebe, in ihm zur sprudelnden Quelle werden, deren Wasser ewiges Leben schenkt."* (Joh 4,10–14)

Ungesäuertes Manna: Ein Brot aus zwei Exodus-Traditionen

In der Wundergeschichte vom Manna war das, was die Israeliten da in der Wüste fanden – wir erinnern uns – zunächst nur *„etwas Feines Knuspriges"*. Brot wurde es erst durch Mose der erklärte: *„Das ist das Brot, das der Herr euch zu essen gibt"* (Ex 16,15). Hier ist von Anfang an klar, dass es sich nicht um gewöhnliches Brot handelte. So liefert der Ablauf der Wundergeschichte die Alteritätsmarkierung mit, die das „Brot vom Himmel" auszeichnete. Wie das ungesäuerte Brot zu seiner Alteritätsmarkierung kam, hatten wir schon rekonstruiert. Diese Alterität ist es schließlich, in der die beiden Brottraditionen, die ja auch beide im Exodus ihren Ursprung haben, zusammenfließen. So ist es für Jesus, der sein Ende kommen sieht, naheliegend, sich mit dem ungesäuerten Brot in die Mediengeschichte seines Volkes einzutragen, das sich dieses Brot

im alljährlichen Pessach-Ritual als das Exodus-Brot der Befreiung einzuverleiben gewohnt war. Während dieses Mahles sprach er das Lob-
preis- und Dankgebet, brach das Brot, reichte es den Jüngern und sprach:
„Nehmt und esst; das ist mein Leib." (Matthäus 26,26) *„Nehmt, das ist mein
Leib"* (Markus 14,22) *„Das ist mein Leib, der für euch hingegeben wird. Tut dies
zu meinem Gedächtnis."* (Lukas 22,19)

Älter als die drei Synoptiker ist der 1. Brief an die Korinther (11,23f):
*„Jesus, der Herr, nahm in der Nacht, in der er ausgeliefert wurde, das Brot,
sprach das Dankgebet und sagte: Das ist mein Leib für euch. Tut dies zu meinem Gedächtnis."*

So kommt es zu einer neuen Semantisierung. Wir werden wieder an
ein Palimpsest erinnert. Die alte Bedeutung des Brotes der Befreiung
schimmert nach der neuen Überschreibung noch durch. Aus seinen Jüngern hatte er gewiss nicht zufällig die Zwölf ausgewählt. Nach dem Aus-
scheiden des Verräters Judas wurde Matthias als Nachrücker bestimmt,
um die Zwölf wieder voll zu machen. Zwölf mussten es sein. Zwölf Söhne
hatte Jakob / Israel. Aus ihnen waren die zwölf Stämme hervorgegangen.
Jesus, der Schriftkritiker, bewegt sich bewusst in den Bahnen der Tradition. Er benutzt „sprechende" Überlieferungen, sinntragende Zeichen.
Das ungesäuerte Brot der Befreiung erhebt er zu dem Medium, das seine Gegenwart auch dann verbürgen würde, wenn er nicht mehr da sein
wird. *„Tut dies zu meinem Gedächtnis".* Damit programmiert er genau das
vor, was wir schon mehrfach als die Simultaneität von Anwesenheit und
Abwesenheit angetroffen haben: Präsenz und Vorenthaltung, das Charakteristikum des Monotheismus.

Dass Jesus von Nazaret für Lukas und Matthäus in Bethlehem geboren sein musste, führen viele Exegeten auf ihr Bestreben zurück, ihn
als „Sohn Davids" erscheinen zu lassen, der aus Bethlehem, der Stadt
Davids stammen musste, weil das für die jüdische Messiaserwartung
wichtig war. Wie auch immer. Sie haben damit auch noch eine weitere,
nicht minder bedeutende faktensprachliche Botschaft erzeugt, die in
der wörtlichen Bedeutung des sprechenden Namens Bethlehem liegt.
Bei Origenes ist sie auch angekommen: *„Bethlehem bedeutet nämlich
„Haus des Brotes". Wohin anders hätten die Hirten nach der Botschaft vom
Frieden denn eilen können, als zu dem geistigen Haus des himmlischen Brotes, das Christus ist..."*[26]

Brot und Zeit

Der große Unterschied zur Schrift liegt im Verhältnis des neuen Mediums zur Zeit. In der Brotbitte wird entscheidende Alternative zur Schrift als einziger Vermittlungsinstanz für Gottes Willen installiert. Das Brot der Gottesgegenwart braucht der lebendige Mensch für den Jesus, in dem das Wort Fleisch wurde, Maßstab und Modell ist, jeden Tag neu. Er braucht es täglich. Er braucht täglich das überwesentliche himmlische Brot. Das verschafft ihm den entscheidenden Zeitvorteil gegenüber der Schrift, die gegenüber jeder Veränderung resistent ist. Als die Lehre der Mannaerzählung hatten wir festgehalten: Die Täglichkeit verdankt sich der Verderblichkeit, und: himmlisches Brot ist nicht haltbar, so wie das Manna nicht haltbar war und wie die Gegenwart nicht haltbar ist. Wenn Jesus sich selbst als dieses Brot bezeichnet, ist für den, der ihm folgt und sich dieses Brot einverleibt, die Gegenwart Gottes und damit die Beantwortung der Frage nach dem Willen Gottes aufgerufen. Gott auf diesem Wege zu verinnerlichen, führt auf den Gipfel des Inkarnationsgedankens: *„Allen aber, die ihn aufnahmen, gab er Macht, Kinder Gottes zu werden…"* *(Joh 1,12)*

Das überwesentliche Brot für morgen justiert jeden Tag neu den Willen Gottes: Das Update läuft auf der Zeitschiene mit. Es bewirkt ein Aggiornamento, das nicht, wie im II. Vatikanischen Konzil, für das Johannes XXIII. diesen Ausdruck erfunden hat, alle hundert Jahre neue Texte produziert, sondern immer wieder und jeden Tag stattfindet. Dabei behält die Schrift, das überkommene Medium, wie wir im vorigen Kapitel gesehen haben, durchaus ihre Bedeutung. Sie ist aber eine Vorgabe, die nun täglich neu daraufhin angesehen werden muss, ob sie wirklich den Willen des Vaters vermittelt. Die Zehn Gebote veralten kaum, höchstens ein bisschen. Aber wenn wir in dem Gebot, Vater und Mutter zu ehren *„damit du lange lebst in dem Land, das der Herr dein Gott dir gibt."* *(Ex 20,12)*, den Tun-Ergehens-Zusammenhang, also das Tauschprinzip entdecken, von dem sich der Monotheismus schon im Buch Ijob frei gemacht hat, dann sind wir, gestärkt vom himmlischen Brot, so frei, Vater und Mutter auch ohne Aussicht auf Belohnung zu ehren.

Anders als beim ersten großen monotheistischen Medienwechsel vom Kultbild zur Kultschrift wird das alte Medium nicht verworfen,

es erhält nur einen anderen Status. Die bekannte Hegelsche Begriffs-
bestimmung von „Aufheben" ist hier einschlägig: *„Aufheben hat in der
Sprache einen gedoppelten Sinn, daß es so viel als aufbewahren, erhalten bedeutet, und zugleich so viel als aufhören lassen, ein Ende machen... So ist das
Aufgehobene ein zugleich Aufbewahrtes, das nur seine Unmittelbarkeit verloren hat, aber darum nicht vernichtet ist."*[27]

Das letzte und eigentliche Gottesmedium ist der Mensch. Damit er
das wirklich sein kann, muss er täglich himmlisches Brot essen.[28]

Schuld und Sünde – die Differenzmarker

Diese in die äußerste Konsequenz getriebene Gottesnähe geht freilich
ein hohes Risiko ein. Wer auf dem Gipfel steht, steht auch am Abgrund.
Aus der Tiefe klingt das Versprechen der Schlange herauf: *„Ihr werdet sein
wie Gott".*

Die gefühlte Gottesnähe des Beters, der sich als Kind an den Vater
wendet, kann auf vertrackte Weise zur Usurpation einladen. Wenn er,
weil er ja so fromm ist, seinen eigenen Willen vom Willen Gottes nicht
mehr unterscheidet, wird er zum Usurpator. Der erschlichene Thron
Gottes würde dann für ihn zum Schleudersitz. Vor diesem Absturz sollen ihn die folgenden Bitten des Vaterunsers bewahren. Die nächste, die
fünfte Bitte lautet: *„und vergib uns unsere Schuld, wie auch wir vergeben
unseren Schuldigern".* Wieder sehen wir, wie wichtig die innere Konsekutivregel ist, nach der sich jede Bitte des Gebets aus der vorigen ergibt.

Die Einsicht, dass ich ein Sünder bin, der auf Vergebung angewiesen
ist, betrifft zunächst die Beziehung zu Gott, der mir vergeben möge. Wir
bleiben in der Gedankenspur: Wo sein Königtum anbricht und sein Wille geschieht, wo das himmlische Brot nährt, versteht es sich von selbst,
dass die Vergebung, die *ich* nötig habe, auch den Mitmenschen zuteil
werden muss, die *meine* Vergebung nötig haben: *„wie auch wir vergeben
haben".* Das ist die erste Voraussetzung, die in der Bitte selbst ausgesprochen ist.

Die zweite, nicht weniger wichtige, muss nicht ausgesprochen werden, denn sie ergibt sich wie immer aus der vorigen Bitte. Wenn ein Beter
sich ganz dem Vollgefühl seiner Gottesnähe überlässt und himmlisches
Brot ihn satt gemacht hat, wähnt er sich womöglich auf dem erwähnten

Gipfel der Gottesnähe – und dann droht ihm der Absturz in die Usurpation. Die Bitte um Vergebung kann ihn davor schützen. Sie macht ihm klar, dass er ein Sünder ist, denn sonst bedürfte er ja nicht der Vergebung. Wer angehalten wird, um Vergebung zu bitten, dem wird klar gemacht, dass das himmlische Brot, um das er gebetet und das er vielleicht auch erhalten hat, ihn keineswegs schon zu einem Bewohner des Himmels macht.

Eine sinnvolle Lesart der Erbsündenlehre macht aus dem Menschen noch keine Missgeburt der Evolution. Im „peccatum originale", der „ursprünglichen Sünde" des heiligen Augustinus, ist übrigens von Vererbung zunächst keine Rede. Das Sündenbewusstsein muss und darf kein Einstieg in den Selbsthass und eine große Zerknirschungsrhetorik sein, eigentlich reicht erst einmal die Einsicht in die Differenz zwischen Gott und Mensch. Die Sünde ist der Differenzmarker. Das ist die erste Voraussetzung, die in der Bitte ausgesprochen ist.

Die zweite, nicht weniger wichtige, führt direkt zur nächsten Bitte: „Und führe uns nicht in Versuchung." Sie hat zu erregten aber eigentlich überflüssigen Debatten geführt. Man muss nur der Konsekutivregel folgen und die innere Kohärenz des Gebets beachten. Dann wird klar: Es handelt sich nicht um irgendeine Versuchung, sondern genau um jene, in die ihn die großartige vierte Bitte führen könnte, wenn ihn die vorletzte nicht davor bewahrte. Die innere Stimmigkeit des Gebets hängt an der Korrespondenz dieser beiden Bitten.

Wenn ein Beter sich die Erfüllung seiner Bitte schon hinzudenkt und sie gar bis zur Gewissheit verlängert, dann unterscheidet er den eigenen Willen nicht mehr von dem Gottes. Wenn das keine Versuchung ist! Auf dem gefühlten Gipfel der Inkarnation droht ihm der Absturz in die erwähnte Usurpation. Es ist also kein maligner Gott, der ihn da in Versuchung führt. Diese entsteht erst dann, wenn der Beter die Vorenthaltung übersieht, die ihn bei maximal erstrebter Gottesnähe doch noch von ihm trennt. Es ist die Versuchung der Eifrigen und Frommen. „Deus lo vult", „Gott will es" schrieben die Kreuzfahrer auf ihre Fahnen.

Über „Und führe uns nicht in Versuchung" ist schon immer viel nachgegrübelt worden. Papst Franziskus wollte die Bitte „verbessern" und entschärfen. Man hat sich gefragt: Was wäre das denn für ein Gott, der einen in Versuchung führt? Abba, der liebe Vater kann das doch nicht sein! Müsste es daher nicht besser heißen: „Und führe (und geleite) uns in der Versuchung"? Oder wie die französische Bischofskonferenz vorschlägt: „Lass uns nicht in die Versuchung eintreten"?

Der Jakobusbrief, in dem es heißt „*Keiner, der in Versuchung gerät, soll sagen: Ich werde von Gott in Versuchung geführt.*" *(Jak 1,13)* weist diesen Gedanken klar ab. Daher sollte man, bevor man zu solchen „Verbesserungen" seine Zuflucht nimmt, überlegen, ob nicht auch diesmal die Gedankenspur, die das Gebet bis hierher doch so konsequent verfolgt hat, eine Antwort bereithält?

Wir sollten uns daran erinnern, für wen das Gebet gedacht ist. Das sind die Jünger Jesu. Wer das Gebet spricht, will ihm folgen. Er ist ihr Vorbild der Gottesnähe, ja der Gottesgegenwart und bietet statt der Frömmigkeit der Schriftler eine Frömmigkeit der Inkarnation für alle an: himmlisches Brot jeden Tag. Könnte es nicht sein, dass derjenige, der dieses Brot gegessen hat, gerade durch diesen Versuch, den Himmel in sich aufzunehmen, in eine alte Versuchung gerät? Es wäre dieselbe, die den Schriftler zur Selbstgerechtigkeit verleitet.

Den Gedanken einer Inkarnation für alle, wie sie der Johannesprolog verheißt, den wir schon mehrfach mit seinem „*...allen aber gab er Macht, Kinder Gottes zu werden*" zitiert haben, und alle anderen Hinweise, dass wir zu ihm, wie Jesus „Abba" sagen können, hat Gerd Neuhaus in einer glücklichen Wendung als „horizontale Inkarnation" bezeichnet.[29] Davon unterscheidet er die „vertikale Inkarnation", das Fleisch gewordene Wort von Joh 1,14. Ohnehin denkt man traditionell, wenn von Inkarnation die Rede ist, erst einmal nur an Jesus. Es mag dann ein schöner Gedanke sein, dass Jesus kein Einzelkind war und dass der Sohn Gottes die Jünger einlädt, sich als seine Geschwister zu betrachten. Aber, so fragt Neuhaus durchaus zu recht, besteht nicht doch ein Unterschied zwischen der horizontalen und der vertikalen Inkarnation? Zwischen Jesus als Ikone der Sündenlosigkeit und den Sündern, die wir, gemessen an der göttlichen Vollkommenheit, als Menschen sind? Worin besteht also die Versuchung? Könnte es nicht sein, dass sie darin besteht, diesen Unterschied zu vergessen? Diese Frage hat es in sich und wir müssen sie später noch einmal aufgreifen. Es ist auch die Frage nach der Singularität des Christus. Auf den ersten Blick scheint das keine Medienfrage, sondern die zentrale Frage einer christlichen Dogmatik zu sein. Wir können sie aber schon deswegen nicht einfach beiseitelassen, weil sie medial folgenreich ist.

In jedem Fall konnten wir wieder eine konsequente Fortführung des Gedankens entdecken, der die voraufgegangene Bitte bestimmt hatte. In ihr waren Schuld und Sünde ins Bewusstsein gehoben worden. Wer sie ausgesprochen hat, kann der nicht der Meinung sein, dass der liebe Vater die Vergebung, um die er da gebeten hat, ihm auch hat zuteil werden lassen? Und selbstverständlich könnte er auch seinen „Schuldigern" vergeben haben. Wer bis hierhin dem Sinn des Gebetes gefolgt ist, könnte sich ganz auf der Seite Gottes platzieren. Wäre er dann umstandslos ein Guter? Die Versuchung, daraus einen Besitzanspruch abzuleiten, ist groß. Gerd Neuhaus hat in vielen Varianten die besondere Versuchung derer beleuchtet, die sich in den Dienst des Guten gestellt haben und die für ihre guten Zwecke auch einmal über Leichen gehen. Sarastro, der allen, die seine „Lehren nicht erfreuen" das Menschsein abspricht, Robespierre, der „Unbestechliche", der im „siècle de lumières" zum Guillotine-Terroristen wurde.[30] Neuhaus bemüht hier noch einmal den Gedanken der Wiederkehr des Verdrängten im Verdrängenden. Am Ende steht die Bitte: *„Und erlöse uns von dem Bösen."*

Hier scheint es zunächst einmal nicht um das metaphysisch Böse schlechthin zu gehen, auch nicht um die Frage, ob *der* Böse, am Ende gar der Satan gemeint ist, oder das Böse. Im Griechischen heißt es: „...apó toῦ poneroῦ", das heißt: erlöse uns von dem, was Not und Arbeit macht, was unglücklich macht und belastet. Diese eher harmlosen Vokabeln machen aus der letzten aber noch keine Bitte um Wellness, denn dann wären wir auf der Ebene der konkreten Bitten, die Matthäus in seiner Einleitung ausschließt. Die Abwesenheit all dessen, was beschwert und belastet, was wäre sie anders als eine vollständige Erlösung?

Wenn wir nun das Gebet als Ganzes betrachten, erkennen wir noch einmal die in sich schlüssige, klare Gedankenführung, bei der sich jede Bitte aus der vorigen ergibt. Nicht zufällig sind die Bitten jeweils durch ein „und" verbunden. Das ist mehr als eine parataktische Aneinanderreihung. Was wäre die vierte Bitte ohne die fünfte, die dafür sorgt, dass die Gottesnähe, die das himmlische Brot möglich macht, nicht den Abstand zu Gott beseitigt? Indem sie daran erinnert, dass der Beter bei aller Gottesnähe ein Sünder bleibt, ist sie die Bitte der Vorenthaltung, die zum Monotheismus so wesentlich gehört. Und was wäre die fünfte Bitte ohne die Verstärkung der sechsten, die endgültig die Gefahr der usurpatorischen Versuchung benennt?

Die Brotbitte steht in der Mitte. Sie ist wie ein Schlussstein, der den Gedankenbogen zusammenhält, und wir erkennen, dass dies nur der Fall ist, wenn wir sie, die gewiss nicht zufällig in der Mitte steht, richtig übersetzen und interpretieren, so dass kein Bruch entsteht, wie es der Fall wäre, wenn wir sie weiterhin, im Trott einer Gewohnheit, die so alt und ehrwürdig sie auch sein mag, als Sattmacher-Bitte verstehen.

Mit dieser Deutung erkennen wir auch, dass die richtige Übersetzung nicht nur für die innere Gedankenführung des Vaterunsers wichtig ist, sondern weit über das Gebet hinausweist.

In der Entwicklung der Mediengeschichte des Monotheismus, in der der Wechsel vom Kultbild zur Kultschrift den ersten Quantensprung darstellt, ist der Wechsel von der Vorstellung, dass sich in einer Heiligen Schrift der Wille Gottes buchstäblich manifestiert, zu der Vorstellung, dass im Menschen selbst, der sich täglich neu in der Bitte um das Brot der Gottesgegenwart mit ihm verbindet, ein Höhepunkt erreicht. So wird die vierte Bitte zum Schlüssel dieser Mediengeschichte. In ihr erkennen wir den anarchischen Glutkern des Monotheismus und zwar im genauen ursprünglichen Sinn des Begriffes An-archia. Er negiert die Arché und hebt sie auf. Arché bedeutet beides: Anfang und Herrschaft. Zusammengedacht, die Herrschaft des Immer schon oder doch des Überkommenen. Die Schrift ist ihr Medium. Sie schreibt Normen und Gesetze fest. Wer das überwesentliche Brot isst, kann sie überbieten. Er verinnerlicht den Himmel. Das verleiht ihm die Kraft der Anarchie.

Anmerkungen

1 Vgl. Marc Philonenko, *Das Vaterunser*, Tübingen 2002. Aufbauend auf die ältere Forschung konzentriert sich Philonenko auf Spuren und Parallelen in den „intertestamentarischen Schriften", das heißt den Schriftrollen vom Toten Meer und den aramäischen Targumen, und versucht von dort neue Anhaltspunkte für die Interpretation zu gewinnen. Ähnlich verfährt Josef Zemanek, der sich vor allem um die Erschließung des alttestamentlichen Resonanzraums bemüht, vgl. ders., *Das Vaterunser. Ein biblisches Gebet*, Würzburg 2017.

2 Vgl. J. Jeremias, „*Abba*", in: Zeitschrift für neutestamentliche Wissenschaft, (45) 1954, S. 131–132; vgl. auch E. Käsemann, *Das Problem des historischen Jesus*, in: ders., *Exegetische Versuche und Besinnungen I*, 3. Aufl., Göttingen 1970, S. 187–214.

3 „Awinu Malkhenu – unser Vater, unser König, das ist Gott... Insofern ist der jesuanische

Anspruch, Sohn Gottes zu sein, durchaus deckungsgleich mit jüdischen Vorstellungen, dass jeder Mensch ein Kind Gottes ist." So Michael Wolffsohn in seinem Interview, Dreifaltigkeit Gottes. Trinität als Politikum, im Deutschlandfunk. Jesu „Abba" unterscheidet sich in seiner Vertraulichkeit, die dem Hohen Rat als Gotteslästerung erschien, von der Vorstellung einer allgemeinen Gotteskindschaft, die im Judentum wohl geläufig war.

4   Vgl. Kap IV, Anm. 2 S. 94.
5   Vgl. Kap 11, S. 128.
6   Herta Müller. „Atemschaukel", München 2009, S. 25.
7   So übersetzt tatsächlich auch Ernst Dietzfelbinger in seiner „Interlinearübersetzung Griechisch-Deutsch nach der Ausgabe von Nestle-Aland", Neuhausen 1986.
8   Philonenko, a. a. O., S. 78.
9   Vgl. Origenes, De oratione, 2. Teil, cap.18–30, insbes. Cap. 27, 7–13; und Joseph Ratzinger, Benedikt XVI., Jesus von Nazareth, Bd. I, Freiburg / Basel / Wien 2007, S. 188.
10 Vgl. W. Pape, Griechisch-deutsches Handwörterbuch, 3. Auflage, 6. Abdruck, Braunschweig 1914.
11 Im Buch Levitikus (23,9–14) wird die Spur einer noch älteren Kulttradition sichtbar: Das Frühlingsfest der Erstlingsfrüchte. Es wird hier so installiert, als wolle man die Rezeptur der Überschreibung eines älteren Kultes durch eine neue Interpretation, wie sie in Frits Staals These von der Kultpersistenz vorgestellt wird, einmal mehr befolgen.
12 Eine Zukunftsprophezeiung, bei der der Verfasser auf das Vorausgesagte schon zurückblicken kann, vgl. Kap VI, S. 151.
13 Vgl. Erwin Sonderegger, Die Bildung des Ausdrucks to ti en einai durch Aristoteles, in: Archiv für Geschichte der Philosophie 65 (1983), S. 18–39.
14 Auch als „Evangelium der Nazaräer" bekannt. Philonenko: „In diesem judenchristlichen Evangelium wurde epioúsios wohl mit mahar übersetzt und nicht umgekehrt." a. a. O., S. 80.
15 Hieronymus, Kommentar zu Matthäus; vgl. William D. Stroker, Extracanonical Sayings of Jesus, Atlanta 1989, S. 204.
16 Philonenko, a. a. O., S. 78ff.
17 Psalm 78,24f: „Er ließ Manna auf sie regnen als Speise, er gab ihnen Brot vom Himmel. Da aßen die Menschen Wunderbrot, Gott gab ihnen Nahrung in Fülle."
18 Ich danke Ansgar Wucherpfennig für einen entsprechenden Hinweis.
19 Vgl. Kap IV Anm 2. S. 160.
20 Philonenko, a. a. O., S. 86.
21 Ebd., S. 78
22 Peter Abaelard und Héloise mit ihren Nonnen im Kloster Paraklet bilden eine Ausnahme. „Als Bernhard von Clairvaux das Kloster besuchte, hörte er die Nonnen das Paternoster auf unübliche Weise beten. Statt nach allgemeinem Brauch zu sagen ‚Unser täglich Brot gib uns heute' betete man im Paraklet, einer Ausdrucksweise gemäß, die im Evangeliumstext des Heiligen Matthäus enthalten ist: ‚Gib uns unser überwesenhaftes Brot'. Einige Zeit später aber kam Abaelard selbst in das Kloster, und Héloise berichtete ihm vertraulich, dass der Abt von Clairvaux über diesen Bruch mit der allgemeinen Gewohnheit erstaunt gewesen zu sein schien." Aus Régine Pernoud, Heloise und Abaelard, München 1991, S. 208. Ich danke Karsten Weber für den Hinweis.
23 Eine Minderheit von Philologen leitet epiousion nicht von epí und ousía ab sondern von dem Verb „iénai", „kommen, gehen". Das ergäbe dann die Übersetzung „Brot für den folgenden Tag", womit die Manna-Spur wieder aufgenommen wäre. Gegen diese Ableitung spricht aber, dass das Suffix –ios normalerweise nur an Nomina angehängt wird, nicht aber an Verben. Aber auch diese Ableitung hätte nichts an dem Umstand geändert, dass es sich bei „epiousion" um ein hapax legomenon handelt.
24 Vgl. Philonenko, a. a. O., S. 8. Es handelt sich bei „mahar" um eine Übersetzung aus dem griechischen Matthäusevangelium und er stimmt J. Jeremias zu, der argumentiert: „(D) er Übersetzer, der Matthäus ins Aramäische übertrug, hat natürlich in dem Augenblick, in dem er zum Vaterunser kam, aufgehört zu übersetzen und stattdessen niedergeschrieben, was er täglich betete." Vgl. Joachim Jeremias, Neutestamentliche Theologie, vierte Aufl. Tübingen 1988. S. 193. Eine schöne Idee. Sie setzt natürlich voraus, dass die aramäischen Beter eine eigene, von Matthäus unabhängige Überlieferungstradition hatten. Wenn dem so gewe-

sen wäre, hätte man im „Evangelium der Hebräer" eine ganz eigene, auch sonst von Matthäus abweichende Version vorfinden müssen – hat man aber nicht.

25 Dtn 8,3: „Durch Hunger hat er dich gefügig gemacht und hat dich dann mit dem Manna gespeist, das du nicht kanntest… Er wollte dich erkennen lassen, dass der Mensch nicht nur vom Brot lebt, sondern dass der Mensch von allem lebt, was der Mund des Herrn spricht."

26 Origenes, Fragment 40 der Lukashomilien, zu Lk 2,15.

27 G. W. F. Hegel, *Wissenschaft der Logik*, Erster Band: Die objektive Logik: Die Lehre vom Sein, Erstes Buch: Die Lehre vom Sein (1832) Ges. Werke, Bd. 21, Hamburg 1984, S. 94 (Anmerkung)

28 Im chassidischen Judentum spielt der Begriff der „Schechina" eine große Rolle. Er bezeichnet die immanente Gegenwart Gottes in der Welt. Dieser Gedanke steht der vierten Bitte des Gebets Jesu nahe.

29 Vgl. Gerd Neuhaus, *Noch einmal: Bitte um das tägliche Brot*, in: Frankfurter Allgemeine Zeitung, Geisteswissenschaften, 13. 01. 2016. Neuerdings noch einmal in „*Möglichkeiten und Grenzen einer Gottespräsenz im menschlichen Fleisch*", in: Communio, Januar/Februar 2017, S. 23–32. Die Rede von einer vertikalen und horizontalen Inkarnation geht auf Karl Rahner zurück (*Schriften zur Theologie XII*, Zürich/Einsiedeln/Köln 1975, S. 353–369) Karl-Heinz Menke stellt in „*Das unterscheidend Christliche*", Regensburg 2015, S. 493, fest „*…dass die Verschränkung von vertikaler und horizontaler Inkarnation, den inneren Kern von Ratzingers Theologie bildet*".

30 Vgl. G. Neuhaus, *Wiederkehr des Verdrängten im Verdrängenden*, in: ders., *Fundamentaltheologie: Zwischen Rationalitäts- und Offenbarungsanspruch*, Regensburg 2013, S. 171ff.

Kapitel XI:
Grapholatrie im Christentum

Sein und Haben

Die Rekonstruktion des finalen Medienwechsels im biblischen Monotheismus sollte zeigen, dass Jesus nicht nur bezweifelte, dass das Medium Schrift als Instrument der Kommunikation ausreicht, wenn es darum geht, den Willen Gottes zu ermitteln, sondern dass er auch zeigen
wollte, wie sich der Mensch selbst in der Inkarnation als Gottesmedium
erfahren kann. Es ist ein Unterschied ums Ganze, ob der Mensch Medien
hat und benutzt oder sich selbst als Medium begreift.

Bild und Schrift sind trivialerweise Medien, die dem menschlichen Körper äußerlich bleiben. Dieses schon mehrfach erwähnte Innen-
Außen-Verhältnis geht von einem Körperbegriff aus, der weniger die
anatomische Physiologie als eine leiblich-geistige Einheit bezeichnen
soll. In diesem Sinn spricht Gotthard Fuchs vom „Leib": „Ich habe einen
Körper und einen Leib." Er zitiert Merleau-Ponty: „Der Gebrauch, den der
Mensch von seinem Leib macht, transzendiert den Körper als bloß biologisches Substrat."[1] In dieser Einheit haben alle Medien ihren Ursprung.
Der Körper ist der Ort ihrer Entstehung; dann aber werden sie gleichsam ausgelagert und können sich verselbständigen. Indem sie Dinge
in der Welt geworden sind, entfernen sie sich von dem Urheber, dem sie
eigentlich ihre Botschaften verdanken. Ein Mensch, der sich und seinesgleichen als den Ursprung dessen erkennt, was „dem Gehege der Zähne",
dem Schreibgriffel oder der Künstlerwerkstatt entsprungen ist, kann
über seine Medien reflektieren. Er ist in der Lage, kritisch zu beurteilen,
was sie können und was nicht. Auch die Heilige Schrift, das Medium, von
dem das Buch Exodus behauptet, dass es seinen Ursprung in Gott hat, ist
nicht der Reflexion entzogen. Nichts ist der Reflexion entzogen.

Die biblische Aufklärung hatte sich am Missbrauch des alten Mediums Bild entzündet, sein Täuschungspotential aufgedeckt und den

ontologischen Sonderfall Gott vor der Gefahr bewahrt, wie ein Ding in der Welt betrachtet zu werden. In ihrer Simultaneität von Präsenz und Entzug schien die Schrift zunächst das ideale Gottesmedium eines Gottes zu sein, der sich offenbart, indem er sich gleichzeitig entzieht. So bot sie sich als grapholatrisches Kultobjekt an, konnte die Kultbilder ersetzen und damit eine folgenreiche Karriere in der Religionsgeschichte starten. Vor der Gefahr, sich zu verselbständigen, zu veralten und sich nicht nur von ihrem Urheber, sondern auch von Ort und Zeit ihrer Entstehung zu entfernen, war sie aber keineswegs gefeit. Inkarnation, das Beieinander von Gottesgeist und Menschenkörper, kann die objektivierten ausgelagerten Medien überbieten. Dieser neue Weg ist aber sofort einem entscheidenden Vorbehalt ausgesetzt: Das Versprechen der Schlange im Paradies war falsch! Nüchtern betrachtet, ist diese Einsicht der Selbstvorbehalt des reflektierenden Subjekts.

Insofern Jesus die Schrift, das Gottesmedium Israels überbietet, und – salopp gesagt – alt aussehen lässt und dabei zeigt, dass ihre Vorschriften nicht für alle Zeiten und alle Situationen den Willen Gottes verbürgen, führt er als Medienkritiker die biblische Aufklärung fort. Reflexion und Aufklärung haben somit die jeweils spezifischen Defizite der alten Medien Bild und Schrift aufgedeckt.

Wird der Mensch selbst zu einem möglichen Ort Gottes, ist die Frage ob Innen oder Außen scheinbar verschwunden. Ganz vergessen kann man sie allerdings nicht. Auch wenn in der Reflexion ein Mensch sich selbst oder seinesgleichen zum Objekt der Betrachtung macht, entsteht eine neue Bilderfrage.

Der neue Status der Schrift

Dass der inkarnatorische Mensch sich selbst mit diesen wichtigen Einschränkungen als Gottesmedium begreifen kann, macht die bisher und auch weiterhin vorhandenen Medien keineswegs überflüssig. Auch wer weiß, dass er selbst zum Medium geworden ist, wird deswegen nicht auf die äußerlichen Medien verzichten. So wie in den nun folgenden bilderfreudigen zwei Jahrtausenden über Rolle und Funktion der Bilder neu nachgedacht werden muss, so muss auch Rolle und Funktion der Schrift neu justiert werden.

Wie also geht das junge Christentum mit der Schrift um? Seit das Wort Fleisch geworden ist, ist sie nicht mehr das einzige, vor allem aber nicht das letzte Wort Gottes. Das Fleisch gewordene Wort hatte das Schrift gewordene Wort paradigmatisch überboten, und Johannes hatte das Modell allen in Aussicht gestellt, die gleich ihm „Kinder Gottes" werden wollen.

Für das Judentum blieb die Schrift, die Gott selbst zum Autor hatte, Kultobjekt und gleichsam der Ort Gottes. Ganz ähnlich fasst der Islam später den Koran, seine Heilige Schrift auf, die dem Propheten von Gott „herabgesandt" wurde. Das Christentum dagegen, als Monotheismus der Inkarnation, ist keine Buchreligion im Sinne der Inlibration, und doch nennt es seine Bibel nach wie vor „Heilige Schrift". Wie ist das zu verstehen?

Die Jünger Jesu und die frühen Gemeinden, die aus der jüdischen Tradition kamen, hatten nicht das Gefühl, zu einer neuen Religion konvertiert zu sein, im Gegenteil. Für sie war das, *„was in diesen Tagen dort* (in Jerusalem E.N.) *geschehen ist"* (Lk 24,18), die Erfüllung dessen, was bei den Propheten geschrieben stand. Die Schlüsselszene liefert Lukas mit seiner Geschichte vom Gang nach Emmaus (24,13–35). Er lässt den Auferstandenen selbst als den wunderbarerweise vorerst unerkannten Begleiter auftreten. *„Und er legte ihnen dar, ausgehend von Mose und allen Propheten, was in der gesamten Schrift über ihn geschrieben steht."* Damit ist die Autorität des Tanach durchaus noch einmal in Anspruch genommen. Aus ihm bezogen die Jünger Jesu seine Legitimation. Er war „gemäß der Schrift" der erwartete und prophezeite Messias.

Die Evangelien sind voll von sogenannten „Schriftbeweisen". Man liest die Tora und die Propheten daraufhin durch, ob sich etwas Korrespondierendes finden ließe, das als Vorverweis auf Ereignisse im Leben Jesu gedeutet werden könnte und man wird fündig. Und umgekehrt werden Ereignisse aus dem Leben Jesu daraufhin inspiziert, ob zu ihnen etwas passt, was in „Gesetz und Propheten" geschrieben steht. Manches drängt sich geradezu auf. Noch heute muss ein Christ, der das Lied des Jesaja vom leidenden Gottesknecht (50,4–9) in der Passionszeit hört, den Eindruck haben, dass dieser Text sich offensichtlich auf Jesus bezieht. Wer im „Messiah" von Georg Friedrich Händel die Arie hört: *„He was despised an rejected of men, a man of sorrows, and acquainted with grief"* – „Ein

Mann der Schmerzen und umgeben mit Schmach ..." hat keine Zweifel mehr an der Prophezeiung des Propheten. Überhaupt ist dieses Oratorium, das Motive und Gedanken des Alten mit dem Neuen Testament verbindet, ein großartiges Monument dieser Verschränkung. Wegen dieser Korrespondenzlust wird allerdings der historisch-kritische Exeget eher misstrauisch. You see verifications everywhere.[2] An diese Warnung fühlt man sich in der Tat erinnert, wenn die Sache auch einmal danebengeht:

Beim Jesu Einzug nach Jerusalem hatte Markus, der die wichtigste Quelle für die anderen beiden Synoptiker Lukas und Matthäus bildet, berichtet, wie die Jünger für Jesus einen jungen Esel besorgen, auf dem er dann einreitet. (11, 1–11) Matthäus fällt dazu ein „Schriftbeweis" ein. Er erinnerte sich an eine Stelle bei Sacharja, wo ein Friedenskönig demütig in Zion einreitet. Dort heißt es: *„Er reitet auf einem Esel, auf einem Fohlen, dem Jungen einer Eselin."* Und weiter: *„Ich vernichte die Streitwagen und Rosse aus Jerusalem..."* (9,9). Hier kommt es auf den Gegensatz an zwischen einem König, der mit Rossen und Streitwagen daherkommt und seinem Gegenbild, dem demütigen König, der sich mit einem jungen Esel begnügt. Soweit so passend. Matthäus will nun den Markustext, den er vorliegen hat, durch einen Schriftbeweis ergänzen (21,1–11). Dabei zitiert er allerdings seinen Sacharja schräg. Eigentlich sollte er das Stilmittel der „Parallelverstechnik"[3] gekannt haben, eine Art Sinnreim, wie er auch für die Psalmen charakteristisch ist. Da wird in der zweiten Zeile mit ähnlichen Worten dasselbe noch einmal gesagt, wie in der ersten. Bei Sacharja ist es ein Esel, das als *„Junges einer Eselin"* noch einmal erscheint. „Esel" wird präzisiert als „Fohlen", dann folgt der Parallelvers *„dem Jungen eines Lasttiers"*: Jedes Fohlen ist schließlich das Junge einer Eselin. Bei Matthäus heißt es dann aber: *„...er reitet auf einer Eselin und auf einem Fohlen, dem Jungen eines Lasttieres."* (21,5). Entsprechend lässt er dann auch die Jünger zwei Tiere bringen *„...und er setzte sich darauf"*. Die Prophezeiung muss eintreffen, auch wenn Jesus darüber zum breitbeinigen Zirkusreiter wird.

Ob Jesus selbst sich als das „Lamm Gottes" gesehen hat, das bezweifeln Exegeten mit guten Gründen.[4] Dass das Johannesevangelium dies tut, geht aus dem „Schriftbeweis" hervor, den der Evangelist in dem Umstand erkannt haben will, dass man Jesus, anders als den beiden mit ihm Gekreuzigten, nicht die Beine zerbrochen hat, weil er schon tot war.

Deren Sterben wurde, grausam genug, dadurch beschleunigt, dass sie sich mit zerbrochenen Beinen nicht mehr abstützen konnten und dadurch schneller erstickten. In diesem Detail erkennt der Erzähler eine providentielle Korrespondenz mit der Vorschrift von Ex 12,46, wonach dem Pascha-Lamm kein Knochen zerbrochen werden darf. So sieht er in Jesus das neue Paschalamm. Durch das Blut dieses Lammes, das die Kinder Israels auf Gottes Geheiß an ihre Türpfosten gestrichen hatten, waren sie einst der Vernichtung entgangen. Nun ist Jesus das neue „Lamm Gottes", durch dessen Blut Viele gerettet werden. Johannes wird nicht der einzige bleiben, der Jesus in diese nicht unproblematische Opfertradition stellt. Das Opfern, wie es auch immer mythisch begründet wird, hat eine performative Wurzel im Tauschprinzip, der polytheistischen Kernidee.

Die Korrespondenzen zwischen Altem und Neuem Testament unter Generalverdacht zu stellen, würde allerdings auch Textpassagen diskreditieren, die wir auf keinen Fall entbehren können. Dies gilt zum Beispiel für die ersten Kapitel des Lukasevangeliums, einem literarisch meisterlich komponierten Inkarnationsnarrativ, zu dem er offenbar durch den Propheten Jesaja inspiriert worden ist. Bei diesem heißt es in 7,14: *„Darum wird euch der Herr von sich aus ein Zeichen geben: Seht die junge Frau wird empfangen. Sie wird einen Sohn gebären und Ihm den Namen Immanuel (Gott mit uns) geben..."* und in 9,5 heißt es: *„Denn es ist uns ein Kind geboren, ein Sohn ist uns geschenkt. Die Herrschaft liegt auf seiner Schulter, man nennt ihn: Wunderbarer Ratgeber, Starker Gott, Vater in Ewigkeit, Fürst des Friedens."*

Auch Händel ließ sich diese Stelle für den „Messias" nicht entgehen. Wer den 11. Chorus einmal gehört hat, wird ihn kaum vergessen: *„For unto us a Child is born, unto us, a Son is given... and His name shall be called, Wonderful Counsellor, The Mighty God, The Everlasting father, The Prince of Peace."*

Johannes braucht für das alles nur den einen Satz: *„Und das Wort ist Fleisch geworden und hat unter uns sein Zelt aufgeschlagen"* (1,14)

Wenn es bei Johannes heißt: *„Er kam in sein Eigentum, aber die Seinen nahmen ihn nicht auf"* (1,11), lässt Lukas das Kind in einer Krippe liegen, *„...weil in der Herberge kein Platz für sie war."*

Die im großen Bogen zwischen Zeit und Ewigkeit aufgespannte

Heilsgeschichte des Johannesprologs hat in den großen und kleinen Szenen des Erzählers Lukas ihre Entsprechungen. Er hat der Christenheit mit diesem Bilderbogen die Möglichkeit eröffnet, das Inkarnationsgeheimnis in lebendige Kontexte zu stellen und zu meditieren. Franz von Assisi baut die Krippe und den Stall von Bethlehem nach. Fra Angelico und mit ihm Tausende von Malern der Verkündigung haben sich und den Betrachtern ihrer Bilder den Moment vor Augen zu stellen versucht, in dem Gabriel seinen „englischen Gruß" spricht. Das *„Gegrüßet seist du Maria"* erklingt nicht nur im Angelusgebet, es wurde auch zum meditativen Mantra des Rosenkranzes. Was bedeutet dagegen die Erkenntnis, dass es, historisch gesehen, womöglich ganz anders war? Nacherzähltes Handlungs- und Faktensprechen sind legitime Mittel von einem Gott zu erzählen, der nun einmal kein Ding in der Welt ist, in die er aber gleichwohl vorkommen soll.

Die sogenannten „typologischen" Entsprechungen von Szenen des Alten mit Szenen des Neuen Testaments bestimmen von Anfang an und im ganzen Mittelalter die Bildprogramme der christlichen Kunst, auch nach Abschluss der Kanonbildung hat man weiter nach ihnen gesucht. Und wer sucht, der findet auch Entlegeneres. Der Prophet Jona im Bauch des „Walfischs" etwa, der dann wieder dem Leben zurückgegeben wurde, wurde als Vorverweis auf die Auferstehung Jesu gedeutet.

Die typologischen Korrespondenzen zwischen Altem und Neuem Testament geben als Gesamtphänomen Auskunft über den Status, den die frühen Christen dem Medium Schrift zumessen. Dass bedeutet erst einmal: Bei aller Schriftkritik Jesu bleibt die Autorität des Alten Testaments erhalten.

Inkarnation oder Messianität

Grundsätzlich kann man die Frage stellen: Ist Jesus deswegen der Magnet seiner Gefolgschaft geworden, weil die inkarnatorische Gottesnähe, die er handlungs- und wörtersprachlich vorlebte und lehrte, anziehend und faszinierend war, oder weil er die Erwartungen an einen Messias erfüllte, der da kommen sollte und dafür sorgen würde, dass die Prophezeiungen der Schrift in Erfüllung gingen?

Auch wenn den frühen judenchristlichen Gemeinden offensichtlich beides wichtig war, stehen die beiden Motive nicht gleichgewichtig nebeneinander. Sie stehen vielmehr in einem Bedingungsverhältnis. Nur weil er die Gottesnähe nicht nur gelehrt, sondern auch gelebt und sogar in seinem schmählichen Tod an ihr festgehalten hatte, konnte man in ihm den erwarteten Messias erkennen und im Rückblick auf sein Leben nach Schriftstellen suchen, die als Vorverweis auf ihn gelesen werden konnten. Man darf auch nicht vergessen, dass Jesus sich bestimmten Messiaserwartungen, wie sie beim Aufstand des Bar-Kochba 135 n. Chr. noch einmal aufflammen sollten, bewusst entzogen hat. Nach dieser Tradition des Begriffs wäre „Messias", „der Gesalbte" der von Gott erwählte Heilskönig. Mit dieser Messiaserwartung aber wollte Jesus, wie wir schon bei der Betrachtung der eschatologischen Gewaltenteilung gesehen hatten, nichts zu tun haben. Er wollte nachweislich keinen Aufstand gegen die römische Besatzung organisieren und den Thron Davids wiederherstellen, dafür gibt es genügend Hinweise, etwa die erwähnte Flucht vor der Menge, die ihn zum König machen wollte (Joh 6,14f) und die Antwort im Verhör des Pilatus: *„Mein Königtum ist nicht von dieser Welt"* (Joh 18,36)

Wenn Jesus der Messias war, dann war er also gerade nicht der Messias, den die Menge erwartete. Das Johannesevangelium will uns einen Begriff davon geben, wie Jesus selbst seine Messianität gesehen hat. Dabei kommt dem Begriff „Geist" eine zentrale Rolle zu. Nikodemus erklärt er: Auf den Geist, den man nicht sehen kann, der aber den neu Geborenen von innen beseelen kann, kommt es an. *„Der Geist (pneúma) weht, wo er will. Du hörst seine Stimme (phoné), weißt aber nicht, woher er kommt und wohin er geht. So ist es mit jedem, der aus dem Geist geboren ist."* (3,8)

Das entscheidende Charakteristikum des Geistes ist, dass er nichts Festes, kein Objekt ist. Er ist da, man hört seine Stimme; das Wissen, woher er weht und wohin, bleibt aber vorenthalten. Wer aus dem Geist neu geboren ist, der vereinigt Fleisch und Geist. Der Geist ist der Agent der Inkarnation. Ohne ihn kann das Fleisch sich nicht als Gottesmedium begreifen.

Es gibt eine Stelle bei Johannes, an der sich Jesus unmissverständlich als Messias bekennt: *„Ich bin es, ich, der mit dir spricht."* Zu der Samariterin am Jakobsbrunnen spricht Jesus im erhabenen Ton eines Propheten der anbrechenden Gottesgegenwart: *„...Gott ist Geist und alle, die ihn* *anbeten, müssen im Geist und in der Wahrheit anbeten. Die Frau sagte zu ihm: Ich weiß, dass der Messias kommt, dass ist der Gesalbte (Christos). Wenn er kommt, wird er uns alles verkünden. Da sagte Jesus zu ihr: Ich bin es, ich, der mit dir spricht.* (4,24–26)

Es liegt ein deutliches Spannungsverhältnis zwischen der Legitimation Jesu „gemäß der Schrift" durch seine frühen Multiplikatoren und der Schriftkritik Jesu selbst. Seine Legitimation bezieht er gerade nicht aus der Schrift, sondern aus dem Geist Gottes. Das moderne Wortfeld von „Geist" enthält keine Materiepartikel, ja mehr noch, wir gebrauchen das Wort geradezu als Gegenbegriff zur Materie. In der biblischen Bildsprache entleeren sich die sprechenden Requisiten allerdings nicht in eine begriffliche Abstraktheit. Sie sind, gerade bei Jesus, immer mit mehrfachem Sinn überschrieben. Wasser ist mehr als Wasser, Brot mehr als das, was nur satt macht. In diesem Sinn ist der Wind das Medium des Geistes. Es ist, ähnlich der Wolke, ein besonders geeignetes Gottesmedium. Er bewegt, hat Kraft, man kann ihn spüren und ist doch unsichtbar, eine Bewegung, besser, etwas Bewegendes, noch besser, ein Bewegender, irgendwo zwischen spirituellem Sein und materiellem Nichtsein. Zunächst erschien es uns albern, wenn ein Archäologe Jahwe mit einer auffliegenden Nilgans in Verbindung bringt. Wir stellten ihn unter den Verdacht der „nothingbuttery", als wolle er die vier Buchstaben trivialisieren. Wenn wir aber bedenken, dass die griechischen Abstraktionskünste, die uns heute so selbstverständlich sind, der frühen biblischen Welt nicht zur Verfügung standen, dann erkennen wir in der Nilgans durchaus das, wofür sie eine Repräsentantin war, das flüchtig Auffliegende, das Wehen, das nicht festgehalten werden kann.[5]

In dem, was er von sich selbst sagt, strebt Jesus, anders als seine späteren Multiplikatoren, so gut wie nie eine Legitimation aus der Schrift an. Mehr noch: Es besteht ein offensichtlicher Gegensatz zwischen den beiden Legitimationswegen. Es ist ein medialer Gegensatz. Während die Schrift etwas objektiviert Unveränderliches ist, ist der Geist das gerade nicht. Er wirkt im Inneren des Köpers, indem er ihn beseelt. Diese inkarnatorische Wirkweise hat eine große Vorgeschichte. Sie kann zurückgreifen auf die Anfänge, genauer, die Erschaffung Adams. Schon in ihm war der göttliche Atem (pnoé)[6] die Kraft, die ihn zum Leben erweckt hatte. Pneuma und Pnoé sind aus derselben griechischen Wurzel gebildet. Wenn am Schluss des zweiten Genesiskapitels alles so perfekt erschaffen war, wie es im Sinn des Schöpfers war, dann ist das Ineinander von Gottesgeist und Menschenfleisch in Adam schon ein unverlierbares Bild der Inkarnation. So ist dann überall, wo Christus als der neue Adam bezeichnet wird, ein weiter aber treffender Gedächtnisbogen geschlagen.[7]

Brot und Geist haben als Medien der Inkarnation die gemeinsame Eigenschaft, dass sie nichts für die Dauer sind. Weil das Brot, seit es als Manna vom Himmel fiel, verderblich war und daher täglich neu gesammelt und gegessen werden musste, kann auch das Wehen des Geistes zwar beseelen, sein Brausen kann man hören, sein Woher und Wohin aber kann man nicht kennen. In dem Satz: *„Der Geist weht, wo er will."* (Joh 3,8) tritt er als Subjekt auf. Wenn der Mensch vom göttlichen Geist beseelt und belebt ist, verspürt er in einer Gleichzeitigkeit von Präsenz und Latenz, das große Gegenüber mit dem Moment der Vorenthaltung in sich.

Zwar berichten die Evangelien deutlich genug über den Konflikt Jesu mit den Schriftlern, so dass wir dessen grundsätzliche Qualität gut erkennen können, diese medientheoretische Bedeutung verschwindet aber oft genug hinter den moralisierenden Vorwürfen gegen die Schriftler als Heuchler, die Jesus verfolgen, ihm Fallen stellen und ihn schließlich anklagen. Die Medienkritik Jesu ist in Gefahr, übersehen zu werden und wird in der Folge nur beiläufig und schwach rezipiert. Man misst ihr nicht die Bedeutung zu, die sie verdient. Umso dankbarer muss man für das dritte Kapitel des Johannesevangeliums sein, in dem von dem Gespräch mit dem guten Schriftler Nikodemus berichtet wird, den keine moralischen Vorwürfe treffen. Dasselbe gilt für den bedeutenden Dialog zwischen Jesus und dem anonymen Pharisäer, in dem Jesus die Gottes- und Nächstenliebe auf gleiche Höhe bringt. (Mk 12,26–34)

Immerhin erfahren wir aus dem, was schließlich doch als Medienkonflikt zutage tritt, und aus dem, was die Predigt und die Gleichnisse Jesu hergeben, genug, um den Medienwechsel vom Konzept einer Heiligen Schrift zur Inkarnation rekonstruieren zu können. So deutlich sich seine Spuren auch abzeichnen, dieser Wechsel wird erst aus der Distanz in seiner ganzen Grundsätzlichkeit erkennbar. Ein Medienbewusstsein im modernen Sinn können wir den ersten Christen nicht unterstellen.

Dass der Kontrast eines inkarnatorischen Konzepts zu der überkommenen Schriftreligion erst nach und nach, vor allem durch Paulus und dessen Loslösung vom Buchstaben des Gesetzes gesehen wurde, vielleicht erst dann richtig zum Vorschein kam, als mit dem Islam die forcierte Rückkehr zu einem streng grapholatrischen Monotheismus einer Heiligen Schrift aufgetreten war, hat Gründe. Zunächst einmal lebt die Grapholatrie trotz des Medienwechsels von der Schrift zur Inkarnation, wenn auch in geschwächter Form, im Christentum weiter. Wenn die Schrift ein Kultobjekt geworden war, dann unterliegt sie offenbar auch dem Magnetismus der Kultpersistenz.

Die Persistenz des Schriftkults

Wenn wir zum wiederholten Male die Frits Staalsche These von der Kultpersistenz aufrufen, dann wird uns nicht wundern, dass die Anhänger einer Religion, in der die Schrift wie nirgendwo sonst, das zentrale Kultobjekt ist, sich schwer damit tun, sich von dieser Idee einer Heiligen Schrift als Ort Gottes ganz zu verabschieden. Dass das alte monotheistische Medium Schrift auch für Christen auf Dauer ein Faszinosum blieb, wird begreiflich, wenn wir uns einmal in die Lage eines von Jesus begeisterten Apostels versetzen, der seinen Zeit- und Volksgenossen, etwa in der Synagoge, die gute Nachricht vom Anbruch der Gottesherrschaft überbringen will. Wenn er sie überzeugen konnte, dass Jesus derjenige war, von dem nicht nur der Prophet Jesaja in seinem Lied vom leidenden Gottesknecht (53,2–12) gesprochen hatte, sondern *„was in der gesamten Schrift über ihn geschrieben steht"* (Lk 24,18), dann konnten sich seine Zuhörer darauf einlassen und ihm folgen, ohne dass sie das Gefühl haben mussten, einer neuen Religion beizutreten. Für die ersten Christen, bei denen es sich fast ausschließlich um Juden handelte, gab es keinen Grund, sich von einer Heiligen Schrift zu verabschieden, die für sie ein Legitimationsfundus war, in dem sie immer neue Prophezeiungen und Schriftbeweise entdeckten, die auf Jesus hinwiesen. Er selbst hatte es ja auch nicht getan. So sehr Jesus in seiner Lehr- und Lebenspraxis auch die Schrift überboten und den starren Umgang der Schriftler mit ihr kritisiert hatte, so wenig wollte er sie beseitigen. In der Bergpredigt heißt es: *„Denkt nicht, ich sei gekommen, um das Gesetz und die Propheten* *aufzuheben. Ich bin nicht gekommen, um aufzuheben sondern um zu erfüllen."* (Mt 5,17)

Bei solchen Aussprüchen Jesu wird verständlich, dass für die ersten Christen der Tanach weiter ihre Heilige Schrift blieb, auch wenn sie vielleicht die Art Jesu, mit dem Text umzugehen, nachahmten. Wenn Jesus nur deswegen der Messias wäre, weil ihn die Schrift vorhergesagt hatte, stünden wir vor einer Pointe: Der von der Schrift vorhergesagte Messias überbietet die Schrift und verdrängt sie aus ihrer Position, der einzige Ort Gottes zu sein.

Monotheismus für alle – was ändert sich?

Welche Wirkung hatte das überlieferte starke Konzept einer Heiligen Schrift für die späteren Christen? Durch die Heidenmission und die entschlossene Universalisierung durch Paulus bekannten sich immer mehr Menschen zum Monotheismus in der jesuanischen Version. Die „Heidenchristen" standen freilich nicht in der gleichen Intensität wie die christlich gewordenen Juden in der Tradition einer Schriftreligion.

Es liegt eigentlich in der inneren Logik eines durchdachten Monotheismus, dass er nicht auf Israel beschränkt bleiben konnte. Wenn es nur einen Gott gab, der alle Menschen nach seinem Ebenbild geschaffen hatte, dann wurde es Zeit, dies auch allen Menschen mitzuteilen. So gesehen, ist der Monotheismus seinem Wesen nach missionarisch. Den Juden fällt auch in einem solchen Monotheismus, der die gentilistische Engführung aufgegeben hatte, immer noch eine prominente Rolle zu: *„Segnen sollen sich mit deinen Nachkommen alle Völker der Erde",* so hatte einst die göttliche Zusage für den Stammvater Abraham gelautet. (Gen 22,18) Auch gibt es die Visionen einer Völkerwallfahrt zum Zion.[8] Im jüdischen Volk war der Monotheismus nun einmal zum Durchbruch gekommen. *„...das Heil kommt von den Juden",* sagt Jesus zu der Samariterin am Jakobsbrunnen. (Joh 4,22) Der privilegierte Status, das einzig erwählte Volk zu sein mit der Exklusion der Nichterwählten, war allerdings bedroht, wenn tatsächlich allen, die ihn aufnahmen, die Macht gegeben war, Kinder Gottes zu werden *„allen, die an seinen Namen glauben"* (Joh 1,12). Wenn Paulus in den Synagogen predigte, spaltete er regelmäßig die Zuhörerschaft. Plötzlich gab es zweierlei Juden, die universalistisch-inklusiven, die später „Christen" genannt wurden, und die anderen, die an ihrer exklusiven, gentilistischen Erwählung als Volk festhielten.

Paulus selbst schafft den Glauben erwählt zu sein nicht ab, sondern interpretiert ihn missionsstrategisch neu. Er legt sich eine Theorie zurecht, welche das Motiv der Erwählung mit dem neuen Universalismus verbindet. Im 11. Kapitel des Römerbriefs verrät er den römischen „Heidenchristen", wie Gott sich die Sache gedacht hat: Es gibt einen heiligen Rest Israels, der aus Gnade, nicht mehr auf Grund von Werken erwählt bleibt. Zu ihm zählt er sich selbst, während die übrigen verstockt werden. Gnade ist Gnade, ein Ratschluss Gottes und bedarf keiner weiteren Begründung. Gott wollte es so. Aber das Gotteswissen bleibt dem Apostel nicht wirklich vorenthalten. Er kann sich einen Reim machen: Die Heiden sind deswegen gleichsam sekundär erwählt und werden wie bei einem Ölbaum als Zweig eingepfropft, „...weil ich hoffe, die Angehörigen meines Volkes eifersüchtig zu machen und wenigstens einige von ihnen zu retten". (11,14) Paulus, der Gott so sprechen lässt, kennt offenbar dessen road-map und lässt auch die Römer einen Blick darauf werfen: „Verstockung liegt auf einem Teil Israels, bis die Heiden in voller Zahl das Heil erlangt haben; dann wird ganz Israel gerettet werden, wie es in der Schrift heißt: Der Retter wird aus Zion kommen, er wird alle Gottlosigkeit von Jakob entfernen..." (11,26)

Er, der sich ganz in den Dienst Gottes gestellt hat, kann offenbar die Gedanken Gottes lesen. Er lässt dann, offenbar ohne zu merken, dass er einer usurpatorischen Versuchung erlegen ist, das Kapitel folgendermaßen feierlich ausklingen: „O Tiefe des Reichtums, der Weisheit und der Erkenntnis Gottes! Wie unergründlich sind seine Entscheidungen, wie unerforschlich seine Wege! Denn wer hat die Gedanken des Herrn erkannt? Oder wer ist sein Ratgeber gewesen?" (Röm 11,33)

Er vielleicht? Auch nach der Befreiung vom Gesetz finden sich für Paulus, den bekehrten Schriftler, „Schriftbeweise" zuhauf. O Weisheit des (Selbst)Widerspruchs!

Die entstehenden Jesus-Gemeinden mussten Vieles klären. Wenn nun auch Nichtjuden den Gottesgeist empfangen konnten, mussten sie sich nicht beschneiden lassen um zum Gottesbund zu gehören? Durfte man das Fleisch essen, das beim „Götzenopfer" in den heidnischen Tempeln anfiel? Was ist mit den Speisegeboten? Von diesen Problemen und ihrer Lösung auf dem sogenannten „Apostelkonzil" berichtet die Apostelgeschichte (15,11), deren Protagonist der Völkerapostel Paulus ist. So sehr der als gelernter Pharisäer ein zelotischer Schriftler gewesen war, so entschlossen predigte er nach seiner Konversion die Freiheit vom Gesetz. Das war nicht nur eine Entlastung seiner jüdischen Glaubensgeschwister aus dem erwählten Rest, sondern erleichterte auch Nichtjuden die Mitgliedschaft in den jungen Gemeinden, die in Kleinasien, Griechenland, Rom und der ganzen Oikumene nun entstanden. Diese „Heidenchristen" mussten nicht erst Juden werden und waren doch vollwertige Glieder der Gemeinden.

Die nicht mehr ganz so heilige Schrift

Neben diesen praktischen Erleichterungen eröffnete die Entpflichtung von den Gesetzen der Tora aber auch eine grundsätzlich neue Sicht auf die Schrift und verlieh ihr eine andere Qualität. Die Schrift, einst das zentrale Kultobjekt des Monotheismus, verlor ihre präsentische Verbindlichkeit. Sie verschwand keineswegs, sie wechselte aber in einen anderen Zeitmodus, den einer Vorgeschichte. Aber sie blieb noch der große narrative Rahmen (Grande Narrative), dessen Struktur nach Ansgar Wucherpfennig *„von der Schöpfung, über den Aufenthalt und Auszug Israels in Ägypten bis zum Tod des Mose vor den Toren des Gelobten Landes gewissermaßen den ‚Wahrheitsraum' eröffnet für die übrigen Schriften, die ihr folgen."*[9]

Für die Multiplikatoren Jesu bestand ihre wichtigste Funktion des Tanach aber darin, das Fleisch gewordene Wort angekündigt zu haben. Schon bevor sich der Kanon eines Neuen Testaments herausbildete, war er das „Alte Testament" geworden. Auch war den Jesus-Anhängern gewiss nicht entgangen, dass ihr Meister die Schrift vielfach und programmatisch überboten hatte. Wer auch am Sabbat Kranke heilte, wusste mehr über den Willen Gottes als eine Schrift, die das verbot.

Die hellenistischen Juden in der Spur Jesu und die neuen Christen aus den Völkern lasen diesen Text in der inzwischen überall verbreiteten griechischen Übersetzung, der Septuaginta. Für die alexandrinischen Juden, auf die diese Übersetzung weitgehend zurückgeht, war sie gewiss etwas Zweitbestes, ein religionspädagogischer Kompromiss. Nicht alle Juden waren des Hebräischen mächtig. Schon zu Esras Zeiten hatte man mehrheitlich aramäisch gesprochen. Wer hebräisch nicht als Muttersprache spricht, für den erzeugt die Rezitation in dieser Originalsprache der Tora, wie sie im Synagogengottesdienst bis heute üblich ist, ein erhabenes Gefühl von Alterität und Heiligkeit. Das Sinnverstehen besorgte dann ab 250 v. Chr. der griechische Text in der lingua franca des Hellenismus. Die Legende, dass siebzig (lat. septuaginta) Gelehrte wunderbarerweise bei ihrer Übersetzung denselben Wortlaut produzierten, verschaffte diesem Text dann ein himmlisches Zertifikat.[10] Daneben gab es natürlich auch die erwähnten Übertragungen ins Aramäische, die Targume.

Die „Schließung der Tora" durch Esra und ihre Kanonisierung als Heilige Schrift war eine sprachpragmatische Auszeichnung. Sie hatte jedem zu verstehen gegeben, mit was für einer Art Schrift er es hier zu tun bekam. Es ist bezeichnend, dass dieses grapholatrische Schwellenereignis in einer Zeit stattfand (ca. 440 v. Chr.), als das Hebräische als Umgangssprache langsam durch das Aramäische abgelöst wurde. Durch ihren Abstand zum Alltag wurde sie auratisch und gab sich als heilig zu erkennen. Es wird fortan ein bleibendes Charakteristikum einer Heiligen Schrift in ihrer liturgischen Verwendung sein, dass sie Abstand zur Volkssprache hält.

Kann man sich ein Christentum ohne Neues Testament vorstellen? Dies scheint auf den ersten Blick, der vielleicht auch ein wenig durch die Erinnerung daran gelenkt ist, was das Neue Testament für die Reformatoren bedeutete, kaum denkbar (Sola scriptura). Und doch muss man sich klarmachen, dass die jungen Gemeinden jahrzehntelang ohne diese kanonische Sammlung auskamen.

Zu ihren frühesten Texten zählen die Briefe des Paulus. Zu Beginn seines Römerbriefs (1,2–4) bezieht er sich immerhin schon auf ein vorliegendes Evangelium. Ob damit schon die neu entstehende literarische Gattung gemeint war oder allgemein die „Gute Nachricht" – so die wörtliche Bedeutung des griechischen Begriffs – ist schwer zu entscheiden. Es kommt zunächst zu einer Phase des „living text"[11] in der mehrere Verschriftlichungen mündlicher Zeugenerzählungen in redaktionellem Fluxus nebeneinander existierten. In den frühen Gemeinden, die sich als nachösterliche Fortsetzung des Christusereignisses begriffen, dürfte es zunächst einmal einfach darum gegangen sein, das, was mündlich überliefert war, aufzuschreiben, um es möglichst authentisch überliefern zu können. Dass so keine reine Chronik, sondern eine Mischung aus Historie und missionarischer Verkündigung entstand, ergibt sich aus dem Selbstverständnis der Gemeinden. Da dürfte sich aber kaum jemand in der Absicht hingesetzt haben, eine Heilige Schrift zu verfassen, die dann denselben Status wie die Tora sollte beanspruchen können. Die textkritische Forschung bezieht heute selbstverständlich die sog. „intertestamentarischen Texte", die Targume, die Funde aus Qumran, die Apokryphen bzw. Pseudo-Epigraphen und überhaupt alles mit ein, was im ägyptischen Wüstenklima an Papyri überlebt hat und zum Gesamtbild der Epoche beitragen kann, dazu gehören auch die Ergebnisse der Archäologie.

Es ist wichtig festzuhalten, dass das frühe Christentum eine ordentliche Zeitspanne ohne ein Neues Testament auskam. Die dann einsetzende Kanonbildung vernachlässigt den Medienwechsel von der Schrift zur Inkarnation und nimmt Maß am Alten Testament. Ansgar Wucherpfennig, dem ich hier folge, spricht sogar, was die Anordnung der Schriften betrifft, von einer mimetischen Reorganisation.[12] Alle vier Evangelien stellen am Beginn einen Bezug zur vorliegenden Heiligen Schrift her. Johannes zitiert in seinem Prolog wörtlich den Beginn der Septuaginta und Matthäus spielt mit seinen ersten Worten „bíblos genéseōs" auf den Titel der Genesis an. Überall finden sich Spuren, Echos und Nachklänge aus der Tora. Norbert Lohfink verschränkt die beiden Testamente dadurch, dass er die Tora als den „Kanon im Kanon" bezeichnet.[13]

Für die orale Überlieferung und die Phase des „living text" kann man bei zahlreichen Beteiligten eine gewisse Vielstimmigkeit oder sogar ein Stimmengewirr unterstellen. Dass die Gemeinden die verlässliche Überlieferung von Phantastereien unterscheiden wollen, ist dann gut verständlich. Dass in einer zutiefst literalen Kultur, die den Umgang mit Heiliger Schrift gewohnt war, die Idee aufkommen konnte, die Heilsgeschichte buchstäblich fortzuschreiben, macht verständlich, dass der Tanach, das Alte Testament und sein Kanon, nun auch für die neue Auswahl maßstäblich wird. Es entsteht als eine neue literarische Gattung, das „Evangelium", die „Gute Nachricht", in der sich Wundergeschichten mit ihrer faktensprachlichen Installation von Alteritäten, mit nacherzählten Gleichnissen, Lehren Jesu und Biographischem mischen. Markus gilt als der erste Evangelist (70 n. Chr.), von dem die Synoptiker

Matthäus und Lukas (80–90) schon profitiert haben. Das Johannesevangelium gilt den meisten Exegeten als das späteste (ca. 90 n. Chr.). Klaus Berger[14] hat allerdings gezeigt, auf welch tönernen Füßen die entsprechenden Argumente stehen und kommt zu einer früheren Datierung.

Bei aller Orientierung an alttestamentlichen Vorbildern: Die Evangelien machen nicht den Anspruch, Heiliger Text in dem Sinn zu sein, dass Gott selbst der Verfasser ist, auch beanspruchen die Evangelisten und Briefschreiber nicht den Status des Mose, der nur aufschrieb, was Gott ihm vorgibt. Es handelt sich um namentlich genannte Autoren, welche die kontingenten Anlässe ihrer Schriften nicht verschweigen. Lukas schreibt für einen *„hochverehrten Theophilus"* und stellt sich als Autor vor, der vorhandene Schriften (*„Schon viele haben es unternommen…"*) verarbeitet hat, um sie zu einem zuverlässigen Evangelium zusammenzufassen (Lk 1,1). Mit seinen Briefen knüpft Paulus an seine Missionsaktivitäten in den Gemeinden an, mit denen er auf diesem Wege Kontakt hält. Hier müssen wir keine impliziten Leser rekonstruieren, sie werden meist explizit genannt. Der Römerbrief geht in erster Linie an die Römer und nicht an Karl Barth.

Denkt man vom Ergebnis her, ist die neutestamentliche Kanonbildung ein Glücksfall. Vier Evangelien bieten in einer Mischung von Historie und interpretierender Theologie eine vierstimmige „Gute Nachricht" an. Allein diese Mehrzahl von Autoren vermeidet das Monopol einer einzigen Autorschaft. Dass Lukas und Matthäus den Markustext kannten und daneben noch eine zweite gemeinsame Quelle hatten, erklärt den hohen Grad an Übereinstimmung, macht aber die Passagen interessant, die sie jeweils für sich als Sondergut enthalten. Diese kleinen Unterschiede und auch die größeren, die sie zu Johannes aufweisen, gewähren jedem Leser mit hermeneutischen Interessen einen Einblick in die Werkstatt der Autoren und machen es auch schwer, die Tradition einer unmittelbar göttlichen Autorschaft fortzuführen. Die Idee, überhaupt einen Kanon auszuweisen, ist alttestamentliches Erbe. Zu einer Heiligen Schrift im emphatischen, starken Sinn ist es aber nicht gekommen. Immerhin ist der Kanon die ausgewiesene Textsammlung, die fortan von allen Denominationen anerkannt wird und eine starke Kohäsionswirkung entfalten kann.

Von der Verbalinspiration zur historisierenden Kritik

Gleichwohl kommt es nach der Kanonbildung zu einer schwächeren Form einer göttlichen Autorisierung, die sich zu der Lehre verfestigt hat, der Geist Gottes habe den menschlichen Verfassern die Feder geführt. Auf mittelalterlichen Retabeln sind die Evangelisten regelmäßig so dargestellt, dass ihnen der Heilige Geist in Gestalt einer Taube ins Ohr diktiert. Das war auch lange unproblematisch, weil der Modernisierungsdruck auf die Bibel, wie er sich durch die Weltbildveränderungen der frühen Neuzeit ergeben musste, im Mittelalter noch nicht existierte. Die Vorstellung einer solchen Inspiration, die sich schon beim Heiligen Augustinus findet, ist in der Zeit der Reformation stark belebt worden. Durch die Theorie von einer „Verbalinspiration", wurde der gesamte biblische Text in der Weise zum „Wort Gottes", wie er es seit dem grapholatrischen Zeitalter, also seit der Rückkehr aus dem babylonischen Exil geworden war. Ohne diese grapholatrische Verstärkung hätte die „Schrift allein" (Sola scriptura) wohl kaum zum Grundpfeiler der Reformationsbewegung werden können.

Es liegt in der Logik dieser reformatorischen Aufwertung der Schrift, dass der medienkritische Aspekt bei Jesu Konflikt mit den Schriftlern nicht im Vordergrund stand. Die moralische Einfärbung des Konflikts hatte die Nebenfolge, dass die Sicht auf die „Pharisäer und Schriftgelehrten" als Heuchler und „übertünchte Gräber" (Mt 23,27) stärker betont, und der tieferliegende Medienkonflikt ausgeblendet wurde. Diese Polemik wurde auch deshalb zu einer Hauptquelle des christlichen Antijudaismus, weil der moralisch akzentuierte Konflikt mit diesen Gegnern Jesu den Hintergrund seiner Anklage und seiner Hinrichtung bildete. Pharisäer, Sadduzäer und der Hohe Rat wurden da kurzerhand zusammengefasst. Die Art, wie Jesus mit der Heiligen Schrift und den Schriftlern umging, herauszustellen, hätte generelle Fragen an das Medium provoziert und passte daher nicht in die Interessenlage von Sola scriptura.

Das Schriftverständnis der Reformatoren, wie auch das der alten Kirche, gegen die sie antraten, würde man heute als fundamentalistisch bezeichnen. Auch wenn die katholische Partei die Kirche als Ursakrament betrachtete und den in ihr fortlebenden Christus mit seiner sakramentalen Präsenz in den Mittelpunkt stellte, hielt sie die Schrift durchaus hoch. Auch für sie bestand im sechzehnten Jahrhundert kein Grund, daran zu zweifeln, dass die Welt in sechs Tagen erschaffen wurde und dass Adam und Eva die Stammeltern der Menschheit waren. Alle kennen auch ohne Bertolt Brechts historisch anfechtbare Dramatisierung des Falles Galilei das Grundproblem, dass das physikalische Weltbild der Bibel seit der frühen Neuzeit immer weniger mit den Erkenntnissen der empirischen Wissenschaft übereinstimmte. Nach dem schnellen Urteil auch anderer Zeitgenossen war die Zeit einfach über die Erzählungen der Bibel und die damit verbundenen doktrinalen Ansprüche mit ihren moralischen Forderungen hinweggegangen. Der spektakuläre Erkenntnisfortschritt der Wissenschaften, zusammen mit der computergestützt immer steileren Kurve technischer Innovationen, haben einen Anpassungsdruck an die rasante Beschleunigung der Lebensverhältnisse erzeugt, der es schwer machen kann, das Überkommene anders als hoffnungslos veraltet zu betrachten. Bibel und Moderne erscheinen aus der Sicht von Beschleunigungskonformisten einfach als inkompatibel.

Neben diesen außerbiblischen Schwächungen eines unbesehenen Glaubens an biblische „Wahrheiten", wirkte auch die von der kirchlich approbierten wissenschaftlichen Theologie betriebene historisch-kritische Forschung zunächst einmal destruktiv. Man kann sich die knisternde Spannung nicht groß genug vorstellen, die eine Schrift wie die *„Israelitische und jüdische Geschichte"* (1894) von Julius Wellhausen bei Gläubigen erzeugen musste, die in einer grapholatrischen Ehrfurcht vor einer Heiligen Schrift erzogen worden waren, die Luther zum alleinigen Fundament des Glaubens gemacht hatte. Sie und andere religionsgeschichtlich ansetzende Werke wie Carl Heinrich Weizsäckers *„Das apostolische Zeitalter der christlichen Kirche"* lösten heftige Kämpfe und Debatten aus.[15]

Im Rückblick kann man der Mediengeschichte gerade der evangelischen Kirchen eine gewisse Tragik nicht absprechen. Die Reformationsbewegung, die ihr ganzes dogmatisches Gebäude auf das Fundament der Heiligen Schrift errichten wollte, widmete ihr daher allen Fleiß und initiierte schon im 18., aber besonders im 19. Jahrhundert, einer Epoche der aufblühenden Geschichtswissenschaften, eine intensive philologische und kritische Textforschung. Hier kann man wirklich von Schriftgelehrsamkeit sprechen. Das Studium der biblischen Sprachen Hebräisch und Griechisch wurde zum Standard der Theologenausbildung. Meine von August Hermann Francke herausgegebene Ausgabe des griechischen Neuen Testaments von 1701 enthält einen kritischen Apparat mit Bezug auf mehr als 100 Handschriften und Codices. Der Text unterscheidet sich kaum von der aktuellen Ausgabe des Nestle-Aland, der heutigen, weltweit anerkannten kritischen Textausgabe, und auch der Apparat kann sich sehen lassen. Nicht nur bei der Herstellung des originalen Textes, auch bei der Rekonstruktion der Text- und Redaktionsgeschichte, der Geschichte der literarischen Formen, der archäologischen Erschließung des biblischen Umfelds leistete die evangelische Bibelwissenschaft, dann aber auch die katholische, Maßstäbliches. Es gibt keinen antiken Text, der besser erforscht ist als die Bücher der Bibel.

Die Wirkungsgeschichte dieser großen Forschungstradition ist ernüchternd. Fundamentalisten lehnen eine gestaffelte Ontologie ab. In biblischen Texten soll es nur eine Wirklichkeitsebene geben. Was Anspruch auf Wahrheit machen will, muss auf einer empirischen Begebenheit beruhen. Richard Swinburne, dem englischen analytischen Religionsphilosophen, der, ganz in der Tradition des englischen Empirismus, nur die Wirklichkeit der sinnlichen Erfahrung kennt, bot ich einmal beim Mittagessen das Gedankenexperiment an: „Wenn es zur Zeit Jesu schon Videokameras gegeben hätte, könnten wir dann im Film sehen, wie er über den See Genezareth läuft?" Seine Antwort bestand aus zwei Worten. „Oh sure!" Fundamentalisten sind keineswegs immer dumm. Sie bieten allen Scharfsinn auf, damit sie bei ihrer Grundbehauptung bleiben können: Es gibt nur eine Wirklichkeit und die ist empirisch. Und da Gott allmächtig ist, kann er jederzeit die Regeln außer Kraft setzen, die wir meist Naturgesetze nennen.

Nicht nur in der scientific community, sondern auch in Redaktionen und Lehrerzimmern hat dieses Denken natürlich wenig Chancen. Dort, im juste Milieu des Durchschnittsintellektuellen, besteht aber auch genauso wenig Bereitschaft, sich auf das Pensum der wissenschaftlichen Hermeneutik einzulassen, wie bei Fundamentalisten. So teilen sich die Lager im hermeneutischen Flachland. Für die einen gibt es keine Probleme, weil Gott der Allmächtige alles kann, für die anderen ist sowieso alles ein längst aufgeflogener Schwindel.

Die Tragik des evangelischen Philologenfleißes besteht nun darin, dass seine Schriftgelehrsamkeit zwar das Wissen vermehrt, nicht aber den Glauben gestärkt hat, im Gegenteil, die wissenschaftliche Bibelerschließung wird von vielen Gläubigen als destruktiv empfunden.

Sie ist es aber keineswegs. Wer sich den Einsichten der religionsgeschichtlichen Forschung und der mit ihr verbundenen historischen Erschließung der Texte öffnet, der kann die Spur der biblischen Aufklärung bei allen Rückfällen und Umwegen ausmachen. Durch alle theologischen und ideenpolitischen Kämpfe hindurch wird ein Proprium sichtbar, das den Monotheismus von Anfang an auszeichnet: Der eine und so ganz andere Gott, der sich in seinem „Namen" als der anwesend Abwesende zeigt, ist ein Gott der Vorenthaltung. Die erklärte Unsichtbarkeit dieses Gegenübers braucht, um ein Gegenüber zu sein, Menschen, die nach Wegen suchen, ihn gleichwohl vorkommen und wirksam werden zu lassen. Wenn ein inkarnatorischer Monotheist das erkannt hat, wird er zuerst sich selbst als Gottesmedium begreifen. Dabei wird er den Differenzmarker nie ausschalten, weil er weiß, dass er seine Gedanken nicht unbesehen für die Gedanken Gottes halten kann. Er setzt seine ganze Hoffnung darauf, dass die göttliche Barmherzigkeit ihn am Ende nicht fallen lässt. Weil er von seinem großen Gegenüber nicht schweigen kann, braucht er Medien, ohne die er sich weder mit sich selbst, noch mit allen anderen verständigen kann. So kann die Rekonstruktion der Gottesmedien Bild und Schrift mit ihren jeweiligen Möglichkeiten und Defiziten ihn dahin führen, dass er seine religiöse Phylogenese in einem doppelten Sinn gegenwartsfähig macht. Es geht dabei zum einen um die tägliche Gottesmahlzeit im Sinne der vierten Vaterunserbitte, um das „überwesentliche" himmlische Brot, von der er sich die Geistesgegenwart für den Tag erhofft, zum anderen aber auch um die grundsätzliche Verträglichkeit mit den zeitgenössischen Weltbildagenturen. Und wie könnte eine solche Verpflichtung auf Gegenwart nicht modernitätskompatibel sein?

Für den Umgang mit den Bibeltexten geht dabei kein Weg an der historisch-kritischen Schriftauslegung vorbei. Die katholische Kirche ist nicht nur die global älteste Institution, sondern auch diejenige mit der höchsten Beschleunigungsresistenz. In der Werbung würde man das im Zeitalter der exponentiellen Beschleunigung ein Alleinstellungsmerkmal nennen. Aber auch sie, die sich schon lange, wenn nicht schon immer, auf das Prinzip Anselms von Canterbury verpflichtet: fides quaerens intellectum, den Glauben, der die Vernunft sucht, – schade nur, dass sie ihm nicht immer gefolgt ist – hat schon in den dreißiger Jahren die Methoden der modernen Exegese offiziell anerkannt. Franz Kamphaus, emeritierter Bischof von Limburg, hat in einem wegweisenden Beitrag den gegenwärtigen Diskussionsstand zur historisch-kritischen Rolle der Heiligen Schrift so zusammengefasst: *„Sie* (die Christen E.N.) *haben einen langen leidvollen Weg zurückgelegt, bis die historisch-kritische Methode der Schriftauslegung akzeptiert wurde. Doch die Erfahrung lehrt, dass das Säurebad historischer Kritik die Heilige Schrift nicht zerfressen muss, sondern den Zugang zu ihrem Verständnis reinigen kann.“*[16]

Im Vergleich zum Islam ist ein Monotheismus der Inkarnation gegenüber dem Glauben an eine Heilige Schrift, die in jedem Buchstaben Gott zum Autor hat, in einer anderen Ausgangslage. Er belässt seinen Referenztexten, denen er, auch in einer Anhänglichkeit an die Tradition des grapholatrischen Israel, den Ehrentitel „Heilige Schrift“ weiterhin zuerkennt, die Aura des Besonderen. Es ist aber eine abgeleitete Besonderheit, die sich an einem Jesus festmacht, der ihm als das erste Beispiel gelungener Vergegenwärtigung Gottes gilt. Im Grunde ist die Schrift für den Christen aber nicht mehr als der kanonischer Quellentext, der hinreichend Auskunft über das gibt, was ihm eigentlich heilig ist: Gott und Christus. Diesen Text in ein Säurebad zu legen und vor allem intellektuell zu reinigen, kann daher die Substanz nicht beschädigen – im Gegenteil!

Und im Islam?

Gerne wird auch islamischen Gelehrten der Rat erteilt, diesem Beispiel zu folgen, und den Koran endlich einmal nach den wissenschaftlichen Regeln der Hermeneutik in seinen historischen Kontext zu stellen, seine Genese philologisch zu rekonstruieren und die Ergebnisse mit einer Umwelt zu kontextualisieren, die sich seit dem siebten Jahrhundert doch hie und da verändert hat. Man registriert die halb entschlossenen Versuche der „Schule von Ankara“, und begießt die zarten Keime einer „islamischen Aufklärung“[17] etc. etc.

Viele fromme Muslime werden da intuitiv zurückhaltend sein. Ja mehr als das. Der orientalistischen Islamwissenschaft, die dieses Pensum der Kontextualisierung im Grunde schon geleistet hat, begegnen sie mit Misstrauen und Ablehnung. Man befürchtet, dass das Seziermesser der Kritik die sakrale Aura der Schrift zerstören und Zweifel an der göttlichen Autorschaft des Koran nähren könnte. Wenn er den Koran nicht mehr als das präexistente und dann zu Muhammad herabgesandte ewige Wort Gottes ansehen könnte, sondern als ein kontingentes Produkt des siebten Jahrhunderts, das sich aus unterschiedlichen Quellen speist, was bliebe ihm, dem die Heiligkeit des Buches den heißen Kern seines Glaubens ausmacht, noch übrig?

Immerhin der Weg Navid Kermanis,[18] die Erinnerung an die Schönheit und die Poesie eines kalligraphischen Orients, seine bezaubernden Architekturen und Ornamente, die sufitische Mystik und vor allem der rezitierte arabische Text, dessen Schönheit seinen göttlichen Ursprung „beweise". Wenn dann noch das körperbetonte religiöse Exerzitium dazukommt, wäre das nicht wenig. Die westliche Christenheit, die dabei ist, sich von ihren kultischen sakralen Restbeständen zu verabschieden und ganz auf Innerlichkeit umzuschalten, sollte sich einmal klarmachen, wie es einen Menschen imprägnieren kann, wenn er sich fünfmal am Tag gen Mekka verbeugt, dabei die Stirn auf den Boden drückt und dabei sein einfaches Gebet spricht. Der ganze Körper vollführt die Hingabe (Islam) an Allah.

Ein muslimischer Freund meines Sohnes half uns, Steine auf einen Lastwagen zu verladen. Es waren über dreißig Grad im Schatten. Ich hatte für Sprudelwasser gesorgt. Der Freund lehnte dankend ab, denn es war Ramadan.

Anmerkungen

1   Gotthard Fuchs, Eulenfisch 19, 2017, S. 6-10
2   In der Wissenschaftstheorie propagiert Karl Popper eine grundsätzliche Skepsis gegenüber Verifikationen. Noch so viele Bestätigungen können einen Satz nicht endgültig wahr machen, während die einzige Falsifikation ihn endgültig als falsch erweist.
3   Dieses Stilmittel, welches das Merken erleichtert, gibt es auch in anderen Kulturen. Vgl. James J. Fox (Hrsg.), *To Speak in Pairs: Essays on the Ritual Languages of Eastern Indonesia*, Cambridge Studies in Oral an Literal Culture 15, Cambridge 1988.
4   Vgl. Meinrad Limbeck, *Abschied vom Opfertod*, Ostfildern 2012.
5   Vgl. Manfred Görg, *Nilgans und Heiliger Geist*.
6   So in der Septuaginta (LXX).

7 „So wird Christus, der neue Adam, mit dem das Menschsein neu beginnt. Er, der vom Grund her Beziehung und Bezogensein ist: der Sohn – er stellt die Beziehungen wieder richtig." Josef Ratzinger, Benedikt XVI., *Sünde und Erlösung*, in: ders., *Im Anfang schuf Gott. Vier Münchener Fastenpredigten über Schöpfung und Fall*, München 1986, S. 58.

8 Z. B. bei Jes 2,2.

9 Vgl. Ansgar Wucherpfennig, *Monotheismus und Schriftlichkeit*. Wucherpfennig bezieht sich hier, S. 187, auf Frank Crüsemann, *Das Alte Testament als Wahrheitsraum des Neuen*.

10 Nach dem Aristeasbrief, entstanden wohl erst um 200 v. Chr., waren es genau 72 Gelehrte (jeweils sechs aus den zwölf Stämmen Israels), die den hebräischen Text der Tora in das in Alexandrien verständliche Koine-Griechisch übersetzten, vgl. Aristeasbrief 32.307, in: Jens Schröter, Jürgen K. Zangenberg (Hrsg.), *Texte zur Umwelt des Neuen Testaments*, 3. Aufl., Tübingen 2013, S. 603f.

11 David C. Parker, *The Living Text of the Gospels*, Cambridge 1997; vgl. auch Ansgar Wucherpfennig, a. a. O., S. 178.

12 Vgl. Ansgar Wucherpfennig, a. a. O., S. 185–187.

13 Vgl. Norbert Lohfink, *Moses Tod, die Tora und die alttestamentliche Sonntagslesung*, in: Theologie und Philosophie (71) 1996, S. 481–494.

14 Klaus Berger, *Im Anfang war Johannes. Datierung und Theologie des vierten Evangeliums*, Stuttgart 1997.

15 Vgl. Claus-Dieter Osthövener, *Auf der Suche nach der verlorenen Form*, in: Tobias Braune-Krickau, Katharina Scholl, Peter Schütz (Hrsg.), *Das Christentum hat ein Darstellungsproblem*, Freiburg / Basel / Wien 2016, S. 186.

16 Vgl. Franz Kamphaus, *Ein Dialog mit dem Islam*, in: Die Gegenwart, Frankfurter Allgemeine Zeitung v. 06. 04. 2007.

17 Wenn ein Gelehrter wie Mouhanad Korchide einen hermeneutischen Zugang zu den Quellen des Islams vorschlägt, wird er von den islamischen Verbänden bekämpft. Immerhin hat Kyai HajiYahya Cholil Staquf, Generalsekretär der größten Indonesischen muslimischen Vereinigung Indonesiens, die historische Kontextualisierung der Quellentexte vorgeschlagen (FAZ v.19. 8.1976).

18 Vgl. Navid Kermani, *Gott ist schön*. München, vierte Aufl. 2015.

Kapitel XII:
Die Einverleibung des Singulars

Jesus essen – was sollte das? Und warum? Warum sollte man Jesus essen, seinen Leib? Er war soeben gestorben. Man hatte ihn gekreuzigt und begraben. Aber vorher hatte er dieses *„Tut dies zu meinem Gedächtnis"* befohlen, befohlen ihn zu essen, sich ein Brot einzuverleiben, von dem er behauptet hatte: *„Das ist mein Leib."*

Schon im Johannesevangelium hatte diese Behauptung bei einigen Empörung ausgelöst: *„Wie kann er uns sein Fleisch zu essen geben?"* (6,52) War das Kannibalismus? Christliche Missionare mussten später immer wieder einmal erklären, wieso ihre Religion nichts mit Menschenfresserei zu tun hat.[1]

Das Emmaus-Intermezzo

Die Hinrichtung Jesu muss zunächst für diejenigen, die auf ihn alle ihre Hoffnungen gesetzt hatten, eine niederschmetternde und katastrophale Perspektive aufgerissen haben. Da hatte einer ein mitreißendes Beispiel dafür geliefert, dass der Gottesgeist in einem Menschen anwesend sein und wirken kann. Wie souverän war er doch mit der Heiligen Schrift umgegangen! Sein Finger hatte auf dem Tempelboden die Schrift zerschrieben, nach deren Buchstaben die Ehebrecherin hätte gesteinigt werden müssen. In seinen Gleichnissen vom verlorenen Sohn oder den Arbeitern im Weinberg hatte er die Aufhebung der gerechneten Gerechtigkeit gepredigt. Bei ihm kam die göttliche Gerechtigkeit ohne Rechnung aus. Auch dass der Teufelskreis von Gewalt und Gegengewalt gesprengt und dem Schläger die andere Wange hingehalten werden soll. Zu den Kranken, die ihn nur anfassen mussten, um geheilt zu werden, hatte er immer gesprochen: *„Dein Glaube hat dir geholfen"*. Indem er aus einer ansteckenden Nähe zu JHWH, den er als seinen Vater anredete, genauso handelte, wie er auch lehrte, hatte er vorgelebt, wie Gottespräsenz im Menschenfleisch möglich war. Und nun wäre alles aus?

Auch für unsere Mediengeschichte des Monotheismus wäre hier der Absturz ernsthaft zu befürchten gewesen. Dann hätte sich die Inkarnation, das Wort, das Fleisch geworden war, auf die Lebenszeit Jesu beschränkt. Dann wäre über eine interessante aber womöglich folgenlose Episode von 33 Jahren zu reden gewesen. Ein faszinierender Prophet hätte uns vielleicht beeindruckt, Jesus, ein Held der Ideengeschichte – immerhin, mehr aber nicht.

So tritt am Tag danach der Ernstfall der Christologie ein. Mit der Erzählung vom Brotbrechen in Emmaus lässt Lukas den Erkenntnisprozess beginnen, der Jesus als den Christus zum Vorschein bringen und ihn aus der Kontingenz seiner 33 Jahre herausheben sollte. In dieser Episode wird die Alternative, das endgültige Scheitern, wie eine Kontrastfolie zunächst einmal dramatisch entfaltet. Alles war aus. *„Wir aber hatten gehofft, dass er es sei, der Israel erlösen werde".* (Lk 24,21) Das mussten die zwei Jünger auf dem Weg nach Emmaus denken. Das mussten eigentlich alle Jünger gedacht haben.

Dann aber das Brot! Es war das Brotbrechen, das den Erkenntnisblitz auslöste: *„Da gingen ihnen die Augen auf!".* Am Brotbrechen hatten sie schließlich Jesus erkannt. Also mussten sie von seiner Identifikation mit dem Brot und seinem Gedächtnisauftrag wissen, sonst hätten sie ihn an diesem Ritual nicht wiedererkennen können. Dass es zwei von den Zwölfen waren, wäre, so gesehen, nicht unplausibel. Plausibel wäre andererseits aber nicht, dass sie ihn nicht schon unterwegs erkannt hatten. *„Sie waren wie mit Blindheit geschlagen".* Außerdem heißt einer der beiden Kleopas. So hieß keiner von den Zwölfen (24,18*)*. Wir sehen, diese Geschichte gehört nicht zu denen, die plausibel sein müssen. Sie fängt zwar sehr realistisch an, es ist aber eine Wundergeschichte.

An ihr ist viel zu lernen. Für einen Moment der Niedergeschlagenheit wird die Situation ausgemalt, die nicht nur für die beiden Jünger, sondern für alle eingetreten wäre, hätte es nicht das Brotbrechen gegeben, an dem sie ihn als den Auferstandenen hatten erkennen können. Kaum aber war das Brot gebrochen, *„... sahen sie ihn nicht mehr".* Nun erst beginnt der eigentliche Erkenntnisprozess. Nun kam es darauf an, ihn, den man nicht mehr sehen konnte, gleichwohl als abwesend-Anwesen-

Abbildung 7: Der Medienwechsel: Aus Schrift wird das himmlische Brot.

den zu begreifen. Den geheimnisvollen Begleiter hatten sie gebeten: *„Bleibe bei uns, denn es will Abend werden und der Tag hat sich schon geneigt"* (24,29). War er nun doch nicht geblieben? Kaum erkannt, schon entschwunden? Oder war er doch geblieben? Er war nicht mehr da, aber dennoch auf andere Art präsent. Vielleicht war er im Erkennen verschwunden. Was wäre das für eine Erkenntnis gewesen, wenn er als der verschwunden Anwesende erkannt worden wäre, übergegangen in das gebrochene Brot?

Wieder einmal wird uns eine Lehr-Performance geboten! Wieder einmal lässt ein Erzähler Fakten sprechen, wieder einmal treffen wir auf eine Urszene des Monotheismus mit der für ihn so charakteristischen Simultaneität von Anwesenheit und Vorenthaltung. Es ist die Gründungserzählung für alle künftigen Abendmahlsfeiern. „Brotbrechen", das war der Terminus, der in den frühen Gemeinden das Gedächtnismahl bezeichnete. (Apg 2,42)

Die Vorstellung, den abwesenden Jesus dadurch präsent zu halten, dass man sich jenes Brot einverleibt, über das er diese Das-ist-mein-Leib-Formel gesprochen hatte, ist gewiss ein Mysterium. Dass die Formel bewirkt, was sie behauptet, musste man ihm glauben. Sie entbehrt aber nicht einer medienpolitischen Konsequenz. In ihr geht es um nichts weniger als darum, jene Verbindung des Gottesgeistes mit dem Menschenfleisch, das Modell der Inkarnation, die in Jesus manifest geworden war, über seinen Tod hinaus zu retten.

Dass Gott der Andere und Einzige, dass niemand anderer als JHWH, die große Singularität, das große Gegenüber des Ganzen, dass Gott in einem Menschen anwesend sein könnte, diese Vorstellung war den einen blasphemisch vorgekommen (*„Er hat Gott gelästert."* Mk 14,64, Joh 19,7), für die anderen war sie die begeisternde Offenbarung eines Modells, das mit Jesu Tod einfach nicht verschwunden sein durfte. Wer den Gedächtnisauftrag ausführte, wer also das ungesäuerte Brot, den „Leib Jesu" sich einverleibte, hätte, sooft er dies täte, Anteil an dessen Gottespräsenz. Das wäre dann der Ernstfall unseres Satzes aus dem Johannesprolog: *„Allen aber, die ihn aufnahmen, gab er Macht, Kinder Gottes zu werden..."* (1,12)

Den souveränen Umgang mit Gegenwart und Vergangenheit hatte die jüdische Tradition schon als rituelle Zeitvernichtung eingeübt.

Da war dieses ungesäuerte Brot aus dem Exodus, jener sagenhaften Rettungstat, mit der JHWH Israel aus dem Sklavenhaus Ägypten befreite. Dieses Brot hatte sich inzwischen als ein Mittel für einen besonderen Umgang mit der Zeit bewährt. Ihm wurde ein siebentägiges Fest gewidmet, das „Fest der ungesäuerten Brote". In diesen Tagen wanderte Israel jedes Jahr von neuem in Gedanken durch die Wüste und aß das Wüstenbrot der Befreiung. Der Seder-Abend bildete dann den Höhepunkt und Abschluss des Pascha-Festes, die Inszenierung des plötzlichen Aufbruchs. Dann waren alle, die ganze Tischgemeinschaft, einen Abend lang, „...das ist heute", die Kinder Israels, die sich die Lenden gürteten, um in die Wüste zu ziehen.

Was war das für eine Präsenz, die da aus der Tiefe der Erzählung heraufgerufen wurde? Sie konnte nur kurz aufblitzen, denn es war die Präsenz des Pessach, das heißt eines Vorübergangs, eines flüchtigen Moments, in dem sich einst Zeit und Ewigkeit berührt hatten. Wie sich die Modalitäten der Zeit verschränken – flüchtig und zugleich aufgehoben! Der Kult der Erinnerung war eingelassen in den wiederkehrenden Takt des Jahreskreises. Hier regierte die unaufhaltsame Normalzeit, die bei aller Beschwörung ihrer Abwesenheit, am Ende keinen Ausbruch zuließ. Unmöglich, Präsenz auf Dauer zu stellen. Was wäre denn das – eine Präsenz, die dauern könnte? Ihr innerer Widerspruch hätte sie, kaum ausgerufen, in nichts aufgelöst. Auf dem Berg der Verklärung Jesu hatte Petrus den Vorschlag gemacht, die Zeit anzuhalten (*„Hier ist gut sein..."*) Mk 9,5 und drei Hütten zu bauen. Die glanzvoll-zeitlose Gegenwart des Verklärten, flankiert von Mose und Elia, sollte dauern – mit festem Wohnsitz. Den Wunsch kann man sogar verstehen. Zum Topos des erfüllten Augenblicks gehört regelmäßig auch der Wunsch, ihn festzuhalten: *„Verweile doch, du bist so schön!"* Aber welcher Augenblick hätte je diese Bitte erfüllt? Die Pointe dieses Wunsches besteht jedes Mal in seiner Unerfüllbarkeit. Daran konnte auch Mephisto nichts ändern. Es bleibt dabei: Keine Hütten auf dem Berg der Verklärung!

Der zweite Teil des großen Satzes vom Wort, das Fleisch geworden ist (Joh 1,14) lautet: „...*und hat unter uns gezeltet*" („eskénesen"). Oft übersetzt mit: „...*und hat unter uns gewohnt*". In dem Bild vom Zelt kommt sehr treffend der passagere Charakter jeder inkarnatorischen Präsenz zum Ausdruck. Ein Zelt ist nichts für die Dauer. Schnell ist es auf-, schnell aber auch wieder abgeschlagen; Jesus hatte keinen festen Wohnsitz (Vgl. Mt 8,20).

Die Riten, mit denen Israel alljährlich am Pessachfest so tut, als sei die verstrichene Zeit aufgehoben, erzeugen den für seine Gedächtniskultur so charakteristischen Umgang mit der Zeit. In jenem *„Das ist heute!"*, das am Sederabend ausgerufen wird, hört es ein Echo aus dem Hintergrund der Zeit. Der Ritus, der das Einst zum Heute macht, erzeugt allererst das Bewusstsein von Zeit und einen Sehnsuchtsblick durch die Gitterstäbe des Zeitkäfigs. Gerd Neuhaus erkennt im Exodus-Narrativ, dem Auslöser dieser Riten, eine *„identitätsstiftende Urerfahrung"*, die den Hintergrund dafür aufspannt, was für Israel überhaupt eine Erfahrung sein kann, so dass das Exodus-Geschehen mit jeder weiteren Erfahrung gleichzeitig wird: Ein Jude ist seitdem einer, den Gott aus dem Sklavenhaus befreit hat.[2]

Immer wieder begegnet in der Bibel diese Vorstellung einer passageren Gegenwart, so, als ob der Ewigkeit, das heißt der aufgehobenen Zeit, ein Platzhalter in einer Wirklichkeit verschafft werden könnte, die aus ihrer Zeitkoordinate ansonsten nicht herauskann. Der größte dieser Platzhalter war das Allerheiligste Israels, der genial singuläre „Name", die Offenbarung aus jenem Dornbusch ohne Zeit, der brannte und nicht verbrannte. Das *„Ich bin der ‚Ich bin'"* war aus dem Jenseits der Zeit hereingerufen, um in ihr zu wirken.

Arbeit an der Zeit

Zu einem solchen Platzhalter war auch das ungesäuerte Brot aus dem Exodus geworden. Seine in vielen Pessach-Feiern bewährte Kraft, eine Gegenwart des Vorübergangs aufzurufen, muss Jesus bewogen haben, auch seine künftige Gegenwart immer neu für einen Augenblick des Vorübergangs zu ermöglichen. Künftige Gegenwart – darum musste es ihm angesichts des nahen Todes zu tun sein. Um himmlisches „überwesentliches" (epioúsion) Brot für die Gegenwart eines jeden neuen Tages zu bitten, hatte er seine Jünger schon früher gelehrt. In Verlängerung dieses allgemeinen Aggiornamentos im Vaterunser, das auch ohne die finale Zuspitzung des letzten Abendmahls von den Jüngern gebetet werden konnte, trat nun die Erfüllung des Gedächtnisauftrags: *„Das ist*

mein Leib für euch". Und: *„tut dies zu meinem Gedächtnis".* Das ungesäuerte und damit alteritär markierte Brot, der alte Sinnträger, erstrahlte
da in einer neuen Qualität. Das alte Exodus-Medium war nicht verworfen. Aus der Tiefe des Narrativs mit seiner Freiheit verheißenden Semantik leuchtete es, neu überschrieben, in seinem überbietenden Sinn. Wer
dieses Brot, das zum Leib Jesu geworden war, dann aß, machte mit dieser Einverleibung sich selbst, seinen ganzen Körper zu einem neuen Medium. „Einverleibung" hat sonst einen Beiklang von Unrechtmäßigkeit,
der hier nicht passt. Diesmal ist das Wort fast technisch gemeint. Niemand wird gefressen, aber wenn das Brot, das da gegessen wird, der Leib
Jesu ist, geht ein Leib in einen anderen ein. Beide vereinigen sich und
werden eins. Was kann das medientheoretisch bedeuten?

Das Innen-Außen-Verhältnis des Körpers ist uns in dieser Mediengeschichte schon mehrfach begegnet. Über die Lippen, diese undichte
Stelle des Körpers, waren sonst Wörter nach außen entflohen, die, wie
wir bei Homer gelernt haben, einmal nach außen gelangt, nie mehr eingefangen werden können. Diesmal ist es umgekehrt. Aus dem Körper
tritt nichts heraus, er empfängt etwas von außen. Der singuläre Sinnträger, das ungesäuerte Brot, gelangt ins Innerste. In dieser Zusammen-
führung des Leibes Jesu, mit dem, der ihn isst, wäre eine Differenz verschwunden, die sonst trivialerweise für alle Medien gilt. Adorno hatte
beklagt, dass, jedes Mal wenn ein Mensch Medien produziert, also Wörter oder Bilder in die Welt setzt, sich etwas verselbständigt und sich ein
Objekt vor den Gedanken schiebt, der sich dann von einem Begriff oder
Bild vertreten lassen muss: *„Bewußtsein, das zwischen sich und das, was
es denkt, ein Drittes, Bilder schöbe, reproduzierte unvermerkt den Idealismus..."*[3]. Ins Grundsätzliche gewendet, gälte das auch für Begriffe. Mit
leisem Spott könnte man dieses „Bilderverbot" als Pose abtun: Anders
geht es nun mal nicht!

Oder doch? Im Ritual des Jesus-Essens geht es um die Idee, dass der
Geist Gottes und Menschenfleisch zusammenfinden könnten, ohne
dass etwas dazwischenträte. Das war doch die Kernbotschaft der In-
karnation gewesen: Hier, in Jesus, war doch nach Johannes 1,14 das
Wort Fleisch geworden, das Wort, das vor aller Zeit *„im Anfang"* war, das
Wort, durch das alles geworden war, was geworden ist – das Wort, das
Gott war (Joh 1,1–3). Dass das Wort nicht, wie sonst immer, Schrift, son-

dern Fleisch geworden war, das war doch das medientheoretisch sensationell Neue gewesen. Wer in Jesus die Anwesenheit des Gottesgeistes erlebt hatte, musste an diesem Modell festhalten. Indem Jesus sich selber essbar machte, hatte er dafür den Weg eröffnet. Wer diesen Leib Jesu nun in sich aufnahm, hätte die Inkarnation in sich hinein verlängert, sich selbst zum Gottesmedium gemacht.

Ein Klassenunterschied

Medientheoretisch tritt hier ein entscheidender Klassenunterschied zutage, der zwischen Medium-Sein und Medien-Haben. Über Gott könnte man weiterhin, so, wie über alles andere auch reden, vielleicht sogar Bilder machen, wenn denn seine Andersartigkeit in ihnen markiert wäre. Das wäre aber von dem, was in großer Einmaligkeit hier geschieht, deutlich zu unterscheiden. Und weil es diesen Klassenunterschied gibt, kann ein Mensch, der sich selbst als Medium begreift, zum Meta-Medium werden. Diese Erkenntnis macht ihn zu Agentur von Differenz. Sie setzt ihn in den Stand, sich zur maßgebenden Instanz für alle Medien zu machen, die er sonst erzeugt und mit denen er umgeht. Einfacher gesagt, er kann es machen wie Jesus mit der Heiligen Schrift.

Das wäre wahrlich kein geringer Nebeneffekt: Einer, der sich selbst als Medium begreift, kann eine besondere Empfindsamkeit für die Risiken ausbilden, die mit jedem Einsatz von Medien durch ihre zwangsläufige Verselbständigung entstehen. Wenn das der Grund für Adornos Empfindsamkeit war, leisten wir bei ihm Abbitte.

Die Idee eines Bewusstseins, das, ganz unverstellt durch ein dazwischentretendes Medium, ganz bei sich und ganz bei den Sachen wäre, hat etwas Faszinierendes, wenn ihr auch, streng genommen, nichts entsprechen kann, denn sobald sie sich artikuliert und den Körper verlässt, geriete sie in einen performativen Selbstwiderspruch. Als Idee aber liefert sie den strengsten Maßstab, an dem sich alle Objektivationen messen lassen. So ist das nun mal mit den Ideen, sie sind fleischlos, aber wirksam. Einen Körper aber braucht jedes Bewusstsein. Und vom Körper als dem Ursprung und Ziel aller medialen Hervorbringungen eine Vorstellung zu haben, macht ihn zu einem Widerlager der Kritik. Von hier aus erschließt sich das Potential der Inkarnation. Wenn das neutestamentliche eucharistische Narrativ das Brot des Gedächtnismahls, den Leib Jesu, zu einem Realsymbol erklärt, macht es ihn zum Medium einer metamedialen Singularität. Sie *ist,* was sie bedeutet. Der Körper des Christen, der den Leib Christi in sich aufgenommen hat, weiß um die Andersartigkeit und Einzigkeit dieses Gottesmediums. Die vereinigten Körper sind zu allen anderen Medien auf Abstand gegangen. Dadurch verschaffen sie der Medienkritik einen reflexiven Referenzpunkt. Hat dieser etwa eine Strukturgleichheit mit dem Referenzpunkt der Reflexion, als den wir JHWH, den Gott Israels, das große Gegenüber und den Schöpfer der Welt ausgemacht haben?

Wer den Leib Jesu in seinen Körper aufnimmt, lässt ihn nach innen vordringen, dorthin, wo das Herz ist. „Leib" und Leib kommen da zusammen. Das Medium Brot, Realsymbol des großen Singulars, ist im Menschen, dem Metamedium der Inkarnation angekommen. Dieser Vorgang, wenn man ihn in die Konsequenz treibt, muss auch deshalb Einzigartigkeit beanspruchen, weil es der Geist JHWHs des Einzigen war, der in Jesus passager, das heißt vorübergehend sein Zelt aufgeschlagen hatte. In der Einverleibung Jesu, des Fleisch gewordenen ewigen Wortes, kommt der Einzige zum Einzigen, als welcher sich jeder vorkommen muss, der das Brot isst. „Gott in meinem Körper" – wäre das nicht die Antwort auf das Drama meiner Endlichkeit?" Der Evangelist Johannes jedenfalls, sah es so. Er lässt Jesus sprechen: *„Wer aber dieses Brot isst, wird leben in Ewigkeit"* (6,58).

Inkarnation für alle?

Wenn er dann in der gemeinsamen Gedächtnisfeier eines Herrenmahls nach rechts und links schaut und sich klar macht, dass alle in der Gedächtnisgemeinde dieses Ritual gleich ihm erleben, dann bleibt diese Einzigkeit nicht individuell, im Gegenteil, sie führt zusammen. Indem sie sich den Einzigen einverleiben, führt dieser die Einzelnen auf eine unvergleichliche Art zu einer Gemeinschaft zusammen, die dann ebenfalls einzigartig ist.

Für unsere Theorie von einem Medienwechsel von der Schrift zum „Fleisch" der Inkarnation und dem Brot, das zum Leib Christi geworden ist, hatten wir den frühen, besonders kostbaren Text, den Paulus in seinem zweiten Brief an die Gemeinde in Korinth formuliert hat, schon herausgestellt[4]: *„Unverkennbar seid ihr ein Brief Christi, ausgefertigt durch unseren Dienst, geschrieben nicht mit Tinte, sondern mit dem Geist des lebendigen Gottes, nicht auf Tafeln aus Stein, sondern – wie auf Tafeln – in Herzen von Fleisch."* (3,3)

Diese Passage ist in zwei Hinsichten bemerkenswert. Die „Herzen von Fleisch" stehen gegen die „Tafeln aus Stein". Deutlicher kann die Schriftkritik und der Medienwechsel von der Schrift zum Fleisch nicht ausgesprochen werden. In die Tafeln aus Stein hatte der Finger Gottes selbst geschrieben. Der Verfasser des metaphorischen, auf die Herzen von Fleisch geschriebenen „Briefs" ist Christus. Nur drei Verse später, geht Paulus ins medientheoretische Detail. Indem er den „Geist" und den Buchstaben in einen Gegensatz von Tod und Leben spannt, dramatisiert er den Objektivationsvorgang. Wo der Geist gerinnt und in Buchstaben festgehalten wird, lauert Gefahr. Wir sind bei dem markanten Wort, das so gut zu der Geschichte von der Rettung der Ehebrecherin passt: *„Denn der Buchstabe tötet, der Geist aber macht lebendig."* (3,6)

In diesem wuchtigen Dictum steckt die entscheidende schrifttheoretische Beobachtung, dass der Geist zum Lebendigen gehört, zu einem Bewusstsein, das noch in seinem Körper zuhause und noch nicht von ihm getrennt ist. Der Buchstabe dagegen hat keine Verbindung mehr zu dem Körper, der ihn einmal hervorgebracht hat. Der Objektivationsvorgang, in dem er sich von seinem Ursprung trennt, macht ihn zu etwas Leblosem. Was in diesem Sinne tot ist, kann, wenn es Gelegenheit bekommt, seine subjektlos verselbständigte Macht, etwa in einem Gesetz zu entfalten, auch einmal töten. Hier, bei Paulus finden wir eine knappe aber kraftvolle Korrespondenz zu der Schriftreflexion, die wir bei den Griechen des sechsten Jahrhunderts v. Chr. schon kennengelernt haben.

Die zweite, nicht weniger wichtige Bedeutung dieses Paulus-Textes besteht in seiner Parallele zu Joh 1,14. Wo in Herzen von Fleisch und nicht in Tafeln von Stein geschrieben wird, ist das Wort im Prinzip genauso Fleisch geworden wie in dem berühmteren Vers des Johannesprologs. Aber auch zu Joh 1,12, dem Vers, in dem allen, die ihn aufnahmen, Macht gegeben wird, Kinder Gottes zu werden, passt die Paulus-Passage von der Gemeinde als dem „Brief Christi". In ihr findet das Inkarnationsgeschehen seine buchstäbliche Fortschreibung, denn es ist ja Christus, der den metaphorischen „Brief" geschrieben hat. Jesus, der Christus, ist die Urfassung, das singuläre Initial der Inkarnation. Diese aber bleibt nicht exklusiv auf ihn beschränkt. Indem er in die „Herzen von Fleisch" schreibt, erfasst der Inkarnationsprozess, der mit ihm begonnen hat, alle, die ganze Gemeinde von Korinth.

Traditionell ist der Inkarnationsgedanke erst einmal nur auf Jesus bezogen worden. Er ist das *„Wort, das Fleisch geworden ist".* (Joh 1,14) Lukas erzählt die Kindheitsgeschichte Jesu von der Verkündigung des Engels an Maria und der Geburt zu Bethlehem lange vor Johannes. Trotzdem kommt sie uns vor, wie eine Langfassung dieses pointierten Schlüsselverses. Dabei erzählt er die Wunder der Vaterschaft Gottes und der Mutterschaft Marias so, dass der andere Passus aus dem Prolog, den wir nun schon so oft aufgerufen haben: *„Allen aber, die ihn aufnahmen, gab er Macht, Kinder Gottes zu werden"* (1,12), fast aus dem Blick geraten könnte. Nimmt man aber Johannes und die Synoptiker zusammen, vor allem auch unseren frühen Paulusbrief, dann weitet sich der Blick. Das Inkarnationsgeschehen hat in Jesus Premiere. Seine Einzigartigkeit zeigt der Prolog auch dadurch, dass er ihn in den heilsgeschichtlichen Kontext von Zeit und Ewigkeit stellt. Er wird damit zum Quelltext aller späteren Trinitätsspekulationen. Jesus ist das Maß und Modell der Inkarnation. Aber sie bleibt nicht bei ihm stehen. Im Vergleich von Prolog und Paulus wird eine Art Sequenz erkennbar: Am Anfang steht in der Tat Jesus, das Fleisch gewordene göttliche Wort. Es ist mit Gott, dem „Wort", das „Im Anfang war", identisch. Als solches kann es dann für die Jünger Jesu, also für *„alle, die ihn* (Jesus, E.N.) *aufnahmen",* zum Modell und zum Beispiel werden, das es nachzuahmen gilt. Er ist das Vorbild, an dem man hatte sehen können, dass die Verbindung von Gottesgeist und Menschenfleisch überhaupt möglich ist. Wer den Leib Jesu in sich aufnimmt, dem gibt er Macht, Kind Gottes zu werden. Jesus, der Sohn Gottes, wird damit zum Bruder der anderen Gotteskinder.

Wenn nicht erst die spätere Christologie, sondern im Grunde schon der Johannesprolog Gott mit dem „Wort" identifiziert und Jesus dann als das Fleisch gewordene „Wort" bezeichnet, ist dieser in die göttliche Singularität JHWHs mit aufgenommen. Hier ist schon das zugrunde gelegt, was dann in Chalcedon feierlich verkündet wird: In Jesus treffen wir auf das Mysterium des Gottmenschen. Wenn wir nun die korinthische Gemeinde, den „Brief Christi", der in „Herzen von Fleisch" geschrieben ist, mit in das Inkarnationsgeschehen einbeziehen, wird sofort klar, dass damit keine Vergöttlichung der Gemeinde gemeint sein kann.

An dieser Stelle können wir noch einmal vom Ergebnis unserer Analyse des Vaterunsers profitieren. In der fünften Bitte um die Vergebung der Schuld hatten wir die die Sünde in ihrer Bedeutung als Differenzmarker zwischen dem Beter und Gott ausgemacht. Die Einsicht, dass wir nicht Gott gleich sind, ist die vielleicht trivialste aber zugleich auch größte und wertvollste aller Vorenthaltungen. Das bremst auch die Idee einer Inkarnation für alle aus. Ganz verloren geht sie aber nicht. Immerhin ergeht die Einladung, sich selbst zum Gottesmedium zu machen.

So unterliegt auch die Gemeinde von Korinth, obgleich ein „Brief Christi", wie alles auf Erden, der Schwerkraft. So sehr die Kirche sich auch als *nicht von dieser Welt"* (Joh 18,36) begreift, so wenig kann sie ihr und ihren Mechanismen entkommen. Die Skandale der Kirchengeschichte müssen sich dann auf der Kontrastfolie einer Communio mit Gott umso greller abzeichnen, denn diese verpflichtet auf nichts weniger als Vollkommenheit. Auch in der Bergpredigt hatte es geheißen: *„Ihr sollt also vollkommen sein, wie es auch euer himmlischer Vater ist".* (Mt 5, 48) Wenn sie sich an diesem Maßstab messen, müssen alle erkennen, was sie sind, und vor allem, was sie nicht sind. Vielleicht ist es genau diese Erkenntnis, die angesichts der Forderung nach Vollkommenheit für jeden unausweichlich wird. Sie hatte schließlich auch die Ehebrecherin gerettet. *„Wer ohne Sünde ist..."*. Alle wissen, dass sie nicht Gott, dass sie Sünder sind. Mehr noch: Der Vollkommenheitsanspruch, der sich aus der Gottesmahlzeit ergibt, betrifft ja nicht nur die Beziehung zu Gott, sondern auch die Beziehungen untereinander. Wer angesichts dieses Standards begriffen hat, wer er ist, der hebt keine Steine mehr auf, um Sünderinnen zu steinigen.

Paulus markiert diese Spannung in seinen Briefen an die Gemeinden. In den Begrüßungsformeln spricht er von nichts weniger als von den „Heiligen" in Korinth oder Rom, was ihn dann aber nicht hindert, sie heftig zu tadeln und zu ermahnen. Was für eine Spannung: Die Communio mit Gott, wenn sie nicht in ihr Gegenteil, die Usurpation, umschlagen soll, erzeugt gerade in der Vereinigung ein Bewusstsein des

Abstands von ihm. Hat dies etwas mit Reflexion und Selbstaufklärung zu tun?

Gerd Neuhaus trifft diesen Umschlag der Gemeinschaft mit Gott ins Gegenteil schon in den Evangelien an. Mit René Girard erkennt er etwa im Streit der Jünger, wer von ihnen der Größte sei oder im Streit um die Ehrenplätze beim himmlischen Gastmahl, jenes mimetische Begehren, das zu Rivalität und Streit führt. Der Entschluss, Jesus nachzufolgen und die Metanoia, die mit diesem Entschluss verbunden war, hatte das nicht verhindert.[5] Sollte das Brot, das neue Gottesmedium nicht in der Lage sein, den Rückfall in die Mechanismen von Rivalität und Gewalt zu verhindern? Dass die Chance dazu besteht, kann nicht von der Hand gewiesen werden. Die immer neue Gegenwart Jesu ist auch die Gegenwart eines Vorbilds. Anders als die Schrift gibt das himmlische Brot aber keine konkreten Handlungsanweisungen. Es macht Mut, ja mehr noch, es zwingt dazu, sich des eigenen Verstandes zu bedienen (Kant) und dies mit einem „hörenden Herzen" (Salomon). Seine Wirkung kann sich nur aus dem Bewusstsein der Gottesgemeinschaft ergeben, und die wäre durchaus imstande, Rivalität und Gewalt zu verhindern.

Chancen und Risiken

Auch Brot ist ein Objekt, gebacken aus Mehl und Wasser. Zum Medium macht es die Mnemosyne. Erst die besondere Geschichte, die das Gedächtnis aufruft, macht es zum Katalysator für das Metamedium Mensch, der den Leib Christi in der Gestalt dieses Brotes in sich aufnimmt. In ihm entbindet es das Bewusstsein, nicht mehr nur Medien zu haben, sondern selbst eines zu sein. Der erkenntnistheoretische Vorzug besteht darin, dass derjenige, der sich selbst zum Medium gemacht hat, auf alle Medien außerhalb des Körpers einen kritischen Blick werfen kann, so, wie es Jesus mit der Schrift getan hatte.

Diese maximale Vorstellung, ein Werkzeug Gottes zu sein, die sich aus dem Ritus der körperlich-geistigen Gemeinschaft mit ihm ergeben kann, wird aber dann toxisch, wenn sie dazu benutzt wird, einen Vorsprung an Heiligkeit zu beanspruchen oder einen Vorrang im Miteinander oder wenn gar ein Herrschaftsanspruch daraus abgeleitet wird. Gerd Neuhaus erinnert hier zu recht an die Sündenfallerzählung mit ihrem

Usurpationsversprechen: *„Ihr werdet sein wie Gott".* (Gen 3,6) Ausgerechnet die Identifikation mit dem Guten kann zur Wurzel von Rivalität und zwischenmenschlicher Entfremdung werden.[6] Auch das singuläre Gottesmedium bleibt ein Medium und kann, seine Wirkung ins Gegenteil verkehrend, zum Instrument von Rivalität und Herrschaft gemacht werden. Klerikalismus und die menschelnde Gravitation, die sich aus dem Streben der kirchlichen Institutionen nach Selbsterhaltung ergibt, verdient die Kritik, die ihr denn auch reichlich zuteil wird. So haben alle, welche die Kirchengeschichte als Chronique scandaleuse schreiben, erst einmal Recht. Diese Kritik hat aber die Voraussetzung, dass der Anspruch auf Heiligkeit und Vollkommenheit auch von den Kritikern wenn nicht anerkannt, so doch gesehen wird. Nur so ergibt sich die Fallhöhe des Skandals, der sich im Auseinanderklaffen von Anspruch und Wirklichkeit aufzeigen lässt. Nicht umsonst hat Jesus in seinem Gebet auf die Bitte nach dem himmlischen Brot die Bitte um die Vergebung der Schuld folgen lassen.

Das Wissen um die Endlichkeit, und die dramatischen Fragen, die sich aus diesem Wissen ergeben, hatten wir in epischer Breite bei Hans Blumenberg und in bestrickender Lakonie bei Hermann Schrödter kennengelernt

Ob Jesus, wie es die synoptischen Evangelien berichten, wirklich alles hat kommen sehen und im Voraus wusste, dass er von den Hohepriestern und den Schriftlern würde vieles erleiden müssen und getötet würde (Mt 16,21), kann hier offen bleiben. Unwahrscheinlich ist es nicht. Nach dem kleinen Einmaleins der Hermeneutik müssen die Evangelien gewiss mit dem Vorbehalt gelesen werden, dass sie, als später abgefasste Berichte, mit Rückprojektionen arbeiten. Aber wir können sicher davon ausgehen, dass Jesus, wie alle Menschen, ein Bewusstsein von der Endlichkeit seines Lebens gehabt hat. Dass er angesichts seiner Gegner mit einem baldigen Ende rechnete, darauf deutet Vieles hin. Daher können wir annehmen, dass Jesu Endlichkeitsbewusstsein auch wie ein Vorzeichen vor dem Gebet steht, das er für die Seinen formulierte. Hier hatte er seine Vorstellungen formuliert und Perspektiven aufgezeigt, die über jede Lebensgrenze hinausgingen. Wir konnten zeigen, dass die zentrale Bitte dem himmlischen Brot gelten sollte. Halten wir fest: Der von Jesus gedachte „Sitz im Leben" für sein Gebet ist *nicht nur aber auch* die Zeit danach, die Zeit, wenn seine Lebenszeit vorbei sein würde. Sein Modell der Inkarnation kann im himmlischen, „überwesentlichen" Brot immer neu aufgerufen werden. Wenn das Brot gegessen wird, ist es passager verschwunden, hat aber eine Spur im Bewusstsein hinterlassen, die zu einer „identitätsstiftenden Urerfahrung" (Neuhaus) werden kann. So wie ein Jude einer ist, den Gott aus dem Sklavenhaus befreit hat, ist ein Christ einer, der himmlisches Brot isst. Beides, seine Gegenwart und sein nicht-mehr-da-Sein, machen es erforderlich, dass es jeden Tag neu gegessen werden muss. Gegen die Herrschaft des Festgeschriebenen wirkt das tägliche himmlische Brot im Wortsinn anarchisch. Auch wenn wir die Verbindung der vierten Vaterunserbitte mit dem eucharistischen Brot stark gemacht haben, sollten wir sie nicht eng und exklusiv darauf beziehen. Die geistige Verbindung mit dem Himmel kann sich auch ohne den aktuellen Verzehr des Abendmahlsbrots aufbauen.

Für die fortdauernde, passagere Präsenz des himmlischen Brotes war gesorgt. Darüber hinaus war das Medium der Inkarnation im Gedächtnismahl installiert. Ob es anderer Auferstehungserzählungen überhaupt bedurft hätte, darüber muss hier nicht spekuliert werden.

Ewigkeit – die große Vorenthaltung

"Jesus Christ, superstar, do you really know what they say you are?" Andrew Lloyd Webber könnte sich vorgestellt haben, dass Jesus von Nazaret nach einem Vorwärtssprung auf dem Zeitstrahl, Ehrengast auf dem Konzil von Chalcedon gewesen ist und nun Zeuge von allem wird, was man über ihn sagt: *„Wahrer Gott und wahrer Mensch, unvermischt und ungetrennt..."* Wenn man im Rückblick die Entwicklung der Christologie betrachtet, also die Rettung der Inkarnation aus der Kontingenz von nur 33 Jahren Lebenszeit, dann steht man im Zentrum des Zeitproblems. Diese Rettung konnte nur gelingen, durch die medial größte aller Vorenthaltungen, den Verzicht auf anschauliche Vorstellbarkeit.

Wer von Ewigkeit redet, gibt zu, dass dieser Zeitmodus, also die Abwesenheit der Zeit, wie wir sie erleben, unvorstellbar ist. Wir kennen nur das Vorher und Nachher und die Gegenwart als den Dreh- und Angelpunkt, von dem aus der Blick sich in die eine oder die andere Richtung wendet. Dabei wissen wir um das große Kontinuum, die Zeit ohne uns, die hinter den drei Modalitäten vorausgesetzt ist. Ewigkeit, diese Unvorstellbarkeit, kann nicht erlebt, aber sie kann gedacht werden, mehr noch: sie kann in Funktion gesetzt werden. Wir benutzen sie ständig, wenn wir das wandernde Jetzt zwischen Vergangenheit und Zukunft angeben wollen. Das „nunc stans", das „stehende Jetzt" der Mystiker hat keine Extension, daher ist es erst einmal nur eine Idee. Wenn sich mit ihr ekstatische Erlebnisse verbinden, stellen sie sich als inkommensurabel heraus. Sie werden regelmäßig mit Negationen beschrieben. Sie sind nicht von dieser Welt. Nach der Kriteriologie von Empiristen gibt es sie nicht. Einem Punkt fehlt nun einmal die Erstreckung, und weil das so ist, hat er keinen Anfang und kein Ende. Was kein Ende hat, ist unendlich, also ewig, Das kommt uns, auf den Punkt angewandt, ein wenig kurz vor. Aber Ewigkeit wird gedacht als der Zustand ohne die drei Weisen unseres Zeiterlebens. Das gilt auch für den Punkt. Als Idee wird er zum Erstbegriff der Euklidischen Geometrie. Da er keine Extension hat, gibt es ihn nur als Idee. Aber machen wir von ihm als Wendemarke zwischen Vergangenheit und Zukunft nicht ständig Gebrauch? So werden wir, ohne dass wir darüber groß gegrübelt hätten, zu performativen Metaphysikern. Ob wir in einem nachmetaphysischen Zeitalter leben, wie es Jürgen Habermas ausgerufen hat, hängt sehr davon ab, was wir unter Metaphysik verstehen wollen. Wir rütteln an den Stäben eines Käfigs, der uns gefangen hält, der „reinen Anschauungsform der Zeit", (Kant) die alle unsere Vorstellung muss begleiten können. Wirklich alle?

Mit dem brennenden und nicht verbrennenden Dornbusch war der Zeitkäfig für die große Exodus-Erzählung aufgebrochen worden. Mit diesem Initial hatte alles angefangen. Ein doppelter Aufbruch: zuerst dieser aufgebrochene Käfig, die Suspension der Zeit, ein Aufbruch im Kopf. Das wurde dann zum Startsignal für einen anderen Aufbruch in der Wirklichkeit, den Aufbruch aus dem Sklavenhaus Ägypten. Hier beginnt die große, bis heute ununterbrochen fort und immer wieder, immer neu gefeierte Behauptung der Kinder Israels, dass sie „heute" am Sederabend immer noch und bis zur Ankunft des Messias dieselben sind, an denen der Engel vorübergeht und sie nicht tötet. Mnemosyne, der immer wieder unternommene und immer wieder scheiternde Versuch, aus Vergangenheit Gegenwart zu machen, ist nicht unsinnig, denn er zieht eine Spur.

In der rituell gefeierten Exodustradition Israels begegnet ihm Gott durch seine Geschichte. Diese Geschichte ist in der Schrift gegenwärtig: Sie war das Urmedium des Monotheismus und sein genuines Kultobjekt, das zwar grapholatrisch verehrt werden kann, als Vermittlerin des je heutigen Willens Gottes aber nicht ausreicht und daher überboten werden musste. In der von Jesus installierten Gedächtnisfeier ist das Brot, das zu seinem Gedächtnisleib wurde, das neue Leitmedium. Wenn es gegessen wird, zieht es im Metamedium, dem Menschen, die Spur einer passageren Gottespräsenz. Das macht es singulär!

Diese Einzigartigkeit kommt auch dadurch zum Ausdruck, dass man es auch zeichentheoretisch auszeichnet und von anderen Sinnträgern unterscheidet. Dass es Symbole gibt, also Dinge, die für etwas anderes stehen und Bedeutungen tragen, ist uns wohlvertraut. Dabei ist immer klar: Das eine ist das Ding, ein Ring z. B., und das, wofür es stehen soll, die Treue z. B. ist etwas anderes. Der Ring selbst ist nicht die Treue. Er bleibt, was er ist.

So könnte man natürlich auch das eucharistische Brot des Gedächtnismahles als zweistelliges Symbol verstehen, wie es der reformierte Zweig der Christenheit tut. Die meisten Christen, Lutheraner, Anglikaner, Orthodoxe und Katholiken halten aber an der semiotischen Sonderstellung fest und schreiben so die Installation der zeichentheoretischen Singularität durch Jesus fort. Das schließt nicht aus, dass es beachtliche Unterschiede in der kultischen Praxis gibt. Auch Luther verteidigte im sogenannten Marburger Religionsgespräch von 1529 gegen Zwingli seinen Glauben, dass im Brot der Abendmahlsfeier Christus „real präsent" sei. Zwingli dagegen und seiner Gefolgschaft kam es auf die Entzauberung des Hokuspokus an, zu dem man die lateinischen, vom Priester gesprochenen Wandlungsworte „Hoc est enim corpus meum" verballhornt hatte.

Drama in fünf Akten

Die zeichentheoretische Sonderstellung des Brotes besteht darin, dass es eben kein zweistelliges Symbol sein soll. Es *ist* vielmehr das, was es bedeutet. Diese Auszeichnung erinnert uns an die performativen Verben, an denen wir lernen konnten, wie man durch Sprechen handeln kann.

Der Satz „*Ich ernenne dich...*" ist, im richtigen Moment gesprochen, in der Tat das, was er bedeutet: eine Ernennung. Ähnliches gilt auch für „*ich entschuldige mich*", „*Ich befördere dich*" etc. Das ungesäuerte Brot, um das es hier geht, war zunächst bedeutungslos, kein Bedeutungsträger, Brot eben. Alle Dinge sind im Zustand der Unschuld erst einmal ohne Bedeutung. Diese ist eine kulturelle Zutat. Gertrude Stein wurde durch ihr Rosengedicht von 1913 berühmt, das, mit der romantischen poetischen Tradition unserer meistbesungenen Blüte im Rücken, auf die Pointe hinauslief, dass eine Rose nicht darauf angewiesen ist, für etwas anderes zu stehen als für sich selbst:

„*a rose is a rose is a rose.*"[7]

Wir haben die beispiellose Karriere des Brots als Sinnträger verfolgt. Sie muss an einem Punkt Null der Bedeutungslosigkeit angefangen haben. Am Anfang seiner Geschichte war das Brot Brot und nichts als Brot, wegen des hastigen Aufbruchs dummerweise ungesäuert, fast geschmacklos, der Proviant des Exodus: erster Akt. Die Exodussage, die von den großen Taten JHWHs erzählte, von der Errettung der fliehenden Israeliten vor den Verfolgern am Schilfmeer, von den Wundern der Wüste, von der Übergabe der steinernen Tafeln, belegte das Brot mit einer Bedeutung, die den ganzen Glanz und das Elend dieses großen Gottesdramas mit umfasste. Während all dieser Ereignisse, von denen man durchaus annehmen darf, dass sie einen historischen Kern haben, aßen die Kinder Israels das ungesäuerte Brot der Wüste. Wenn es ausgegangen war, fiel Brot vom Himmel: Zweiter Akt. Die Erzählung vom Himmelsbrot, dem Manna, lieferte die Exposition für den dritten Akt, der es zum Medium der kultischen Tradierung machte, bis Jesus, in den Ritus eintretend, in einer neuen Bedeutungszuweisung verfügte, dass dieses Brot sein Leib sei: Vierter Akt.

Diese Identitätserklärung war mehr als nur symbolisch. Schon in seinem Verzehr am Sederabend, war das Brot mit der Kraft aufgeladen, die Kultgemeinschaft in die aufbrechenden Kinder Israels zu verwandeln. Hier schon war es weit mehr als nur ein zweistelliges Symbol. Wenn das Brot die Fähigkeit besaß, Gegenwart und eine Anwesenheit zu erzeugen, wie sie im „Namen" „JHWH" ausgerufen wurde, dann musste es mehr sein als ein symbolisches Merkzeichen. Ähnlich wie die performativen Verben als Bedeutungsträger zur Semantik gehören, gleichzeitig aber auch zur Pragmatik, dem Sprachhandeln, so steht das Brot, das zum Leib Christi geworden ist, im Schnitt einer doktrinalen Theorie und einer kultischen Pragmatik: Fünfter und letzter Akt.

Geheimnislos war die Suspendierung der Zeit, die in der jüdischen Abendmahlstradition praktiziert wurde, nie gewesen. In ihr kam schon die Kernidee dieser Religion, ja von Religion überhaupt, die *„reale Überwindung von Endlichkeit"* (Schrödter) in der Performanz einer Kulthandlung zum Ausdruck. Erst recht zielte die inkarnatorische Überschreibung durch Jesus auf diesen Zeitaspekt. Mit seinem *„Das ist mein Leib"* und der Aufforderung, ihn zu seinem Gedächtnis immer wieder zu verzehren, wollte Jesus, das eigene Ende vor Augen, seine passagere Präsenz für die Zeit danach ermöglichen. All dies ist nur sinnvoll, wenn diese Kulthandlung als eine Installation akzeptiert wird, in der Zeit und Ewigkeit sich berühren.

Anmerkungen

1 Vgl. Babette Richter, *Der Andere*, Köln 2002, Interview mit Heike Behrend, „Im Bauch des Kannibalen", S. 72: *„Als die christlichen Missionare um 1890 nach Westuganda kamen und das Abendmahl und die Auferstehung predigten, wurden sie… für Kannibalen gehalten."* Bei manchen Beispielen bleibt offen, ob der Vergleich nicht eher auf das Konto der Ethnologen als auf das der Indigenen geht.

2 Vgl. Gerd Neuhaus, *Die Frömmigkeit der Theologie. Zur Logik der offenen Theodizeefrage*, Freiburg 2003, S. 94–96.

3 Vgl. Th. W. Adorno, Negative Dialektik, Frankfurt/M, 1966, S. 204f.: „Bewußtsein, das zwischen sich und das, was es denkt, ein Drittes, Bilder schöbe, reproduzierte unvermerkt den Idealismus; ein Corpus von Vorstellungen substituierte den Gegenstand der Erkenntnis…Die materialistische Sehnsucht, die Sache zu begreifen, will das Gegenteil: nur bilderlos wäre das volle Objekt zu denken. Solche Bilderlosigkeit konvergiert mit dem theologischen Bilderverbot."

4 S. 224.

5 Vgl. Gerd Neuhaus, *Fundamentaltheologie*, Regensburg 2013, S. 179. Hier werden noch weitere Beispiele angeführt.

6 Vgl. Neuhaus, a.a.O., S. 183.

7 Ob Gertrude Stein das Gedicht von Angelus Silesius kannte, wissen wir nicht: „Die Ros' ist ohn warum/Sie blühet weil sie blühet./Sie acht' nicht ihrer selbst,/fragt nicht, ob man sie siehet…"

Kapitel XIII:
Die anarchische Kraft des Monotheismus

Die wohl größte Wende in der Religionsgeschichte verdankt sich der Vernunft. In Griechenland und in Israel hatte man das Prinzip Passung durchschaut. Die Götter waren Gestalt gewordene Funktionen, verlängerte menschliche Bedürfnisse und Wünsche. Wenn es zu ihnen eine Alternative gab, dann musste sie einer inneren Logik folgend über den Funktionen stehen, sie musste trans-funktional sein.

Für Israel ist sein JHWH das große Gegenüber des Kosmos. Daher kann es in der Welt von ihm auch keine Figuration geben, er ist ja ihr Schöpfer. JHWH, sein „Name", ist die Ausrufung des puren Da-Seins, ein Sonderfall von Wirklichkeit. Wenn Wirklichkeit das ist, was wirkt, ist sie im schöpferischen Wirken ihrem Begriff ganz nahe. Wirkmächtig ist sie als bedeutendste Emergenz der Religionsgeschichte bis heute geblieben. Das Gotteskonzept Israels, wie es sich nach langem Hin und Her in der Zeit des Babylonischen Exils gefestigt hat, bietet eine wirklich neue Qualität. Gott steht hinter allem, als Fluchtpunkt und Vorzeichen vor der Klammer, die die Welt bedeutet.

Diese Instanz ändert durch ihr pures Dasein unser Weltverhältnis. Der bei allem sprachlichen Manierismus doch beachtliche letzte Aphorismus der „Minima Moralia" Adornos gibt davon ein vernehmbares Echo: *„… Erkenntnis hat kein Licht, als das von der Erlösung her auf die Welt scheint: alles andere erschöpft sich in der Nachkonstruktion und bleibt ein Stück Technik. Perspektiven müssten hergestellt werden, in denen die Welt ähnlich sich versetzt, verfremdet, ihre Risse und Schründe offenbart, wie sie einmal als bedürftig und entstellt im Messianischen Lichte daliegen wird …"*[1] Für die Geschichte der Aufklärung und des Denkens kann die Bedeutung dieses Weltverhältnisses nicht übertrieben werden. Die neue Relation zwischen der Welt und der Instanz, welche sie auf Abstand bringt, zeigt dieselbe Struktur wie die Reflexionsfigur. So wie das Denken in seinem Gegenstand ein Gegenüber hat, das es reflektiert, so „denkt" Gott die Welt, die ihm ihre Existenz verdankt. Durch diese Isomorphie wird uns gezeigt, dass auch wir auf Abstand gehen können zu dem, was ist. Erst dieser göttliche Abstandsblick der Reflexion erzeugt die Freiheit, sich zum Bestehenden in ein Verhältnis zu setzen. Er kann liebevoll, einverstanden und sogar begeistert sein. Oft genug aber ist er kritisch, will, wie von einer Erinnerung an das verlorene Paradies angetrieben, die Verhältnisse nicht so lassen, wie sie sind. Der Blick wie von außerhalb der Welt erst setzt uns in den Stand, uns vom Status quo abzustoßen. Das Weltverhältnis des Monotheisten ist ungesättigt.

Ein Totalitarismus neuen Typs

Leo J. O'Donovan hat am 16.11.2000 im Französischen Dom zu Berlin eine neue Totalitarismusthese aufgestellt: *„Nach dem Ende der obskuranten Totalitarismen der NS-Ideologie, mancher religiösen Fundamentalismen und nach dem Scheitern einer totalitären planwirtschaftlichen Ideologie steuern wir auf einen universalen Funktionalismus zu, von dem wir befürchten müssen, dass er auf neuartige und vielleicht raffiniert subjektlose Weise totalitär wird."*[2]

Neu an diesem Totalitarismus, dem wir seit der Jahrtausendwende bedrohlich näher gekommen sind, ist in der Tat seine Gesichts- und Subjektlosigkeit. Hitler und Stalin hatten ihren totalitären Ideologien noch ein Gesicht gegeben. Die galoppierende Eroberung schlechterdings aller Lebensbereiche durch funktionales Denken und Handeln ist dagegen namen- und gesichtslos. Nichts ist der Machbarkeit entzogen. IT-Welten, die sich als Prozessbeschleuniger und Optimierer überall andienen und so unwiderstehlich nützlich sind, dass sie aus bequemen Helferlein zu einer anonymen Macht geworden sind, die sich mehr und mehr selbst programmiert und keinem Menschen mehr gehorcht, sorgen dafür, dass die Kurve der Beschleunigung steil nach oben zeigt. Wer regiert die digitalen Welten? Könnte jemand das world wide web, dieses super-tool abschaffen? Es gelingt ja noch nicht einmal, es von Kriminalität und Niedertracht freizuhalten. So wie Süchtige an der Nadel hängen, wiegen wir uns im Netz der Bequemlichkeiten – und sind in ihm gefangen.

Die Kritik an einem Ökonomismus, der die letzten weißen Fle-
cken der Lebenswelt erobert, ist inzwischen durchaus verbreitet aber
folgenlos. Jürgen Habermas sprach schon 1981 von der „Kolonialisie-
rung der Lebenswelt".[3] Sport, Kunst und Freizeit sind schon seit unge-
fähr einem halben Jahrhundert ökonomisch bewirtschaftete Marktseg-
mente. Kunstwerke sind zu einer Art spekulativer Währung mutiert,
während die traditionellen Märkte des Geldes Kapriolen schlagen. Der
Fußball, der nicht nur Hooliganexzesse entbindet, sondern auch gelegentlich erstaunliche Kohäsionsenergien freisetzt, hat im Kauf und Verkauf von Spielern eine irritierende Form von Wertschöpfung in Gang
gesetzt, die seit der Abschaffung des Sklavenhandels schon vergessen
schien. Das Reisen, einst ein Aufbruch der abenteuerlichen Herzen in
die große Fremde, ist heute durchindustrialisiert, gegen (fast) alle Risiken versichert und verfügt, bis in die Mitteilung angesagter Geheim-
tipps, über ein perfektes Marketing. Der Funktionalismus beschränkt
sich nicht auf die Ökonomie. Nicht dass man mit Sport, Kunst und Reisen auch Geld verdienen kann ist gefährlich, bedenklich ist ein Über-
sprungeffekt, der das Prinzip des Wettbewerbs flächendeckend zur Geltung bringt und auch dort einführt, wo es nichts zu suchen hat. An Ort
und Stelle, also in der ökonomischen Welt von Warenproduktion, -dis-
tribution und Dienstleistungen, ist der Wettbewerb, die „unsichtbare
Hand" Adam Smiths, die das Marktgeschehen steuert, ein legitimer Antrieb des wirtschaftlichen Handelns, aber sie ist – so O'Donovan – nicht
die Hand Gottes. Erst wenn der funktionalistische Nutzenkalkül die
Mentalitäten so gründlich imprägniert, dass er in die privatesten und
intimsten menschlichen Beziehungen eindringt, wird er totalitär und
wir verstehen, dass Leo O'Donovan vor einem Funktionalismus warnt,
der alles unter das Regiment der Frage stellt: Was bringt mir das?

Der archimedische Punkt

Hat der Funktionalismus ein Außerhalb? Mit dieser Schicksalsfrage
springen wir in die Gegenwart. Zu ihm auf Abstand zu gehen, ihn von
außen betrachten zu können, ist für ein freiheitsliebendes Bewusstsein
lebenswichtig. Wenn schlechterdings alles funktionalisierbar ist, kann
auch alles vom schwarzen Loch des Totalitarismus aufgesogen werden.

In dieser Situation ist die Frage nach dem Außerhalb des Funktionalismus so aktuell wie noch zu keiner anderen Zeit. Von ihr hängt viel, wenn nicht alles ab. So wie wir vom Urknall im Kosmos ein Hintergrundrauschen hören, so zeigt ein Blick auf die Ursprünge der biblischen Aufklärung eine transfunktionale Spur. Erinnern wir uns: Alle Gottheiten des Polytheismus waren Gestalt gewordene Funktionen. Sie waren die Verlängerung menschlicher Zwecke und Bedürfnisse: Der Monotheismus, der diese Korrelation entlarvte, setzt dagegen seinen transfunktionalen Gott, der seine Gedanken und Wege den Menschen vorenthielt. In dieser Vorenthaltung liegt seine revolutionäre Kraft. Der neue Gott des alten Israel, der seinen Propheten Jesaja schon früh sprechen ließ: *„Meine Gedanken sind nicht eure Gedanken und eure Wege sind nicht meine Wege"* (Jes 55,8) hat im Zeitalter des totalitären Funktionalismus eine Aktualität gewonnen, die er bisher noch nie hatte.

Der Sabbat

Dem Gedanken des Transfunktionalismus eine kultische Gestalt gegeben zu haben, gehört zu den großen intellektuellen Leistungen der biblischen Aufklärung. Israel hat die Woche erfunden, einen privativen Zeitkult. Das sieht zunächst nur wie eine, allerdings sehr beachtliche, kulturelle Errungenschaft aus, der Erfindung der Null vergleichbar. Jeder siebente Tag wurde zu einem Sabbat, zu einem Tag ohne Zwecke ausgerufen. So wie der tiefste Sinn des Kirchenraums in seiner Zweckfreiheit besteht, ist der Tag ohne Zwecke das Zeitdenkmal für JHWH, der befiehlt: *„An diesem Tag sollst du keinerlei Arbeit tun!"* (Ex 20,10), denn Arbeiten heißt Zwecke verfolgen. Wer Arbeit verbietet, suspendiert das absolute Regiment der Nützlichkeiten und schafft jene Zeit zwischen den Zeiten, die dazu zwingt, alle Zwecke, die zu verfolgen an den anderen Tagen im Prinzip gut und richtig ist, auf Abstand zu bringen, sie daraufhin zu inspizieren, ob sie wirklich gut und richtig sind. Das kann man auch Reflexion nennen. Der aus dem Zeitkontinuum herausgesprengte Tag ohne Arbeit ist ein Klassiker der Vorenthaltung. Und er ist eine transfunktionalistische Gegenbesetzung, wie sie aktueller nicht sein könnte.

Ein Einwand

Der Schwerkraft könnten wir in einer Raumstation entkommen, dem Funktionalismus nicht. Im Nachhinein ist alles funktionalisierbar. Die reine Mutterliebe – nichts als ein biologisches Programm! Ob das die Mütter auch so sehen?

Warum wir dennoch nicht verzweifeln müssen, das kann uns der Sabbat lehren. Auch er hat natürlich eine Funktion. Der Tag ohne Arbeit, so sagt die Gewerkschaft, dient der Wiederherstellung der Arbeitskraft, und sie sagt damit auch nichts Falsches. Auch ist an dem Tag, an dem die Hände in den Schoß gelegt werden, der Kopf nicht außer Betrieb. Ihm bleibt kaum etwas anderes übrig, als nachzudenken, vorauszudenken und zu reflektieren. Und oft genug entstehen dann, aus dem Abstand heraus, die besten Ideen, Erfindungen, welche die nützlichen Arbeitstage noch nützlicher machen. Der Sabbat wäre dann metanützlich. Aber dennoch: Der transfunktionalistischen Idee, dass es ein Außerhalb des Funktionalismus geben sollte, verdankt der Sabbat seine Existenz. Die Idee, so außerweltlich sie auch war, hat plötzlich einen Platz in der Welt. Nicht arbeiten – was für eine sympathische Vorenthaltung! Alle privativen Vorenthaltungen sind isomorph mit dem Sabbat. Wer auf dieses Außerhalb etwas gibt, hält ihn heilig. Er ist der Tag JHWHs. Christen haben den Sabbat mit dem Sonntag dem *„ersten Tag der Woche"*, dem Tag *„an dem Christus von den Toten erstand"* überschrieben ohne, dass er seine Substanz als Tag ohne Arbeit und Zwecke eingebüßt hätte.

Alarmiert blicken wir in das schwarze Loch eines totalitären Funktionalismus. Und auf einmal sehen wir die monotheistische Tradition in neuem Licht. Sie mag in die Jahre gekommen sein und manchmal sehr alt aussehen. Aber nun ist sie kostbar geworden. Von ihr können wir die Kunst lernen, Abstand zu gewinnen und einem subjekt- und gesichtslosen IT-gestützten Funktionalismus in der Manier der privativen Vorenthaltung die Stirn zu bieten. Leicht wird das nicht. Hölderlin mit seinem *„Wo Gefahr ist, wächst das Rettende auch"* hatte gut reden. Das Gegenteil scheint derzeit richtig: Ist nicht, wo Gefahr ist, das Rettende verloren und vergessen? Während der toxische Monotheismus der grapholatrischen Wahrheitsbesitzer Angst und Schrecken verbreitet, kommt dem biblischen Monotheismus der Wind von vorne. Wenn er seinen Gott in der Welt vorkommen lassen wollte, hatte er ihn immer als etwas einziges und unverwechselbar Anderes vorgestellt. Die Wundergeschichten etwa, die das im biblischen Narrativ versuchen, werden entweder rationalisiert oder als obskurantistische Versuche gesehen, die Menschheit für dumm zu verkaufen. Kann es ein Trost sein, dass es Alteritätsmarkierungen auch in den säkularen Künsten gibt? Sie kommen ebenfalls wie von außen. Fragen beantworten wollen sie nicht, jedenfalls nicht die großen. Wahrhaftig ein großes Thema, das wir, um es nicht nur beiläufig zu erwähnen, auf einen späteren Band vertagen müssen.

Sakralität und Moderne

Man könnte es tragisch nennen, dass die anarchisch und revolutionär gestimmte Linke nicht die kontrafaktischen Energien der Vorenthaltung erkennen will. In einer seltsamen Mischung aus Beschleunigungskonformismus und Gegenwartschauvinismus lehnt eine gefühlte Avantgarde das alteritäre „Brimborium" ab, weil es nicht das Aroma der Innovation verströmt, jener Bewegungsbewegung, die der Markt prämiiert. Dabei wäre der Kult an den Grenzen des Machbaren so wichtig! Nur durch ihn werden diese überhaupt erst sichtbar. Dass seine Riten in der Tat überkommen sind, kann das Missverständnis ein wenig erklären. Aber ihr ehrwürdiges Alter garantiert auch, dass sie nicht selbstgemacht sind. Und hat ein dumpfer Hass auf gestern nicht etwas Zwanghaftes? Doch wie steht es mit Alteritätsmarkierungen, die nicht von gestern sind? Ein Blick auf die Tradition der aufklärerischen Kultkritik seit Kant könnte uns zu einem Unterscheidungskriterium verhelfen.

Es ist kurios. Das, was von denen, die ein religiöses Exerzitium ein- und ausüben, als transfunktionale Übung, als Ritus zur Anbetung des Übernützlichen aufgefasst wurde, nennt der Kultkritiker Kant *„Funktionen"*. Für ihn ist das *„Afterdienst"*, ein affirmativer Kult, der allen möglichen Herrschaftsinteressen und Eitelkeiten dient: *„Ob der Andächtler seinen statutenmäßigen Gang zur Kirche, oder ob er eine Wallfahrt nach den Heiligtümern von Loretto oder Palästina anstellt, ob er seine Gebetsformeln mit den Lippen oder wie der Tibetaner... durch ein Gebet-Rad an die himmlische Behörde bringt... das alles ist einerlei und von gleichem Wert. – Es kömmt* *hier nicht sowohl auf den Unterschied in der äußern Form, sondern auf die Annehmung und Veranlassung des alleinigen Prinzips an, Gott entweder nur durch moralische Gesinnung ... oder durch frommes Spielwerk und Nichtstun wohlgefällig zu werden."*[4]

Was für eine Alternative! Für Kant ist Religion eine Funktion der moralischen Gesinnung. Ihr transfunktionalistisches Proprium kann er nicht sehen. So muss er die Alteritätsmarkierungen als frommes Spielwerk oder Nichtstun disqualifizieren. Er ist in zahlreicher Gesellschaft.

Einem radikal funktionalistischen „Aufklärer" macht sich eigentlich jede Art von Sakralisierung verdächtig. Sie ist für ihn eine positive, das heißt im Wortsinn „gesetzte" Ausrufung eines im Grunde illegitimen Sonderstatus. Für ihn ist alles profan. Wer mit einer Ethik der Nützlichkeiten auskommt, braucht keinen Gott. Wer in einer funktionalistischen Blase lebt, kann den Stern des Transfunktionalismus nicht sehen.

Vielleicht hilft die Unterscheidung zwischen affirmativer und privativer Heiligung? Kann es so etwas geben wie eine privative Sakralität? Es macht doch einen Unterschied, ob Institutionen, Personen, Machtstrukturen durch Tabuisierung und Sakralisierung vor Kritik geschützt und zum Glänzen gebracht werden sollen, oder ob einer die Schuhe auszieht, weil er weiß, dass der Ort, wo er steht, heiliger Boden ist. Dem Unverfügbaren einen Platz in der Welt zu verschaffen, ist der Grundzug aller privativen Vorenthaltungen. Ohne sie hätte das Reich des Verfügbaren keine Grenze. Diese braucht sie aber dringend.

Figuren der Inkarnation

Der Lichtkegel des Suchscheinwerfers fällt auf Künstler vom Schlage Joseph Beuys' und Christoph Schlingensiefs. Letzterer erschien mir lange als Marionette eines angesagten, aber eigentlich ziemlich abgenutzten und langweilig gewordenen Innovationszwangs. Wer wie er provozierte und skandalisierte, konnte immer noch zuverlässig die Gratifikationen einkassieren, die das Publikum in Form von Aufmerksamkeit einem narzisstischen Selbstdarsteller spendete. Lustvolle Entrüstung, besser: das Amüsement über die Entrüstung der anderen und Beifall für die „Hetz", wie es in Wien heißt, waren ihm sicher. Aber hatte sich die Jagd auf die letzten noch ungebrochenen Tabus nicht schon totgelaufen?

Wer regt sich über Ferkeleien noch auf? Blasphemie kann ein anständiger Mensch für intolerant und niederträchtig halten. Es gehört sich einmal nicht, das in den Kot zu treten, was andere für heilig halten. Wer so denkt, hält schließlich seufzend an sich, um dem Provokateur nicht noch einen Gefallen zu tun. Aber dann kommen Zweifel auf. Vielleicht ist das, was die beiden Künstler aus dem Fundus der Sakristeien und religiösen Abstellkammern herausholen, gar nicht blasphemisch gewesen? Beiden war es gelungen, ein Publikum für ihre zunächst privatsprachlichen Alteritätsmarkierungen zu interessieren, immerhin. Anfangs erschien mir das „Zeige deine Wunde" des Josef Beuys wie eine larmoyante Pose, die sie gewiss auch war, am Ende aber traf ich bei Christoph Schlingensief auf eine Ernsthaftigkeit, die mich anrührte. Es war sein öffentliches Sterben, das alles änderte.

Schlingensief ist vor Publikum gestorben wie Johannes Paul II. Nach der Entfernung eines Lungenflügels waren weitere Metastasen aufgetreten. Den Tod vor Augen gestaltete er sein Oratorium: *„Eine Kirche der Angst vor dem Fremden in mir."*[5] Es setzt ein mit einer Monstranz, in der statt der Hostie das Röntgenbild des Künstlers mit der halben Lunge wechselweise mit wabernden Krebszellen zu sehen ist. Aus dem Off ist zu hören und im Video ist das Folgende zu lesen: *„Wir gedenken des zukünftig Verstorbenen, der vieles leisten wollte, kaum, dass er schon wieder weg war. Ein Mensch wie wir, wie du, wie ich, wir alle – und damit auch besonders. Er war der, der er war, mehr nicht, aber immerhin, wer kann das schon von sich sagen."*

Identifiziert sich hier einer mit Jesus, der das Gedenken an sich, den zukünftig Verstorbenen gestiftet hatte? Und: *„Er war, der er war..."* ist das eine Travestie auf das *„Ich bin der ich bin"* des Tetragramms oder die Anrufung der Vertikalen? *„Wer kann das schon von sich sagen"* Ist das ein Singularitätsanspruch? Wenn ja, dann ist es die Singularität einer Inkarnation für alle.

Mummenschanz mit Tierköpfen erinnert an schamanistische Archaik. Einer Oma hat man einen brokatenes Pluviale umgehängt und eine Bischofsmitra aufgesetzt, von der strahlenartige Antennen ausgehen. Schlingensief scheint seiner Manier treu geblieben zu sein. Er ist der Phantast, der in den katholischen Fundus greift und die überkommenen Requisiten, das sakrale Gerümpel, scheinbar respektlos neu kontextualisiert. Sonst hatte er immer alles Schräge mit dem Lächeln eines Taugenichts in den halben Ernst gestellt und seine Narrenfreiheit genossen. Wozu war man schließlich Künstler? Diesmal aber stellt er sich aus, zeigt, dem „Evangelium des Joseph Beuys" entsprechend, seine Wunde, denn wer seine Wunde zeigt, wird nach Beuys geheilt. Und so hören wir den O-Ton Schlingensiefs und werden zu Zeugen einer Konversion. Er fängt an wie immer und berichtet cool von der inneren Distanz, mit der er sich einer Bronchoskopie unterzogen und sich in den Operationssaal hatte schieben lassen, doch auf einmal bricht die Stimme. Er kann diese Tonart nicht halten. Er weint, fragt nach seiner Schuld, vermisst die Liebe in sich und ist nur noch verzweifelt – keine Schauspielerei! Er wird, der er ist. Wer sich so einem Publikum ausliefert, kann es nicht mehr nur zum Besten haben. Er zeigt ihm wirklich sein Innerstes, sein Bestes. Das Innerste zur Besichtigung freigeben – was heißt das?

„Ein Mensch spricht durch das, was er ist, mehr als durch das, was er sagt." So bringt es der Jesuit Klaus Mertes in seiner Predigt im Requiem für den toten Christoph Schlingensief auf den Punkt. Vorher hatte er mit ihm gebetet und ihm die letzten Sakramente seiner Kirche, nicht der Kirche der Angst, gespendet.

„Doch wenn ich dies tue – so Mertes–, *wenn ich also mein Ich der Welt zeige, setze ich mich einem Risiko aus. Dem Selbstzweifel ebenso, wie dem Zweifel der anderen: ,Das ist ein Selbstdarsteller, ein Narziss, ein Provokateur' ... Man muss das aushalten, wenn man sich ausspricht. Mit dem Aussprechen meines Seins begebe ich mich in jedem Fall in einen Konflikt – mit mir selbst, mit den Meinen, mit der Öffentlichkeit. Doch die Erfahrung lehrt, dass es kein Zurück gibt, wenn ich einmal begonnen habe, mich auszusprechen ... mein ausgesprochenes Sein kann ich nicht zurücknehmen, denn ich würde mich darin selbst zurücknehmen, in falscher Demut."*

Mertes spricht hier genau den wichtigen Unterschied an, der darin besteht, dass jemand sich nicht nur der Medien bedient, sondern in allem Ernst sich selbst zum Medium macht. Da hat einer mehr gesprochen als nur Sätze. Er ist selber „Sprache" geworden. Das kann anrührend sein, aber auch ein Lehrstück.

Meine Begegnung mit Schlingensief war in zwei Phasen verlaufen. Der gewerbsmäßige Provokateur hatte mir nichts zu sagen. Das kalkulierte Skandalisieren hatte den Verdacht geweckt, dass es ihm weniger um die Sachen, als um den Effekt und um sein Ego zu tun war. Erst als ich erkennen konnte, dass er sich radikal selber zum Medium von etwas oder jemandem gemacht hatte, das oder der er nicht selber war, war ich bereit, diese Hinwendung zum Fremden in sich und zum unbegreiflich Anderen zu akzeptieren. In der ersten Phase hatte ich ihn, der wie ein Techniker mit den Funktionen und Mechanismen der Interaktion zwischen Protagonist und Publikum routiniert spielte, in dieser Mechanik aufgehen lassen. In der zweiten konnte ich ihm seine Alteritätsmarkierungen glauben. Die Lehre, die ich daraus ziehe: In der Welt der Transgressionen, Hoffnungen und Ausbruchsversuche aus den Käfigen des Ist-Zustands und der Zeit kann nur derjenige ankommen, der sich dafür öffnet. *„Jedem seine Hostie",* so ist eine Arie, in dem erwähnten Oratorium überschrieben, die mit höchster Frauenstimme rezitativ psalmodierend vorgetragen wird. Man kann die Worte des eindrucksvollen Gesangs kaum verstehen, aber den Text mitlesen:

„Ist die Darstellung des menschlichen Körpers für uns keine Brücke mehr zur göttlichen Offenbarung oder zur Annäherung an Gott? O ja... Bisher wurde der Mensch nur als Körper dargestellt. Es gilt, ihn als Ebenbild Gottes darzustellen. Seine unsichtbaren Leiber müssten gesehen und sichtbar gemacht werden. Die Kraftzentren, aus denen der Leib, Seele, Geist, sich entwickeln und zu denen diese hinstreben oder sich entwickeln..."

Es ist kein Zufall, dass er die Hostie, in welcher der Körper des Menschen den Körper Gottes trifft, als die finale Gestalt seiner Existenz erwählt hat. Schlingensief spricht nicht von Erlösung, auch nicht wie Adorno von einem „messianischen Licht"[6]. Aber was Inkarnation bedeutet, hat er, wie wenige sonst, gewusst.

Fazit

Beim Stichwort Funktionalismus berühren sich Anfang und Ende. Wer nach dem Neuen und Anderen fragt, das mit dem Durchbruch des Monotheismus in die Religionsgeschichte eingetreten ist, wird sich daran erinnern, dass ohne die Kritik an den funktionalen Gottheiten des Polytheismus das neue Konzept eines „nicht von Menschenhand gemachten" Gottes nicht denkbar war. So war JHWH, der da ist und sich gleichzeitig entzieht, ohne Kultbild, unsichtbar anwesend nur im Medium der Schrift, von Anfang an das Gegenüber Israels, aber auch der Schöpfer von allem, die große Berufungsinstanz, unkalkulierbar anders als alle Götter, die als Verlängerungen menschlicher Bedürfnisse und Interessen in ihrem Funktionalismus durchschaut waren.

Im Durchgang durch seine Entstehungsgeschichte sollte deutlich geworden sein, wieviel für den Monotheismus davon abhing, welche Medien er benutzte und welche er kritisierte. Als ein Kulminationspunkt erscheint im Rückblick die Einsicht in den Unterschied, den es macht, Medien zu benutzen oder selbst zum Medium zu werden. Dass ein Mensch sich zum Gottesmedium machen kann, dafür hat zuerst Jesus von Nazaret ein Beispiel gegeben. Mit ihm und seinem Apostel Paulus wurde auch die gentilistische Bundestheologie überwunden: „Allen gab er Macht, Kinder Gottes zu werden" (Joh 1,12). Die Schrift, vor allem dann, wenn sie als Heilige Schrift einem göttlichen Autor zugeschrieben wird, verführt zum Wahrheitsbesitz. Es konnte gezeigt werden, dass Jesus mehr wollte, als eine Schrift kann. Er besteht auf einer Differenz, die sie vom Willen Gottes trennt, daher überbietet es sie immer wieder. Damit hatte er sich die „Schriftler" zu Feinden gemacht.

Seine Alternative? Jeden Tag aufs Neue um himmlisches Brot bitten! Dieses Aggiornamento hat er in einem essentiellen Gebet seinen Gefolgsleuten empfohlen. Mit philologischem Seziermesser konnte dieser ursprüngliche Sinn des Vaterunsers erschlossen werden. Dieses Brot macht Jesus, sein Ende vor Augen, zum Medium seiner Präsenz, weit hinaus über seine Lebenszeit von 33 Jahren: „Das ist mein Leib." und „Tut dies zu meinem Gedächtnis." Wer dann dieser Aufforderungs folgt und den „Leib Christi" in sich aufnimmt, macht auch sich zu einem möglichen Medium göttlicher Präsenz. Zu einem Usurpator, der sich den göttlichen Wahrheitsbesitz erschleicht, kann er nicht werden, wenn er sich, noch im selben Atemzug daran erinnert, wer er ist. Nach der Brotbitte des Vaterunsers ist er angehalten, als Sünder sofort um die Vergebung seiner Schuld zu bitten.

Am Ende gewinnt der JHWH-Monotheismus, die große Alternative zu den funktionalistischen Göttern, in seiner unverwechselbaren Simultaneität von Da-sein und Vorenthaltung, eine überraschende Aktualität. Ein usurpatorischer Monotheismus als Ermächtigungsideologie verdient jede Kritik. Hier teilt er das Schicksal aller Religionen, die von den Herrschern aller Zeiten als Instrumente des Machterhalts funktionalisiert wurden und werden.

Ein privativer Monotheismus der Vorenthaltung dagegen sichert den Abstand zu jeder realen Macht. Diese eschatologische Gewaltenteilung war immer wichtig. Wie erst, wenn ein neuer Totalitarismus droht! Angesichts dieser subjektlosen, IT-gestützten Gefahr, strahlt er als der Stern, den keiner betreten kann, als das große Außerhalb und Gegenüber, als das Widerlager der Reflexion. Als der archimedische Referenzpunkt ist er so lebenswichtig wie noch zu keiner anderen Zeit.

Anmerkungen

1   Th. W. Adorno, *Minima Moralia*, Frankfurt / M. 1951, S. 480f. Adorno ist auch wegen seiner legendären Rundfunkbeiträge im Abendstudio des Hessischen Rundfunks ein Doppelgänger, mindestens aber ein Zeitgenosse des Dr. Buer-Malottke in Heinrich Bölls bestem Stück Prosa: „Dr. Murkes gesammeltes Schweigen". Er nimmt „Gott" nicht in den Mund. Vgl. H. Böll, *Dr. Murkes gesammeltes Schweigen und andere Satiren*, Köln u. a. 1958.
2   Vgl. Leo J. O'Donovan S. J., damals Präsident der Universität Georgetown, Hauptrede auf dem gemeinsamen Bildungskongress der Deutschen Bischofskonferenz und der EKD: *Tempi. Bildung im Zeitalter der Beschleunigung*, in: Stimmen der Zeit, 4/2001, S. 219–234.
3   In: Theorie des kommunikativen Handelns, Frankfurt / M. 1981.
4   Immanuel Kant, *Die Religion innerhalb der Grenzen der bloßen Vernunft*, B 264,265, A 249, Ausg. Weischedel, S. 844f.
5   https://www.youtube.com/watch?v=rWZT0uH3kR0 (abgerufen am: 13.11.17).
6   Im letzten Aphorismus der „Minima Moralia".

Bibliographie

Adorno, Th. W., *Minima Moralia*, Frankfurt/M. 1951.

Ders., *Negative Dialektik*, 1966, Frankfurt/M. Ausg. 1970.

Albertz, Rainer, *Religionsgeschichte Israels in alttestamentlicher Zeit*, 2 Bde., Göttingen 1992.

Aristeas, „*Aristeasbrief*", in: Jens Schröter, Jürgen K. Zangenberg (Hrsg.), *Texte zur Umwelt des Neuen Testaments*, 3. Aufl., Tübingen 2013.

Assmann, Jan, *Moses der Ägypter. Die Entzifferung einer Gedächtnisspur*, München 1998.

Ders., *Die mosaische Unterscheidung oder der Preis der Freiheit*, München/Wien 2003.

Ders., *Das Oratorium Israel in Egypt von Georg Friedrich Händel*, Stuttgart 2015.

Ders., *Exodus. Die Revolution der Alten Welt*, München 2015.

Augustinus, *In epistulam Ioannis ad Parthos*, tractatus VII,8.

Badisches Landesmuseum, *Imperium der Götter*, Ausstellungskatalog 2013.

Baum, Wolfgang, *Negativität als Denkform*, Paderborn 2014.

Beckett, Samuel, *L'Innommable*, Paris 1953.

Belting, Hans, *Bild-Anthropologie*, München 2000.

Ders., *Bild und Kult. Eine Geschichte des Bildes vor dem Zeitalter der Kunst*, München 1990.

Ders., *Das echte Bild. Bildfragen als Glaubensfragen*, München 2005.

Ders., *Faces: eine Geschichte des Gesichts*, München 2013.

Ders., *Florenz und Bagdad. Eine westöstliche Geschichte des Blicks*, München 2008.

Benjamin, Walter, *Gesammelte Schriften*, Bd. V, 2, Das Passagen-Werk, Frankfurt/M. 1982.

Berger, Klaus, *Im Anfang war Johannes. Datierung und Theologie des vierten Evangeliums*, Stuttgart 1997.

Berlejung, Angelika, *Die Theologie der Bilder. Herstellung und Einweihung von Kultbildern in Mesopotamien und die alttestamentliche Bildpolemik*, Freiburg (Schweiz)/Göttingen 1989.

Blumenberg, Hans, *Die Lesbarkeit der Welt*, Frankfurt 1981.

Boethius, *De trinitate*, 4,70.

Boehm, Gottfried, *Was ist ein Bild?*, München 1995.

Böhme, Gernot, *Bewusstseinsformen*, Paderborn 2017.

Böll, Heinrich, *Dr. Murkes gesammeltes Schweigen und andere Satiren*, Köln u. a. 1958.

Bonhoeffer, Dietrich, *Widerstand und Ergebung*, Werke (DBW) 8, München u. a. 1998.

Brumlik, Micha, *Schrift, Wort und Ikone. Wege aus dem Bilderverbot*, Frankfurt / M., 1994.

Buber, Martin, *Die Erzählungen der Chassidim*, Zürich 1949.

Buber, Martin; Rosenzweig, Franz, *Die Schrift. Die Übersetzung des Tanach*, überarbeitete Ausgabe, vier Bde., Stuttgart 1992.

Cassirer, Ernst, *Philosophie der symbolischen Formen*, Bd. 1, (Sprache), Darmstadt 1923, Bd. 2, (mythisches Denken), Darmstadt 1925, Bd. 3, (Phänomenologie der Erkenntnis) Darmstadt 1929.

Crüsemann, Frank, *Das Alte Testament als Wahrheitsraum des Neuen: Die neue Sicht der christlichen Bibel*, Gütersloh 2011.

Ders. *Bewahrung der Freiheit: Das Thema des Dekalogs in sozialgeschichtlicher Perspektive*, Gütersloh, 1993, 2. Aufl. 1998.

Denzinger, Heinrich; Hünermann, Peter, *Kompendium der Glaubensbekenntnisse und kirchlichen Lehrentscheidungen*, 40. Aufl., Freiburg u. a. 2005.

Derrida, Jaques, *Grammatologie*, Frankfurt / M. 1990.

Diels, Hermann / Kranz, Walter, *Die Fragmente der Vorsokratiker*, Zürich u. a. 1934.

Dietzfelbinger, Ernst, *Interlinearübersetzung Griechisch-Deutsch nach der Ausgabe von Nestle-Aland*, Neuhausen 1986.

Dionysius Areopagita, *Über die himmlische Hierarchie. Über die kirchliche Hierarchie*, deutsch v. Günter Heil, Stuttgart 1986.

Ebach, Jürgen, *Gottes Name(n) oder: Wie die Bibel von Gott spricht*, in: Bibel und Kirche (65) 2010, S. 62–67.

Ebeling, Klaus; Schrödter, Hermann, *Nach-Denken über „Religion". Eine philosophische Begriffsklärung*, in: Linus Hauser, Eckhard Nordhofen, *Das Andere des Begriffs. Hermann Schrödters Sprachlogik und die Folgen für die Religion*, Paderborn 2013, S. 155–167.

Eco, Umberto, *Lector in fabula. Die Mitarbeit der Interpretation in erzählenden Texten*, München 1987.

Evans-Pritchard, Edward E., *Hexerei, Orakel und Magie bei den Zande*, Frankfurt / M. 1978.

Expanding Worlds, Ausstellungskatalog, Landesmuseum Darmstadt 2015.

Fox, James J. (Hrsg.), *To Speak in Pairs: Essays on the Ritual Languages of Eastern Indonesia*, Cambridge Studies in Oral and Literal Culture 15, Cambridge 1988.

Fuchs, Gotthard, *Das ist mein Leib*, in: Eulenfisch 19, 2017, S. 6–10.

Goethe von, Johann Wolfgang, *Die Kampagne in Frankreich*, Erstdruck 1822.

Goody, Jack; Watt, Ian, *Konsequenzen der Literalität*, in: Jack Goody (Hrsg.), *Literalität in traditionellen Gesellschaften*, Frankfurt / M. 1981, 45–104.

Görg, Manfred, *Nilgans und Heiliger Geist. Bilder der Schöpfung in Israel und Ägypten*, Düsseldorf 1997.

Güzelmansur, Timo (Hrsg.), *Das koranische Motiv der Schriftfälschung (taḥrif) durch Juden und Christen*, Regensburg 2014.

Gregorius I., Ep. IX 209. XI 10: Corpus Christianorum ser. lat. 140A.

Habermas, Jürgen, *Theorie des kommunikativen Handelns*, Frankfurt / M. 1981.

Hauschild, Thomas, *Macht und Magie in Italien*, Gifkendorf 2002.

Hegel, Georg Wilhelm Friedrich, *Wissenschaft der Logik*, Erster Band: Die objektive Logik: Die Lehre vom Sein, Erstes Buch: Die Lehre vom Sein (1832) Ges. Werke, Bd. 21, Hamburg 1984.

Ders., *Werkausgabe*, hrsg. v. Eva Moldenhauer und Markus Michel, Bd. 13, Vorlesungen über die Ästhetik I, Frankfurt / M. 1970.

Heine, Heinrich, *Geständnisse*, Kapitel 7.

Heinrich, Klaus, *Anthropomorphe. Zum Problem des Anthropomorphismus in der Religionsphilosophie*, Dahlemer Vorlesungen, Bd. II, Basel / Frankfurt / M. 1986.

Herzog, Werner, *Die Höhle der vergessenen Träume*, Geo kompakt [Filmmaterial Nr. 37], 2013.

Hieronymus, *Kommentar zu Matthäus*.

Hilgert, Markus, *Text-Anthropologie*, in: Mitteilungen der Deutschen Orient-Gesellschaft zu Berlin, Nr. 142, 2010, S. 87–126.

Hornung, Erik, *Der eine und die Vielen*, 6. Aufl., Wiesbaden 2005.

Hublin, Jean-Jacques, Ben-Ncer, Abdelouahed, Bailey, Shara E. u. a., *New fossils from Jebel Irhoud, Morocco and the pan-African origin of Homo sapiens*, Nature 546, 289–292, 08 Juni 2017.

Hübner, Kurt, *Die Wahrheit des Mythos*, München 1985.

Imorde, Joseph, *Die Wolke als Medium*, in: Ästhetik des Unsichtbaren. Bildtheorie und Bildgebrauch in der Vormoderne, (Kult Bild 1), hrsg. v. David Ganz / Thomas Lentes / Georg Henkel, Berlin 2004, S. 171–195.

Iser, Wolfgang, *Der implizite Leser. Kommunikationsformen des Romans von Bunyan bis Beckett*, München 1972.

Jeremias, Joachim, „*Abba*", in: Zeitschrift für neutestamentliche Wissenschaft, (45) 1954, S. 131–132.

Ders. *Neutestamentliche Theologie*, Tübingen, vierte Aufl. 1988.

Kamphaus, Franz, *Ein Dialog mit dem Islam*, in: Die Gegenwart, Frankfurter Allgemeine Zeitung v. 06. 04. 2007.

Kann, Christoph, *Fußnoten zu Platon. Philosophiegeschichte bei A. N. Whitehead*, Hamburg 2001.

Kant, Immanuel, *Die Religion innerhalb der Grenzen der bloßen Vernunft*, Ausg. Weischedel, 2. Aufl., Wiesbaden 1960.

Ders., *Kritik der reinen Vernunft*, Ausg. Weischedel, 2. Auflage, Wiesbaden, 1960.

Ders., *Kritik der Urteilskraft*, Ausg. Weischedel, 2. Aufl., Wiesbaden 1960.

Ders., *Mutmaßlicher Anfang der Menschengeschichte*, Berlinische Monatsschrift, Januar 1786; Ausg. Weischedel, Bd. VI., 2. Aufl., Wiesbaden 1960.

Käsemann, Ernst, *Das Problem des historischen Jesus*, in: ders., 5 *Exegetische Versuche und Besinnungen. Auswahl mit einem Geleitwort von Wolfgang Schrage*, Göttingen 2011, 59–85.

Keel, Othmar, *Die Geschichte Jerusalems und die Entstehung des Monotheismus*, Göttingen 2007.

Ders., *Jerusalem und der eine Gott*, Göttingen 2014.

Keller, Werner, *Und die Bibel hat doch recht*, Düsseldorf 1955.

Kermani, Navid, *Gott ist schön. Das ästhetische Erleben des Koran*, München 1999.

Kessler, Hans, *Was kommt nach dem Tod?*, Kevelaer 2014.

Kirk, Geoffrey, Raven, John E., Schofield, Malcolm, *Die Vorsokratischen Philosophen*, Stuttgart / Weimar 1994.

Knoppers, Gary N., *Aaron's Calf and Jerobeam's Calves*, in: Astrid B. Beck u. a. (Hrsg.), *Fortunate the Eyes That See, Essays in honor of David Noel Freedman in celebration of his seventieth birthday*, Grand Rapids u. a. 1995, S. 92–104.

Koch, Klaus, *Gibt es ein Vergeltungsdogma im Alten Testament?*, in: Zeitschrift für Theologie und Kirche J.52, Heft 1, S. 1–42, 1955.

Kohl, Karl-Heinz, *Die Macht der Dinge. Geschichte und Theorie sakraler Objekte*, München 2003.

Ders., *Verschriftlichung als Rationalisierung mündlicher Überlieferungen. Zur ethnologischen Produktion heiliger Texte*, in: Andreas Kablitz, Christoph Markschies (Hrsg.), *Heilige Texte*, Berlin / Boston 2013, S. 243–259.

Kohlberg, Lawrence, *Zur kognitiven Entwicklung des Kindes*, Frankfurt / M. 1974.

Köhler, Ludwig, *Alttestamentliche Theologie II*, in: Theologische Rundschau (8) 1936, S. 55–69.

Krämer, Hans Joachim, *Arete bei Platon und Aristoteles*, Heidelberg 1959.

Kreißig, Heinz, *Die sozialökonomische Situation in Juda zu Achämenidenzeit*, Schriften zur Geschichte und Kultur des alten Orients Bd. 7, Berlin 1973.

Kreuels, Marianne, *Über den vermeintlichen Wert der Sterblichkeit*, Berlin 2015.

Lane Fox, Robin, *Augustine. Conversions and Confessions*, London 2015.

Leppin, Hartmut, *Christianity and the Discovery of Religious Freedom*, in: Rechtsgeschichte (22) 2014, S. 62–78.

Lichtenberg, Georg Christoph, *Sudelbücher*, Frankfurt / M. 1984.

Limbeck, Meinrad, *Abschied vom Opfertod*, Ostfildern 2012.

Lohfink, Norbert, *Die Gottesstatue*, Freiburg / Basel / Wien 1999.

Ders., *Im Schatten deiner Flügel*, Freiburg 1999.

Ders., *Moses Tod, die Tora und die alttestamentliche Sonntagslesung*, in: Theologie und Philosophie (71) 1996, S. 481–494.

Löser, Werner, *Das Reformationsgedenken 2017 und das Bekenntnis zu Jesus Christus*, in: Internationale katholische Zeitschrift Communio, Januar / Februar 2017, S. 101.

Löwith, Karl, *Weltgeschichte und Heilsgeschehen. Zur Kritik der Geschichtsphilosophie*, Stuttgart 1983.

Luhmann, Niklas, *Die Wirtschaft der Gesellschaft*, Frankfurt/M. 1988.

Luther, Martin, *Tischreden*, Kirchenpostille 1521.

Markschies, Christoph, *Hellenisierung des Christentums? – die ersten Konzilien*, in: Friedrich W. Graf, Klaus Wiegand (Hrsg.), *Die Anfänge des Christentums*, Frankfurt/M. 2009, S. 397–463.

Ders. *Gottes Körper. Jüdische und pagane Gottesvorstellungen in der Antike*, München 2016.

Marquard, Odo, *Schwierigkeiten mit der Geschichtsphilosophie*, Frankfurt/M. 1973.

Menke, Karl-Heinz, *Das unterscheidend Christliche*, Regensburg 2015.

Merton, Robert K., *Auf den Schultern von Riesen*, Frankfurt/M. 1980.

Mosebach, Martin, *Das Leben ist kurz*, Reinbek 2016.

Müller, Herta, *Atemschaukel*, München, 2009.

Naef, Silvia, *Bilder und Bilderverbot im Islam. Vom Koran bis zum Karikaturenstreit*, München 2007.

Neuhaus, Gerd, *Die Frömmigkeit der Theologie. Zur Logik der offenen Theodizeefrage*, Freiburg 2003.

Ders. *Fundamentaltheologie: Zwischen Rationalitäts- und Offenbarungsanspruch*, Regensburg 2013.

Ders., *Möglichkeiten und Grenzen einer Gottespräsenz im menschlichen „Fleisch"*, in: Communio, Januar/Februar 2017, S. 23–32.

Ders., *Noch einmal: Bitte um das tägliche Brot*, in: Frankfurter Allgemeine Zeitung, Geisteswissenschaften, 13.01.2016.

Neusner, Jacob, *Einzigartig in 2000 Jahren. Die neue Wende im jüdisch-christlichen Dialog*, in: Thomas Söding (Hrsg.), *Ein Weg zu Jesus. Schlüssel zu einem tieferen Verständnis des Papstbuches*, Freiburg 2007.

Neuwirth, Angelika, *Der Koran als Text der Spätantike. Ein europäischer Zugang*, Berlin 2010.

Norden, Eduard, *Agnostos Theos*, Leipzig 1913.

Nordhofen, Eckhard, *Das Bereichsdenken im Kritischen Rationalismus. Zur finitistischen Tradition der Popperschule*, Freiburg 1976.

Ders., *Schrift-Körper-Kunst. Zu einer elementaren Medientheorie des Monotheismus*, in: Christian Wessely, Alexander D. Ornella (Hrsg.), *Religion und Mediengesellschaft*, Innsbruck 2010, S. 191–214.

Ders. *Der Logos als Kind*, Rezension zu Hans Belting, *Das echte Bild. Bildfragen als Glaubensfragen*, in: Die Zeit 52/2005 v. 21.12.2005.

Ders., *Idolatrie und Grapholatrie*, Merkur 791, April 2015, S. 18–30.

Ders., *Die Beleuchtung des schwarzen Lochs*, in: Die Zeit, 10/1995 v. 3.3.1995.

O'Donovan, Leo J., *Tempi. Bildung im Zeitalter der Beschleunigung*, in: Stimmen der Zeit, 4/2001, S. 219–234.

Ovid, *Metamorphosen*, 10. Buch.

Origenes, *De oratione*, 2. Teil.

Osthövener, Claus-Dieter, *Auf der Suche nach der verlorenen Form*, in: Tobias Braune-Krickau, Katharina Scholl, Peter Schütz (Hrsg.), *Das Christentum hat ein Darstellungsproblem*, Freiburg / Basel / Wien 2016.

Pape, Wilhelm, *Griechisch-deutsches Handwörterbuch*, 3. Auflage, 6. Abdruck, Braunschweig 1914.

Parker, David C., *The Living Text of the Gospels*, Cambridge 1997.

Pernoud, Régine, *Heloise und Abaelard*, München 1991.

Philonenko, Marc, *Das Vaterunser*, Tübingen 2002.

Platon, *Phaidros*, übertragen von Kurt Hildebrand, Ditzingen 1979.

Ders., *Politeia*.

Popper, Karl; Lorenz, Konrad, *Die Zukunft ist offen. Das Altenberger Gespräch*, München 1985.

Ders., *Objektive Erkenntnis*, Hamburg 1973.

Rahner, Karl, *Schriften zur Theologie XII*, Zürich / Einsiedeln / Köln 1975.

Ratzinger, Joseph; Benedikt XVI., *Jesus von Nazareth*, Bd. I, Freiburg / Basel / Wien 2007.

Ders., *Sünde und Erlösung*, in: ders., *Im Anfang schuf Gott. Vier Münchener Fastenpredigten über Schöpfung und Fall*, München 1986, 3. Aufl. Tübingen 2013, S. 47–59.

Richter, Babette, *Der Andere*, Köln 2002.

Roth, Patrick, *Magdalena am Grab*, Frankfurt / M. 2003.

Sartre, Jean-Paul, *Die Wörter (Les Mots)*, Hamburg 1965.

Schäfer, Peter, *Die sogenannte Synode von Jabne, 2. Der Abschluss des Kanons*, in: Judaica 31/2, 1975, S. 54–64.

Ders., *Die sogenannte Synode von Jabne. Zur Trennung von Juden und Christen im ersten / zweiten Jahrhundert n. Chr.*, in: *Studien zur Geschichte und Theologie des Rabbinischen Judentums*, Leiden 1978, S. 45–65.

Schimmel, Annemarie, *Der Islam. Eine Einführung*, Stuttgart 1990.

Schmidt, Klaus, *Sie bauten die ersten Tempel. Das rätselhafte Heiligtum der Steinzeitjäger. Die archäologische Entdeckung am Göbekli Tepe*, 3. Aufl., München 2007.

Schröter, Jens, Zangenberg, Jürgen K. (Hrsg.), *Texte zur Umwelt des Neuen Testaments*, 3. Aufl., Tübingen 2013

Scientific Journal, *eLife*, Editor Randy Schekman, Berkeley, California..

Slezák, Thomas A., *Homer oder die Geburt der abendländischen Dichtung*, München 2012.

Sonderegger, Erwin, *Die Bildung des Ausdrucks to ti en einai durch Aristoteles*, in: Archiv für Geschichte der Philosophie 65 (1983), S. 18–39.

Spaemann, Robert, *Das unsterbliche Gerücht. Die Frage nach Gott und die Täuschung der Moderne*, Stuttgart 2007.

Staal, Frits, *The Meaningless of Ritual*, in: Numen (26) 1979, 1, S. 2–22.

Steiner, George, *Von realer Gegenwart*, München u. a. 1990, englisches Original: *Real Presences*, Chicago 1989.

Sternberger, Dolf, *Der verstandene Tod. Eine Untersuchung zu Heideggers Moralontologie*, Leipzig 1934.

Stroker, William D., *Extracanonical Sayings of Jesus*, Atlanta 1989.

Stroumsa, Guy G., *La fin du sacrifice*, Paris 2005, deutsch: *Das Ende des Opferkults*, Frankfurt/M. 2011.

Svenbro, Jesper, *Phrasikleia. Anthropologie des Lesens im alten Griechenland*, Paderborn/München 2005.

Terentianus Maurus, *De syllabis, de litteris, de metris*, Hrsg. von Jan Wilhelm Beck, Göttingen 1993.

Thiel, Josef Franz, *Religionsethnologie. Grundbegriffe der Religionen schriftloser Völker*, Collectanea Instituti Anthropos 33, Berlin 1984.

Thomas von Aquin, *Summa Theologiae* 1a.q. 75, a.5; 3a, q.5., 1a, q12, a.

Verburg, Winfried, *Magdalena erkennt den Auferstandenen*, in: Biblische Notizen (121) 2004, S. 77– 94.

Ders., *Die Magdalenensekunde*, in: Schule und Kirche, Nr.133, März 2005.

Voltaire, *Epître à l'auteur du livre des Trois imposteurs, Œvres complétes, de Voltaire*, Paris 1877–1885.

Wittgenstein, Ludwig, *Vortrag über Ethik und andere kleine Schriften*, Frankfurt/M. 1989.

Wolffsohn, Michael, *Dreifaltigkeit Gottes, Trinität als Politikum*, DLF-Interview v. 12. 1. 2017.

Wolfson, Harry Austryn, *The Philosophy oft the Kalam*, Cambridge MA 1976.

Wucherpfennig, Ansgar, *Monotheismus und Schriftlichkeit. Neutestamentliche Überlegungen zum islamischen Vorwurf der Verfälschung der Schrift*, in: Timo Güzelmansur (Hrsg.), *Das koranische Motiv der Schriftfälschung (tahrif) durch Juden und Christen*, Regensburg 2014, S. 177–212.

Zemanek, Josef, *Das Vaterunser. Ein biblisches Gebet*, Würzburg 2017.

Abbildungsverzeichnis

Personenregister

Rechte

Der Monotheismus philosophisch hinterfragt

144 Seiten | Gebunden
ISBN 978-3-451-38123-2

Das Buch stellt Fragen nach dem angemessenen Umgang mit »Gott«, dem doch Unverfügbaren; und schon das Fragestellen erweist sich als problematisch: Sind intellektueller und kultischer Gottesbezug überhaupt möglich oder sind sie ein paradoxes Geschäft, das seinen Gegenstand erst produziert? Ist die negative Theologie die vernünftigste »Logie«? Oder sollte man die Intellektualität im Bezug auf Gott gänzlich aufgeben? Schmidt-Biggemanns Reflexionen fordern Theologie und Philosophie heraus.

In jeder Buchhandlung!

HERDER

www.herder.de

Kann sich die Lehre der Kirche ändern?

Michael Seewald

DOGMA
im Wandel

Wie Glaubenslehren sich entwickeln

HERDER

288 Seiten | Gebunden
mit Schutzumschlag
ISBN 978-3-451-37917-8

Das Buch fragt, was Dogma eigentlich heißt, was Wandel bedeutet und was »Dogma im Wandel« bedeuten kann. Es entwickelt eine Theorie, die es ermöglicht, die Glaubenslehre so mit Sinnelementen der gegenwärtigen säkularen Welt zu verbinden, dass sie – in Rückführung auf Ihren Kerngehalt – diese Sinngehalte aufnehmen kann oder auch verwerfen muss. Was dies konkret bedeutet, zeigt das Buch anhand der aktuellen Fragen nach der Ordination der Frau, der Zulassung wiederverheirateter Geschiedner zur Eucharistie und zur Stellung homosexueller Partnerschaften im Verhältnis zum Ehesakrament.

In jeder Buchhandlung!

HERDER

www.herder.de

Ein Weg über Glauben und Zweifeln hinaus

Richard Kearney

REVISIONEN
DES HEILIGEN

Streitgespräche zur Gottesfrage

HERDER

320 Seiten | Gebunden
ISBN 978-3-451-37912-3

Richard Kearney hat zentrale religiöse Fragen zum Glauben und
zu Glaubenszweifeln, zu Theismus, Atheismus, Agnostizismus und
Humanismus mit bedeutenden Gesprächspartner diskutiert. Der Band
bietet wichtige Impulse aus den Diskussionen etwa mit Catherine
Keller, Charles Taylor, Julia Kristeva, Gianni Vattimo, Jean-Luc
Marion, John Caputo und David Tracy.

In jeder Buchhandlung!

HERDER

www.herder.de

Beschleunigtes Leben – theologische Perspektiven

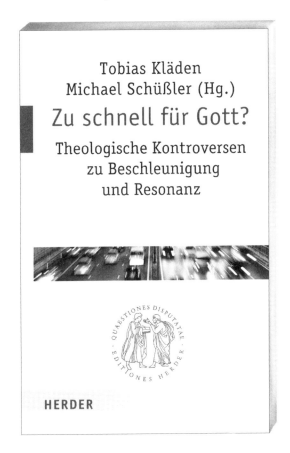

Tobias Kläden
Michael Schüßler (Hg.)

Zu schnell für Gott?

Theologische Kontroversen
zu Beschleunigung
und Resonanz

HERDER

336 Seiten | Kartoniert
ISBN 978-3-451-02286-9

In diesem Band werden die Thesen des renommierten Soziologen Hartmut Rosa zu Beschleunigung und Resonanz aus theologischen Perspektiven kontrovers diskutiert und die Herausforderungen der beschleunigten Gegenwart für exemplarische Felder kirchlicher Praxis durchgespielt.

In jeder Buchhandlung!

HERDER

www.herder.de